철학놀이터

플라톤하고 데카르트하고 칸트하고

철학놀이터
플라톤하고 데카르트하고 칸트하고

–

| 제1판 1쇄 인쇄 | 2020년 7월 25일 |
| 제1판 1쇄 발행 | 2020년 7월 30일 |

–

지은이	양운덕
펴낸이	강규순
디자인	씨디자인
펴낸곳	도서출판 숲
등록번호	제406-2004-000118호
전화	(031)944-3139
팩스	(031)944-3039
이메일	book_soop@naver.com

–

| ISBN | 978-89-91290-87-7 03100 |

철학놀이터

플라톤하고 데카르트하고 칸트하고

차례

일찍이 칸트는 '철학'을 가르칠 수는 있지만 '철학함'을 가르칠 수는 없을 것이라고 했습니다. 대부분의 철학 입문서는 독자에게 사고 과정보다는 완성된 철학을 정리·요약해서 전달합니다. "헤겔의 정신변증법은……" "플라톤이 추구한 정의란……." "니체는 원한에 바탕을 둔 노예도덕을 비판하면서……" 이런 식으로 차려진 '그들을 위한' 철학 파티에 초대받은 독자는 그리 흥겨워할 수도 없고 배불리 먹지도 못합니다.

　　스스로 파티를 열면서 입맛에 맞는 음식을 마련하고 정신의 양식을 즐기는 길은 없을까요? 철학이 '사고 천재'들만의 전유물은 아니잖아요. 평범한 사람이, 철학이 필요한 사람이 철학함의 주인이 되는 길을 찾고 싶었습니다.

그래서 이 책에서는 일상에서 흔히 볼 수 있는 문제들을 소재로 철학 놀이터를 꾸며 볼까 합니다. 철학의 무대에서 개념과 사고의 도움으로 주인공들이 복잡한 현실을 해석하고, 지혜의 빛을 모아 난제에서 벗어나는 과정을 보여 줄까 합니다. 그 과정을 통해 여러분이 소중하게 쌓아 둔 지식을 돌아보면서 생각의 길을 새로 만들고, 그 길들이 서로 어떻게 통하는지, 지식의 질서가 무엇을 밝히고 어떤 것은 숨기고 배제하는지, 철학적 사고가 삶에 도움이 되는지 아니면 도리어 해롭거나 위험한지 묻고자 합니다.

진리에 목마른 이들은 철학에서 결정적이고 최종적인 답을 찾으려고 합니다. 저는 이 책에서 올바른 답을 길게 나열하는 철학백과사전을 흉내내지는 않을 겁니다. 답보다는 그들의 질문을 소개하려 합니다. 철학자들이 이미 답을 제시했지만 여전히 매듭지어지지 않은 문제들에 관심이 갑니다. 철학자들의 훌륭한 답을 무시하자는 것이 아니라 그것들을 안내자로 삼아서 우리의 길을 개척해야 하기 때문이죠.

철학은 작은 질문에서 시작합니다. 철학의 역사는 질문과 질문이 서로 다투거나 손을 잡는 질문의 장에서 이루어져 왔습니다. 그래서 앞선 질문과 답에 대해 다시 질문하고 새롭게 묻습니다. 질문 자체가 사고가 나아갈 방향을 지시하고, 사고할 만한 것을 찾고 일정한 사고의 범위를 모양 짓습니다.

우리는 세계를 항상 일정한 관점에서 해석합니다. 우리가 보는 눈, 보는 능력에 따라 세계는 다양한 모습으로 나타납니다. 이렇게 해석한 세계는 우리가 생각하고 행동하게 해 주는 바탕이 됩니다. 그렇다면 독자 여러분은 어떤 눈이 필요한가요? 이 책은 여러분이 사용할 만한 철학 안경 몇 가지를 제시합니다. 고른 안경에 따라 세계는 다르게 보이고 다른 삶의 길이 열릴 수도 있습니다. 어떤 안경이 여러분에게 알맞을까요? 어떤 안경이 객관적이고 보편적인 관점을 제공하고 어떤 안경이 구체적이고 흥미롭고 풍성한 관점을 선물할까요?

　　마음에 드는 게 없다면 새 안경을 만들 수도 있습니다. 기쁨과 능력을 주는 철학이 있는가 하면 슬픔과 무기력을 주는 철학도 있습니다. 삶을 긍정하는 철학이 있는가 하면 삶을 견디기 어렵게 하는 철학도 있습니다. 값싼 희망과 행복으로 치장하게 하거나 손쉬운 치유를 권하는 철학적 상술이 있습니다. 고통과 허무를 감당할 힘을 주는 건강한 철학도 있습니다. 어떤 철학이 기쁨을 자아내고 삶의 고통을 껴안는 능력을 얻는 데 도움을 줄까요?

　　이 책이 철학적 사고와 개념을 자유롭게 활용하는 놀이판이 되고, 즐거운 철학 놀이를 위한 입문서가 되기를 바랍니다. 놀이하는 주인공은 놀면서 자못 진지하게 온 힘을 집중해 일정한 규칙에 따르며 일상과 다른 세계를 창조합니다. 이런 철학 놀이를 통해 사고력과 관점이 생기고 새로운 질서가 마련됐으면 합니다. 유식해지기 위해서 철학공부를 하거나 철학의 진리를 위해 삶을 희생하지는 말아야 합니다. 생각하고 논의하면서 즐거움을 찾고, 독자 스스로 철학의 출발점을 세우게 하고, 자기 힘으로 사고의 수레를 끌게 하는 게 이 책의 목표입니다. 삶과 고통을 힘차게 긍정하는 사람으로서 철학의 바닷가

여는글

모래사장을 놀이터로 삼는 존재가 되기를 바랍니다.

철학이 모든 문제에 답을 줄 수는 없을 거예요. 시의적절한 연애 상담을 하거나 실연한 친구를 단번에 위로하지도, 주식시장의 흐름을 정확하게 예측하지도 못하죠. 죽음을 경험이라도 한 듯이 이야기하지도, 모차르트의 곡처럼 아름다운 피아노 소나타를 작곡하는 데 도움을 주지도, 병마에 시달리는 이의 육체적 고통을 덜어 주지도 못합니다. 하지만 철학은 삶과 세계의 불확실성과 모순, 우연과 역설을 마주해 혼란스러운 현상에 질서를 부여할뿐더러 그 질서의 부작용과 위험을 살피고 새로운 사고를 모색하는 데 길잡이가 되어 줄 수는 있습니다. 그 정도라면 철학이 좋은 친구이자 스승, 나아가 연인이 될 수도 있지 않을까요?

《철학놀이터》는 철학과 처음 만나는 이들에게 철학마을을 대표하는 철학자들의 사고방식을 귀엽고 상큼하게, 하지만 너무 가볍지는 않게 소개하는 책입니다. 모두를 위한 책이라기보다는 사고의 즐거운 놀이에 동참하려는 이들을 위한 책이 되었으면 합니다. 《피노키오의 철학》이라는 제목으로 첫선을 보인 이래 전면 개정판을 내놓습니다. 이 책의 새로운 탄생을 도운 분들께 감사드립니다.

PART 0

《어린 왕자》를 읽은 바보들

철학마을에 온 것을 환영합니다. 재미있는 여행이 된다면 좋겠습니다. 우리 주변에서 쉽게 마주치는 문제들로부터 또는 생활하면서 부딪히는 것 중에서 대수롭지 않게 여겨 그냥 지나쳤거나 잘 안다고 생각한 것들에서 생각거리를 찾아 봅시다.

○ **질문함으로써**

저는 여러분에게 새로운 지식을 꾹꾹 눌러 담아 주지 않을 겁니다. 이미 아는 것이 너무 많을 테니까요. 여러분이 이미 알고 있다고 생각하는 것을 약간 다른 각도에서 질문하면서 다르게 생각할 여지가 많음을 알려 주고자 합니다. 주변에서 흔히 부딪히는 문제들을 새롭게 생각할 기회를 마련해 주고 싶은 거예요. 저 역시 답을 모르는 질문도 할 거예요. 어떻게 답을 찾아가면 좋을지 이야기하면서요. 질문에는 항상 답이 있다고 생각하나요? 답이 없는 질문도 많습니다. 어떻게 보면 철학은 답 없는 질문들을 가지고 씨름하죠. 우리는 2와 3을 더하면 5가

된다고 알고 있어요. 하지만 왜 그렇게 되나요? 2와 3을 더하면 5가 아니라는 이야기는 아니에요. 다만 '왜 5가 되는가?'를 물어볼 수 있다는 거죠. 사소한 듯이 보이는 질문이라도 의미가 있습니다. 그냥 지나치지 말고 질문함으로써 스스로 생각하는 힘을 길러 봅시다. 저는 여러분 스스로가 철학을 낚는 어부가 되기를 바랍니다.

○ **이 그림은 무엇일까**

선생 몸풀기 질문 하나! 이 그림을 보세요. 제가 그림을 다 보여 주기도 전에 '이 문제는 시시하네'라고 생각할 거예요. 그래도 물어보겠습니다. 자, 이 그림이 무엇처럼 보이나요?

나로 모자처럼 보여요.

선생 정말 그렇게도 보입니다. 다르게 보이는 사람은 없나요?

희민 코끼리를 삼킨 보아뱀이요.

선생 기발한 듯하지만 익숙한 답이군요. 좋습니다. 또 다르게 생각하는 분?

바다 섬이요.

선생 참 묘하게 생긴 섬이군요. 무인도인가요? 또?

평화 아무리 보아도 보아뱀처럼 보입니다.

선생 그런가요? 보아뱀은 보아뱀일 수밖에 없다는 뜻인가요? 제가 조금 전에 희민 씨의 답이 익숙하다고 했죠? 누군가가 이미 그렇게 이야기했으니까요. 누군가의 생각보다는 여러분 나름의 생각을 듣고 싶어요.

아람   비행접시처럼 보여요.

선생   그럴듯합니다.

다양   사막의 모래언덕처럼 보입니다.

선생   재미있게 생긴 언덕이군요.

네모   선생님, 저 그림은 아무것도 아닙니다.

선생   아무것도 아니라고요? 그럼 허깨비란 말인가요?

네모   저것은 어떤 것을 그린 것이 아니라 그저 하나의 '기호'일 뿐입니다. 달리 말하면 점들을 이어 놓은 것이죠.

선생   기막힌 답이군요. 그런 답은 기대하지 않았는데 예상 밖의 답을 들으니 아주 좋습니다. 그렇죠, 딱히 어떤 것이라고 하기보다는 '기호 그림'이라고 할 수 있습니다. 한 수 배웠습니다. 저도 한 가지 독특한 답을 본 적이 있어요. 이 안에 예쁜 자동차를 그려 넣고 "디자인이 자동차를 삼키는 세상이 올 때까지"라고 써 놓은 디자인 학원 광고 문구였죠. 그러면 여기서 이야기를 정리해 봅시다. 잘 아시겠지만 이건 생텍쥐페리의 《어린 왕자》에 나오는 그림입니다.

생텍쥐페리가 보아뱀이라고 말한 것을 알면서도 제가 굳이 이 그림이 어떻게 보이는지 물어본 까닭은 뭘까요? 여러분 각자가 이 그림을 어떻게 보는지 궁금해서죠. 그런데 '이 그림이 무엇처럼 보입니까?'라는 질문에 정해진 답이 있을까요? 정답이 딱 하나 있고 다른 답은 모조리 틀렸을까요?

다양   여러 가지로 볼 수 있고, 답도 여러 가지라고 생각합니다.

바다   어떤 답이 가장 좋다고 하기는 어려운 질문 같습니다.

선생   그러니까 정답은 없다고 보는군요. 우리끼리 이렇게 편을 짜면 작가가 기분 나빠하지 않을까요.

평화   제가 아까 보아뱀처럼 보인다고 했는데 지금 분위기를 보니 좋은 답이 아니었네요.《어린 왕자》를 본 기억에서 자유롭지 못했어요.

다양   생텍쥐페리의 것을 정답으로 보면 답이 하나겠지만, 그것만이 정답은 아니겠죠.

선생   답이 많을수록 좋지 않을까요? 이 책을 보는 사람이 300명이라면 답이 적어도 300개는 나올 수 있을 겁니다. 창의적인 사람이 많으면 많을수록 더 다양한 답이 나올 수 있겠죠. 저는 이상한 주장을 하려고 합니다. 이 가운데 틀린 답이 딱 하나 있다고요. 그것은 무엇일까요?

학생들   …….

평화   '코끼리를 삼킨 보아뱀' 아닌가요?

선생   그래요. 우리가 보통 정답인 양 알고 있는 '코끼리를 삼킨 보아뱀'이 바로 틀린 답이라고 보고 싶어요.《어린 왕자》를 여러 번 읽은 사람이 '보아뱀'이라고 자랑스럽게 이야기하면 저는 한사코 그것은 '답이 아니다'라고 주장할 거예요. 이것을 빼고는 답이 많이 있다고 봅니다. 앞의 그림이 모자처럼 보인다고 대답한 나로 씨는 이 책을 보았으면서도 그렇게 답했죠. 작가 생텍쥐페리에 맞서서 '모자'라고 한 것을 보면 나로 씨는 자기주장이 분명합니다. 그 책에서는 모자가 가장 신통치 않은 답이라고 했지만 지금은 훌륭한 답이 될 수 있습니다.

《어린 왕자》의 화자는 "보아뱀이 먹이를 통째로 삼킨 상태에서 몸을 꼼짝하지 않고 반년간 잠만 잔다"는 이야기를 읽고 이 그림을 그렸어요. 그리고 이 그림이 무섭지 않느냐고 묻죠. 어른들은 모자가 뭐가 무섭냐고 말합니다. 겉모습으로 사물을 판단해 버리는 어른들을 보며 보이지 않는 것을 보는 마음의 눈을 잃어버려서 정작 중요한 것은 못 본다고 아이는 생각하죠.

그러면 다시 물어봅시다. 앞서 보여 준 그림이 무엇처럼 보이나요? 소설 속 어린 화자를 보듬어 주고 싶으니까 보아뱀처럼 보인다고 할 건가요? 그런 사람은 생텍쥐페리의 답에서 빠져나오지 못한 거예요. 생텍쥐페리는 무엇 때문에 이런 그림을 그리고, 무엇 때문에 절망하나요? 눈에 보이지 않는 세계의 소중함 때문이 아닌가요?

이 그림이 반드시 보아뱀일 필요는 없어요. 그렇게 상상하는 것은 생텍쥐페리죠. 《어린 왕자》가 우리가 잊고 사는 소중한 것을 찾도록 하는 작품이라면, 보아뱀이라고 외우는 것은 더 바람직하지 않고요. 더구나 이 감동적인 책을 읽을 때마다 "그래, 이 그림은 보아뱀이야. 절대 모자가 아니지" 한다면 말이죠.

그렇게 생각하는 사람은 이 책에서 소중한 것을 배웠다고 생각할지 모르지만 소중한 것을 스스로 찾을 줄 모르거나, 소중한 것의 예를 하나밖에 모르기 때문에 생텍쥐페리가 다시 슬퍼할지도 모릅니다. 《어린 왕자》의 별이 보이지 않는 꽃을 품고 있기에 아름답듯, 이 그림은 보이지 않는 X를 숨기고 있기에 소중하다고 할 수 있어요. 그런데 이 X가 반드시 보아뱀이어야 할까요?

'이 그림이 무엇처럼 보이나요'라고 물으면서 저는 여러분이 보이지 않는 어떤 것을 마음에 그릴지 궁금했어요. 이 질문에 대한 완전하고 유일한 답은 없어요. 생텍쥐페리도 자기 답을 강요할 수는 없어요. 더군다나 그런 답을 다른 누군가가 가르쳐 줄 수도 없습니다.

○ **여우 길들이기**

선생 《어린 왕자》에서 관심 가질 만한 이야기를 한두 가지 더 해 볼까요? 다양 씨는 이 책에서 가장 인상적인 낱말을 고르라면 어떤 것을 고를 건가요?

다양 '길들이다'라는 말이요.

선생 '길들이다(apprivoiser)'라는 말은 어떤 의미를 갖나요? 이 말을 그대로 우리말에 쓰면 느낌이 이상해요. 엄마가 말 잘 듣는 아이를 칭찬하려고 "우리 애는 잘 길들여졌어"라고 하거나, 남편이 아내에게 "내가 당신을 참 잘 길들였지?"라고 정답게 이야기하지 않잖아요. 이 '길들이다'라는 말을 우리가 쓰는 다른 말로 바꿔 볼까요?

나로 '익숙해지다' '정들다'는 어떨까요?

바다 그 말에는 '사랑하다'의 의미도 들어 있는 것 같아요.

선생 '사랑하다'가 괜찮아 보이는군요. 물론 '사랑하다'로 바꾸면 뜻이 똑같지는 않습니다. '길들이다'의 주인공인 여우는 '길 들여지다'의 의미를 '사이좋게 되다' '친해지다'라고 했습니다. 처음에 어린 왕자는 다른 수많은 아이와 다를 바가 없었어요. 있어도 없어도 그만인 존재였죠. 하지만 어린 왕자가 여우를 길들이면서 둘은 서로 떨어질 수 없는 관계가 됩니다. 세상에서 둘도 없는 '단 한 사람'인 어린 왕자, 또한 둘도 없는 여우가 되죠. 그렇게 '하나뿐인 나'와 '하나뿐인 너'의 '단 하나뿐인 만남'이 됩니다.

어린 왕자는 두고 온 꽃을 떠올립니다. 그 새침한 장미꽃이 다른 장미와 비슷한 꽃이 아니라, 하나밖에 없는 꽃임을 알게 됩니다. 어린 왕자는 지구 별에 핀 수많은 아름다운 장미꽃을 위해 죽을 마음은 없어요. 어린 왕자의 꽃이 다른 꽃들보다 소중한 까닭은 무엇일까요?

다양 어린 왕자는 꽃을 위해 물을 주고 바람막이를 해 주었어요. 꽃을 사랑했으니까요.

나로 어린 왕자가 장미꽃을 길들인 거죠.

선생 그래요. 어린 왕자는 꽃을 위해서 자기 시간을 바쳤습니다. 이런 사랑과 시간은 눈에 보이지 않아요. 여우가 말하죠. "눈에 보이는 것은 겉모습일 뿐이고, 소중하고 중요한 것은 눈에 보이지 않아." 이제 어린 왕자는 눈에 보이지 않는 소중한 것을 볼 수 있는 '마음의 눈'을 갖게 되었습니다.

여우 이야기를 들어 볼까요? 여우는 밀밭에 아무런 관심도, 아무런 느낌도 없었어요. 그런데 어린 왕자가 여우를 길들이고 둘이 사귀면서부터 여우에게 밀밭이 아름답게 보이기 시작합니다. 황금빛 밀밭을 보며 어린 왕자를 생각합니다. 이것이 어린 왕자가 여우의 이름을 부르면 여우가 '꽃'이 되고, 서로에게 '잊히지 않는 의미'가 되는 과정입니다.

물을 주고 바람도 막아 주건만 투정 부리고 잘난 체하는 장미꽃을 여러분도 돌보고 있나요? 여러분의 사랑만이 그 꽃을 아름답게 하고 소중한 의미를 갖게 할 수 있어요. 여러분에게 별이 아름답게 보인다면 그 별에서 소중한 무엇을 보았기 때문 아닐까요?

○ 하늘을 가리키는 스승, 땅을 가리키는 제자

철학마을에 오신 분이라면 라파엘로(S. Raffaello)의 〈아테네 학당〉을 본 적이 있을 겁니다. 바로 플라톤의 학원, '아카데미아'를 그린 그림이죠. 이 학파를 대표하는 사람들이 등장하고, 오른쪽 한귀퉁이에 화가 자신의 모습도 보입니다. 화가만 빼고는 모두 플라톤의 '진리의 친구들'이죠.

그림 한가운데를 보면, 아치 모양의 문이 있고 그 문으로 두 사람이 걸어 들어오고 있습니다. 한 사람은 머리가 하얗게 센 플라톤이고, 그 옆 사람은 제자인 아리스토텔레스입니다. 바로 그리스를 대표하는 철학자들입니다. 그리스뿐 아니라 이후 서양철학에서 이 두 사람을 빼고는 아무것도 이야기할 수 없어요. 중세 전기에는 플라톤 철학이, 후기에는 아리스토텔레스 철학이 바탕이 되어서 신학의 옷을 입고 중세를 주름잡습니다.

그림에서 플라톤은 무언가를 이야기하면서 손가락으로 하늘을 가리키고 있습니다. 이렇게 이야기하는 듯하죠. "사랑하는 제자 아리스토텔레스여, 우리가 찾는 진리는 이 땅에 있지 않고 저기 하늘에 영원한 이데아(idea)로 있다네!"

스승은 영원한 진리는 불변적인 것(이데아)으로서, 이 지상이 아니라 저 하늘에 있다고 주장합니다. 그런데 제자는 생각이 다른가 봅니다. 스승 바로 옆에서 아리스토텔레스가 겁도 없이 손가락으로 땅을 가리키면서 자기 생각을 밝히고 있죠. "선생님, 제 생각은 다릅니다. 세계의 참된 본질은 하늘에 있다기보다는 바로 이 지상에 있습니다. 즉 구체적인 사물 속에 있습니다. 어떤 사물을 그것답게 하는 형상은 사물 안에 있다고 해야 구체적인 세계를 무시하지 않고도 사물의 참모습을 알 수 있지 않겠습니까? 선생님, 하늘만 보지 말고 이 세계를 다시 한번 돌아보십시오."

○ 한 방향만 봐야 한다면

한 철학자가 제자들을 모아 놓고 진리를 가르치고 있습니다. 많은 제자는 한 마디라도 놓칠세라 귀기울여 듣습니다. 자세히 보면 귀가 보통 때보다 더 커 보입니다. 자신의 어리석은 생각을 비우고 스승의 참된 말씀으로 거듭나서 완전히 새롭게, 참되게 알고자 할 겁니다. 이때 어떤 제자가 질문을 합니다.

"선생님, 질문이 있습니다."

주위에서는 인상을 찡그립니다. '아니 스승님 말씀을 잘 들으면 되지 뭘 물어보겠다는 거야. 모르는 게 있으면 잠자코 있다가 나중에 따로 생각하면 되지. 아니면 내가 스승님 말씀을 모조리 외우고 있으니 나한테 물어보든가.'

스승은 이렇게 생각하지 않습니다. 당신 이야기를 이해하지 못하는 제자에게 좀더 자세하게, 이해하기 쉽게 설명을 해 주시겠죠.

하지만 단지 모르는 것을 물어보는 질문이 아니라 도전적인 질문이라면 어떻게 하죠? 자기 생각이 스승의 가르침과 달라서 이의를 제기하려는 것이라면? 납득하기 어려운 점이 있거나, 논리적 결함이 있거나 출발점이나 목표를 스승과 다르게 본다면요. 더구나 이 제자가 스승의 견해를 비판한다면 어떻게 될까요?

이때 내용은 따져 보지 않고, 스승에게 불손하게 질문하고 비판하는 태도를 문제삼아서 그를 내쫓으려 하면 어떻게 될까요? 그 제자는 끌려 나가고, 이제 스승 곁에는 스승을 하늘처럼 모시고, 스승을 진리의 화신으로 섬기는 무리만 남겠죠. 이런 분위기가 지배하는 진리마을에서는 스승이 하늘을 가리키면, 제자들도 당연하게 하늘을 가리키죠. 잘 모르고 땅을 가리키던 사람도 황급히 손가락의 방향을 바꿀 겁니다.*

○　**지구가 돈다는 황당한 이야기**

무시무시한 분위기의 이야기를 하나 더 볼까요? 지동설에 얽힌 유명한 이야기가 있죠. 프톨레마이오스(C. Ptolemaeos)의 천동설에 따르면 지구는 우주의 중심입니다. 태양은 날마다 동쪽에서 떠서 서쪽으로 지고요. 이런 사고가 지배하던 시기에는 모든 별과 태양이 지구와 그 안의 인간을 모시면서 움직인다고 믿었죠. 그런데 근대 과학자 몇몇이 지구가 우주의 중심이 아니라고 주장하기 시작합니다. 지구는

---

* 종교의 논리도 이와 비슷합니다. 신자는 교리를 의심하거나
　다른 생각을 하면 안 되죠. 성스러운 책에 모든 말씀이 다 기록되어
　있기 때문에 어떻게 살아야 하는지 고민할 필요가 없습니다.
　왜 자기 힘으로 반성하고 회의하고 위험한 질문을 하나요?
　"배운 대로만 행하라. 그러면 성스러운 진리 안에서 자유로울 것이다."
　이때 자기를 내세우는 자는 신성함에 도전하는 자입니다.
　그들은 말합니다. "자기를 죽이고 신성한 진리 안에서
　거듭나야 합니다." 굳이 종교와 관련 없이 사는 사람에게도
　낯설지 않은 논리입니다.

우주의 중심에 고정되어 있지 않고 태양 주위를 돌고 있다고 말입니다. 우리가 발을 딛고 선 이 땅이 가만히 있지 않고 하늘에 붕 떠서 태양을 중심에 두고 돌고 있다니!

코페르니쿠스(N. Copernicus)나 갈릴레이(G. Galilei)가 이 이야기를 조심스럽게 꺼낼 때의 분위기를 한번 생각해 보세요. 지동설은 교회의 절대 권위에 도전하는 것으로 여겨졌습니다. 지구와 인간을 우주의 중심에서 몰아내어 별 볼 일 없는 존재로 강등시키려는 사악한 시도라는 거죠. "신을 모독하고 교회를 우습게 아는 것은 물론이고 인간의 존엄성을 무너뜨리는 짓 아닌가?"

로마교황청이 나서지 않았더라도 보통 사람들이 그냥 넘어가지 않았을 겁니다. "지구가 태양 주위를 돈다는 게 말이나 돼?" 지상의 진리와 권력을 한몸에 지닌 교황이 이 문제를 해결하기 위해 친히 나섰습니다. 갈릴레이를 불러 진짜로 그런 말도 안 되는 주장을 했는지 따져 묻습니다. 그런 이야기를 제정신으로 했을 리는 없다고 생각한 거죠.

"갈릴레이, 당신은 이 지구가 태양 주위를 돈다고 이야기한 적이 있는가?"

"……"

"다시 한번 더 묻겠다. 당신은……"

"저는 그런 이야기를 한 적이 없습니다. 제가 혹시 그런 이야기를 책에 썼다면 그것은 아직 증명되지 않은 것을 그저 가설로 이야기한 것일 뿐입니다. 어떻게 지구가 움직인다는 말입니까? 저도 그런 엉뚱한 이야기를 하는 사람을 보고 싶습니다."

만약 누군가가 지동설과 목숨 중에 하나를 택하라면 이런 이야기를 할 수도 있지 않을까요? 실제로 갈릴레이는 이렇게 말했죠. "추기경께서 코페르니쿠스의 견해를 지지하거나 옹호하는 것을 금지하셨지만 그것을 가설로 이용할 수는 있다고 하셨습니다. …… 그것을 어떠한 방법으로 가르치거나 고려해서는 안 된다는 명령은 없었습니다."

아슬아슬하게 공격을 피해 가려던 갈릴레이는 고문 기구들을 보고 자신의 주장을 철회하기로 합니다. 고문 앞에서 진리는 잠깐 정신을 잃을 때가 있습니다. 그리고 고문하는 자는 자기가 원하는 진리를 만들어 내죠.

사람들이 나중에 갈릴레이의 안타까움을 대변하려 했는지, 그가 문을 나서면서 조용하게 "너희가 아무리 나를 협박해 내 입을 막더라도 지구는 태양 주위를 돌 수밖에 없지"라고 중얼거렸다는 이야기가 전해집니다.

이 독백은 누가 들었을까요? 날아가던 새가 들었을까요? 사실 아무도 듣지 못했고 들을 수도 없었습니다. 이 이야기는 갈릴레이가 권력 앞에서 진리 대신에 목숨을 택했음에도 속으로는 진리를 믿었고, 진리는 이런 사정과 무관하게 진리임을 말하려는 것이겠죠.

철학자 브루노(G. Bruno)에게는 더 무시무시한 일이 일어납니다. 그는 지동설을 포기하라는 교회의 명령에 맞서서 물러서지 않았죠. 지구가 태양 주위를 돈다는 진리에 목숨을 걸었습니다. 기존 진리를 옹호하는 교회 세력은 브루노를 화형에 처합니다. 한 진리와 다른 진리의 대결에는 한 치의 양보도 없습니다. 이들은 브루노와 함께 '진짜 진리'를 불태워 버렸죠.

이 화형식으로 가짜 진리가 더욱 굳어졌을까요? 브루노는 불속으로 사라졌지만 진리는 불에 타지 않았습니다. 우리는 이 사건 앞에 숙연해지죠. 브루노의 믿음이 잘못되었다 하더라도 기존 진리를 비판한다고 해서 그 사람을 죽이는 것이 과연 정당할까요? 여러분은 자신과 다른 새로운 사고, 비판적인 사고, 시대를 앞서거나 거스르는 사고와 마주칠 때 어떻게 하나요?

○　　**같은 답에서 벗어나기**

다시 플라톤의 아카데미아로 가 볼까요? 플라톤과 아리스토텔레스는 사이좋게 이야기하고 있습니다. 스승의 가르침 앞에서 제자는 자기의 다른 생각을 당당하게 이야기합니다. 스승은 제자의 따가운 비판에도 얼굴을 찡그리지 않고요. 제자의 생각 중에 귀담아들을 것이 있다면 받아들일 생각인가 봅니다. 물론 비판하는 쪽이 항상 더 잘 보는 것은 아니죠.

예를 하나 봅시다. 진리를 찾는 데 자신의 모든 것을 바친 어떤 철학자가 우매한 자들에게 진리를 깨우쳐 줍니다. 이 스승은 그 진리로 세상의 모든 것을 알게 해 주고 모든 질문에 답합니다. 이 답이 틀릴 리가 없을 겁니다. 하지만 완전한 인간이란 없다는 점을 생각해 보면, 스승을 절대적으로 신뢰하는 것은 바람직하지 않습니다. 만에 하나 스승이 틀릴 가능성은 없을까요? 만약의 경우를 생각하고 대비할 필요가 있습니다. 스승을 불신하거나 그에 맞서 도전하자는 것이 아닙니다. 하나의 답만 있는 경우, 만약 그 답이 틀리면 그것을 믿고 따라가는 사람 모두 오류의 낭떠러지에서 떨어질 수도 있습니다. 이

때 단 한 사람이라도 다른 의견을 내놓는다면 함께 망하는 길은 피할 수 있을 겁니다. 이처럼 두 개의 눈, 두 개의 답이 있다면 적어도 망할 때 같이 망하지는 않겠지요?

강의를 시작하면서 마주한 그림을 다시 떠올려 봅시다. 눈에 보이지 않는 소중한 것을 찾던 생텍쥐페리는 이것을 보아뱀으로 보았습니다. 우리가 이 그림을 보고 너도나도 '코끼리를 삼킨 보아뱀'이라고 입을 모으면 어떻게 될까요? 그러면 눈에 보이지 않는 소중한 것을 잃어버릴지도 모릅니다. 별이 아름다운 까닭이 반드시 장미꽃을 숨기고 있기 때문만은 아니죠.

계속 공부하다 보면 이 모자 그림을 두고 많은 이론가가 각기 다른 주장을 펼친다는 것을 알게 될 겁니다. 그들은 잘 짜인 이론 틀을 바탕으로 답이 '무엇'이라고 할 겁니다. 플라톤은 그것을 X라고 하고, 이퇴계는 Z라고 하고, 칸트는 A, 헤겔은 D, 베이컨은 B라고 하겠죠. 또 어떤 이들은 X와 A를 종합해야 한다고 할지도 모릅니다.

이런 상황에서 여러분은 어떻게 하고 있나요? 익히 알려져 있는 권위 있는 이름을 보고 따라가나요? 아니면 타당성을 검토한 뒤에 받아들이거나 거부하나요? 그것도 아니라면 자기 나름의 눈으로 새로운 답을 만드나요?

자기가 만든 답*이 이론가들의 세련된 답보다 초라하거나

---

* 자기주장을 펼칠 때는 남을 설득할 만한 충분한 근거를 마련해야 합니다. 다른 사람의 다른 생각과 비교하기도 하고, 다른 사람의 비판을 조용히 듣기도 하고, 다른 사람의 생각에서 부족한 점을 찾을 수도 있어야겠죠. 그러면서 서로의 생각을 보태야 합니다. 내 생각과 상대의 생각을 합치는 '대화(dialogue)'를 할 때 감정적인 논쟁이 벌어져 완전한 결론을 얻지 못할 때도 있습니다. 하지만 '나 홀로 떠들기(monologue)'보다는 하나 이상의 눈을 갖는 기회로 만들어 보세요.

대단치 않아 보일 거예요. 처음부터 완전한 것을 손에 쥐기는 어렵죠. 하지만 자기 답을 스스로 만드는 시도는 시작은 미미하겠지만 그 끝은 크게 기대가 됩니다. 이런 '자기 나름의 답 만들기'가 없다면 주어진 답 중에 하나를 따라가야 합니다. 그것이 잘못이라는 말은 아닙니다. 그런 훌륭한 답들은 이미 좋은 평가를 받은 것들이고 초보자의 서투른 솜씨로 나온 답보다는 나으니까요.

그런데 모자 그림을 놓고 자기 답을 만들지 못한다면 다른 중요하고 복잡한 문제에 대해서도 자기 나름의 답 만들기를 쉽게 포기하게 됩니다. 모험보다는 안전을 택하기 때문이고 그다음엔 자기 머리에 다른 사람의 머리를 복사해 붙이겠죠. 모범적인 예를 참고하는 것도 중요하지만, 이런 경우에도 그 예를 자기 나름의 답을 만들기 위한 바탕으로 삼아야 하지 않을까요?

'나는 아무 생각이 없어……' 이렇게 생각하는 사람이라면 자신의 삶을 누군가에게 맡기는 꼴이 되지 않을까요? 인생 대행업소가 환영할 만한 일입니다. "대신 살아 드릴까요? 인생의 어려운 문제를 직접 풀려 하지 마십시오. 여기 성공한 사람들이 보장하는 바람직한 삶이 있습니다. 저희는 생각하는 것도 대행합니다. 대행료도 할인해 드립니다. 많이 이용해 주세요." 과연 그럴까요?

○ 제목을 달아 주세요

다음 시의 제목은 무엇일까요? 이 뛰어난 시를 엘뤼아르가 아니라 여러분이 썼다면 어떤 제목을 달고 싶은가요? 도대체 '너'는 무엇·누구이기에 이렇게 간절히 찾을 만하고, 모든 곳에서 흘러넘치고, 그 이름만으로도 삶에 충만한 의미를 줄까요? 여러분의 삶을 이끄는 힘이 무엇인지 알고 싶어서 이 시를 제목 없이 소개합니다.

내 학생 시절 노트 위에
나의 책상과 나무 위에
모래 위에 눈 위에
나는 너의 이름을 쓴다.

내가 읽은 모든 페이지 위에
읽지 않은 흰 페이지들 위에
돌과 피와 종이와 재(滓) 위에
나는 너의 이름을 쓴다.
⋮
밤의 경이(驚異) 위에
일상의 흰 빵 위에
약혼 시절 위에
나는 너의 이름을 쓴다.
⋮
반짝이는 모든 것 위에
여러 빛깔의 종들 위에
구체적인 진실 위에
나는 너의 이름을 쓴다.

살포시 깨어난 오솔길 위에
곧게 뻗어 간 큰길 위에
넘치는 광장 위에
나는 너의 이름을 쓴다.

불 켜진 램프 위에
불 꺼진 램프 위에
모여 앉은 나의 가족 위에
나는 너의 이름을 쓴다.
⋮
균형 잡힌 모든 육체 위에
내 친구들의 이마 위에

건네는 모든 손길 위에
나는 너의 이름을 쓴다.

놀라운 소식이 담긴 창가에
긴장된 입술 위에
침묵을 초월한 곳에
나는 너의 이름을 쓴다.

파괴된 내 안식처 위에
무너진 내 등댓불 위에
내 권태의 벽 위에
나는 너의 이름을 쓴다.

원치 않는 부재 위에
빌거벗은 고독 위에
죽음의 발걸음 위에
나는 너의 이름을 쓴다.

회복된 건강 위에
사라진 위험 위에
회상 없는 희망 위에
나는 너의 이름을 쓴다.

그 한마디 말의 힘으로
나는 내 삶을 다시 시작한다.
나는 태어났다 너를 알기 위해서
너의 이름을 부르기 위해서

○○여!

○ 질문을 만드는 사람들

우리는 '이 그림은 무엇일까'라는 질문의 답을 찾으려 했습니다. 어떤 실마리가 우리를 이끌어 주었을까요? 바로 '이 그림은 무엇일까'라는 질문이죠. 이 질문이 없었다면 여러분은 답을 찾지도 않았을 겁니다. 여러분은 지금도 '질문 안에' 있습니다. 경우에 따라 답보다 중요한 게 질문일 수 있습니다.

질문은 어디에서 찾을 수 있을까요? 땅을 파서 광석을 찾듯 찾을 수는 없죠. 질문은 고안(invent)하거나 만들어 내야 합니다. 그렇다면 주어지지 않은 질문을 만들어 내는 것은 창조하는(create) 활동이 아닐까요? 질문이 주어진 뒤에 답을 찾는 것과 질문을 만드는 것은 성격이 다릅니다. 아무리 문제를 잘 풀어도 질문이 없다면 손 놓고 허공을 쳐다볼 수밖에 없죠.

질문은 누가 만들어 내나요? 누구나 만들 수 있습니다. 남에게 미룰 필요가 없죠. 그러니 질문을 만드는 사람이 될지, 주어진 질문에 답만 하는 사람이 될지는 스스로 선택해야 합니다. 처음부터 세상을 놀라게 할 만한 질문을 만들거나 엄청난 답을 내놓으라는 것은 아닙니다. 진리마을을 둘러보면서 하나둘 질문하고 답을 찾으면서 스스로의 힘으로 길(道)을 찾으면 됩니다. 철학과 학문의 역사는 곧 질문을 만드는 역사가 아닐까요? 이미 있는 질문과 답을 넘어서서 새로운 질문과 답을 만들어 내는 과정이죠.

지금까지의 이야기를 철학의 경우에 비추어 봅시다. 철학공부를 할 때 보통 우리는 위대한 철학자의 훌륭한 답을 알고 싶어 하죠. 그들의 답을 알면 우리가 궁금해하는 문제가 완벽하게 해명되고, 또 자기 삶에 바람직한 길을 놓을 수 있을 거라고 기대하면서. 저는 약간 다르게 봅니다. 저는 뛰어난 철학은 완전한 답을 주기보다는 중요한 질문을 던진다고 생각합니다. 물론 질문은 답을 찾기 위한 것이죠. 그냥 물어보기만 하는 것은 아닐 테니까요. 그렇지만 우리가 답을 제대로 찾으려고 애쓰는 것은 질문 덕분입니다.

길을 가다가 아름다운 사람을 본 순간 자기도 모르게 눈길이 가고, 그 사람이 지나간 뒤에도 보고 싶어지면서 머릿속에 강한 이미지로 남았다고 합시다. 이때 우리는 '아름다운 사람이 눈길을 끄는구나' 하고 생각할 수 있어요. 왜 아름다운 사람(또는 아름다움)은 우리를 매혹할까요? 우리에게 아름다움에 이끌리는 본성이 있어서일까요? 아니면 내가 아름다움을 알아보는 교육이나 훈련을 받아서일까요?

그런데 다르게 질문할 수도 있습니다. '머리로는 보지 말자고 생각하는데 왜 눈이 말을 안 듣지? 안 보는 척하면서 슬쩍 보는 이유는 뭘까? 매너가 부족한가? 눈의 욕망과 의지는 따로인가?' 이렇게 질문하니 다른 세계가 열립니다.

다른 예를 들어 봅시다. 서양철학의 아버지는 탈레스(Thales)입니다. 그를 왜 철학의 아버지라고 할까요? 그가 훌륭한 답을 제시했기 때문일까요? 그보다는 그가 그때까지 이 세계에 대해서 사람들이 묻는 방식과 다르게 질문했기 때문이죠. 그는 새로운 질문을 던졌기에 '철학의 개척자'로 평가받습니다. 그의 선배들은 "이 세계를 누가 만들었을까" 하고 질문했죠. 이와 달리 탈레스는 "이 세계는 무엇으로 만들어졌을까"를 질문했습니다. 그때까지 사람들은 세계를 누가 만들었는지를 놓고 제우스나 다른 신이라고 답했죠. 그런데 '누가' 대신 '무엇'이라고 물으니 답이 달라집니다. 생각하는 방향과 대상이 바뀌기에 답이 달라지는 거죠.

탈레스는 이 세상에 수많은 사물이 있는데 "이런 삼라만상을 만드는 어떤 재료가 있지 않을까" "어떤 재료가 있으면 이 세상의 다양한 사물을 만들 수 있을까" 하고 질문했습니다. 많은 사물을 하나의 원리로 설명할 수 있는지를 물은 거죠. 그래서 산, 강, 구름, 올리브, 소, 바다, 사람, 하늘, 별 등을 이루는 어떤 하나의 재료, 만물을 만드는 보편적 재료를 찾습니다. '여럿(the many)'을 '하나(the one)'로 설명하려고 한 거죠.

탈레스가 내놓은 답은 바로 물(hydro)입니다. 그는 만물이 물로 이루어져 있다고 생각했습니다. 적절한 답이라고 생각하나요? 이제 와서 보니 별로 설득력이 없는 답이네요. 하지만 이런 탈레스의 질문은 다양한 사물을 설명하는 하나의 원리를 찾는 쪽으로 사고의 방향을 이끕니다. 탈레스 이후의 그리스 자연철학자들은 서로 다른 수많은 답을 내놓았습니다. "물이 아니라 공기, 불, 물, 흙이다." "아니다. 수축하고 팽창하는 공기다." "아니다. 어떤 형태를 지닌 것이 아니라 형태도 없고 보이지도 않는 '한계가 없는 것(apeiron)'이다."

이런 사고의 발걸음은 어떤 정밀한 실험 도구도 없이, 입자 가속기도 없이 마침내 '원자론'을 제안하는 것에 이릅니다. 현대물리학의 주요 가설이기도 한 원자론이 탈레스로부터 시작된 질문에서 나왔다는 점이 신기하죠. 우리는 탈레스의 질문에 주목해야 합니다. 탈레스의 질문이 없었다면 원자론을 고안할 수 없었을 테니까요.

자연을 아는 것도 중요하지만 이제는 인간을 알아야 하지 않을까요? 인간이 자기를 모르고 세계를 안다고 한들 무슨 의미가 있겠어요? 이제 질문이 바뀝니다. 자연(自然)에 대해서 물어보는 자, 즉 스스로에 대해서 물어보는 거죠. "인간이란 무엇인가." 이렇게 자연과 세계에 대한 질문을 인간에 대한 질문으로 바꾼 사람들이 '소피스트(지혜로운 자)'입니다. 이들은 인간이 자연 질서와 다른 인간 나름의 질서를 갖고 있다고 보고, 인간과 인간의 세계에 대해서 묻습니다. "인간은 만물의 척도인가" "법과 정의는 무엇인가" "왜 도덕은 지역에 따라서 다른가" 등등의 연관 질문이 등장하죠.

　　　이런 질문으로 사고의 방향이 '인간'으로 바뀌면서 사고방식도 바뀌었습니다. 자연에는 변치 않는 질서(physis)가 있지만 인간이 만든 도덕이나 법(nomos)의 세계에는 상대적 질서가 있음을 알게 됩니다. 이들은 탈레스와 다르게 질문하고 다르게 생각합니다. 여러분이 잘 아는 소크라테스도 이런 방향에서 "인간은 무엇인가" "나는 누구인가"를 물었죠. "너 자신을 알라!"도 이런 맥락에서 나온 것이고요.*

　　　우리는 "인간이란 무엇인가" "나는 어떻게 살아야 하는가"라는 질문에 계속 답하고 있습니다. 이 질문들은 아직 매듭지어지지 않았습니다. 이런 질문이 열어 놓은 길 위에 이에 대해 사고하려 하는 사람들이 있습니다. 다르게 묻는다면 우리는 다른 길, 다른 사고, 다

---

* 플라톤은 이러저러하게 변하는 것이 아니라 '보편적으로 존재하는 것은 무엇인가'를 물었고, 근대 철학의 기초를 다진 데카르트는 의심할 여지가 없는 '가장 확실한 것은 무엇인가'를 물었죠. 칸트는 '우리는 어떤 조건에서 알 수 있는가'를 물었고, 니체는 '선과 악은 어떻게 만들어졌고, 누가 만들었는가'를 물었죠. 그리고 이런 질문은 철학의 거대한 물줄기를 바꿔 놓았습니다.

른 목표를 추구할 겁니다.

　"역사는 지금 어느 쪽으로 가고 있는가, 발전하고 있는가, 퇴보하고 있는가." "역사에 방향이 있는가." 이 두 질문은 성격이 다릅니다. 첫 번째 질문은 역사에 어떤 방향이 있다고 보고, 그 방향이 발전하거나 퇴보하는지, 이 방향인지 저 방향인지를 묻습니다. 두 번째 질문은 역사에 방향 자체가 있는지를 묻습니다. 두 질문은 서로 다른 사고의 길을 안내하죠. 비슷한 예로 "삶에는 '어떤' 의미가 있는가" "삶에는 의미가 있는가"라는 두 질문은 같은 삶을 다르게 생각하게 합니다.

　이처럼 우리가 생각하는 길은 질문이 이끄는 길이기도 합니다. 철학자는 질문을 통해 우리를 안내하는 사람들입니다. 그들이 훌륭한 답을 주기도 하지만, 꼭 답을 주지 않아도 됩니다. 그들은 새로 다듬어 놓은 질문으로 사고의 길, 삶의 길을 개척하는 선배이자 스승입니다. 여러분도 철학을 공부하면서 이 길을 같이 걸어갈 수 있습니다. 이 길을 걸으면서 여러분도 저마다 나름의 답을 내놓고 나름의 문제를 만들어 보면 어떨까요?

PART 1

인간은 무엇인가

아이에게 《피노키오》를 읽어 주다가 불현듯 어떤 질문이 떠올랐습니다. 주인공이 인형의 모습을 하고 있지만 진짜 사람 같다고 느껴져서 그의 정체는 무엇일까 싶더군요. 이것을 실마리 삼아 피노키오에 대해서 몇 가지 색다른 질문을 해 볼까 합니다.

○   **동화로의 초대**

대부분의 철학 입문 강의는 수강생이 철학을 잘 모른다고 가정하고 기존의 철학자들을 소개합니다. 그리고 그들의 사고를 요령 있게 전달하려고 합니다. 그런데 우리가 그 많은 철학자와 그들의 이론을 알아야 하는 이유는 무엇인가요? 저는 그보다는 철학적 주제나 문제를 중심에 두고, 그것에 관해 나름의 적절한 논의가 펼쳐지는 장이 마련되었으면 합니다.

    저는 여러분이 철학적 지식을 쌓아올리기보다는 저마다 궁금한 문제에 대해서 어떻게 스스로 사고하는 능력을 키울지에 관심이 있습니다. 사실 우리가 공부할 철학적 주제들이 책 속에만 있지는 않습니다. 우리 주변에도 얼마든지 있습니다. 철학도 우리가 살아가는 방식 중 하나이니 삶에서 부딪히는 문제들을 무시해서는 안 되죠.

여러분은 어렸을 때 동화책을 얼마나 읽었나요? 저는 한동안 동화책을 잊고 살다가 아이를 키우면서 읽을 기회를 갖게 되었습니다. 아이 기르는 것이 인간을 이해하는 중요한 길이라는 생각도 들었어요. 아이가 자기 식대로 생각하고, 제멋대로 굴고, 고집 부리고, 참지 못하고, 말도 잘하지 못하는 상태에서 무언가를 요구하며 울어 댈 때 새삼스럽게 '인간'과 마주하게 됩니다. 아이는 동화책을 읽어 달라고 할 때가 많아서 아이와 신나게 놀다가 잠깐 구석으로 도망가 있으면 어김없이 동화책을 들고 오죠.

"아빠,《피노키오》읽어 줘!"

"《피노키오》는 어제 봤으니까 오늘은《이상한 나라의 앨리스》를 읽어 줄까?"

"싫어.《피노키오》가 재미있어. 이거 한 번 더 읽어 줘."

아이가 골라 오는 동화책을 여러 번씩 읽습니다. 같은 일을 반복하는 걸 좋아하지 않는 저로서는 여간 고역이 아닙니다.

집에서 책 읽어 주는 역할을 하다가 학교에서《철학의 이해》《현대 프랑스 철학》등에 대해서 수업하다 보면 저도 모르게 동화에서 본 에피소드가 떠오르는데, 그것들이 철학공부와 무관하지 않았어요. 흥미롭다는 생각이 들었습니다. 동화는 상상력을 키우기도 하고, 의미 있는 내용을 가르치기 위한 이야기 방식입니다. 현실에서 몇 가지 요소를 바꾸어 아이들에게 상상의 공간을 마련해 주고, 인생으로 나가는 데 필요한 교훈을 눈높이에 맞춰 전해 주죠. 동화를 읽는 방식은 많겠지만, 저는 동화적 인물과 사건을 약간 엉뚱한 곳으로 초대하려고 합니다.

○ 그는 사람인가, 인형인가

선생 피노키오를 모르는 분은 없죠. 그렇다면 간단한 질문을 하나 하겠습니다. 걷고 말하고 뛰어다니고 거짓말하는 피노키오는 사람일까요, 아니면 나무 인형일까요?

학생들 …….

선생 질문이 이상한가요? 혼자 사는 제페토 할아버지는 인형을 꽤나 잘 만듭니다. 외로운 할아버지는 이런저런 인형을 만들다가 사내아이처럼 생긴 귀여운 인형을 하나 만듭니다. "나에게도 이런 아이가 있다면 얼마나 좋을까!" 할아버지의 한탄을 천사가 들었을까요? 천사는 밤에 몰래 와서 피노키오를 진짜 아이처럼 움직이고 말하는 존재로 바꿔 놓습니다. 피노키오의 모험은 이렇게 시작되죠. 천사는 피노키오에게 착한 아이가 되면 '진짜 소년'이 되게 해 주겠다고 약속합니다(원작과 다르지만 저는 디즈니 애니메이션의 줄거리로 이야기하고 있어요. 사람들이 더 많이 알고 있는 쪽을 예시로 쓰겠습니다). 피노키오는 우여곡절을 겪다가 고래 뱃속에 갇힌 할아버지를 구하고 쓰러집니다. 이 장면에서 천사는 피노키오를 진짜 소년이 되게 하죠.

제가 '피노키오는 사람인가' 하고 물을 때는 작품의 처음과 끝 부분을 제외하고 묻는 거예요. 그러니까 움직이지 못하는 인형일 때와 진짜 소년이 되었을 때의 피노키오가 아니라 그 과정을 보여 주는 중간 부분에 대해서 물어보는 겁니다. 자, 어떻습니까? 사람처럼 말하고 걸어 다니고 장난치고 할아버지를 고래 뱃속에서 구하는 장난꾸러기 피노키오는 사람일까요, 아닐까요?

연우　피노키오는 사람과 비슷하지만 진짜 사람은 아니지요.

선생　왜죠?

연우　피노키오의 몸은 사람의 것도 아니고 누가 낳아 준 것도 아니잖아요.

선생　생물학적으로 사람 자격이 없다고 보는군요. 마치 기계장치가 사람처럼 움직이는 것과 비슷하다는 건가요?

현진　저는 그렇게 보지 않아요. 피노키오가 사람의 몸을 갖고 있지는 않지만 어느 모로 보나 사람 같지 않습니까? 나무 몸이라도 사람이 할 수 있는 것은 다 하니까 사람으로 볼 수 있을 것 같습니다. 사람 몸을 가지고 있지만 사람답지 않은 경우도 많잖아요. 그런 사람보다 피노키오가 더 인간적이라고 할 수 있습니다.

영진　피노키오는 기계나 인공지능과 달리 풍부한 감정을 갖고 있으니 사람으로 봐도 되지 않을까요?

연우　동화에 나오는 이야기니까 그렇지, 나무로 된 가슴으로 감정을 가질 수는 없어요. 피노키오는 키가 자라거나 몸이 늙지도 않을 것 아닙니까?

선생　'사람파'와 '인형파'로 나뉘는군요. 그러면 《피노키오》에 나오는 한 장면을 조금 다르게 꾸며 봅시다. 피노키오는 학교에 가다가 딴 길로 새죠. 책 살 돈으로 사탕을 사 먹고, 인형극이 보고 싶어서 가짜 표를 사는 등 이런저런 일을 벌이다가 인형극 무대에 서게 됩니다. 피노키오는 다른 꼭두각시와 달리 스스로 움직이고 노래 부를 수 있어요. 무대를 곧 엉망으로 만들긴 합니다만. 어쨌든 극단 단장인 스트롬볼리가 볼 때는 꽤 쓸 만한 녀석이에요. 그는 피노키오를 무대에 세우려고 일단 새장에 가둡니다.

밤새 피노키오를 찾아 헤매던 할아버지가 마침내 피노키오를 곡마단에서 찾았다고 합시다. 그래서 우리는 제페토 할아버지와 함께 스트롬볼리의 불법행위를 경찰에 고소하려고 합니다. 어떤 죄목으로 스트롬볼리를 고소하면 될까요? 검사는 감금죄 또는 어린이 유괴죄로 기소해야 하나요, 아니면 남의 인형을 훔쳤으니 절도죄로 기소해야 하나요?

학생들　…….

선생　여러분이 재판관이라면 스토롬볼리의 행위를 어떻게 판결하겠습니까? 피고 스트롬볼리에게 징역형이나 벌금형을 부과하든지, 집행유예를 선고하든지 해야겠죠. 혹시 이 사람이 무죄라고 주장하는 재판관은 없을까요?

연우　스트롬볼리의 행위가 괘씸하긴 하지만 피노키오가 사람인지 아닌지도 모르는데, 감금죄라고 말할 수는 없지 않나요?

주연 그 사람이 피노키오를 인형이라고 생각하고 새장에 가두었다면 죄가 되나요?

현진 인형이라고 생각하면 군이 가둘 필요도 없죠. 자기 발로 도망가는 인형은 없으니까요.

선생 어떤 판결을 내려야 모두가 고개를 끄덕일까요? 이 질문에 대한 완전한 답을 아는 사람은 아무도 없을지도 몰라요. 더 극적인 가상의 사건을 생각해 볼까요. '마구잡이'라는 난폭한 인물이 있습니다. 이자가 피노키오와 다투다가 피노키오에게 한 방 날렸습니다. 급소를 맞았는지 피노키오는 쓰러지더니 더는 움직이지 않습니다.

제페토 할아버지는 피노키오가 죽었다고 생각해서 울고불고 하다가 경찰에 마구잡이를 고소했습니다. 피노키오를 자식으로 생각하니까요. 검사는 마구잡이를 살인죄로 기소했습니다. 하지만 피노키오를 인형으로 본다면 피노키오가 망가졌으니 가해자인 마구잡이를 기물 손괴죄로 기소해야겠죠. 여러분이 이 사건을 맡은 재판관이라면 어떤 판결을 내리겠습니까?

연우 인형을 망가뜨렸다고 사형이라니요? 살인죄가 성립하려면 피노키오를 사람으로 봐야 하지 않나요?

선생 만약 재판관이 마구잡이가 단순히 인형을 부순 것으로 본다면 기물 손괴죄로 손해배상을 하도록 할 겁니다. 마구잡이는 피노키오를 만든 재료인 나무 값과 인형을 만드는 데 든 수고와 할아버지의 슬픔을 위로할 위자료 등을 합산한 액수를 배상하면 되죠. 제페토 할아버지는 무척 슬프겠지만 배상금으로 다시 피노키오를 만들고 천사가 한 번 더 도와주기를 기대하는 수밖에 없을 거예요.

영진 저는 살인죄로 보기는 어렵지만 피노키오가 거의 사람과 같기 때문에 피노키오를 죽인 자에게 살인죄에 준하는 벌을 주어야 한다고 생각합니다. 그러니까 죄목은 살인죄로 하되 처벌은 좀 가볍게 하자는 거죠.

선생 재미있는 판결이군요. 피노키오가 몸만 나무 인형이지 사람에 준하는 존재이므로 마구잡이가 사람을 죽인 것으로 보되, 처벌은 집행유예 정도로 하자는 거죠? 죄는 죄대로 인정하고 처벌은 인간적으로 하자는 것이군요.

영진 마구잡이가 피노키오를 인간이라고 생각했다면 그렇게 경솔하게 행동하지 않았을 테니 그 점도 참작해 줘야 합니다.

선생 변호인 측에서는 사람인지 모르는 상태에서 죽였다고 주장할 겁니다. 그러면 고의로 한 행동이 아니니 범죄 의지가 없다고 판단해 착오나 과실, 미필적 고의 등과 관련된다고 하겠죠. 어쨌든 고의가 없으면 범죄가 성립하지 않습니다.

시우 이 사건에 어떤 법조문을 적용할지에 앞서 먼저 피노키오가 사람인지 여부부터 밝혀야 할 것 같네요.

선생 맞습니다. 살인죄는 사람을 고의로 죽임으로써 성립하는 범죄이니 피노키오가 사람인지 확인하는 것이 먼저입니다. 이야기를 정리해 봅시다. 제가 이처럼 "피노키오는 사람인가"라고 물어보는 질문은 실제로는 무엇을 묻고 있는 것일까요?

영진   '사람은 무엇인가'를 묻는 것입니다.

선생   바로 그렇습니다. "사람이란 무엇입니까"라고 물으면 평범하고 지루한 질문이 되죠. 그래서 사람 같기도 하고 아닌 것 같기도 한 피노키오를 내세워서 "피노키오는 사람인가"를 물어보았습니다.

이 문제의 정답은 없습니다. 하지만 정답이 없다고 해서 손 놓고 있을 질문도 아닙니다. 답이 없기 때문에 나름대로 답을 만들 수 있고, 또 만들어야 하지 않을까요?

○   **외계 생명체를 죽이면 어떤 책임을 질까**

비슷한 문제를 더 볼까요? 어떤 외계 생명체가 지구 별을 방문해서 사람과 만난다고 가정합시다. 반가운 마음에 지구인이 외계 생명체의 손을 힘주어 잡았는데, 그 생명체의 손에 심한 상처가 났다면 어떻게 될까요? 아니면 지구인과 외계 생명체가 어울려 놀다가 서로 어깨를 부딪쳤는데 그 생명체가 쓰러지더니 깨어나지 않았다면 어떻게 해야 할까요?

피노키오의 경우에서처럼 지구인이 본의 아니게 외계 생명체를 죽이는 일이 일어난다면 '무엇을/누구를 죽였는가'가 문제되겠지요. 반대로 외계 생명체가 사람을 죽인 경우에도 그 생명체에게 책임을 물을 수 있겠죠. 이런 문제를 공정하게 해결할 우주법이 있는지 모르겠지만 우리끼리 이런 경우를 한번 가정해 보는 것도 흥미로울 거예요.

영화 〈로보캅〉을 떠올려 볼 수 있겠죠. 로보캅의 경우에 그에게 총을 쏘는 악당은 그를 죽이려는 의도를 가진 걸까요? 로보캅이 죽는다면 총을 쏜 사람에게 살인죄를 적용할 수 있을까요? 여러분 중 로보캅을 사람이 아니라고 보는 사람은 없나요?

로보캅은 몸은 완전히 개조했지만 자신의 두뇌는 보존하고 있는데, 그럼 사람이라고 봐야 할까요? 사람으로 본다면 로보캅을 죽이려고 총을 쏘고 칼을 휘두르는 인조인간이나 그것을 설계한 자는 살인 의사가 있다고 봐야겠죠. 그나마 우리가 이 문제로 고민할 것을 염려한 감독이 로보캅이 죽는 장면은 만들지 않았으니 다행이에요.

인공지능을 가진 주인공이 나오는 영화가 계속해서 만들어 지고 있습니다. 이런 테크 누아르 영화의 원조 격인 〈블레이드 러너〉 에서 주인공 데커드는 복제인간(리플리컨트)을 죽이라는 명령을 받 죠. 영화를 보면 아주 매력적인 여성 복제인간을 죽이고 싶어 하지 않 는 살인자, 아니 복제인간 파괴 전문가의 심정이 이해되기도 합니다.

영화 속 이야기로 끝나면 좋겠지만, 근미래에 인공지능 로봇 과 관련해 인간의 안전을 위협하는 일이 일어날 가능성은 얼마든지 있습니다. 만약 인간의 목숨을 구하기 위해 누군가 로봇을 죽였다고 하면 그 사람에게 살인죄를 지었다고 할까요? 아니면 인간을 지키고 보호했다는 공로로 상을 받을까요?

분위기를 조금 바꿔 보겠습니다. 우리가 이렇게 피노키오를 놓고 논란을 벌이는 것을 동화작가가 알면 어떻게 생각할까요? 피노키오를 창조한 작가는 피노키오를 어떻게 보는지 한번 살펴보죠. 마지막에 피노키오가 진짜 사람으로 바뀌는 장면을 봅시다. 피노키오가 학교에서 도망쳐 장난감 나라에 가서 정신없이 놀다가 당나귀로 바뀌고, 그곳에서 도망쳐 집으로 돌아오죠. 그런데 말썽꾸러기 피노키오를 찾으러 바다에까지 간 제페토 할아버지는 배가 뒤집히는 바람에 고래 뱃속에 갇히게 되고, 피노키오는 그 소식을 듣습니다.

　　　이때 피노키오는 어떻게 하나요? 피노키오는 앞뒤 재지 않고 그 길로 바다로 달려갑니다. 그러고는 할아버지를 구하기 위해 바다에 뛰어듭니다. 바닷속에서 물고기들에게 할아버지를 잡아먹은 몬스트로를 보았냐고 묻습니다. 몬스트로라는 이름만 듣고도 소름이 끼치는지 물고기들은 다 도망가 버립니다. 그렇게 바닷속을 헤매다가 피노키오도 고래 뱃속에 들어가게 되어 할아버지와 고양이, 금붕어를 만나죠.

　　　　그다음 내용은 여러분도 다 알 겁니다. 피노키오가 꾀를 내어 연기를 피우자 고래가 재채기를 하게 되고, 그사이 고래 뱃속에서 빠져나와 피노키오와 할아버지는 허겁지겁 도망치죠. 정신을 잃은 할아버지를 업고 힘겹게 헤엄치던 피노키오는 기진맥진해서 바닷가에 쓰러지고, 다시 일어나지 못합니다. 이때 천사가 나타나 피노키오를 살려 주면서 진짜 사람으로 변하게 하죠. 피노키오의 소원이 이루어진 거예요.

선생　　이 장면에서 천사는 피노키오의 어떤 행동을 보고 피노키오를 소년이 되게 하나요?

연우 피노키오가 할아버지를 구한 거요.

선생 그렇죠. 그러면 할아버지를 구한 피노키오의 어떤 점을 인간적이라고 본 걸까요?

연우 자기를 희생하며 할아버지를 구한 점을 높이 산 것 같아요.

선생 그러니까 희생정신을 발휘한 피노키오를 사람답다고 보아서 나무 인형의 몸을 사람 몸으로 바꿔 준 거네요.

현진 피노키오의 용기, 아니 사랑을 보고 그런 것 아닐까요?

선생 그런 점을 긍정적으로 볼 수도 있겠죠. 어쨌든 피노키오는 사랑과 희생을 보여 줌으로써 사람다움을 증명해 참된 사람이 된 거군요.

디즈니판이 아닌 원작을 볼까요? 피노키오가 길을 가다가 천사 집에 살던 달팽이를 만납니다. 피노키오는 달팽이에게 우리 엄마(피노키오는 천사를 엄마라고 부릅니다)가 어떻게 되었느냐고 묻습니다. 달팽이는 "네가 하도 말썽을 부려서 엄마가 병이 들었다"고 전합니다. 피노키오는 옷을 사려던 돈을 선뜻 내놓으면서 엄마 치료비에 쓰라고 달팽이에게 주죠. 나중에 피노키오는 할아버지가 앓아눕자 할아버지를 정성껏 간호하고 열심히 일해 먹을 것을 직접 구합니다. 소년 가장

이 된 거예요. 이런 사실을 알게 된 천사는 피노키오를 소원대로 사람이 되게 합니다. 원작은 피노키오가 할아버지를 돌보고 자기 삶을 스스로 책임지는 모습, 바로 착한 아이로 성숙해 나가는 점에 초점을 맞추죠.

어떤 사건 때문에 피노키오가 사람이 되었는지를 꼼꼼히 따지는 것보다 피노키오가 사람이 될 만한 자격을 갖추고 나서야 비로소 사람이 되었다는 점을 짚어 내는 것이 더 중요합니다.

선생 피노키오는 사람답지 않은 존재였다가 사람다운 자질을 갖추면서 유사 사람이 아니라 참된 사람으로 성장하고 그 모습이 바뀝니다. 피노키오는 자기의 노력으로 사람이 된 겁니다. 이런 점에서 《피노키오》는 나무 인형의 '사람 되기'를 보여 줍니다.

영진 《피노키오》는 성장 동화라고 해야겠네요.

선생 그렇죠. 성장 소설도 있습니다. 괴테의 《빌헬름 마이스터의 수업 시대》나 헤세의 《데미안》이 대표적이죠. 자기를 찾아 방황하는 주인공이 다양한 경험을 하면서 자기를 다듬어 나가고 성숙한 인격을 갖추게 되는데, 이를 교양소설(bildungsroman)이라고도 합니다. '알에서 깨어나는 고통'을 겪지 않고서는 결코 자기를 찾지 못하죠.

《피노키오》는 이것을 동화의 세계를 통해 보여 줍니다. 이 작품에서 피노키오가 거짓말을 할 때마다 신기하게도 코가 조금씩 길어지는데, 그 코를 나뭇가지로 착각한 새가 긴 코끝에 날아와 앉는 장면이 있습니다. 작가는 왜 이런 장면을 넣었을까요?

영진 아이들에게 교훈과 재미를 동시에 주려는 의도 아닐까요?

선생 네, 그렇습니다. 아이에게 그냥 '거짓말하지 마라'라고 하면 그다지 효과가 없습니다. "피노키오는 할아버지가 주신 돈으로 책을 샀다고 거짓말을 했습니다. 어, 이게 웬일일까요? 코가 조금 길어집니다. 둘러대다가 또 거짓말을 합니다. 그러자 코가 좀더 길어졌습니다." 이렇게 책을 읽어 주면, 열심히 듣던 아이가 자기 코를 슬쩍 만져 볼지도 몰라요. 혹시 저번에 한 거짓말 때문에 자기 코가 이상해진 것 아닌지 하고 말입니다.

작가는 어린 독자에게 직접적인 설교보다는 간접적인 방식으로 가르쳐 줍니다. '착하게 살라'고 하기보다는 착한 사람이 복을 받고 멋진 사람이 되는 것을 보여 줌으로써 착한 삶을 권하죠. 이를 잘 보여 주는 다른 예가 바로 귀뚜라미 '지미니 크리켓'입니다. 지미니는 양심을 형상화한 거예요. 지미니는 피노키오가 어항의 금붕어를 가지고 장난칠 때부터 피노키오를 따라다니며 해서는 안 될 일을 할 때마다 충고합니다. 피노키오가 볼 때는 잔소리쟁이가 따로 없습니다.* 엉뚱한 짓을 하려고 하거나 잘못된 행동을 할 때마다 우리 안에서 소리 없이 나를 부르는 그 목소리처럼 말입니다. 피노키오는 지미니의 충고를 무시하다가 여우에게 속기도 하고, 당나귀가 되는 등 우여곡절을 겪습

* 원작에서는 초반에 지미니의 충고를 듣기 싫어 하는 피노키오가 책을 집어던지는 바람에 지미니가 일찍 죽고 맙니다. 반면에 디즈니판 지미니는 마지막까지 살아 있죠. '양심은 결코 죽지 않는다'는 것을 보여 주고 싶었나 봅니다.

니다. 피노키오는 지미니가 무척 귀찮지만, 달리 보면 고마운 존재이 기도 합니다. 착한 아이가 되려면 지미니가 충고하는 대로만 하면 될 테니까요.

선생	작가는 피노키오가 성장 과정을 거치면서 특히 도덕적으로 성숙해진다고 봅니다. 앞서 한 질문과 연결해 보면 어떻게 될까요? 작가는 피노키오를 인간으로 보고 있나요?
주연	작가는 표면적으로는 피노키오가 사람이 되는 과정을 이야기하고 있지만, 사실상 사람으로 보는 것 같습니다.
미래	선생님, 그러면 피노키오의 몸이 나무인 까닭은 뭘까요?
선생	중요한 질문이군요. '나무 몸'은 어떤 의미가 있는 걸까요?
영진	피노키오가 진짜 나무 몸을 가졌다는 뜻이 아니라 비유적으로 그렇다는 게 아닐까요?
선생	무슨 뜻이죠?
영진	그러니까 피노키오를 보통 아이들과 쉽게 구별하기 위해서 나무 인형이라고 한 것 같아요.
선생	재미있는 생각이군요. 보통의 어린이와 달리 피노키오의 몸은 나무로 되어 있기에 바로 눈에 띄겠군요. 나무 몸은 피노키오가 아직 '미숙하다'는 점을 한눈에 알아보게 하려는 장치일 겁니다. 이때 나무 몸이라는 것은 신체적 결함이라기보다는 정신적·도덕적 결함으로 볼 수 있겠네요. 실제로 피노키오는 몸이 나무라는 점만 빼고는 보통 어린이의 모습을 하고 있습니다. 나무 몸을 가진 피노키오가 성장 과정을 통해 사람답게 되면서 그에 걸맞게 몸도 사람 몸으로 바뀌어 가죠.
주연	선생님, 그렇다면 어린이들은 피노키오와 같은 존재일까요?

장난치기 좋아하고 거짓말하고 부모님을 괴롭게 하는 점에서 말이에요.

선생 그렇게 볼 수도 있겠죠. 어린이들이 피노키오와 닮았다면 작가도 말썽꾸러기 아이를 모델로 삼아 피노키오를 창조한 게 아닐까요? 피노키오와 달리 사람 몸을 하고 있지만, 어른 눈으로 보면 부족한 점이 많지요. 사람이 되려면 한참 멀어 보이고요. 그러던 아이가 야단맞고 칭찬받는 일을 반복하다 보면 어느새 마음까지 훌쩍 크게 되는 날이 옵니다. 피노키오처럼 도덕적으로 성장해서 어엿한 사람이 되지 않습니까? 이렇게 보면 어린이는 사람 몸을 지닌 피노키오인 셈이에요. 어린이들은 일정한 성장 과정을 거치면서 사회화되고 사회의 구성원이 되죠.

사람은 미숙한 존재로 태어나 차츰차츰 정신적·육체적으로 성장해 가지만 동물은 성숙된 상태로 태어나거나 빠른 속도로 성장합니다. 사람은 연약하고 미숙한 몸으로 태어나 하나둘씩 천천히 배워 나가야 해서 어린이들은 피노키오처럼 철없이 구는 기간이 꽤 깁니다.

먹고사는 기술을 갖고 태어나며 살길이 뻔한 동물과 달리 사람은 자신의 갈 길이 정해져 있지 않습니다. 배우는 과정을 거쳐 자신의 길을 만들어 나가죠. 스스로 자신의 길을 개척한다는 점에서 가능성의 세계에 사는 셈이죠. 인간이 가는 길은 어떤 동물도 가지 않은 미지의 길입니다.

피노키오에 대해 던진 질문이 여러 가지 생각을 하는 계기가 되었는지 모르겠군요. 피노키오가 사람인지 묻는 질문에 이어 다음 장에서는 사람의 본질이 무엇인지, 어떤 점이 사람을 사람답게 하는지 살펴봅시다.

이 장에서는 피노키오 문제에 이어서 '사람이란 무엇인가'를 살펴보고
자 합니다. 인간을 바라보는 몇 가지 관점을 살펴봅니다.

○   슬기인간

사람을 정의하는 방식 가운데 가장 잘 알려진 것이 '이성적 동물
(homo sapiens)'이라는 틀이죠. 이것은 아리스토텔레스의 정의입니
다. 사람은 동물 가운데 하나이지만 다른 종에는 없는 이성을 지니기
에 이성이 다른 종과 구별되는 인간만의 특성이라고 봅니다. 이 틀은
인간을 '슬기인간'으로 보죠.

      그럼 이성(슬기)은 무엇일까요?* 정확하게 정의하기는 어렵
지만 보통 사고하는 능력을 말합니다. 개념을 파악하고 판단하고 추
론하는 능력, 또는 사물을 조리 있게 파악하는 능력이죠. 사실뿐 아니

---

* 이성이 무엇인지에 대해서는 많은 견해가 맞서고 있지만,
  재미있는 것은 이성이 무엇인지를 따지는 능력도 이성이라는 점이죠.

라 바람직한 것(가치)을 판단하는 능력이기도 합니다. 반성하고 비판하는 능력도 포함됩니다. 사람들이 보통 '슬기롭다' '똑똑하다'는 말을 할 때는 단지 계산 능력이 뛰어나고 지능지수가 일정 수준 이상인 것만을 가리키지는 않습니다. 이해력이 뛰어나고, 기억력이 좋고, 논리적 추론을 잘하는 것뿐 아니라 감정이 풍부하고, 미래를 상상하고, 자기를 아는 능력을 갖추었을 때 그런 표현을 씁니다.

그렇다면 피노키오가 슬기 있는 행동을 하는지 볼까요? 피노키오는 생각할 줄 압니다. 아직 이성적으로 조리 있게 사고하는 능력은 부족하지만 생각할 줄 안다는 점에서는 보통의 아이와 별 차이가 없어요. 피노키오는 다리를 저는 척하는 여우와 한쪽 눈이 안 보이는 척하는 고양이에게 속기도 합니다. 여우와 고양이는 피노키오가 곡마단에서 받은 금화 다섯 닢을 빼앗기 위해 돈을 땅에 심고 물을 주면 나무처럼 자라 열매가 주렁주렁 달리듯 돈이 더 많이 열린다고 피노키오를 속이죠. 피노키오는 이런 거짓말을 몰랐기 때문에 속아넘어갑니다. 하지만 한 번 속고 나서는 계속 같은 꾐에 넘어가지는 않아요. 두 번 다시 돈을 땅에 심지는 않을 겁니다. 고래 뱃속에서 할아버지를 구할 때 기막힌 꾀를 쓰기도 하는데, 이런 피노키오에게 사고능력이나 슬기가 없어 보이지는 않습니다.

우리가 '슬기롭다'를 '공부 잘한다'로 본다면 피노키오는 이성적이라고 하기에 부족함이 없어 보입니다. 하지만 동화에서는 착한 어린이가 되기 위해 스스로 반성하고 좀더 나은 사람이 되려고 노력하는 '가치판단 능력'이 중요하다고 보는 것 같습니다.

만약 피노키오를 이성적인 동물이 아니라 이성적인 인형이라고 하면 어떻게 될까요? 생각하는 기계가 이성을 지녔다고 주장할지도 모르겠네요.

이성을 인간만이 지닌 고유한 것으로 본다면 생각하는 AI는 어떻게 봐야 할까요? 이런 기계가 스스로 인간이라고 생각하면 어떻게 될까요? 이 문제는 인공지능의 사고능력을 어떻게 보는지에 따라 이야기가 달라집니다. 혹시 '튜링테스트(turing test)'라는 말을 들어본 적이 있나요?

영화 〈블레이드 러너〉를 보면 복제인간을 테스트하는 과정이 나옵니다. 인간만이 대답할 수 있는 질문으로 대상을 테스트를 하죠. 복제인간은 교묘한 문제들을 요리조리 피해 나가며 인간으로 인정받으려 합니다. 인간만이 대답할 수 있는 질문이란 어떤 것일까요? 예컨대 복제인간이 제작된 시기가 2090년이라면 10년 전 기억, 어릴 때의 기억을 물어볼 수도 있겠죠. 잘 만들어진 복제인간이라면 입력된 기억을 실제 경험처럼 이야기할 겁니다. 인간들은 복제인간이 반란을 일으킬까 봐 두려워하죠. 너무 잘 만들어서 인간과 구별할 수 없어도 곤란하고, 인간 능력에 못 미쳐도 곤란합니다. 아름다운 여주인공(복제인간)은 그 질문들을 무사히 통과하지만 인간이 아니기 때문에, 아니 너무나 인간과 흡사하기 때문에 죽어야(파괴되어야) 하죠. 주인공 데커드는 그녀를 죽이라는 명령을 무시하고 그녀를 돕습니다.

원래 튜링테스트는 사람의 지능지수처럼 기계의 지능을 평가하기 위한 것입니다. 쉽게 설명하면, Q가 단말기를 통해 다른 곳에 있는 H, M과 대화를 합니다. Q의 질문에 때로는 사람인 H가, 때로

정 PART 1
인간은 무엇인가

는 기계인 M이 답한다고 합시다. 이때 Q가 단말기에 나타난 답을 보고 사람인 H의 대답인지, 기계인 M의 대답인지를 구별하지 못한다면 기계 M은 사람 H와 맞먹는 지능을 가졌다고 보자는 거죠. 〈블레이드 러너〉에서는 튜링테스트를 이용해서 사람과 복제인간을 구별하고, 사람이 아닌 복제인간을 없앱니다. 이 테스트는 복제인간의 생존기간을 정하는, 죽느냐 사느냐가 걸린 테스트이기도 하죠. 만약 피노키오에게 이 테스트를 받도록 하면 어떻게 될까요?

좀더 쉬운 이야기를 해 보죠. 이성은 인간에게만 있다고 했습니다. 그런 인간이 가진 능력 가운데 쉽게 알 수 있는 것을 한두 가지 찾아봅시다. 먼저 피노키오가 잘하는 거짓말을 볼까요?

○ 인간의 거짓말

대개 거짓말은 똑똑한 사람이 아니면 못 합니다. 학교에 가지 않고 다른 곳에 갔으면서도 학교에 간 것처럼 거짓말하는 경우를 볼까요? 먼저 표정 관리를 잘해야겠죠. 엄마가 "너, 오늘 학교 안 갔지?"라고 다그쳐도 시치미를 딱 떼고 능청스럽게 거짓말을 해야 합니다. 이때 앞뒤가 맞도록 거짓말을 하는 것이 중요합니다. 학교에 가서 누구를 만났으며 무엇을 배웠는지 그럴싸하게 말해야겠죠. 또 그 시간에 자기가 간 곳과 그곳에서 한 일, 실제로 만난 사람에 대해서는 모른 체해야 합니다.

시간과 사건의 전후관계를 잘 꿰맞추어야 해요. 이런 거짓말을 계속 이어 가려면 실제로 경험한 것과 가짜로 경험한 것이 뒤섞이지 않도록 잘 관리해야겠죠. 머릿속에는 당연히 두 세계가 공존해야 합니다. 이런 까닭에 진실만 말하는 사람보다 거짓말하는 사람의 머릿속은 몇 배 복잡한데, 자기가 숨기고 싶은 진실을 위해 그것을 모른

체하면서 필요한 상황을 꾸며 내야 합니다. 그러니 기억력도 여간 좋지 않으면 안 되겠죠. 사건의 전후관계를 하나라도 소홀히 관리하면 들통이 날 겁니다. 그래서 거짓말하는 사람은 실제 세계에 살면서 동시에 자기가 꾸며 낸 또 다른 세계에서도 살아야 해요.

동물 중에도 지능이 높은 동물은 거짓말이 가능하지 않을까요? 실제로 침팬지는 거짓말을 할 수 있다는군요. 사람의 언어를 배우는 침팬지가 있었는데, 이 녀석은 사람의 말을 꽤나 잘 배워서 영특하다는 이야기를 들었죠. 하루는 동물학 박사님이 잠깐 나갔다 온 사이에 냉장고에 둔 파인애플이 없어졌답니다. 다른 사람은 들어온 적이 없고, 요정이 몰래 꺼내 간 것도 아닌 것 같아 박사님은 그 영리한 침팬지의 소행이라고 생각했어요. 그래서 컴퓨터 자판을 두드려서 물어보았죠. "팬지야, 냉장고에 있는 파인애플 먹었니?" "아니, 파인애플 같은 것은 보지도 못했어. 파인애플이 있었으면 있다고 말하지 그랬어." 이런 식으로 침팬지는 뻔뻔스럽게 버텼다고 합니다. 어이가 없죠?

만약 거짓말하는 능력이 인간에게만 있다면, 피노키오는 더욱 인간적인 존재라고 하겠죠. 길게 늘어나던 코가 그걸 증명하죠. 이런 식이라면 여러분 가운데 거짓말을 한 번도 하지 않는 사람은 인간이길 거부하는 사람이 되는 건가요?

○　　인간의 웃음

인간은 지구에서 유일하게 웃음 짓는 동물이기도 합니다. 우는 동물
은 꽤 있지만 인간 말고 웃는 동물은 없다고 합니다. 소나 개도 슬프
면 눈물을 흘리죠. 새끼가 죽으면 슬피 우는 동물도 있습니다. 엄마 얼
룩말이 사자에게 잡아먹히는 새끼를 멀리서 지켜보면서 슬퍼하는 것
을 티브이에서 본 적이 있습니다. 동물은 즐거워 깡충깡충 뛰기는 해
도 얼굴 근육을 움직이며 웃는 경우는 없다고 해요.

　　　　태어난 지 얼마 되지 않은 아이가 엄마 아빠를 보고 귀여운
표정으로 웃거나 까르륵거립니다. 아기는 6개월 정도 지나야 시력이
0.4 이상으로 발달하니 그저 뿌옇게 보일 뿐이고 소리나 냄새 등으로
엄마를 느끼고 알아보겠죠. 그런데도 엄마의 웃음에 웃음으로 답하는
것을 보면 신기해요. 아기가 엄마를 따라 웃는 것은 아니에요. 마찬가
지로 귀가 들리지 않고 앞을 못 보는 사람도 미소 짓고 웃습니다. 한
번도 웃는 소리를 듣거나 웃는 모습을 본 적이 없는데도 말입니다.

　　　　"웃으면 복이 온다"는 주장도 있어요. 즐거워서 웃는 것뿐
아니라 그냥 웃기만 해도 뇌가 즐겁다고 착각을 하면서 엔돌핀을 만
들어 낸다고 합니다. 그래서 웃을 일이 없어도 웃다 보면 즐거워진다
는 겁니다. '웃는 것은 인간적인, 너무나 인간적인 행위'라고나 할까
요? 하회탈의 웃는 모습은 인간적인 얼굴을 잘 보여 주죠. 희극(웃음)
은 인간세계에만 있습니다.

　　　　피노키오는 어떨까요? 피노키오는 기쁘게 웃을 수 있어요.
몸이 나무라서 웃는 표정을 지을 수 있는지는 모르겠지만 잘 웃는다
는 점에서 피노키오는 인간의 특성을 갖춘 거죠.

　　　　자, 이제 자세를 가다듬고 인간을 바라보는 다른 이론을 살
펴봅시다. 여러분이 지금 앉아 있는 책상은 누가 만든 건가요? 책상

은 인간이 사는 세상에만 있습니다. 그래서 인간이 만든 이 책상은 '인간적인' 대상이죠.

○ **노동하고 도구를 만드는 인간**

우리가 살아가면서 쓰는 주변의 많은 물건은 인간이 만들어 낸 것입니다. 이런 점 때문에 인간을 노동하고 생산하는 존재로 보는 관점이 있어요. 인간 진화의 역사에서 '최초의 인간'은 어떤 특징을 지녔을까요?

우리는 인간다움의 처음을 두 발로 서서 걷기 시작한 데서 찾습니다. 두 발로 서는 것이 왜 중요할까요? 두 발로 설 수 있어야 두 손을 자유롭게 쓸 수 있습니다. 그래야 손에 도구를 쥘 수 있고요. 호모 에렉투스(Homo erectus)는 손에 돌이나 막대기를 쥐기 시작합니다. 또 돌을 깨거나 갈아 쓰기도 하죠. 타제석기(打製石器 깨서 만든 돌)와 마제석기(磨製石器 갈아서 만든 돌)가 인간을 '생산의 길'로 안내합니다. 이렇게 돌을 쓰다가 인간은 청동기와 철기를 만들어 냅니다.

기린, 원숭이, 사람은 높은 나무에 열린 열매를 따먹는 방식이 각각 다릅니다. 기린은 목을 늘이고, 원숭이는 나무를 타고 올라가죠. 저마다 필요에 맞게 자기 몸을 씁니다. 반면 사람은 돌, 장대, 사다리, 톱 등을 만들고 이런 도구를 이용해서 열매를 땁니다.

이처럼 동물은 자기 몸으로 직접 자연과 관계를 맺는 반면, 사람은 도구를 통해서 간접적으로 관계를 맺습니다. 인간은 도구를 이용하면서 자유롭게 생산하는 존재가 되죠. 즉 주어진 자연조건에 덜 얽매입니다. 인간은 다른 동물처럼 자연에 주어진 것들을 수동적으로 받아들이지 않고, 자신에게 필요한 것들을 만들어 내죠. 인간의 의식주를 보면 금방 알게 됩니다.

○　　**먹거리 '찾기'에서 '생산'으로**

인간은 다른 동물과 달리 먹거리를 직접 생산합니다. 인간이 농경과 목축을 시작하기 전에는 어떤 먹거리가 있었을까요? 다른 동물처럼 산과 들에 열린 열매를 따먹거나 짐승, 물고기를 잡았을 겁니다. 채집과 수렵으로 자연이 차려 준 밥상을 찾아 먹었어요. 그런데 자연이 제때에 알맞게 상을 차려 주지 않는다면 어떻게 될까요?

동물이 채집과 수렵 단계에서 만족한 것과 달리 인간은 신석기 후기부터 농사를 지었습니다. 인간의 손안에 쌀이나 밀이 쥐어져 있다고 합시다. 그것을 당장 먹지 않고 땅에 뿌리면 어떻게 될까요? 적당히 기다리면 다시 새싹이 날까요? 글쎄요. 한 알의 씨앗에서 많은 열매가 맺히리라 믿고 농사를 지어 봐야겠죠. 누가 밀이나 볍씨를 땅에 뿌리고 가꾸고 수확하기 시작했을까요? 밀이나 볍씨를 마구잡이로 뿌린다고 해서 싹이 나는 것은 아니죠. 먼저 밭이나 논을 일궈야 해요. 맨 처음에 인간은 그것을 어떻게 알았을까요?

지금의 농부들도 그렇겠지만, 인간은 봄에 씨를 뿌리고 잘 가꿔 가을에 거둘 때까지 헤아릴 수 없이 많은 시행착오를 겪으면서 농사짓기를 배워 나갔을 거예요. 또 동물을 바로 잡아먹지 않고 새끼를 낳을 때까지 기르죠. 그것도 불안해서 다시 한 번 새끼를 낳을 때까지 기다렸다가 그제야 동물을 잡아 식탁에 올립니다. 인내심과 더불어 미래를 예측할 수 있어야 가능한 일입니다.

인간은 먹거리를 생산하는 동물입니다. 먹거리를 생산하는 방식이 인간 삶의 양식을 규정하죠. 양떼를 이끌고 목초지를 찾아다니는 유목생활자는 한곳에 정착해 삶을 영위하는 농경생활자와 다른 방식으로 먹거리를 마련합니다. 그 과정에서 유목생활자와 농경생활자는 다른 생활양식과 사고방식을 가지게 되지요.

먹거리만으로 살 수 없었던 인간은 입을 것과 잘 곳도 만들어야 했습니다. 우리 곁의 다양한 생활필수품도 만들어야 했어요. 그것들은 땅에서 솟아난 것도, 하늘에서 떨어진 것도 아닙니다. 인간은 연필, 책, 책상, 조명기구, 강의실, 도로, 수영장, 발전소, 영화, 컴퓨터, 국가, 예술 작품 등을 만드는 존재가 되었어요. 인간은 생활에 필요한 것들을 생산하고, 이런 생산 활동 덕분에 인간적인 세계가 만들어지고, 그 세계에 사는 인간은 인간다워집니다. 인간은 자신의 생활용품을 생산하는 동시에 자기 자신을 생산하는 존재이죠.

인간이 옷을 입는 까닭은 무엇일까요? 인간은 단지 몸을 보호하기 위해서만 옷을 입지는 않습니다. 아름답게 보이려고 맵시 있는 옷을 입기도 하죠. 화려하게, 품위 있게, 당당하게, 몸매가 잘 드러나게 입는 것은 저마다 목적이 다릅니다. 옷을 만드는 과정도 결코 쉽지 않습니다. 동물 가죽으로 옷을 만드는 것, 직물을 짜서 그것으로 옷을 만드는 것 등을 생각해 보세요. 얼마나 복잡하고 세부적인 기술이 많이 필요한가요? 옷감을 짜고 옷을 만들고 입는 방식은 인간다운 삶과 밀접한 관계가 있습니다.

우리가 사는 공간인 집은 어떨까요? 인간은 나무 위나 동굴에 살지 않아요. 외부로부터의 침입을 막고 편안하게 쉴 수 있는 안식 공간을 만들어 삶의 터전으로 삼습니다. 그뿐인가요? 신전이나 공회당, 극장 등의 건축물은 또 어떤가요? 죽은 자의 집(무덤)을 짓는 것은 어떻고요.

이러다 보니 인간의 역사는 생산의 역사, 노동의 역사이기도 합니다. 물질적·정신적 욕구를 만족시키기 위해서 인간은 노동을 합니다.* 노동을 통해 욕구를 충족하는 산물을 만들고, 노동을 할 때는 도구를 사용합니다. 노동은 어떻게 설명할 수 있을까요? 자연 대상을 인간에게 쓸모 있는 대상으로 변형하는 행위가 노동이죠. 다시 말해 자연 대상을 재료로 하여 우리에게 필요한 틀을 부여하는 작업입니다.

○   **인간의 말**

호모 로퀜스(Homo loquens)라는 말은 인간은 말을 하기 때문에 인간이라고 보는 관점입니다. 인간 생활에서 자기 생각을 표현하고 그것을 다른 사람에게 전하는 '말'이 없다면 지금과 같은 인간의 삶이 가능할까요? 말이 없는 인간세계, 침묵이 지배하는 몸짓만의 세계는 과연 어떤 모습일까요?

말은 음성이라는 물리적인 소리를 이용합니다. 말할 때 소리 자체는 의미가 없지만, 말은 그 소리를 일정하게 조직해서 '아' 다르고 '어' 다르게, '가다'와 '오다'를 다르게, '파란'과 '푸르스름한'을 다르게, '좋아'와 '싫지 않아'를 다르게 만듭니다. 우리의 혀는 이런 정교한 말의 체계를 효과적으로 표현하기 위해 독특한 방식으로 움직이도록 오랫동안 훈련되어 왔습니다. 말을 배운다는 것은 이런 혀의 부드럽고 정교한 운동을 배우는 것이죠. 또한 말은 단순히 소리나 공기의 흐름이 아니라 인간이 필요로 하는 의미를 실어나릅니다.

이런 '말'은 우리의 사고를 담는 그릇이기도 하지만, 그것 덕분에 우리의 사고가 일정하게 조직되기도 합니다. 말을 하지 않고 사고하거나, 사고하지 않으면서 말하는 예외적인 경우를 한번 상상해 보세요.

혼자 있으면서 자기에게 말을 걸 때가 가끔 있어요. 이때 우리는 '말하는 나'와 '듣는 나'로 나뉘죠. 그래서 혼자서도 말을 주고받는 두 사람인 척하며 말하고 듣는 상황을 만들 수 있습니다.

동화 《백조 왕자》는 말의 중요성을 잘 보여 줍니다. 엘리자 공주는 마음씨 나쁜 새왕비의 모략으로 궁에서 쫓겨나고 오빠들은 마법에 걸려 백조로 변합니다. 오빠들은 밤에만 사람이 되는데 정해진 날까지 쐐기풀로 오빠들의 옷을 짜면 다시 사람으로 변할 수 있다고

---

* 노동을 한다고 해서 인간이 동물보다 우월하거나 잘 산다고 할 수는 없습니다. 인간이 선택한 삶의 방식이 동물과 다를 뿐입니다. 들판의 백합은 길쌈하지 않고, 하늘을 나는 새는 씨를 뿌리지 않지만 자연에 기대어 근심 없이 삽니다. 인간은 근심 없이 잘 사는 것만을 추구한다기보다는 삶을 스스로 생산하면서 인생의 주인공이 되는 짐을 짊어집니다. 생산하고 노동하면서 보람을 느끼고, 그 속에서 사회관계를 만들어 내는 존재입니다.

합니다. 단, 그 옷을 다 짤 때까지 말을 해서는 안 됩니다. 우리는 이런 '말할 수 없음'을 '네 오빠들을 구하기 위해 너의 모든 것을 바쳐야 한다. 너는 인간의 모든 것, 가장 소중한 것을 바쳐야 한다. 그것은 바로 말이다'라고 해석할 수 있습니다. 이와 유사한 또 다른 예는《인어공주》이야기입니다. 인어공주는 인간이 되기 위해서 말을 포기하고, 결국 그 때문에 사랑을 잃어버리는 비극의 주인공이 되고 말지요.

　　　카프카의《변신》에 나오는 주인공 그레고르도 생각나는군요. 어느 날 벌레로 변한 그레고르는 자기 식으로 말하지만, 그 소리는 벌레가 내는 소리여서 가족이 알아들을 수 없습니다. 그레고르는 사람들의 말을 알아듣지만, 말을 하지 못한다는 점이 그레고르가 인간이 아니라는 것을 잘 보여 줍니다. 만약 그레고르가 벌레로 변신했지만 말을 한다면 어떻게 될까요?

○　　**꿀벌의 의사소통**

말로 의사소통(communication)을 하는 인간이 보기에 꿀벌의 의사소통 수단은 조금 특이합니다. 꿀벌은 맛있는 꽃가루와 꿀이 있는 꽃을 발견하면 그 위치를 동료에게 알려 주려고 정교한 '8자' 모양의 춤을 춥니다. 이들은 8자 모양 춤의 횟수나 각도로써 꽃의 위치와 거리를 동료에게 알립니다. 벌과 같은 이런 사회성 곤충은 개체라는 의식이 없기 때문에 혼자 벌통을 찾아서 몰래 차지하거나 장소를 속이지 않습니다. 꿀벌에게 이 춤이 없다면 집단생활은 어려울 거예요.

　　　프리슈(K. von Frisch)는 이런 꿀벌의 언어를 알아보기 위해서 벌통의 위치를 옮겨 가면서 춤을 분석했습니다. 꿀벌은 다양한 방식으로 거리와 위치를 표시하는데, 먹이가 멀리 있으면 8자 춤의 동작이 느려져 120미터 거리는 15초에 8회, 몇 킬로미터 떨어진 곳은

15초에 2회 그 춤을 추더라는 겁니다. 각도와 리듬을 전달하는 춤이 있어 다른 꿀벌들은 정확하게 꽃의 위치를 찾습니다. 8자 춤의 각도는 태양의 위치에 따라, 리듬은 바람의 방향까지 고려해 조정한다고 합니다. 게다가 사투리에 해당하는 춤동작까지 있다고 합니다.

프리슈는 설탕통을 라디오 방송탑 위에 올려놓아 보았죠. 정찰하는 꿀벌들이 이것을 보고 동료들에게 정보를 전달했지만 그들은 설탕통이 있는 장소를 찾지 못했다고 합니다. 안타깝게도 그들에게는 '위'라는 말이 없었나 봅니다. 프리슈는 농담으로 꿀벌에게 '위'라는 말이 없는 것은 "구름 위에는 꽃이 피지 않기 때문"이라고 했죠.

어떤 언어학자는 벌들의 언어는 정보를 전달할 수는 있지만 그 언어로 대화를 할 수는 없다고 지적합니다. 대화가 가능하려면 어떤 메시지에 대해서 다른 메시지로 답해야 하죠. 벌들은 정보를 받아서 행동할 뿐, 대답을 하거나 정보에 대해서 이러니저러니 대꾸하지 않습니다. 우리가 대화할 때는 '들은 말에 대해서' 말을 합니다. 즉 대상이 아니라 말에 대한 말(메타언어)을 대상으로 삼죠. 꿀벌들은 정보를 전달할 뿐 서로 소통하지는 않습니다. 인간과 꿀벌은 다른 방식의 의사소통 체계를 갖고 있는 거겠죠.

인간은 인간의 언어가 최고의 의사소통 체계라고 하겠지만 동식물도 나름의 의사소통 체계를 사용합니다. 동물행동학이 지적하듯이 침팬지만 하더라도 꽤 정교한 의사소통 체계를 갖고 있어요. 인간의 말을 배우도록 훈련받은 침팬지는 농아용 언어로 자판을 두드려 100여 개의 기호를 적절하게 사용하고, 또 일정한 추상 능력도 보여 준다고 합니다. 침팬지가 이처럼 상당한 정도로 인간의 언어를 배울 수 있다면 인간만이 말할 수 있다는 주장은 좀 모호해지겠죠. 하지만 인간의 언어가 훨씬 복잡하고 정교하며, 또 이런 언어체계가 현재의 복잡한 인간의 문명과 사고 수준을 가능하게 했을 겁니다.

○　말 못 하는 늑대소녀

다시 피노키오를 생각해 봅시다. '피노키오는 사람인가'라는 질문은 이제 '피노키오는 사람처럼 말할 수 있는가' 하는 질문으로 바뀝니다. 피노키오는 움직이기 시작할 때부터 말을 잘했습니다. 처음부터 "나는 움직이고 걷고 말할 수 있어"라고 말했지요. 말을 배운 적도 없는데 유창하기도 하죠. 피노키오는 인형이지만 '말할 수 있다'는 점에서 인간이라고 하기에 손색이 없네요.

　　　이와 대조적으로 인도의 정글에서 늑대들과 자라서 인간의 말을 배우지 못한 소녀가 있습니다. 이 아이는 말하는 기관을 가지고 태어났지만 한 번도 말의 세계를 경험하지 못했죠. 이미 몸에 익힌 늑대의 말을 버리지 못해서 결국 인간의 말을 배우지 못하고 인간세계 밖에 머물게 되죠. 인간의 언어를 배우지 못한 늑대소녀는 사람답게 되지 못했습니다.

　　　늑대소녀, 《백조 왕자》의 주인공 엘리자, 피노키오를 말과 관련해서 구별해 봅시다. 늑대소녀는 말의 세계 바깥에 있는 반면, 엘리자와 피노키오는 말의 세계 안에 있습니다. 말을 하지 못하는 엘리자는 마음속으로만 말하기 때문에 말의 가능성에 머물러 있습니다.

말하지 못하는 것은 늑대소녀도 마찬가지지만 엘리자와는 다르죠. 늑대소녀에게는 말의 가능성 자체가 없으니까요. 이런 주인공들과 달리 피노키오는 말의 세계* 안에서 현실적으로 말을 합니다.

여전히 피노키오가 궁금한 분들은 잠깐 머리도 식힐 겸 피노키오와 함께 놀이동산에 가 봅시다. 개구쟁이 피노키오의 놀이 실력은 '노는 인간', 호모 루덴스(Homo ludens)라는 틀로 보기에 부족함이 없으니까요.

○   **인간의 놀이 규칙**

'노는 인간(Homo ludens)'이라고 하지만, 인간만 놀이를 즐기는 것은 아닙니다. 강아지도 놀면서 즐거워하는 모습을 보입니다. 강아지 한 마리가 옆에 있는 강아지 귀를 살짝 물면 물린 강아지는 화난 척하거나 재미있어합니다.

놀이는 본능에서 나오는 것일까요, 정신이나 의지에서 나오는 것일까요? 글쎄요, 어찌되었든 놀 때는 모두 재미있어하는데 이런 재미를 어떻게 설명할 수 있을까요? 아이들은 뛰어놀 때도, 장난감을 친구 삼아 놀 때도 즐거워합니다. 게임중독자들은 왜 자신을 내팽개치고 그 놀이에 도취될까요? 신선들 옆에서 바둑을 구경하던 사람은

---

* "너, 나 사랑하니?"
"……"
"대답해 봐! 사랑하지 않는다고 해도 기분 나빠하지 않을게."
"……"
이런 질문의 답을 요구받을 때 아무 말 하지 않는다면
거부나 곤란함을 뜻하는 침묵의 언어를 쓰는 것이죠.
또 우리가 혼자 있을 때 아무 말도 하지 않고 무언가를
생각할 때에도 우리가 말의 세계 바깥에 있는 것은 아닙니다.

왜 자기 도낏자루가 썩는 줄도 모를까요?

놀이는 재미와 긴장이 뒤섞인 것이기에 사람을 열광하거나 몰두하게 만듭니다. 놀 때 느끼는 재미와 긴장을 논리적으로 분석하거나 해석하기는 어려워요. 동물도 논다는 점에서 단순한 기계나 생물학적 존재 이상이라고 할 수 있듯이, 인간이 노는 존재라는 점에서 인간을 이성적 존재로만 볼 수는 없습니다.

이제 놀이에 대해서 살펴볼까요? 놀이는 자발적인 거예요. 명령에 따라 억지로 노는 경우를 생각해 보면 억지로 일하는 경우만큼이나 전혀 즐겁지 않을 겁니다. 아이, 어른, 동물 할 것 없이 어떤 필요나 의무 때문이 아니라 놀이 자체를 즐깁니다.

놀이는 실제 삶의 공간을 벗어납니다. 예컨대 놀이를 위해 금을 그어 놓으면 어떻게 되나요? 구슬치기, 기차놀이, 해적 놀이를 하거나 윷놀이, 농구, 카드놀이를 할 때 그 놀이 공간에는 일정하게 구획된 영역이 있습니다. 놀이하는 이는 이 공간에서 놀면서 일상생활에서 벗어나 자유롭고 일시적인 영역에 있는 셈이죠.

놀이는 일상과 다른 시간 안에 있습니다. 놀이는 시작하는 순간과 노는 과정, 끝나는 순간이 있죠. 놀이는 언제라도 되풀이할 수 있고 놀이에는 순서 바꿈이 있습니다. 자기 차례가 올 때까지 번갈아 가며 놀아야 하죠.

지혜와 어리석음, 참과 거짓, 나아가 선악의 구별을 놀이에 적용할 수는 없습니다. 이를테면 기차놀이를 하는 아이는 장난감을 기차로 여기며 진지하게 몰두하죠. 아이는 놀이에 사로잡히고 매혹됩니다. 이런 놀이를 바보짓이라 할 수 없고, 이 아이에게 참과 거짓을 분간하지 못한다고 야단칠 필요도 없어요. 아이도 이것이 가짜임을 모르지 않습니다.

놀이에는 규칙과 고유한 질서가 있습니다. 이는 놀이에 참여하는 누구에게나 적용되므로 시비를 걸지 않아야 합니다. 왕이건 신하이건 여자이건 남자이건 차이가 없죠. 하나의 놀이에서 피노키오, 할아버지, 여우, 스트롬볼리, 지미니, 천사 모두가 같은 규칙을 따릅니다. 이런 점에서 놀이 참가자는 일상의 자기와 다른 존재가 됩니다. 모두가 놀이 규칙 아래서는 동등한 존재가 되기에 놀이 안에서는 모두가 같은 규칙에 따라야 합니다. 이 규칙과 관련해 이기고 지는 것이 정해지죠. 놀이의 재미는 승패가 뻔하지 않다는 점에 있습니다. 누군가가 항상 이기거나 매번 지기만 하면 놀이가 아니죠. 이런 승패와 관련해 주사위 놀이나 도박은 우연을, 운동경기는 참가자의 능력을 중시하는 점에서 다릅니다.

놀이가 경쟁적 성격을 띨수록 참가자는 긴장하고 진지해집니다. 도박이나 운동이라면 긴장은 절정에 이릅니다. 놀이하는 사람은 꼭 이기고 싶어도 공정하게 놀면서 용기, 끈기, 능력을 발휘해야 합니다. 절대적인 질서에 어긋나면 놀이를 망치고 맙니다. 속임수를 쓸 수는 있지만 그런 경우에도 규칙을 지켜야 하는 점에는 변함이 없죠. 놀이 규칙을 어기면 놀이세계는 무너집니다.*

놀이 가운데 머리를 쓰는 수수께끼 놀이도 있습니다. 이런 머리싸움 가운데 꽤 어려운 것이 고대 그리스의 소피스트들이 즐기던 문답법입니다. 일종의 논쟁인데, 상대방에게 풀 수 없는 문제를 던져

* 어떻게 보면 놀이는 현실보다 더 순수하고 공정한 질서를 갖습니다.
  그래서 놀이는 규칙을 통해 독자적인 질서를 창조하죠.
  사이버 세계에서도 놀이를 위해 현실과 분리된 나름의 질서를 구축할
  수 있습니다. 사이버머니를 사고팔거나, 자기 마을을 지키고, 여행하고,
  서로 동지가 되거나 결혼을 하기도 합니다. 이런 온라인상의 활약과
  관계성은 놀이 안에서 자족적이어야 합니다.

상대를 궁지로 몰아넣는 거죠. 문제(problema)는 '자기 앞에 던져져 있는 것'을 뜻하는 말입니다.

저도 수수께끼를 몇 개 내 보겠습니다 "살아 있는 사람과 죽은 사람 가운데 어느 쪽이 더 많은가." "땅과 바다 가운데 어느 쪽이 더 큰가." "낮과 밤 가운데 어느 쪽이 먼저 시작되었나." 답하기가 만만찮죠. 이제는 답하지 않으면 곤란해지는 예를 하나 볼까요? 여러분에게는 뿔이 있나요? 없다고요? "당신은 뿔을 가지고 있습니다. 왜냐하면 당신은 뿔을 잃어버린 적이 없기 때문입니다. 따라서 당신은 아직 뿔을 가지고 있습니다." 가만히 있다가는 뿔 난 사람이 될 판이죠.

다소 엉뚱한 예들이지만, 이렇게 문제를 던지고 그것에 대한 답을 찾는 놀이는 철학 논쟁과 비슷할 수 있습니다. 철학적 진리를 추구하기 위해 논쟁을 벌이는 문답법도 이런 놀이의 하나라고 하면, 진리 찾기도 진리 놀이에서 다루는 것과 비슷하죠. 상대방이 던진 문제와 대결해 경쟁적으로 진리를 찾는 진리 투기(鬪技) 놀이라고나 할까요? 그리스 철학마을에서는 소피스트끼리, 그리고 그 반대자(소크라테스, 플라톤)들과도 많은 논쟁이 벌어졌죠. 참과 거짓의 놀이에서 과연 누가 진리를 찾을까요?

자유로운 놀이는 놀이 공동체를 만들죠. 다양한 놀이 공간은 인간 문화의 특성을 잘 보여 주는 '또 하나의 세계'이며 인간을 인간답게 합니다. 인간을 노동하고 생산하는 존재로 볼 때 인간은 현실적 필요에 묶여 있죠. 하지만 놀이하는 인간은 그런 필요에서 벗어나 독자적 세계를 만들고, 그 안에서 즐깁니다. 삶의 긴장에서 벗어나 새롭게 창조한 공간에서 활력을 얻죠. 인간의 다양한 문화를 이런 놀이와 관련해 이해할 수도 있습니다.

놀이는 인간만이 즐길 수 있는 것은 아니지만, 인간은 놀이를 통해 인간다운 세계를 창조합니다. 만약 피노키오가 놀이를 통해 삶의 즐거움을 얻는다면 충분히 '인간답다'고 할 수 있습니다. 피노키오를 인간이 아니라고 보더라도, 피노키오가 인간의 놀이에 참여하는 만큼 적어도 인간적이라고 볼 수는 있겠죠. 주위에 너무 진지하게 노느라 밥때를 놓치고 인생의 숙제도 잊은 채 다른 세계에 가 있는 사람이 있나요? 이렇게 노는 사람을 '놀면서 인간 되기'에 열심히 참여하고 있는 사람이라고 생각해 보면 어떨까요.

생산 활동을 통해 기본 욕구인 의식주를 해결하면 인간의 욕망은 채워지고 더 바랄 게 없을까요? 여러분에게 진리를 알고 싶은 욕망이 없다면 이 강의는 필요 없을 거예요. 배는 부르지만 진리에 굶주린 사람이 있다면 그는 배부른 데 만족하는 동물을 넘어선 것이죠. 인간은 끊임없이 욕망을 지닌 존재이기도 합니다. 욕망은 어떤 점에서 인간에게 고유한 것일까요?

○   **욕망에 욕망을 더하면**

인간을 '욕망을 지닌 인간'이라는 뜻의 호모 데지데란스(Homo desiderans) 또는 '인간적 욕망'으로 이해하는 틀이 있습니다. 욕망은 욕구와는 다릅니다. 몸이 필요로 하는 만큼 음식을 먹었다고 합시다. 그러면 배가 부르니 삶의 목표를 이룬 건가요? 우리는 그냥 배불리 먹는 것뿐 아니라 더 맛있고도 몸에 좋은, 심지어 먹어도 살찌지 않는 음식을 찾게 됩니다. 배가 부를수록 이런 욕망은 다채로워집니다. 먹는 문제가 해결되면 욕망은 잠잠해지기는커녕 더 다양해지고 까다로워집니다.

걸어 다니는 사람이 자전거를 바라고, 자전거가 생기면 자동차를 원하게 되고, 자동차를 가지게 되면 더 좋은 차나 새 차를 꿈꾸게 되죠. 욕망 곁에는 또 다른 욕망들이 줄서 있습니다. 집이 없어 전세로 사는 사람은 '조그만 아파트라도 있으면 더 바랄 것이 없겠다'고 하다가, 천신만고 끝에 15평 아파트를 마련하면 곧이어 25평 아파트를 장만하려고 각오를 다집니다. 이것을 어렵게 이루면 '적어도 40평에는 살아야지' 하고 생각하죠. 욕망은 항상 내 손에 쥔 것을 별것 아닌 것으로 여기게 하고 다른 것을 선망하게 만들죠. 욕망은 내가 소유하는 속도보다 항상 몇 걸음 앞에서 손짓하며 부릅니다.*

인간이 이런 물질적 소유욕만 지닌 것은 아닙니다. 욕망의 대상은 얼마든지 다양합니다. 다른 사람에게 인정받고 싶은 욕망(타인이 자신을 인정하지 않고 무시하면 얼마나 서럽습니까), 누군가를 사랑하고 싶은 욕망(사랑이 없는 삶은 얼마나 쓸쓸한가요), 이왕이면 좋은 학교나 회사에 들어가고 싶은 욕망, 자신보다도 자식이 잘되길 바라는 욕망(부모와 자식을 모두 힘들게 하는 경우가 많죠), 구속에서 벗어나 자유로워지고 싶은 욕망, 그런가 하면 누군가에 기대거나 어딘가에 귀속되고 싶은 욕망, 권력과 명예와 성과 진리를 향한 욕망 등 인간의 욕망 목록은 수없이 많습니다.

지상의 욕망을 이루고 나면 사후 세계를 향한 욕망이 찾아옵니다. 잘 먹고 잘 살았으니 천국에도 가야 하고, 못 먹고 못산 사람은 억울해서라도 천국에 가고 싶죠. 천국행 표를 파는 역에는 셀 수 없이 많은 사람이 줄을 서 있다고 하네요. 누가 표를 파는지 모르겠지만 말입니다.

욕망에는 항상 불만족과 결핍감이 따라다닙니다. 욕망이 작으면 더 행복해질지도 몰라요. 바라는 게 적으면 가진 것만으로도 행복하니까요. 반대로 바라는 게 많으면 아무리 채워도 항상 허전하고

---

* 돈—욕망은 어떤가요? 과연 얼마나 많은 돈을 벌어야 돈—욕망에 빠진 사람이 만족할 수 있을까요? 전세계의 돈을 다 모은다 해도 여전히 불만스러운 얼굴로 "돈이 전부가 아니야"라고 하면서 다른 것을 바라고 그것을 얻기 위해 목숨을 걸지도 모르죠.

부족한 것이 더 크게 보이죠. 욕망에 시달리는 한 만족과 행복은 저만치에서 웃으며 내게 손짓합니다. 욕망은 잡힐 듯 잡히지 않지만 잡고 나면 시들해지죠.

　　　이런 점 때문에 욕망을 무조건 억제하거나 없애야 할 것으로 보아야 할까요? 그렇지는 않아요. 만약 인간에게 이성만 있고 욕망이 전혀 없다면 로봇과 같은 존재가 되겠죠. 로봇처럼 입력해 놓은 욕망만 추구한다면 과연 좋을까요? 전통적인 도덕이나 종교는 욕망을 적절하게 억제하고, 잘 관리하는 것을 중요한 목표로 삼았습니다.

　　　피노키오의 경우는 인간적인 욕망을 가졌다고 볼 수 있을까요? 피노키오도 많은 욕망을 갖고 있죠. 그 욕망이 할아버지와 천사가 바라는 바와 달라서 문제아가 됩니다. 《피노키오》를 성장 동화로 본다면 욕망을 적절하게 억제하는 능력을 갖추어 가는 것이 성숙한 인간이 되는 길이겠죠. 그러나 동화 밖에서는 어떠한 금지나 비난으로도 없앨 수 없는 것이 인간의 욕망입니다. 욕망을 완전히 제압하더라도 어느 순간 욕망이 다시 고개를 들고 새로운 사건을 만들죠.

○　　**사랑의 욕망**

욕망에는 못 말리는 면이 있어요. 누군가를 좋아하거나 사랑에 빠지는 순간을 생각해 봅시다. 슬기인간은 어떻게 사랑하게 될 사람을 한눈에 알아볼까요? 사람들은 하늘에서 미리 정해 준 자신의 천생연분을 운명처럼 딱 보고 알 수 있었다고도 말합니다. 첫눈에 반한 경우죠. 이때 사랑에 넋을 잃은 주인공은 상대방에 대해 무엇을 알고 있을까요? 어쩌면 아는 것이 거의 없을지도 모릅니다. 하지만 가슴에 이는 불길은 그런 무지를 뛰어넘어 자신의 모든 것을 태우려고 하죠. '아, 나는 저 사람을 만나려고 태어났나 보다.' 이렇게 해서 한 치 앞도 볼 수 없는 사랑의 역사가 시작됩니다.

이런 극적인 예 말고 평범한 예도 많습니다. 소개팅에 나갔던 친구에게 물어볼까요? "어땠어?" "딱 보니까 벌써 아니더라고." "처음 봤을 때부터 왠지 기분이 묘하더라고. 끌리는 느낌이었어. 그런데 그 사람은 날 어떻게 생각할까?" 이렇게 별로 아는 것도 없고, 이야기를 충분히 나누지도 않았는데 이미 감을 잡습니다. 이후에 상대와 이야기를 주고받는 것은 그런 자신의 감을 확인하기 위해서죠. "뭘 좋아하세요?" "영화 ○○를 보신 적이 있나요?" "○○에 가 본 적 있나요? 같이 가실래요?"

처음 보았지만 자기에게 맞는 짝인지 아닌지를 잘 아는 듯합니다. 순식간에 사랑의 화살이 가슴에 박히고 나면 "그 사람을 못 보니까 사는 재미가 없어" "종교가 다르면 어때, 사랑하는데" 등 평소와 다른 말을 합니다. 이제 밥맛도 없고, 가슴은 떨리고, 마치 구름 위를 걷는 듯하고, 이유 없이 열이 나기도 하죠. 큐피드의 화살은 가슴을 뜨겁게 하나 봅니다. 그래서 그/그녀와 만나기 위해 온갖 핑계를 만들고, 조금이라도 호감을 살 만한 일이라면 서슴지 않고 유치한 짓은 다 골라서 하죠. 사랑의 나무에 꽃을 피우는 데는 의외로 그런 유치한 짓들이 자양분이 됩니다.

사랑의 씨앗이 뿌려지면 세상은 온통 그들만의 것으로 바뀌죠. "너는 길이요, 생명이니, 너를 통하지 않고는 나의 삶은 아무런 가치도 없고, 태양이 사라진 암흑 속을 헤매는 것과 같도다." 이렇게 말할 정도면 슬기인간의 자랑인 이성은 잠자고 있습니다. 나중에 이성이 깨어나면 내가 자존심을 버린 이유를 찾거나, 상대방의 치근거림에 대비하는 대책을 마련해야죠. 슬기를 지닌 인간이 왜 이런 어리석은 짓을 할까요? 사랑할 때 우리는 자신의 의식이나 의지대로 살지 못합니다. 그래서 프로이트(S. Freud)가 무의식의 강한 힘을 이야기했나 봅니다.

더 간단한 경우를 볼까요? 누군가를 하염없이 좋아하는 사람에게 물어봅니다. "너, 그 사람이 왜 좋니? 어떤 점이 좋아?" 하지만 의미가 없는 질문입니다. 좋아하는 사람은 자기가 좋아하는 이유를 모릅니다. 그냥 괜히 좋은데 남들이 물으니 적당한 이유를 찾아내는 슬기를 보이지만, 이 슬기는 처음이 아니라 나중에 옵니다.

그렇게 야단스럽게 굴던 사랑의 광기가 영원한 것은 아니어서 언제부터인지 그 사람이 싫어지고 꼴도 보기 싫어집니다. 보고 또봐도 보고 싶다더니, 이제는 피해 다니기도 합니다. 어떤 이유로 같은 사람이 천사였다가 갑자기 아무것도 아닌 존재로, 더없이 미운 사람으로 바뀔 수 있나요? 사랑에 빠지기와 사랑에서 빠져나오기에서 보듯이 욕망의 움직임은 기묘하고, 그 힘을 제어하기는 쉽지 않습니다. 왜 그럴까요? 이런 욕망에는 슬기가 알기 힘든 어떤 힘이 숨어 있는게 아닐까요?

○   **무의식의 심연**

욕망을 긍정적인 것으로 보는 견해 가운데 가장 두드러진 정신분석학의 주장을 잠깐 살펴보겠습니다.

프로이트는 이성이나 의식을 중심으로 삼고 욕망을 부차적이거나 부정적인 것으로 보는 견해*는 바람직하지 않다고 봅니다. 그는 인간 의식 너머에 의식의 힘으로 통제할 수 없는 무의식의 심연(深淵)이 숨어 있다고 봅니다. 의식의 영역은 빙산의 일부분에 지나지 않으며, 의식으로는 포착되지 않는 빙산의 숨은 부분(빙산의 10분의 9는 보이지 않죠)이 인간의 욕망을 이끈다고 봅니다. 우리의 자아는 무의식의 거센 바다 위를 위태롭게 항해하는 배이거나 자기보다 힘센 말을 타고 있는 사람과 같습니다.

그에 의하면, 무의식적 욕망은 성적 욕망이자 근친상간적 욕망이기에 의식은 무의식을 억눌러야 하죠. 강렬한 힘과 종잡을 수 없는 에너지로 넘실대는 어둠의 대륙을 억누를 수 있을까요? 이런 점에서 인간은 자기이면서도 동시에 자기가 알지 못하고 통제하기도 힘든 낯선 타자를 갖고 있습니다. 그 타자가 자기의 통제를 받지 않기 때문에 인간은 자기의 지배자가 아닌 거죠.

한낮에 이성적인 눈빛으로 주변 상황과 사물을 살피는 사람에게서 무의식적 욕망을 찾아보기는 어렵죠. 술자리에서 술에 취해 흐트러진 경우에도 무의식은 잘 드러나지 않습니다. 술자리가 무의식의 경연장이라면 프로이트는 온갖 술집을 돌아다니면서 무의식을 연구했겠죠. 그런 곳에서는 눈 씻고 찾아보아도 무의식의 세계는 안 보

---

* 욕망 자체를 악으로 보는 사람도 있습니다.
연극 〈신의 아그네스〉에서 금욕주의가 몸에 밴 수녀 아그네스는 자신의 임신과 그에 따른 일련의 사건을 받아들이지 못합니다. 사건을 숨기기 위해 자기를 속이는 것이 아니죠. 자신을 마리아로 혼동하는 그녀는 자신을 신의 생명을 잉태한 순결한 여인으로 여기죠. 아그네스는 욕망을 자기 것이 아니라고 봅니다. 이런 틀은 자기와 자기 안에 있는 내부의 적인 욕망(자기 아닌 것)을 무찌르는 내전(內戰)을 강조합니다. 욕망을 사악한 요소로 보고, 욕망을 억압해야만 인간답게 된다고 생각하죠.

입니다. 프로이트가 보기에 무의식이 드러나는 지점은 실수, 꿈, 신경증 등입니다. 즉 의식이 대수롭지 않은 것으로 여기는 실수와 착오, 의식의 검열이 소홀해지는 잠든 틈을 타서 슬쩍 자기 욕망을 그려 내는 꿈, 억압된 무의식이 신경증으로 나타나는 히스테리나 강박증 등. 프로이트는 실수는 우연한 것이 아니고 의식의 의도와 무의식의 의도가 함께 작용한 것이며 우리가 지나치는 실수들에 무의식적 욕망이 숨어 있다고 봅니다. 이렇게 보면 실수에도 의미가 있으므로 실수는 진지한 심리 행위라고 할 수 있지요.

이런 영역은 의식의 주의를 끌지 않고 욕망을 잘 숨기면서 순간순간 욕망의 힘이 의식의 약한 부분을 뚫고 나오는 지점입니다. 예를 들어 국회의장이 개회를 선언해야 하는 마당에 "그러면 이것으로 본회의를 마치겠습니다"라는 어처구니없는 실수를 한다면 한바탕 웃음이 터지겠죠. 프로이트는 이처럼 헛나온 말에도 원인이 있고, 어떤 의미가 담겨 있다고 봅니다.*

○ **꿈과 신경증을 통한 소망 충족**

꿈은 어떤 의미를 가질까요? 꿈은 아무런 의미가 없는 공상의 산물일까요? 아니면 우주의 비밀을 알려 주려는 신성한 존재의 계시를 위한 장치일까요? 프로이트는 꿈을 인간의 소망을 충족하려는 (Wunscherfüllung) 시도로 봅니다. 꿈이 '소망을 충족한다'는 이야기는 의식이 금지하는 성적 욕망을 의식의 검열을 피하기 위해 왜곡된 형태로 표현한다는 뜻입니다. 드러난 꿈 내용과 숨겨져 있는 잠재적 '꿈 생각(Traum-gedanken)'은 거의 일치하지 않습니다. 꿈에서 드러난 내용은 무의식의 욕망을 표현하기 위한 것인데, 의식에게 숨기기 위해 왜곡되게 표현하니 꿈꾼 당사자도 꿈의 내용을 이해하기 힘들죠. 드러내기 위해서 숨기고, 숨기면서 드러내는 이상한 숨바꼭질이어서 그렇습니다.

프로이트는 이처럼 꿈이라는 알아보기 힘든 텍스트에도 의미가 있고 그것을 해석할 수 있다고 봅니다. 그는 꿈 텍스트를 만드는 방식을 '꿈 작업(Traum-arbeit)'이라 하고, 이것을 해독하는 작업을 '꿈 해석(Traum-deutung)'이라고 부릅니다. 꿈 작업은 일종의 왜곡 작업으로 무의식은 꿈의 여러 요소를 뭉뚱그려 압축(Verdichtung)하거나 자리바꿈(Verschiebung)해서 중요한 것과 중요하지 않은 것을 뒤바꾸는 방식으로 복잡하게 상(像)을 만듭니다.

예컨대 꿈속에서 돼지를 보았거나, 계단을 힘겹게 오른다거나, 기분 좋게 하늘을 난다거나, 좁은 곳을 비집고 들어가는 꿈을 꾸었다고 합시다. 돼지를 본 꿈은 아이를 갖게 될 태몽이나 복권을 사라는 계시로 볼 수도 있겠죠. (그런데 누가 이런 계시를 하기 위해 내 꿈에 들어왔을까요?)

프로이트는 이것을 자신의 무의식적 욕망이 왜곡되고 은폐된 형태로 나타난 것으로 봅니다. 꿈에 나타난 돼지는 우리가 아는 그 돼지가 아니죠. 돼지는 숨겨진 의미와 무의식적 욕망을 담고 있습니다. 계단을 오르는 꿈이나 하늘을 나는 꿈은 그의 말에 따르면, 야한 내용을 숨기는 꿈이라고 할 수 있습니다.*

---

* 프로이트는 우리가 글자를 잘못 읽거나 잘못 쓰거나 말을 잘못 듣거나 물건을 찾지 못할 때, 아는 사람 이름이 갑자기 생각나지 않는 경우들에도 어떤 의도가 숨겨져 있다고 봅니다.

⁑ 이런 꿈들이 어떤 욕망을 담고 있는지 궁금한 분은 프로이트의 《꿈의 해석》을 읽어 보세요. 이런 꿈 해석이 맞다면 자기 꿈을 이야기하는 것은 자신의 은밀한 욕망을 남에게 보여 주는 것과 같죠. 물론 그 꿈을 읽으려면 해석할 실력이 필요합니다.

프로이트는 히스테리나 강박증 같은 신경증(Neurose)에서도 무의식적 욕망이 잘 드러난다고 봅니다. 환자는 신경증 증상이 갖는 의미를 잘 모르죠. 정신분석은 치료 과정에서 은폐된 무의식을 환자가 의식해 자각하도록 함으로써 억압된 욕망을 해소시킵니다.

여러분은 신경증에 관한 이야기가 자신과 무관하다고 생각하겠지만 사실은 그렇지 않습니다. 신경증 환자의 욕망이나 정상인의 욕망은 근본적으로 다르지 않습니다. 다만 그 욕망을 표현하는 방식이 다를 뿐입니다.

정상인은 신경증 환자에 비해 자신의 강한 성적 욕망을 잘 은폐하고 억제합니다. 정상인도 밤에 꿈을 꿀 때에는 무의식적 욕망의 나라에 삽니다. 반면 신경증 환자는 낮에도 꿈을 꾸는 것처럼 자기 욕망을 히스테리나 강박증을 통해 고통스럽게 표현하죠. 극단적으로 이야기하면 낮과 밤의 차이가 정상과 비정상의 차이입니다. 이 차이가 엄청난 차이로 보이나요?

○ **쾌락 원칙과 현실 원칙**

프로이트는 무의식적 욕망이 욕망을 곧바로 만족시키려고 한다는 점에서 '쾌락 원칙'을 따른다고 봅니다. 의식적 자아는 이런 겁 없고 위험한 무의식적 욕망을 현실 조건에 맞추어 조정하기 위해 '현실 원칙'을 내세우죠. 이 원칙은 현실에 맞추어 욕망 충족을 미루거나 억제합니다. 인간의 욕망이 여과되지 않고 그대로 표출되면 사회가 유지될 수 없겠죠. 그래서 무의식적 욕망을 적절하게 억누르고, 연기하거나 승화시켜야 합니다. 즉 현실 원칙에 따라야 하는 거죠.

프로이트는 모든 남자아이가 아버지를 죽이고 어머니와 동침하는 운명의 희생자가 된 오이디푸스의 무의식적 욕망을 갖는다고 봅니다. 마땅히 무의식의 세계로 쫓겨나야 할 욕망이겠죠. 남자아이는 어머니를, 여자아이는 아버지를 욕망의 대상으로 삼아서는 안 되죠. 이런 욕망을 억누르거나 그 에너지를 우회시켜야 가족과 사회의 질서가 마련될 겁니다.

승화(Sublimierung)는 현실적으로 충족될 수 없는 욕망을 현실에서 인정받을 만한 다른 목표로 바꾸는 것입니다. 이를테면 성적 욕망을 학문 연구, 예술 활동, 사업 등에 쏟는 거죠. 수학 선생님을 향한 연정을 수학 공부로 돌리거나 자신의 욕망을 예술혼으로 불태울 수도 있겠죠. 인간은 사회 구성원으로서 자신의 성적 욕망을 현실에 맞게 조절하고 수정하거나 억제해야 합니다. 그래서 프로이트는 인간의 문화가 성적 욕망을 성적이지 않은 욕망으로 만드는 데 바탕을 둔다고 봅니다. 좀 단순하게 표현하면 우리는 문화를 택해 욕망을 현실 원칙에 알맞게 조절하거나 억누르든지, 아니면 쾌락 원칙에 따라 문화를 파괴하든지 양자택일을 해야 한다는 겁니다.

프로이트는 인간이 문명을 건설하는 것은 항상 성적 불만족을 대가로 지불하는 것이라고 합니다. 그러려면 쾌락 원칙을 희생해서 현실 원칙에 따라 '조절된 욕망'에 만족해야 하고 억제되거나 미루어진 욕망을 받아들여야 합니다. 이것에 따르지 못하는 개인은 신경증에 걸릴 수도 있습니다. 여러분은 지금까지 이런 욕망 길들이기를 잘해 왔나요?

　　그러면 왜 무의식적 욕망에 문화를 파괴할 위험 요소라는 낙인이 찍혔는지 봐야겠군요. 프로이트는 무의식의 욕망을 그리스 비극의 주인공인 오이디푸스를 모델로 삼아 설명하죠. 남자아이의 첫 성적 충동은 어머니를 향하고, 첫 증오 대상은 아버지라고 봅니다. 아버지를 대하는 아이의 태도는 이중적이죠. 어머니와 하나가 되는 것을 금지하는 아버지는 증오의 대상이지만 남자아이는 아버지와 같아지려는 동일시를 추구하기 때문에 아버지를 존경하기도 합니다. 이렇듯 (의식적) 사랑과 (무의식적) 증오가 공존하며 갈등하는 콤플렉스를 어쩌면 좋을까요.

　　프로이트는 이렇듯 아무도 말할 수 없고 누구도 감당하기 힘든, 깊은 곳에 숨어 있는 인간의 비밀을 보여 줍니다. 그러니 지금도 그렇지만 당시에 얼마나 많은 비난을 받았을지 짐작이 갑니다. 프로이트는 아버지가 실제로 아이에게 "네가 날 죽이려 하는군" 하며 위협하거나 "엄마와 결혼해서는 안 된다"라고 말하지는 않지만 마치 아버지가 그런 얘기를 한 것처럼, 또는 아이가 그런 경고와 위협을 받은 것처럼 행동한다는 점이 신기하다는 겁니다.

○　　**햄릿은 왜 복수를 주저하는가**

《햄릿》의 주인공을 오이디푸스 콤플렉스와 관련지어서 살펴볼까요? 햄릿은 아버지의 유령이 아버지의 억울한 죽음을 알리며 "정의를 실현하라"고 요구하는데도 자기에게 주어진 복수의 임무를 자꾸 미룹니다. 왜 그렇게 주저할까요? 여러분은 햄릿이 왜 망설이며 괴로워했다고 보나요?

　　괴테가 이야기하듯 사고의 과잉 때문에 행동이 벽에 부딪쳐서일까요? 아니면 성격이 병적이고 우유부단해서일까요? 사실 햄릿은 극중에서 단호한 행동을 몇 번 보여 줍니다. 커튼 뒤에 숨어서 엿듣던, 연인 오필리아의 아버지를 단칼에 찌르기도 하죠. 그가 창백한 사색가 스타일이라 해도 오랜 숙고 끝에 할 일이 정해지면 누구보다도 단호하게 행할 겁니다.

프로이트는 어떻게 볼까요? 햄릿이 해야 할 일은 아버지를 죽이고 어머니와 결혼한 백부(현재의 왕)에게 복수하는 것이죠. 그런데 햄릿은 백부를 죽이지 못합니다. 극중극에서 아버지가 독살되는 장면을 본 백부가 괴로워하는 것을 보고 햄릿은 백부가 아버지를 독살했음을 확신하는데, 그럼에도 햄릿은 망설입니다.

프로이트가 볼 때 햄릿의 유년기의 억압된 소망, 즉 자신도 아버지를 죽이고 어머니와 결혼하고 싶은 오이디푸스적 욕망을 대신 실현한 인물이 백부입니다. 그래서 햄릿이 복수하고자 하는 증오심은 바로 자기 욕망에게 가하는 비난, 양심의 가책으로 바뀌어 그를 괴롭힙니다. '나는 백부보다 더 나은 인간이 아니다.' 프로이트는 햄릿의 무의식적 욕망에 주목합니다. 햄릿에게 이런 욕망이 없다면, 그로 인해 괴로워하지 않았다면 왜 망설였을까요?

이야기를 가까운 곳에서 풀어 볼까요? 여러분은 어떤 사람을 결혼 상대로 찾나요? 여성은 남편감으로 아버지 같은 남성을, 남성은 어머니와 닮은 여성을 찾는 경향이 있답니다. 남자가 결혼을 허락받기 위해 여자 쪽 집에 첫인사를 하러 갈 때 누구를 조심해야 할까요? 예비 사위를 대하는 장인과 장모의 태도는 사뭇 다릅니다. '같은 남자끼리니까 잘 통하겠지. 장인어른도 옛날에 나 같은 경험이 있을 거야' 하고 맹랑한 생각을 한다면 큰코다칩니다. 딸 도둑에게 갖는 장인의 반감을 대수롭지 않게 생각하는 거죠. 어릴 때부터 딸을 아껴 온 아버지의 심정을 먼저 헤아려 보고, 이런 사랑이 마음의 어떤 심층의 움직임과 관련있는지도 생각해 봐야 합니다.

프로이트의 관점에서 보면, 유아나 어린이에게는 성적 욕망이 없다는 편견이 성적 존재인 아이들을 이해하는 데 걸림돌이 됩니다. 아이들도 나름대로 사랑과 성적 욕망의 세계에서 꽤나 복잡한 경험을 하고 있습니다.

다시 피노키오를 마주해 봅시다. 《피노키오》에는 무의식에 관한 이야기는 없는 것처럼 보입니다. 주인공의 도덕적 성장을 주제로 한 동화여서 더 그렇습니다. 기껏해야 아버지 역할을 하는 제페토 할아버지에 대한 반항이 보이고, 어머니 격인 천사를 향한 주인공의 애정이 그를 도덕적 성숙으로 이끌어 가는 점 등을 읽을 수 있죠.

우리는 《피노키오》에서 배제된 무의식의 세계를 읽을 수 없기에 피노키오가 무의식의 주인공이다, 아니다를 말하기 어렵습니다. 동화에 그려진 대로 본다면 피노키오는 무의식의 세계와 성적 욕망이 낯섭니다. 이런 주인공을 프로이트가 본다면 피노키오는 그다지 아이답지도 않고 인간적이라고 하기에도 부족한 점이 많습니다. 만약 피노키오가 무의식을 갖고 있으면서도, 우리가 모르도록 잘 숨기고 있다면 인간적이라고 할 수 있겠죠. 드러낼 수 없는 무의식적 욕망을 가진 피노키오가 그것을 정상적인 형태로 소화할 때 피노키오는 정상적인 인간이 될 겁니다. 프로이트의 관점에서 보면 인간이 되는 것은 무의식을 갖는 것이고, 또한 무의식에 휘둘리는 것이기도 하니까요.

○ 자기 자신에 대해서 질문하는 존재

우리는 인간을 이해하는 몇 가지 관점*을 가져와 피노키오에게 적용해 보았습니다. 이 가운데 어떤 관점이 바람직할까요? 어떤 관점이 피노키오 문제에 적절한 답을 줄까요? 이를테면 '슬기인간'을 주장하는 이론가는 자기 관점으로 인간의 모든 것을 설명할 수 있다고 여길 겁니다. 또 다른 이론가는 자기 관점이야말로 인간의 모든 점을 완벽하게 설명할 수 있다고 하겠죠.

제 생각에는 어떤 관점도 인간의 모든 것을 완벽하게 설명할 수는 없을 것 같습니다. 인간에 대한 '이론'보다 인간이 훨씬 더 복잡하니까요. 대개의 이론은 인간의 다양한 현상 가운데 본질적이라고 판단한 것에 초점을 맞춥니다. 본질적이지 않다고 여기는 것들은 제외하죠.

그래서 한 이론은 인간의 한 측면을 다른 측면보다 더 잘 설명하고 더 진지하게 설명할 수 있습니다. 또 이론을 평가하는 쪽에서도 인간의 어떤 점에 관심이 있고 어떤 현상을 알고 싶은지에 따라서 참고할 이론이 달라지기도 해요. 이런 이유로 다양한 이론의 전시장

---

* 우리가 살펴본 것 외에도 다양한 관점이 있습니다.
예컨대 죽는 인간, 문화적 존재인 인간, 이미지를 만들고
이미지 안에 사는 인간, 공동체를 만드는 정치적 인간,
공격적 인간, 미학적 인간, 상징적 인간, 기생하는 인간,
학습하면서 자기 가능성을 자유롭게 실현하는 인간 등
많은 관점이 있습니다.

에서 자기가 찾는 이론을 적절하게 고르는 눈이 필요하죠. 다양한 주장과 이론의 소용돌이 속으로 빨려들고 싶지 않다면 여러분 스스로가 앞에 놓인 이론들을 판단해야 합니다.

　　자신의 관점을 세우는 방식에는 여러 가지가 있습니다. 여러 관점 가운데 가장 유력한 하나를 택하거나, 몇 가지 관점을 종합하거나, 자기 판단력을 못 믿는 사람은 모든 관점을 모조리 참고하거나, 그것도 아니라면 이 모든 관점을 무시하고 자기가 직접 새로운 관점을 만들거나. 여러분 중에 "선생님 입장은 무엇입니까"라고 묻는 사람도 있을 겁니다. 제가 다양한 관점 가운데 하나를 고르면 여러분은 제가 골랐다는 이유로 그것을 따라할지도 모릅니다.

　　바람직한 질문은 이렇습니다. "제가 보기에는 이런 점 때문에 이 이론이 타당하고, 저 이론은 이런 점을 설명하지 못한다고 봅니다. 선생님께서는 어떻게 생각하십니까?" 이렇게 묻는다면 선생도 자신의 생각을 이야기하게 되겠죠. 이처럼 자기주장을 하기 위해서는 근거를 제시하고, 자기 관점이 다른 관점에 비해 어떤 면에서 우월한지를 제시해야 합니다.

　　한 가지 놓쳐서는 안 될 질문이 있습니다. 누가 '인간이란 무엇인가'라고 묻고 있나요? 이런 질문을 바로 인간이 한다는 점이 재미있습니다. '동물은 무엇일까' '개미는 무엇일까' '박테리아는 무엇일까'라고 묻는 것과 인간이 스스로 누구인지를 묻는 것은 성격이 많이 다르죠. 인간은 자기 자신에 대해서 묻는 존재입니다. 자기를 알고 싶어 하기 때문이죠. 다른 동물도 그 자신에 대해서 궁금해하며 알려고 하는지 모르겠지만 말입니다. 자기 정체성(identity)을 찾으려고 스스로 이런 질문을 한다는 점에서 '인간은 대단하다'고 칭찬할 수도 있지만 이것이 갖는 부정적인 면도 주목할 필요가 있습니다.

　　인간이 '인간이란 무엇인가'라고 물을 때, 답하는 자가 누구입니까? 바로 질문을 한 인간입니다. 인간은 이렇게 스스로에 대해서 묻고 답하면서 자신이 다른 모든 동물 가운데 가장 뛰어난 존재라고 생각하고 싶어 합니다. 우리가 사는 지구에서 인간이 최고의 존재이며, 인간을 위해서 이 지구가 있다고 생각하죠. 이런 태도가 과연 바람직할까요?

　　인간은 자신에 대해 묻고 답하면서 나름대로 객관적이고 공정한 눈을 가지려고 노력합니다. 그러나 이런 탐구 과정에 인간적 가치관, 인간 중심적 사고방식과 선입견이 스며들지 않을 수 없습니다. 우리가 이런 점을 자각한다면 문제를 보고 답하는 조건 자체를 좀더 냉정하게 보게 될 겁니다.

　　'인간이란 무엇인가'라는 질문은 인간 밖에서 인간을 볼 때가 아니라 인간 안에서 인간을 볼 때 성립합니다. 우리가 '자연이란 무엇인가' '바람이란 무엇인가' '우주란 무엇인가' '문화란 무엇인가' '상징이란 무엇인가' 등을 묻는 것은 이런 자신에 대한 질문과 밀접한 관련이 있을 겁니다. '자연을 보호하자' '동물을 보호하자'라는 주장은 '인간을 보호하자'는 주장을 좀더 세련되게 표현한 것이죠.

　　마찬가지로 '신은 무엇인가'라고 질문할 때도 사실은 신에 관심이 있는 것이 아니라 그렇게 질문하는 인간 자신에게 관심이 있는 것이 아닐까요? 어쨌든 신은 개미나 코끼리의 신이 아니라 '인간의 신'이고, 인간세계에 의미를 주는 신이기 때문이죠. 이처럼 인간의 모든 질문은 인간 자신에 관한 질문을 바탕에 깔고 있습니다.

인간에 대한 정확한 정의를 모른다고 할지라도 우리가는 살아가면서 인간을 이해하고 인간에 관해서 주장을 하는 셈입니다. 동화작가 콜로디(C. Collodi)도 '인간이란 무엇인가'에 답하기 위해 《피노키오》를 썼고, 도스토옙스키나 카프카도 인간을 탐구하기 위해 글을 썼던 거죠. 음악을 작곡한 사람도 자기 나름대로 인간을 밝히고 있습니다. 사업을 하거나 일상을 살아가는 사람들도 나름대로 인간을 알아 나가고 인간과 관계를 맺습니다.

'걷고 말하고 장난치는 피노키오는 사람인가'라는 질문에 답하기는 쉽지 않습니다. 우리는 피노키오 문제와 비슷한 문제를 지금도 풀고 있고, 앞으로도 이와 유사한 문제와 매번 마주하면서 '인간은 무엇인가'라는 질문에 답해야 할 겁니다. 어떻게 보면 인간은 인간이 무엇인지 잘 모르고 있습니다.

PART 2

진리와 가설 사이에서

1   과학적 귀납명제는 타당한가

이번 장에서는 한동안 과학마을을 떠들썩하게 한 귀납법을 살펴보고자 합니다. 과학이 귀납법을 통해서 찾은 진리들은 어떤 성격을 갖는지, 이 진리들이 가설에 지나지 않는다는 비판을 제시하는 포퍼(K. Popper)의 과학철학을 살펴봅시다.

○   **블랙 스완의 등장**

선생   오늘 다룰 주제는 과학적 명제, 좀더 정확하게는 귀납명제가 타당한지입니다. 관련된 질문을 할게요. 물은 몇 도에서 끓습니까?

바다   섭씨 100도에서 끓습니다.

선생   그러면 모든 까마귀는 검습니까?

바다   당연히 검죠. 까마귀는 원래 검지 않습니까?

선생   그러면 모든 백조는 흴까요?

하얀   저희가 철학을 잘 모른다고 바보 취급하시는 거예요?

선생　그럴 리가요. 여러분은 제가 문젯거리도 안 되는 것을 물어 본다고 생각할 겁니다. 하지만 이 질문은 강의가 끝날 때까지 우리를 괴롭힐지도 몰라요.

귀납명제를 살피기 전에 먼저 몇 가지 명제를 볼까요 이런 말을 아무렇지 않게 하는 사람들이 있죠. "한국 사람은 시간 약속을 안 지킨다." "한국인은 부지런하다." 명제는 '주어＋술어' 형식으로 어떤 주장을 하고, 그 주장을 분명하게 확인할 수 있는 것이어야 합니다. 그런데 방금 든 예들은 그런 형식에 잘 맞지 않죠. 다른 예를 볼까요?

    ① 모든 물은 섭씨 100도에서 끓는다.

    ② 힘은 물체의 질량에 가속도를 곱한 크기다. (F＝m×a)

    ③ 모든 백조는 희다.

    ④ 모든 까마귀는 검다.

    ⑤ 삼각형은 내각의 합이 180도이다.

      원은 둥글다.

      두 점 사이의 가장 짧은 거리는 직선이다.

    ⑥ 이 삼각형은 흰색이다.

      이 원은 저 원보다 크다.

    ⑦ 사각형은 둥글다.

      원은 세 변을 갖는다.

이런 명제들은 주장하는 바가 분명해서 참/거짓을 가릴 수 있습니다. ⑦은 분명히 거짓이죠. ①~⑤ 중에도 거짓 명제가 있을까요? ③이 거짓입니다. 호주에서 실제로 검은 백조가 한 마리 발견된 적이 있다고 합니다. 그렇다면 백조는 '대부분' 희지만 '반드시' 흰 것도, '모두' 흰 것도 아닙니다.

이제 명제의 종류*를 나누어 볼까요? 이 명제 가운데 ①~④ 는 귀납명제이고, ⑤와 ⑦은 연역명제입니다.

○   연역명제와 귀납명제는 어떻게 다른가

귀납명제와 연역명제는 어떻게 다를까요?

앞의 ①~④는 귀납명제이죠. "모든 물은 섭씨 100도에서 끓는다"는 과학명제나 "모든 까마귀는 검다"는 명제가 그 성격이 귀납적이라는 점에서 같다는 점을 기억해 두세요.

먼저 연역명제를 볼까요? ⑤와 ⑦이 연역명제이죠. "원은 둥글다" "두 점 사이의 가장 짧은 거리는 직선이다" "삼각형은 내각의 합이 180도이다" 등은 참인 연역명제입니다. 그리고 "사각형은 둥글다"와 같은 것은 연역명제이지만 거짓이죠.

이 가운데 "원은 둥글다"는 명제가 타당한지 알아보기 위해 우리가 컴퍼스를 사용해 원을 그리고, 그 원들을 조사해 보고 나서 "모든 원은 둥글다"고 할 필요는 없습니다. 왜 그럴까요? 원이란 바로 한 점(중심)에서 같은 거리에 있는 모든 점의 집합을 말하기 때문이죠. 그래서 중심에서 반지름이 같은 점들을 모두 이으면 원이 되어

* ①~⑤는 '모든' 경우를 대상으로 삼는 전칭명제이고,
⑥은 '이 삼각형' '이 원'을 문제삼으므로 하나의 경우에 대해서만
타당성을 주장하는 단칭명제입니다.
그리고 '많은 한국 사람은……'이나 '대부분의 경우에……'와
같은 명제는 주장하는 범위가 그 '부분'에 대한 것이죠.
이런 경우를 특칭명제라고 합니다.

야 합니다.

이때 '둥글다'는 내용은 주어인 '원'에 이미 들어 있어서 그 주어로부터 이끌어 내면 됩니다. 이런 연역명제는 원에 관한 정의를 알면 참/거짓을 쉽게 가릴 수 있습니다. 따라서 "사각형은 둥글다"는 명제는 당연히 거짓입니다.

그런데 명제 ⑥은 사정이 다릅니다. 이 삼각형이 흰색인지, 이 원이 큰지에 관한 내용이 주어에 들어 있지 않습니다. 삼각형이나 원을 규정한 정의에 '크다' '희다' 같은 성질은 들어 있지 않죠. 그래서 그것이 사실인지를 살펴보아야 합니다. 이 명제들은 귀납명제입니다.

"모든 까마귀는 검다"는 귀납명제를 봅시다. 까마귀가 검은지, 검지 않은지 알려면 우리는 수고스럽지만 까마귀들을 직접 관찰해야 합니다. 즉 감각 경험을 통해 '검다'는 사실을 확인해야 합니다. 어떤 사람은 까마귀를 한 번도 보지 못했지만 다른 사람들의 이야기를 듣거나 사진을 보고 '검은가 보다' 하고 생각할 수도 있어요. 그 경우에도 다른 사람이 이미 그 사실을 확인했기 때문에 문제는 없죠.

이제 귀납법을 사용하는 과학명제의 예를 살펴봅시다. 과학자들은 관찰이나 경험을 통해 사실을 수집한 뒤 그것을 일반화해서 귀납명제를 만듭니다. "모든 물은 섭씨 100도에서 끓는다"는 명제는 어떻게 얻을 수 있나요? 물을 들여다보기만 하는 것으로는 이런 명제를 만들 수 없고, 이 명제는 경험 또는 (더욱 엄격하게 조정된 경험인) 실험을 통해 얻을 수 있습니다. 한두 번의 실험이 아니라 굉장히 많은 실험으로요. '가끔' 참인 명제가 아니라 '항상' 참인 명제를 구해야 하기 때문이죠.

과학자들은 개미나 꿀벌처럼 부지런히 관찰하고 실험하죠. 이는 가능한 모든 경우를 확인하려는 것이고, 이렇게 하나하나의 개별 결과들을 모으고 그것을 일반화해서 과학명제를 만듭니다. 이런 명제는 귀납적입니다.

① 모든 물은 섭씨 100도에서 끓는다.
② 전기입자들 간의 인력은 그것의 하전량(荷電量)의 곱에 비례하고, 거리의 제곱에 반비례한다.(쿨롱의 법칙)

이들 명제는 보편적으로 참이라고 여겨집니다. 즉 모든 경우에 타당한 것, 진리로 여겨지지요. 이런 주장이 의심스러우면 누구든 똑같은 관찰이나 경험을 통해 그것을 확인할 수 있습니다.

○   **한 번이라도 틀린다면**

과학자는 항상 참인 것을 찾습니다. 이런 것이 바로 진리니까요. 그러면 진리가 어떤 것인지 알아야겠죠?

무엇이 진리인지에 대한 논의가 아직 완전히 매듭지어지진 않았지만, 보통 진리는 명제와 그것이 가리키는 대상이나 사실이 일치하는 것이라고 봅니다. "까마귀는 검다"는 명제는 실제로 까마귀가 검다는 사실과 일치할 때 참이죠. 비가 오는데 "오늘 날씨가 맑다"고 하거나, 강아지를 보고 "저것은 망아지다"라고 하는 것은 사실과 어굿나므로 진리가 아닙니다. 반대로 "가발은 가짜 머리카락이다"라는 명제는 참이죠. 진리는 모든 경우에 참이어야 합니다. 어떤 경우에는 맞다가 다른 경우에는 틀리면 그것은 진리가 아니죠.

진리는 변덕을 부리지 않습니다. 모든 경우에 예외 없이 항상 참이어야 하죠. 예외를 인정하는 진리는 없습니다. 진리는 장소나 시간에 따라 변하지 않습니다. 진리를 말하는 사람이 누구이건 사람에 따라 달라지지도 않죠.* 과학적 진리도 과학자나 다른 사람들의 주관적 감정이나 이해관계, 가치관 등에 따라 바뀌어서는 안 됩니다.

그렇다면 귀납적으로 얻어진 과학명제는 항상 참일까요? 아니면 대부분의 경우에는 참이지만 특수한 경우에는 거짓일 수도 있을까요? 그것이 한 번이라도 거짓이라면 이 명제는 참이 아니죠. 백만 번 타당하더라도 한 번 틀리면 참이 아닙니다. 진리라는 이름표는 쉽게 달 수 있는 것이 아니죠.

이처럼 과학명제가 진리인지 문제삼는 것은 이른바 귀납명제를 정당화하는 문제와 연관됩니다. 과학의 사활이 걸린 중요한 문제이죠. 이런 명제가 보편타당한 참이 아니라면 과학이 세운 거대한 건축물은 무너질 위험에 처할 것이고, 끊임없이 오류의 위협을 받을 겁니다. 그러면 귀납명제의 한 예인 "모든 까마귀는 검다"는 명제를 통해 이 문제를 살펴봅시다. 그런데 이런 질문을 할 수도 있어요. "많은 귀납명제를 두고 꼭 까마귀를 다루어야 합니까? 또 까마귀 명제가 과학과 무슨 관계가 있습니까?"

그런 질문을 할 만합니다. 하지만 앞서 지적했듯이 까마귀 명제도 관찰을 통해 얻은 귀납명제이고, 그 명제의 성질도 다른 귀납명제와 같다고 했죠. "모든 물은 섭씨 100도에서 끓는다"는 명제나 "모든 까마귀는 검다"는 명제는 명제를 만드는 방식이나 타당성의 범위에는 차이가 없습니다. 다만 느낌이 좀 다를 뿐이죠.

"모든 까마귀는 검다"는 귀납명제를 통해 이 명제가 모든 까마귀에게 타당한지, 아니면 몇몇 경우나 대부분의 경우에만 타당한지 알 필요가 있겠죠. 즉, 그 타당성의 범위를 명시할 필요가 있습니다. 그런데 "까마귀가 검다"는 명제가 참이 되려면 몇 마리쯤 조사해야 할까요? 모든 까마귀가 검다고 하려면, 말 그대로 '모든' 까마귀를 조사해야 하겠죠. 과연 한 마리도 빠뜨리지 않고 조사할 수 있을까요?

"아니, 모든 까마귀 색깔을 조사할 시간이 어디 있습니까? 적당한 수의 까마귀를 조사하는 것으로 충분하지 않나요?" 이렇게 말하기 쉽습니다.

그런 생각도 무리는 아닙니다. 하지만 "모든 까마귀는 검다"는 명제가 의심스럽거나 사소한 것이라면, "모든 물은 섭씨100도에서 끓는다"는 명제도 마찬가지로 의심스럽고 사소한 것이라는 점이 문제입니다. 자, 자세를 가다듬고 과학명제의 보편타당성과 관련해 귀납법이 참일 수 있는지 살펴봅시다.

○ **귀납명제를 어떻게 만들까**

문제를 분명하게 하기 위해 "모든 까마귀는 검다"는 귀납명제를 만드는 방식을 알아봅시다. 먼저 밖으로 나가 까마귀들이 있는 곳을 찾

---

* 과학 실험의 경우, 관찰 결과가 참이라면 같은 조건으로 어린아이가 실험해도 같은 결과가 나와야 합니다. 누가 관찰하건 항상 같은 결과가 나와야 하니까요. 이렇게 진리는 언제, 어디서, 누가 주장하더라도 항상 같은 것이어야 합니다. 칸트의 용어를 빌려 표현하면, "진리는 보편타당한 것이고, 필연적으로 참인 것"입니다.
보편타당하다(all-gemein-gültig)는 것은 말 그대로 '모든 경우에(all) 한결같이(gemein) 타당하다(gültig)'는 뜻입니다.

아야 합니다. 그러고 나서 까마귀의 색을 관찰해야겠죠. 까마귀1을 조사하고 까마귀2, 3, 4, 5를 조사하고, 계속해서 까마귀를 관찰해 나갑니다. 계속 관찰해서 그 결과를 모읍니다. 이렇게 관찰한 개별 사례를 빠짐없이 모아 그것을 일반화하는 거죠. 그래서 몇몇 까마귀가 아니라 "모든 까마귀는 검다"는 전칭명제를 만듭니다. 이 방식을 귀납추론이라고 합니다. 이를 추론 형식으로 표현해 보죠.

까마귀1은 검다.
까마귀2는 검다.
까마귀3은 검다.
    ⋮
까마귀n은 검다.

———————————————

그러므로 모든 까마귀는 검다.

이때 귀납명제가 타당한지는 관찰한 까마귀의 수가 얼마나 많은지와 관련이 있겠죠. 만약 15마리를 살펴보고 내린 결론이라면 이 명제를 타당하다고 볼 수 없을 겁니다. 조사한 것보다 조사하지 않은 사례가 더 많으니까요. 그래서 그 타당성이 극히 제한된, 믿거나 말거나 수준의 명제일 것입니다. 까마귀의 수가 187만 6,543마리라면 어떨까요? 앞의 사례에 비해 신뢰도가 크게 높아졌지만, 이 정도로 '보편타당하다'고 할 수 있을까요? 이것도 모자란다고요? 까마귀의 수가 5억 마리라면 어떨까요? 이제 타당성의 범위가 아주 넓어졌고, 신뢰도도 엄청 높아졌죠. 그렇지만 모든 경우에 타당한 걸까요? 여전히 안심할 수 없습니다.

"아니, 도대체 까마귀가 몇 마리나 있단 말입니까?"라고 말하는 사람도 있겠죠. 글쎄, 그걸 누가 알겠습니까? 모든 까마귀를 조사한 것이 아니라 단지 많은 수의 까마귀를 조사했다는 것만 분명할 뿐입니다.

"모든 물이 섭씨 100도에서 끓는다"는 한마디 말을 하기 위해, 그것이 타당함을 보여 주기 위해 우리는 관찰과 실험의 수를 최대한 늘려야 하죠. "아, 인생은 유한한데 이런 엄청난 과제를 풀어야 한다고?" 하며 한탄하는 분들은 꿀벌 같은 과학자들이 얼마나 많은 관찰과 실험을 통해서 수많은 명제를 만들어 왔는지 아는 순간, 그들의 근면함과 지루함을 견디는 인내에 감탄할 겁니다.

이처럼 귀납주의자들은 (연역주의자들이 연역명제를 다루면서 책상머리에서 진리를 찾는 것과 달리) 엄청난 노력을 들이면서도 그것이 보편타당한지 확신하기 어렵습니다. '검은 백조의 등장'처럼 엉뚱한 곳에서, 과거나 미래의 어떤 시점에서 한 번이라도 반대 사례를 발견하게 된다면, 그 명제를 버릴 수밖에 없기 때문입니다. 보편적 진리를 찾는 일은 결코 쉽지 않습니다.*

○ **과학철학**

귀납법에 관한 문제가 생겨난 맥락을 제대로 알려면 철학사의 한 장

---

* 귀납법을 놓고 일찍이 영국의 경험주의 철학자 흄(D. Hume)이
"인과법칙이 타당한 것이라고 볼 수 없다"는 유명한 반대 주장을
한 까닭에 수많은 철학자와 과학자가 괴로워했습니다.
흄은 인과법칙이 습관에 바탕을 둔 주관적 신념에 지나지 않는다고
비판했고, 과학자들은 이 주장 때문에 할 말을 잃었습니다.

면을 볼 필요가 있습니다. 과학의 진지함과 그 위력에 매료된 한 학파의 주장을 들어 볼까요? 빈(Wien) 학파는 논리실증주의(logical positivism)를 제시합니다. 이들은 지금까지 수많은 형이상학적 주장이 우리를 잘못 인도했다고 봅니다. 형이상학적 명제들이 인간의 경험과 인식 범위를 뛰어넘는 무책임한 명제들을 마구 만들어 냈다는 거죠. 예를 들면 이런 것들입니다.

① 영혼은 죽지 않는다.
② 신은 인간을 사랑한다. 신이 세계를 창조했다.
　신은 전능하다.
③ 세계는 공간적으로 무한하고, 시간적인 시작은 없다.

이들 명제는 경험적으로 확인되지 않은 인간의 영혼이나 신, 세계에 대해 주장합니다. 논리실증주의자들은 이런 무의미한 명제 대신에 과학명제를 통해 세계에 관한 올바른 인식을 마련하자고 주장하죠. 즉 이들은 과학과 형이상학(비과학)을 구분하고, 과학의 유의미한 명제와 형이상학의 무의미한 명제를 대비시켜 무의미한 명제들을 일소하자고 제안합니다. 위의 명제들은 확인되지 않은 과학 너머의 세계에 대한 진리를 보여 주는 것처럼 보이지만, 믿을 수도 없고 우리가 현실 세계를 이해하는 데 아무런 도움도 되지 않는다는 거죠. 그리고 이런 종류의 명제들은 참도 아니지만, 거짓도 아닌, 즉 참과 거짓을 밝힐 수 없는 것이죠. 그래서 그런 무의미한 명제를 버리고 이제부터 과학명제만을 추구하자는 겁니다.

논리실증주의자들은 과학과 비과학을 나누는 기준의 하나로 검증(verification) 원리를 제시합니다. 이 원리는 세계에 대한 진리를 찾기 위해 경험적 관찰이나 실험으로 명제를 검증하고 참과 거짓을 밝히려는 원리입니다.

이 원리에 비추어 "신은 존재한다"와 같은 명제를 검증할 수 있을까요? 이 명제는 종교인에게는 중요한 의미가 있는 명제이지만, 신의 존재를 경험적으로 검증할 수는 없습니다. 즉 경험적으로 그것이 참인지, 거짓인지를 확인할 도리가 없으므로 검증 자체가 불가능합니다. 그래서 이들은 경험세계에 관한 객관적 지식을 주는 과학을 제외한 어떠한 것도 진리나 의미를 지닌 것으로 보지 않습니다.*

○   **무슨 소리야, 검증해 봐야지**

그렇다면 검증 가능성에 대해 살펴봅시다. 검증 가능한 것이란, 말 그대로 경험에 의거해서 검사할 수 있는 모든 것을 말합니다. 이러한 경험적 검증을 통해 대상의 참과 거짓을 가릴 수 있고, 이러한 검증은 귀납법을 사용합니다.

논리실증주의자의 주장에 따르면, 과학은 경험세계의 진리를 찾는 유일하게 정당한 방식입니다. 이런 급진적 주장은 현대 형이상학의 퇴조와 과학기술의 급격한 발전과 맞물려 있지요. 과학의 전도사라고 할 수 있는 이들은 가장 합리적인 인식을 통해 세계와 인간에 관한 참된 지식을 마련할 수 있다고 봅니다. 이들은 형이상학의 청

---

* 비과학적 명제는 아무 쓸모가 없을까요?
모든 명제를 과학의 기준으로 평가해야만 할까요?
① 철희는 착하다.
② 사람은 선하게 살아야 한다.
③ 이 꽃은 아름답다.
④ 보티첼리의 그림 〈비너스의 탄생〉은 아름답다.
논리실증주의에 충실한 이들은 이 명제 가운데 ①과 ②는
객관적 사실이 아니라 도덕적 가치판단과 관련되기 때문에,
그리고 ③과 ④ 같은 미학적 판단도 주장하는 사람의 정서적 태도와
관련되기에 참이나 거짓을 이야기할 수 없다고 봅니다.

소부를 자처하면서 경험적으로 검증할 수 있는 영역 안에서 보편적 진리를 추구합니다. 또 신비와 독단에 휩싸인 기존의 모호한 지식의 요술들을 제거하고 과학적 방법을 통해 모두가 공유할 수 있는 객관적 지식만 인정하자고 하죠.

이 주장을 하나의 명제로 요약하면 '경험적으로 검증해서 참으로 판정된 모든 명제는 타당하다'가 되겠네요.* 우리는 이런 주장 자체가 올바른 것인지 따져 볼 수도 있지만, 그보다 먼저 이런 주장이 실현 가능한지 살펴봅시다.

자, 물이 끓는 온도(비등점)를 조사하는 실험을 볼까요? 이들의 주장대로라면 물이 일정한 조건에서 몇 도에 끓는지 알기 위해서는 해당되는 물의 모든 경우를 조사해야 하지 않을까요? 여기서 귀납법의 문제에 부딪치게 됩니다. 물을 일일이 끓이면서 측정하는 것도 큰일이지만, 이렇게 하면 많은 자원을 낭비하겠죠. 점점 물이 부족해지는 지구의 실정을 고려한다면 이런 과감한 실험은 자제해야 합니다. 오히려 물을 끓이는 실험보다는 까마귀 색을 조사하는 쪽이 더 간단해 보이네요.

○   **귀납추론만 믿다가**

여기 귀납법을 확신한 한 마리의 닭이 있습니다. 과학의 위력을 우연한 기회에 알게 된 닭은 귀납적 일반화가 신뢰할 만하다고 굳게 믿었습니다. 닭은 양계장에서 행복한 시간을 보내고 있었지요. 닭은 태어나서 주인을 위해 아무것도 한 일이 없는데도, 주인은 끼니 때마다 한 번도 거르지 않고 꼬박꼬박 모이를 주었습니다. 닭이 제시하는 추론을 봅시다.

주인의 손은 경우1에 모이를 준다.

주인의 손은 경우2에 모이를 준다.

주인의 손은 경우3에 모이를 준다.

⋮

주인의 손은 경우k에 모이를 준다.

────────────────────────

그러므로 주인의 손은 항상 모이를 준다.

똑똑한 닭은 이런 추론 결과에 만족하고 자신의 미래를 걱정하지 않았습니다. 그러던 어느 날, 주인 손에 모이통 대신 칼이 들려 있었습니다. 다음 이야기는 차마 말할 수 없군요. 우리는 닭의 죽음보다는 귀납추론의 목을 비틀려 하는 주인의 칼에 주목해야 합니다. 종합해 보면 닭의 추론과 주인의 추론이 근본적으로 달랐던 거죠.

이 사건 이후에 일부 지역의 닭들 사이에서는 "귀납법은 믿을 만한 것이 아니다"는 주장이 돌았다고 합니다. 이런 닭들의 수군거림이 아니더라도 귀납법에서는 몇 번째 경우에서 기존의 검증 사례와 다른 경험이 나타날지 눈을 부릅뜨고 지켜봐야 합니다.

귀납추론에 대한 순진한 믿음을 이용해 많은 사람에게 고통을 안기는 사기꾼의 이야기도 종종 뉴스에 등장합니다. 사기꾼은 자

---

* "명제는 검증할 수 있어야 한다"는 주장이 귀납명제에만 주목하고, 연역명제는 틀렸다고 말하는 것은 아닙니다. 연역명제 ('삼각형은 변이 세 개이다')는 주어를 분석하기만 하면 참과 거짓을 알 수 있기에 너무나 뻔하고, 주어의 내용을 술어로써 약간 다르게 반복하는 동어반복(tautology)일 뿐입니다. 이런 것들을 아무리 모아도 경험적 대상에 대한 새로운 지식을 알 수는 없습니다. 아는 것을 확인하는 것뿐이죠. 그래서 연역적으로 참인 것은 수학자나 논리학자에게 맡기고, 과학자는 자연 세계를 조사·관찰·실험해서 새로운 법칙과 질서를 찾아내야 하는 거죠.

기가 노리는 사람들과 신뢰를 쌓는 기간을 갖습니다. 처음에는 적은 금액을 투자받고 때가 되면 이자를 높게 쳐서 계산해 줍니다. 이렇게 몇 개월 이자를 받은 사람은 믿으면서 큰 액수를 맡기게 되고, 주위 사람까지 끌어들입니다. 이야기 속 닭과 같은 오류를 범하게 되죠. 투자자들이 여전히 귀납추론을 믿고 있는 동안 사기꾼은 거액을 챙겨 사라집니다. 나중에 그 사실을 알게 된 순진한 투자자들은 억울한 사연을 하소연합니다. 인간 불신을 초래하는 사건의 배후에는 귀납추론에 대한 믿음을 교묘하게 이용하는 악당이 있습니다.

○ **까마귀색조사위원회 발족**

저는 귀납 문제를 근본적으로 해결하고 과학적 귀납법이 정당함을 보여 주기 위해 '까마귀색조사위원회'를 만들 것을 제안합니다.

"그런 괴이한 위원회를 꼭 만들어야 할까요?"라고 묻는다면, 저는 이렇게 대답할 겁니다.

"물론이죠." 이것은 단순히 까마귀 색을 조사하는 데 목적이 있다기보다는 과학적 귀납법을 정당화하여 과학명제의 보편타당성을 밝히기 위한 것입니다. 그래서 이것에 반대하는 사람은 과학명제의 타당성에 관심이 없는 비과학적 사고를 조장하려는 사람일지도 모릅니다. 만약 경험적 검증을 통해 "모든 까마귀는 검다"는 명제가 참이라는 것을 밝혀 낸다면, 이와 성격이 똑같은 다른 귀납명제들이 직면하는 문제도 해결할 수 있습니다. 그러면 이제 까마귀색조사위원회를 발족해 보죠. 검증 작업에 필요한 모든 장비와 인력을 확보하고 검증 작업을 시작해 봅시다.

조사위원들은 먼저 까마귀 수색작업을 해야겠지요. 까마귀를 찾을 때마다 어디 사는 무슨 까마귀인지 나이와 소속 등을 확인하고 혹시 이름이 있다면 그것도 기록하고, 그 색이 검은지 여부를 반드시 적어 두어야 합니다. 그러고 나서 가능하면 사진을 찍고, 조사된 까마귀에는 표시를 해 두어야겠지요. 당연히 이 검증 작업은 현재 지구상에 살고 있는 모든 까마귀를 대상으로 삼습니다. 이 과제를 성공적으로 완수하려면 까마귀들도 협조를 해야겠지요. 어떤 까마귀들은 숨어 조사를 방해하거나, 어떤 까마귀들은 까치처럼 보이려고 위장하거나, 아니면 자기는 까마귀가 아니라 '까미'라고 우기는 황당한 경우도 있을지 모릅니다. 대부분의 까마귀는 순순히 조사 작업에 응하는 착한 녀석들이라고 믿고 싶네요.

까마귀색조사위원회의 헌신적인 노력으로 현존하는 모든 까마귀를 기적적으로 조사했더니 까마귀가 한 마리의 예외도 없이 모두 검다고 합시다. 엄청난 인력과 자금을 투입해 예상과 조금도 다를 바 없는 싱거운 결과를 얻었군요. 이제 이 대대적인 조사 결과를 바탕으로 자신만만하게 '모든 까마귀는 검다'는 결론을 내려도 될까요?

까마귀색조사위원회는 현재 존재하는 모든 까마귀를 조사했을 뿐이지, 과거에 존재한 까마귀들까지 조사한 것은 아닙니다. 이런! 우리 선조가 이런 검증 작업의 중요성을 미처 인식하지 못해 까마귀색을 기록으로 남기지 않으셨다니. 《삼국사기》《삼국유사》《조선왕조실록》 어디에도 까마귀에 관한 과학적 조사 결과가 없다는 사실 앞에

망연자실할 뿐입니다.

자, 용기를 냅시다. 존재한 과거는 완료된 사실이니 그것이 어딘가에 있다고 믿읍시다. 이제부터라도 타임머신을 만들어 과거의 까마귀를 조사하는 작업을 해야 합니다. 부랴부랴 까마귀색조사위원회 산하에 타임머신 제작반을 두고 과거 탐사 여행을 계획합니다. 타임머신을 만들 수 있을지 모르겠지만, 그것이 가능하다고 해 봅시다.

검증 실행반은 타임머신 제작반에 2019년까지의 각 해에 배치될 2,019대의 타임머신을 요구하고(기원전 시기는 다음 기회로 미룹시다), 각 장치에 최소한 1만 명의 인력이 필요하다고 보고합니다. 아니, 그런 엄청난 규모를! 생각해 보면 그것도 필요한 최소한에 지나지 않습니다. 존재한 모든 까마귀의 색을 이 과거 여행에서 기필코 조사해야 하니까요.

이 엄청난 규모의 과거 탐사 프로젝트를 어렵사리 완수했다고 합시다. 그런데 '과거에 존재했던 모든 까마귀와 현재 존재하는 모든 까마귀는 어떤 예외도 없이 검다'는 결과를 발표하려는 순간에도 문제는 남아 있습니다. 멈추지 않고 계속 흐르는 시간 때문에 생기는 문제이죠. 아직 오지 않은 미래의 까마귀들도 검을까요? 요즘 생태계가 워낙 뒤숭숭하니 말입니다.

까마귀는 계속 태어날 것이고, 세계의 종말이 오지 않는 한 미래는 그 끝을 알 수 없다는 점이 더 큰 문제입니다. '과학 수호'라는 목표를 내세운 까마귀색조사위원회는 여기서 마침내 깃발을 내릴 수밖에 없겠군요. "아! 모든 까마귀는 검은가"라는 안타까운 의문을 남긴 채 이 기획이 무너지고 마는구나! 지금까지 행해진 까마귀색조사위원회의 작업을 가시적으로 표현해 볼까요?

다음 그림이 모든 까마귀의 수를 표시한 것이라고 합시다. 그러면 조사위원회가 눈을 부릅뜨고 조사한 까마귀의 수는 전체 그

전체 까마귀의 수 ● ← 조사위원회가 조사한 까마귀의 수

림 안에 있는 점 부분이겠죠. 조사한 까마귀 수를 나타내는 점 부분은 전체의 일부에 지나지 않습니다. 어떤 짓궂은 사람은 검증률이 0.0000001퍼센트이거나 0에 근접해 있다고 우기기도 합니다. 조사위원회까지 동원해서 조사한 부분이 0퍼센트나 마찬가지라니! 참 허무하죠. 온갖 노력을 쏟아부어도 이루어지지 않는 일이 있나 봅니다. 그렇다고 절망하지는 마세요. 다른 길을 찾아봐야지요.

○   **자연이여, 유니폼을 입어라**

까마귀색조사위원회에 참여했던 한 과학자가 색다른 주장을 발표합니다. 그는 자연의 본성에 관해 과감한 가설을 제시합니다. 자연은 불규칙하거나 어떤 비약이 없으며, 동일한 경우에 하나의 형식만을 보여 준다는 자연의 '제일성(齊一性, uniformity)'을 제안합니다.

　　　군인과 운동선수는 유니폼을 입죠. 즉 다양한 사람이 하나의 유니폼, 동일한 형식을 공유합니다. 각각의 차이 대신 어떤 동일성을

PART 1
진리와 가설 사이에서

입는 거죠. 마찬가지로 자연도 유니폼을 입고 있다고 생각해 봅시다. 달리 표현하면, 자연이 '가지런하게 하나의 틀에 따른다'고 보는 거예요. 예를 들어 물의 경우, 모든 물이 같은 유니폼을 입고 있다면 일부의 물에 적용되는 성질은 다른 모든 물의 경우에도 똑같겠죠. 그래서 일부의 물이 섭씨 100도에서 끓으면, 다른 물도 섭씨 100도에서 끓는다는 가설이 나옵니다.

이런 가설이 채택되면 과학자들은 귀납법에서 가능한 모든 경우 가운데 일부만 조사하고도 그것이 나머지 다른 부분에도 동일하게 적용된다고 봅니다. 이것이 바로 '귀납적 비약(inductive leap)'입

'자연의 제일성(uniformity)'은 자연을 관찰하고 그 결과를 일반화함으로써 얻은 것이 아닙니다. 먼저 '제일성'을 전제하고 나서 그다음에 자연을 관찰하기 시작한 것이죠.

이때의 제일성은 사실이 아니라 우리가 자연을 대할 때 미리 갖는 사고방식이라 해야겠네요. 자연이 원래 제일성을 갖기 때문에 제일성을 전제하는 것이 아니라, 우리에게 필요하기 때문에 자연에 제일성을 부여한 다음 자연을 관찰하고 나서 그런 제일성이 있다고 주장하는 겁니다. "선생님, 자연에 제일성이 있다는 것이 관찰 이후에 주어지건, 제일성을 전제해서 그런 결과가 나오건 결과적으로는 마찬가지 아닌가요?"

그렇지 않아요. 제일성이란 원리를 전제하고 시작하는 것과 관찰이 끝나고 얻는 것 사이의 미묘한 차이는 사실 엄청납니다.

자연에는 제일성이라는 것이 없는데, 우리가 마치 있는 것처럼 생각한다는 것은 자연 관찰에 앞서 '가정'을 도입하는 것이지요.

제일성이란 우리가 자연에 기대하는 '소망 사항'이라고 할 수 있어요. 이처럼 엄밀해 보이는 과학 실험에 이런 가정이 전제된다는 점이 재미있으면서도 아슬아슬합니다. 그러니 과학명제에 대한 불신이 제기되기도 하겠죠. 이런 이유로 과학적 귀납법이 정당하다는 것을 다른 방식으로 밝힐 필요가 있습니다.

니다. 좀더 쉽게 표현하면, 해당 사례의 일부에 적용되는 것을 전체로 확대하는 겁니다. '많은 까마귀는 검다'에서 '모든 까마귀는 검다'로, 즉 부분에서 전체로 건너뛰는 거죠. 이것은 용감하게도 특칭명제에서 전칭명제를 만들어 내려는 시도입니다. 이때 조사한 경우의 수는 충분히 큰 것으로 예외나 불규칙, 우연을 견딜 정도로 커야 합니다. 얼마나 큰 수여야 충분히 크다고 할까요?

수학의 확률에서 대수(大數)법칙이라는 것이 있습니다. 주사위를 던질 때 각각의 눈이 나올 확률은, 이것을 충분히 많이 던졌을 때 비로소 6분의 1이 되죠. 이때 정확히 몇 번을 던져야 많이 던졌다고 할 수 있을까요? 까마귀색조사위원회의 활동이 끝난 후에도 이런저런 문제 때문에 과학법칙을 수호하려는 과학자와 과학철학자들은 잠자리가 편치 않았다고 합니다. 아마 이런 생각이 들어서일 겁니다. '더 나은 정당화가 마련되지 않으면 과학은⋯⋯.'

어쨌든 귀납이 정당화된다면, 과학은 세계가 규칙적임을 밝힐 수 있고, 세계 질서를 예측함으로써 무질서한 세계로부터 질서정연한 세계를 설명할 수 있겠죠.

귀납법에 문제가 있다고 해서 과학이 '제멋대로 추측한다'고 무시해
서는 안 됩니다. 시계를 예로 들어 보죠. 정상 작동하는 시계는 시간을
정확하게 가리킬까요?* 시곗바늘은 제가 이야기하는 동안에도, 여러
분이 잠자고 있을 때도 쉬지 않고 움직이며 열심히 시간을 가리키죠.
하지만 이 시곗바늘이 가리키는 시간이 맞는 경우는 거의 없습니다.
원래의 시간과 0.001초의 오차가 있다면 꽤 정확한 시계입니다. 더욱
정밀하게 원자 내부의 주기운동을 이용해서 만든 시계라면 거의 정확
하겠네요. 과학기술이 발전할수록 오차의 범위가 극히 작은 좀더 정
확한 시계를 갖게 되겠지만 그 오차가 0이 될 날은 오지 않을 겁니다.

　　　　이런 사실에 실망해서 시계를 내동댕이치면 어떻게 될까요?
시계가 멈춰 버립니다. 이제 이 시곗바늘은 시간을 가리키는 임무를
던져 버리고 그냥 서 있습니다. 그런데도 이 시계는 하루에 두 번씩
정확하게 시간을 가리킵니다. 이와 달리 작동되는 시계는 한 번도 정
확히 맞지 않고 0.000001초가 틀리거나 더 둔한 시계는 0.1초씩이나
틀립니다.

　　　　이제 시계의 비유를 과학에 적용해 볼까요? 우리는 과학
이라는 시계를 차고 있습니다. 이 과학-시계는 근사치는 가지고 있
지만 시간을 제대로 가리킨 적은 단 한 번도 없습니다. 근사치가
99.99999999퍼센트 맞더라도 엄격하게 '참인지, 거짓인지를 양자택
일해서 답하시오'라고 하면 어떻게 답해야 하나요? 어쩔 수 없이 거
짓이라고 답할 수밖에 없지요. 안타깝지만 틀린 것은 틀린 것이니까
요. 엄밀히 말하자면 과학-시계는 아직 한 번도 정확한 시간을 제시
한 적이 없는 엉터리일 수밖에 없고, 사정은 앞으로도 마찬가지일 겁
니다.

그러므로 과학적 정확성은 진리 가까이 접근할 뿐 진리와 일치할 수는 없어요. 우리의 노력으로 점점 그 간격이 좁혀지긴 하겠지만 과학이라는 시계는 참을 추구할 뿐 참을 소유하지는 못합니다. 아마도 전보다 좁혀진 그 작은 간격이 우리를 더욱 안타깝게 할 거예요.

그렇다면 이런 시계는 전혀 쓸모가 없을까요? 하루에 두 번씩 시간을 정확하게 맞추는 고장난 시계가 더 쓸모 있을까요? 우리에게는 오차가 있는 시계, 한 번도 정확하게 시간을 가리킨 적은 없지만 거의 정확하게 시간을 가리키는 시계가 필요하죠. 과학-시계는 틀린 것이지만 개연적으로 참이라고 할 수 있습니다. 즉 반드시 그런 것은 아니지만 그럴 확률이 높은 것이고요. 과학-시계는 '높은 개연성(high probability)'을 갖습니다. 이런 과학-시계는 세계의 규칙성과 질서를 '고도의 근사치'로 보여 줍니다. 거의 틀림이 없지만, 틀리지 않은 것은 아니라는 점을 인정해야 하고요.

한마디로 과학적 귀납법은 진리는 아니지만 매우 유용하고, 고도의 개연성을 가진 근사치의 참을 보여 줍니다. 확률로 이야기하면 맞을 확률이 99.99999999999퍼센트에 이른다는 것이지요. 놀랄 만한 정확도이지만 100퍼센트에는 못 미칩니다. 이 말대로라면 물이 섭씨 100도에서 끓을 확률은 100퍼센트에 '가깝다'는 것일 뿐입니다. 이처럼 과학의 확실성을 확보하려는 과제 앞에서 과학이 귀납법을 사

---

* 시간 자체는 우주에 원래 있는 것이 아닙니다.
  우리는 원래의 우주 시간을 알 수 없고, 우리 나름의 방식으로
  정한 개념인 시간 같은 것은 우주에 없을지도 모릅니다.
  2020년이니, 2050년이니 하는 시간 구분은
  우리 인간들끼리 하는 이야기일 뿐입니다.

용하는 불행한 운명을 저주할 수는 있지만, 그렇다고 해서 귀납법을 버릴 수는 없습니다. 그러면 귀납법 자체는 어떻게 정당화될까요?

- 어떤 철학자는 검증가능성을 뛰어넘을 만한 기준으로 확증가능성 (confirmability)을 제시합니다. 한 명제를 '확증한다(confirm)'는 것 은 그것의 참/거짓을 명확하게 결정하는 것이 아니라, 하나 또는 그 이상의 관찰을 통해서 그 명제가 참이나 거짓일 확률을 크게 높이거 나 낮추는 것을 말합니다. 예컨대 주머니 속에 있는 공 100개 가운데 60개를 조사한 결과, 그것이 모두 검은 공이었다면 '주머니에 있는 모든 공이 검다'는 명제를 검증한 것이 아니라 확증한 것이라고 보자 는 것이죠. 이 주장을 직접 들어 봅시다.

  "우리는 법칙을 검증할 수 없다. 그러나 법칙이나 이미 확정된 다른 문장으로부터 유도된 단칭명제를 테스트함으로써 법칙을 테스트 할 수 있다. 일련의 계속된 실험에 따른 테스트를 통해 부정적 사례 가 발견되지 않고 긍정적 사례가 계속 증가한다면, 법칙에 대한 신뢰 도는 점점 높아진다. 따라서 검증 대신 점차 법칙의 확증이 증가함을 말할 수는 있다. ……그러므로 완전한 검증은 불가능하지만 점점 증 가하는 확증 과정은 가능하다."

  카르납(R. Carnap), 《시험 가능성과 의미》에서

2 반증가능성으로 보는 진리의 참과 거짓

귀납법을 정당화하는 방법 가운데 널리 알려진, 포퍼가 제시한 '반증가능성'을 이용한 정당화 방식을 볼까요?

○ 검은 돌 주머니에서 흰 돌 고르기

머리를 식힐 겸 색다른 이야기를 해 보겠습니다. 이 이야기는 원래 불교 설화인데 분위기를 약간 바꾸었습니다.

어떤 도박꾼과 그의 딸 이야기입니다. 도박에 빠진 도박꾼은 돈이 떨어져서 자기 딸까지 팔았다더군요. 그런데 그 딸을 데려가기로 한 사람이 자비를 베풀었는지, 그 아버지에게 마지막 내기를 제의합니다. 아버지는 정해진 날에 딸의 손을 잡고 그 사람 집으로 갔습니다. 그 집의 드넓은 마당을 한참 걸어가다가 문제의 인물이 땅에서 돌을 줍고 있는 것을 보았습니다. 딸과 아버지가 유심히 봤더니, 그 사람이 주머니에 검은색 돌들을 집어넣고 있었습니다. 저 사람은 대체 뭘 하는 걸까? 글쎄요. 아무튼 이상하네요. 가까이 다가간 그들에게 그 사람은 오늘의 내기를 이렇게 설명합니다. "아주 간단하네. 검은 돌과 흰 돌이 하나씩 들어 있는 주머니에서 돌을 꺼내는 내기라네. 자네가 주머니에서 흰 돌을 꺼내면 자네가 이기는 것으로 하고, 검은 돌을 꺼내면 내가 이기는 것으로 하세."

그들은 갑자기 하늘이 노래졌습니다. 검은 돌만 주머니에 집어넣는 것을 보았는데, 그 주머니에서 흰 돌을 고르라는 억지라니. 그렇다고 내기를 거부하면 딸은 그대로 끌려갈 테고…… 여러분이라면 어떻게 하겠습니까?

이기느냐 지느냐, 그것이 문제로다! 아니, 흰 돌이냐 검은 돌이냐 그것이 문제로다! 사고방식을 바꾸면 이기는 길이 없지는 않겠죠. 지혜로운 딸은 내기를 간단히 해결하고 무사히 집으로 돌아갔다고 합니다. 어떻게 했을까요?

주머니 속에는 현실적인 흰 돌이 없습니다. 그래서 논리적으로 흰 돌을 만들어 내야 합니다. 딸은 과감하게 주머니에 손을 집어넣고 돌을 하나 꺼내어 그 돌을 보이지 않게 꼭 쥔 다음, 찾을 수 없게 수풀 속으로 멀리 던져 버렸어요. 이제 문제는 반이 풀린 셈입니다. 어떤 말로 내기의 매듭을 지으면 될까요? "아저씨 말씀대로라면 주머니 안에 흰 돌과 검은 돌이 하나씩 있으니, 제가 고른 돌의 색을 알려면 주머니를 열어 보세요. 만약 검은 돌이 남아 있다면 제가 흰 돌을 고른 게 되겠죠."

딸은 검은 돌만 들어 있는 주머니에서 신기하게도 흰 돌을 골라내는 재치를 보여 줍니다. 이것을 논리적으로 설명해 볼까요? 흰 돌을 고르는 경우를 a, 검은 돌을 고르는 경우를 b 또는 not a라고 합시다. 검은 돌은 흰 돌이 아닌 경우니까요. 이때 a가 되려면 두 가지 경우가 있죠. ① 말 그대로 흰 돌을 고르는 경우 a. ② 고른 돌이 '검은 돌이 아닌' 경우 not b.

b(검은 돌)는 바로 not a(흰 돌이 아닌 경우)이므로 '검은 돌이 아닌 경우(not b)'는 '흰 돌이 아닌 것이 아닌 경우(not(not a))'이고 이는 바로 흰 돌(a)이죠. 이를 식으로 나타내면 not b=not(not a)=a가 됩니다. 이렇게 해서 검은 돌이 논리적으로 흰 돌로 바뀐 셈입니다.*

○   반증가능성으로 귀납을 정당화하기

우리는 앞서 하나하나의 검은 까마귀를 모두 모아서 모든 까마귀가 검은지를 알려고 했죠. '이 까마귀는 검다'＋'이 까마귀는 검다'＋'이 까마귀는 검다'＋'이 까마귀는 검다'……. 개별적인 것을 더해서 전체를 만들려고 했습니다. 하지만 아무리 검은 까마귀의 수를 더해도 '모든 까마귀는 검다'고 할 수 없었죠. 한 번이라도 '이 까마귀는 검지 않다'는 경우가 있으면, 단 하나의 예외가 '모든 까마귀는 검다'는 명제를 무의미하게 만드니까요.

달리 표현해 볼까요? 단칭명제인 '까마귀k는 검다'를 한껏 모아도 전칭명제인 '모든 까마귀는 검다'가 나오지 않습니다. 하지만

---

* 사지선다형 문제를 풀 때 이와 비슷한 논리를 써 본 적이 있지 않나요?
①과 ③은 분명히 답이 아니고 ②와 ④ 가운데 어느 것이 확실하게
틀렸는지를 고를 수 있다면, 그래서 ④가 답이 될 수 없음을 안다면
답은 당연히 ②일 수밖에 없습니다. 여기에서는 맞는 답을
'오답이 아닌 것' 즉 '맞지 않는 답이 아닌 것'으로 본 겁니다.

'까마귀p는 검지 않다'는 반대 사례가 하나라도 발견되면, '모든 까마귀는 검다'는 전칭명제는 타당하지 않습니다. 즉 단칭명제는 완벽하게 검증할 수는 없지만, 전칭명제를 반증할 수는 있습니다. 이때 반증(反證, falsification)은 해당 명제가 주장하는 것과 반대되는 사례가 발견되어서 그 주장이 부정되는 것을 말하죠.

　　이런 반증가능성(falsifiability)에 따르면, '어떤 까마귀p는 검지 않다'는 반증 사례가 없는 한 '모든 까마귀는 검다'는 전칭명제는 타당한 것으로 볼 수 있겠죠. 즉 어떠한 단칭명제에 의해서도 오류임이 밝혀지지 않는 한, 이 명제는 틀리지 않았기 때문에 참이라고 할 수 있습니다. 깃발을 내렸던 까마귀색조사위원회는 반증 이론의 도움으로 이제 새로운 희망을 갖게 됩니다. 조사위원회는 새로운 방법론으로 귀납법을 옹호하기 위해서 다시 나섭니다.

○　**까마귀색조사위원회와 반증가능성**

까마귀색조사위원회는 지금까지 검은 까마귀를 모두 모아 새카만 '까마귀 동산'을 만들려 했습니다. 그런데 그것이 불가능함을 알았으니 생각을 바꿔 그 동산에 혹시 검지 않은 까마귀가 나타나 산을 얼룩덜룩하게 만들지는 않는지를 살피는 작업이 중요해졌습니다.

　　이것을 하나의 방법론으로 만들어 봅시다. 조사위원회는 까마귀 색에 관한 관찰에 앞서 가설을 제시합니다. '모든 까마귀는 검다'는 명제는 아직 검증되지 않은 가설입니다. 이 가설이 틀릴 수 있으니 그다음으로는 이 가설을 무의미하게 만들지도 모를 반증 사례를 찾아봅니다.

　　조사위원들이 찾아야 할 것은 이제 '검은 까마귀(a)'가 아니라, '검지 않은 까마귀(not a)'입니다. 그래서 열심히 까마귀 색을 관찰하죠. 눈에 불을 켜고 '검지 않은' 까마귀를 찾아다닙니다. 까마귀를 볼 때마다 긴장하면서 '이 까마귀는 검지 않은 것이 아니군' 하며 안도의 숨을 쉬고, 또 다른 까마귀를 보고는 '이것도 반증 사례가 아니군' 하면서 조사해 나갑니다. 다행스럽게도 반증 사례를 한 건도 찾지 못합니다. 그래서 이 까마귀도, 저 까마귀도 검지 않은 것이 아니라〔not(not a)〕검은 것(a)이라는 사실을 발견합니다.

　　"검지 않은 까마귀를 찾는 데 실패했다"는 소식을 접한 조사위원회는 여러 보고서를 종합해 '모든 까마귀는 검다'는 결론을 발표할 준비를 합니다. 이처럼 검지 않은 까마귀가 발견되지 않는 한 까마귀는 검을 수밖에 없죠. 이렇게 되면 검은 까마귀를 모조리 찾아서가 아니라, 검지 않은 까마귀라는 반증 사례를 찾지 못해 할 수 없이 '모든 까마귀는 검다'는 명제가 잠정적으로 참이 됩니다.

　　정리해 볼까요? 지금까지의 이론들이 주로 개별 사례를 하나하나 모아서 명제를 확증하려고 한 데 반해, 반증가능성의 틀은 명제를 반박할 가능성이 있는지를 찾습니다. 그래서 그것을 반증할 수 없다면 타당하다고 보는 거죠. 이처럼 어떤 명제가 틀리지 않으면 맞는 것이 됩니다.

과학은 관찰 자료나 사실을 수집하는 것에서 시작하지 않습니다. 그런 자료를 아무리 모아도 참된 것을 찾을 수 없으므로 과학은 문제제기로 시작합니다. 먼저 가설을 제시하죠. 이 가설은 아직 검증되거나 반증되지 않은 것이어야 하는데, 반증할 수 없는 것은 문제제기할 가치도 없겠죠.

가설이나 이론은 관찰이나 실험을 통해 귀납적으로 일반화되는 것이 아니라 문제 형식으로 제기되죠. 가설이나 이론이 경험적 사실과 모순될 때 문제가 생깁니다. 이런 문제를 해결하기 위해 새로 제기된 가설이나 이론을 관찰이나 실험으로 테스트합니다. 이 테스트로 반증되지 않고 계속 유지된다면 이론은 경험을 통해 확인된 것이라고 하겠죠. 이처럼 가설이나 문제를 제기하고 그것을 반증 사례를 통해서 거꾸로 확인하는 것을 '가설연역적(hypothetical-deductive)' 방법이라고 합니다. 이제 과학자들은 먼저 문제를 던집니다. 어떤 문제 상황에서 기존 이론이 통하지 않는, 또는 예상하기 어렵고 틀릴 가능성이 높은 과감한 가설을 제시합니다. 그러고 나서 그 가설을 비판적으로 테스트합니다.*

까마귀색조사위원회도 이런 방식으로 작업했죠. 조사위원회의 가설은 아직까지 반증된 적이 없기 때문에 보편타당한 참으로 여겨집니다. 이런 사고의 틀은 아주 간편해요. 앞의 사례처럼 모든 까마귀를 다 조사할 필요가 없죠. 그리고 검지 않은 까마귀가 발견되지 않는 한 가설은 참으로 받아들여집니다. 실제로 검지 않은 까마귀를 찾을 가능성은 0에 가깝죠. 조사위원회는 언젠가 단 한 번이라도 반증 사례가 발견되면 그때는 미련 없이 이 명제를 포기하겠다는 각서를 이미 써 놓았습니다.

○ **부정의 부정**

과연 긍정과 부정의 부정이 같을까요? 예를 들어 사랑이 미워하지 않음과 같을까요? 법정에서처럼 '예' '아니요'로만 답해야 하는 상황인가요? 미워하지도 사랑하지도 않는 경우도 있습니다. 조금은 미워하지만 더 많이 사랑하는 것이 그냥 사랑하는 것과 똑같을까요? 논리학에도 이런 경우를 해결하기 위한 몇 가지 대응책이 있고, 퍼지 집합(fuzzy set)이라는 것도 있지만 아무래도 미진한 느낌이 듭니다.

여러분은 어떻습니까? 자기가 꿈에도 잊지 못하는 사람에게서 "나는 너를 사랑해"가 아니라 "나는 너를 사랑하지 않는 것은 아니야"라는 말을 들으면 감격할까요? 논리적으로는 분명히 긍정을 뜻하지만 마음이 놓이기보다는 화가 나죠. 우리가 누군가에게 무관심할 때는 그 사람을 사랑하지도, 사랑하지 않는 것도 아니기 때문이죠. 우리는 관심 없는 사람을 미워하지는 않으니까요. 미움도 관심의 표현입니다.

반증 모델에 따르면, 어떻게 사랑을 확인할 수 있나요? 사랑한다는 말을 아무리 많이 들어도 그것으로는 확증이 안 되죠. 그래서 사랑을 확인하는 방식을 바꾸어야 하죠. 미끼를 한번 던져 봅니다. 위험한 일이긴 하지만 사랑을 확인하고 싶은 반증주의자는 사랑의 상대

---

* 어느 날 뉴턴(I. Newton)은 과감한 주장을 합니다.
사과가 떨어지는 것을 보고 "두 물체가 끌어당기는 힘은
두 물체가 지닌 질량의 곱에 비례하고 거리의 제곱에 반비례한다"고.
이 가설 역시 틀릴 가능성은 있죠. 하지만 이 가설이 확증되면
물리학계 판도가 완전히 바뀝니다. 이런 가설이 제기되면
과학자들은 이것을 확증하는 예보다는 반증하는 사례를 하나라도
찾아야 합니다. 지금까지 뉴턴의 가설이 한 번도 반증되지 않았으므로
이 가설은 앞으로도 유효하리라고 봅니다. 물론 이 가설이
틀릴 가능성을 완전히 배제해서는 안 되고요.

를 덫에 걸리게 하거나 함정으로 몰아넣습니다. 상대방에 대한 굳은 믿음을 가지고서 말이죠. 그 시도가 실패로 돌아가면 기분 좋아하면서 잠정적으로 사랑을 확인할 수 있습니다. 이게 바로 과학적 사랑법인가요? '사랑(L)은 사랑이 아닌 것이 아닌(not(not L)) 경우에 참사랑이다.'

그런데 만약 상대방이 그 미끼를 덥석 물면 어떻게 하죠? 나 없이 잘 살면 사랑하는 것이 아니라고 생각해서 시험 삼아 한동안 만나지 말기로 했는데, 상대방이 오히려 홀가분해하고 별로 아쉬워하지도 않으면서 헤어지자고 하면 어떻게 하죠? 이 경우가 바로 반증을 견디지 못한 사랑의 예입니다. 이런 테스트는 하지 않는 것이 더 바람직하겠지만, 만약 불행한 반증 사례가 생기면 어떨까요? 사랑하는 사람이 보여 준 단 한 번의 반증으로 그 사람을 버려야 할까요?

이 이야기는 단순히 사랑이나 행복에 관한 이야기만은 아닙니다. 패러다임 개념으로 과학혁명을 주장한 과학사가(科學史家) 쿤(Thomas Kuhn)에 의하면, 과학의 역사에서 단 한 번의 반증 사례로 반박당하고 폐기된 이론은 없다고 합니다. 천동설의 경우에 몇 가지 반증 사례가 있었지만 한동안 여전히 위력을 발휘했죠. 어떤 이론을 대체하는, 그보다 더 뛰어난 이론이 나오기 전에는 한두 번 반증되었다고 해서 그 이론을 곧바로 무덤으로 보내는 경우는 거의 없습니다.

○　　**시행착오 — 비판받을 자유**

반증 모델을 좀더 살펴보겠습니다. 이제는 어떤 이론이든 잠정적으로만 참입니다. 그것을 테스트할 때 테스트를 견디는 한에서, 즉 반증되지 않는 한에서 참이지요. 반증하려고 노력하는 것은 이론의 오류 가능성을 인정하는 것이고, 이렇게 볼 때 과학의 역사는 바로 시행착오

(trial and error), 곧 추측과 그것에 대한 반박의 과정이 될 겁니다. 검증 과정에서 반증을 견딜수록 그만큼 이론은 단단해집니다. 이처럼 이론을 단련하는 과정은 이론을 칭찬하는 것보다는 비판을 견뎌 내게 하는 겁니다.

이런 사정을 모르는 고집쟁이들은 자기 이론이 비판받는 것을 참지 못합니다. "내 이론은 가설이 아니라 진리이므로 검사받을 필요가 없다." "내 이론과 어긋나는 주장이나 비판은 따져 볼 것도 없이 잘못된 것이다." "내 이론은 틀릴 가능성이 전혀 없다." "반박 불가능한 이론이 드디어 출현했음을 알립니다."

어떤 이론이든 자신이 있으면 자신을 '비판의 장'에 내놓을 겁니다. 비판에 닫혀 있는 이론은 자신의 약점을 두려워하는 것이 아닐까요? 자기를 비판하는 한마디에 펄펄 뛰는 사람이 과연 자신만만한 사람일까요?

이론은 비판에 열린 자세를 취해야 합니다. 비판을 수용하고 비판을 극복함으로써 더 나은 이론을 추구해야 하기 때문입니다. 이런 태도는 자신이 틀릴지 모른다는 점을 인정하고 언제든지 자신의 이론을 수정할 준비가 되어 있기 때문에 겸손하죠. 자유로운 비판이 허용되는 분위기 역시 중요합니다. '무조건 타당하다'가 아니라 틀릴 가능성을 극복한 것만이 타당하니까요. 지금까지 이름을 떨치고 있는

생각 활동

☐ 독단적 이론을 경계하고, 이론은 모든 비판에 개방되어야 한다는 주장을 한 이론도 비판에 열려 있어야 하고, 그 자신이 반증되면 언제든지 폐기되어야 하지 않을까요?

☐ 포퍼는 "비판의 자유를 요구하고 비판하라. 폭력을 쓰지 말고 말로 싸워라. 비판을 받고 비판을 받아치고 비판을 견디면 인정하라"고 했습니다. 반증 이론을 "이 이론은 완벽하구나. 전혀 비판할 여지가 없네" 하며 비판 없는 곳에 잠자게 한다면 어떻게 될까요?

이론들을 보면 비판받을 가능성이 없어서가 아니라 도리어 수많은 비판에 노출되어 그 비판들을 잘 견뎌 낸 것들이죠.

뉴턴의 역학 이론이나 아인슈타인의 상대성이론 등은 그런 비판 과정을 잘 견디고 아직까지 반증되지 않았기 때문에 과학의 영예를 누리고 있는 겁니다. 이런 이론들에 대한 적절한 비판이 나오고 반증 사례가 발견된다면, 그 사실을 숨기려고 급급해하거나 그것을 발표한 사람을 내쫓을 궁리를 할 것이 아니라 겸허히 새로 시작해야 합니다. 그런 비판과 반증을 넘어서는 새로운 이론과 가설로 비판을 껴안아야 합니다.

과학의 난점을 이야기하는 것은 과학명제를 가볍게 여기자는 것이 아닙니다. 과학명제의 성격을 좀더 분명하게 알자는 거지요. 과학명제가 참 자체가 아니라고 해서 과학적 태도가 무용한 것은 아닙니다. 다만 이런 명제는 비판에 열려 있기 때문에 그것이 반증되거나 적절하게 비판받으면 언제든 폐기되어야 한다고 말하는 것이죠. 반증되지 않는다면 얼마든지 타당성을 주장할 수 있고요.

이런 사고의 틀을 과학에도 적용할 수 있습니다. 과학의 전능함을 주장하는 과학주의에 대해서는 과학의 몇 가지 약점을 들어 겸손함을 요구하고, 과학 앞에 산적한 난제들을 보여 주며 계속 전진할 것을 요구해야 합니다. 과학은 현대의 종교라고 할 정도로 막강해서 맞설 상대가 없죠. 그런데 과학은 완전무결한 것도, 진리만으로 무장한 것도 아닙니다.

과학이 만능 해결사를 자처하는 순간 비과학적 신앙이 되고 말지요. 그런 태도는 역사상 과학을 거부하고 배척한 쪽에서 사용한 방식입니다. 과학은 그에 맞서서 자신의 독특한 방법론에 근거해 엄청난 자산을 산출했습니다. 그러니 과학은 자신의 힘에 취해 인간 위에 군림하고 싶어 할지도 모르죠. 이런 과학의 오만함은 과학의 기본 정신에 어긋납니다. 과학은 항상 자신에 대한 정당한 비판을 받아들여 한 걸음씩 진리를 향해 나아갔습니다. 우리는 과학자 공동체의 열린 토론과 그들의 잠정적 합의에 주목할 필요가 있습니다.

어떤 철학자가 "서양철학의 역사는 플라톤에 대한 다양한 주석의 역사"라고 한 적이 있습니다. 플라톤을 끊임없이 재해석하는 작업이 계속되고 있다는 이야기죠. 서양의 훌륭한 철학자 치고 플라톤을 비판하지 않는 사람은 없습니다. 플라톤을 비판하지 않고는 자기 철학을 세우지 못하죠. 그러면 이렇게 비판받는 플라톤은 형편없는 철학자이고, 그의 주장은 아무런 가치가 없는 것일까요? 플라톤에 대한 무수한 비판은 역설적으로 플라톤의 위대함을 보여 줍니다. 플라톤은 철저하게, 오랫동안 비판받을 만한 가치가 있는 주장을 한 거죠. 비판할 가치가 없는 것을 비판하는 사람은 없습니다.

저는 칭찬보다 수많은 비판을 받았으면 하고 간절히 바랍니다. 많은 철학자가 저를 비판하기 시작한다면 저는 행복해할 겁니다. "아, 이제 나는 비판받을 자격이 있나 보다."

처음의 진리가 보완되어서 더 완전해진다면 그런 비판을 굳이 막을 이유는 없어요. 그런데 새로 제기된 진리가 다시 진리의 이름으로 자기에 대한 비판을 거부하면 곤란하겠죠. 비판과 토론이 막히면 하나의 진리는 어떠한 결함도 없는 것으로 여겨져 신격화될 위험

생각 활동

□ 검증이론의 결정적 난점은 무엇일까요? 또는 귀납명제를 검증이론으로 정당화하지 못하는 까닭은 무엇일까요?

□ 구체적인 과학명제를 하나 골라서 검증이론, 확증이론, 반증이론으로 어떻게 다른 설명을 하는지 이야기해 봅시다.

□ '자연의 제일성'을 가정하는 것은 어떤 문제가 있나요?

□ 반증이론에서 왜 비판이 중요할까요?

이 있죠. 그런 진리는 자기도취에 빠지고 부패하기 쉽습니다. 진리를 주장하는 사람을 미워하거나 폭력으로 없애려고 하는 일이 얼마나 무모합니까? 자기의 진리로 다른 사람의 진리를 없애려고 하기 전에 자신의 진리가 얼마나 비판을 잘 견딜지 한번 살펴보는 것이 좋지 않을까요?

삼각형을 그릴 수 있는가

다양한 현상이 어지럽게 뒤섞여 있는 현실에서 우리는 질서를 찾고 싶어 합니다. 이는 다양한 것을 하나의 원리나 본질로 설명하려는 노력과 연결되죠. 삶도 마찬가지입니다. 삶의 길 가운데 어느 길이 바른길인지 알아야 불안을 떨칠 수 있지요. 이 장에서는 다양한 현상의 혼란을 매끈하게 정리한 틀 가운데 2천 년 전부터 전해져 온 플라톤의 사상을 공부합니다.

○   참된 삼각형

오래전 한 철학자가 신문에 광고를 냈습니다. "삼각형을 그릴 수 있는 사람을 찾습니다(모든 수단을 사용할 수 있음). 이 사람에게는 상금과 함께 최고의 철학자란 명예를 수여합니다."

많은 사람이 그 철학자를 찾아갔지만 현재까지 아무도 삼각형을 제대로 그린 사람은 없고, 이 영예의 자리도 여전히 비어 있다고 합니다. 왜 삼각형을 그릴 수 없었을까요? 이 문제는 삼각형이라는 도형에 관한 기하학적 문제라기보다는 '삼각형의 본질'에 관한 철학적 문제입니다. '참된 삼각형' '참된 원', 나아가 '참된 것'을 어떻게 찾을 수 있는지의 문제이죠. 우리는 삼각형 비슷한 것을 보면서 그것을 삼각형이라 하고, 유사한 선(善)을 보면서 '선 자체'라 여기고, 불완전한 인간을 '인간 자체'라고 여기고 있습니다.

○　　　**2+3=5인가**

쉬운 문제로 사고 훈련을 시작해 볼까요? 추상적 사고를 위한 첫걸음을 내디뎌 봅시다. 여기에 사과가 몇 개 있습니다. 사과 2개에 사과 3개를 더하면 사과는 몇 개이죠? 5개이죠. (너무 쉽나요?) 그러면 사과 2개에 배 3개를 더하면 사과는 몇 개이죠? 사과는 2개뿐이죠. 그러면 과일은 몇 개이죠? 5개이죠.

　　　한 아이가 사과 2개를 이미 먹었는데 엄마가 외출하며 사과 3개를 더 먹으라고 꺼내 놓습니다. 하지만 아이는 사과를 더이상 먹고 싶지도 않고 사과에 관심도 없습니다. 이 경우에도 먹은 사과 2개와 먹지 않은 사과 3개를 더하면 5개입니다. 억지로 뱃속에 더이상의 사과를 더한다면 배탈이 나겠죠.

　　　이런 예들에서 사과 덧셈을 하는 상황은 다르지만, 수학자가 볼 때 이 모든 경우에 2+3=5가 됩니다. 그러면 한번 물어볼까요? 왜 2+3=5가 되나요? 5가 될 수밖에 없다는 것은 다 아시죠? 하지만 왜 5가 되는지는 잘 모를 겁니다. 무조건 2+3=5가 되나요?

　　　이제 사랑의 수학을 봅시다. 두 사람이 서로 사랑을 합니다. 덧셈을 하면 어떻게 되죠? 1(사람)+1(사람)=2가 되면 어떤 관계일까요? 서로 사랑함에도 하나가 되지 못하고 사사건건 따로 놀거나 의견충돌이 생기는 경우죠. 반면 1+1=1인 경우는 사랑의 이상형입니다. 두 사람이 하나, 즉 사랑하는 우리가 되는 겁니다. 이렇게 인간관계를 수식으로 볼 때 1+1=3이 될 수도 있죠. 사랑의 열매인 아이가 생기는 경우이겠네요. 또 1＋1＋1＋1＝4인 경우도 있어요. 4명의 가족이 저마다 따로 노는 경우이죠. 부모와 자녀가 밥도 서로 다른 시간에 먹고 가능하면 부딪치지 않고 놀러 갈 때도 저마다 원하는 곳으로 따로 가지만, 누가 물으면 한가족이라고 합니다.

정치의 수학도 있어요. 보통 1은 100보다 작습니다. 그런데 한 정치가가 100명을 쥐고 흔든다면 1이 100보다 큰 것으로 여겨집니다. 다수결원리는 어떻습니까? 100명의 의견이 67 대 33으로 갈리는 경우 다수결원리에 따라 67이 100을 대표합니다.

감정의 수학도 있죠. 원숭이들에게 물어봅니다. "너희에게 상수리 열매를 아침에 3개 주고, 저녁에는 4개 주면 어떨까?" "에이, 싫어요." "그럼 내가 양보할게. 아침에 4개를 주고, 저녁에 3개 주는 파격적인 방식은 어떠냐?" "좋아요." 바로 조삼모사(朝三暮四)이죠. 받는 양은 같지만 그래도 기분은 다르죠. 원숭이들은 기분파인가 봅니다.

○ **양적 동등성**

현실에서는 1에다 1을 더해도 1이 될 수도, 3이 될 수도 있습니다. 1,000에다 1을 더해도 1밖에 안 되는 경우도 있습니다. 하지만 수학자는 이런 복잡한 상황을 모조리 무시하고 이곳에서나 저곳에서나, 오늘이나 내일이나 항상 2+3=5, 1+1=2, 100>1이라고 주장하죠. 물 1통에 1통을 더해서 용량이 2배인 1통이 될 때가 있습니다. 하지만 수학자는 이 경우에도 물의 용량을 정확하게 계산해서 1+1=2를 확인합니다. 남한에 북한을 더하면 통일조국이 된다고 주장하는 사람들의 수학은 1(남한)+1(북한)=1(하나의 조국)을 주장합니다. 수학자는 뭐라고 할까요? 1+1=2일 수밖에 없기 때문에 통일 수학도 이렇게 바꾸겠죠. 1/2(남한)+1/2(북한)=1(한국).

어떻게 해서 수학에서는 이런 다양한 경우에 한결같은 계산이 가능할까요? 도대체 수학자는 어떤 방식으로 셈을 하는 걸까요? 러셀(B. Russell)이 이런 말을 한 적이 있습니다. "돌멩이 2개, 새 2마리, 말 2필을 생각할 때, 돌, 새, 말 사이에는 공통된 것이 없다. 하지만 이들에게서 2라는 수를 추상해 냈을 때, 인간 역사가 시작되었다."

재미있는 지적입니다. 그러니까 사과 2개와 새 2마리 사이에 어떤 공통점을 끄집어 낼 수 있다는 거죠. 꼼짝하지 않는 사과와 하늘을 나는 새에게 비슷한 점이라고는 없지만 어떻게 보는지에 따라 이 둘 사이에 공통점이 생깁니다. 수학에서는 어떤 방식으로 이것들을 같도록 만들까요? 사과 2개에서 수 2를, 새 2마리에서 수 2를 봅니다. 그래서 이 둘은 양적으로 같습니다. 사과와 새가 지닌 개별 특성을 모두 무시하고 양만을 따지는 거죠.

과일을 좋아하는 사람에게 사과는 맛있는 음식이죠. 세잔 같은 화가에게 사과는 멋진 오브제(대상)이므로 사과의 색과 형태가 중요합니다. 《백설공주》에 나오는 사과는 맛이 있는지 여부가 아니라 독이 들었는지 여부가 중요합니다. 그리고 사과나무를 기르는 농부에게 사과는 내다팔 상품이므로 당도가 높고 흠이 없어야 합니다.

수학자는 사과의 성질 가운데 어떤 것에 관심을 가질까요?

사과가 예쁘게 생겼든, 당도가 높든, 썩었든, 독이 들었든, 누가 사 준 것이든, 플라스틱으로 만들어졌든, 그려진 것이든, 사과가 2개면 2에 대응하죠. 사과의 어떠한 성질도 2에 영향을 미치지 않습니다. 그러니까 사과 2개는 다른 모든 성질에 상관없이 양적으로 2입니다.

사과 2개와 새 2마리가 같다고 하는 것은 사과와 새가 지닌 차이점을 지우고 '양적 동등성'만 보기 때문입니다. 물론 이런 수학적 사고가 유일한 사고는 아니죠. 이것은 '약속'과 같습니다. "사과와 새에서 질적 측면은 배제하고 양적 측면만 보기로 하고, 양적으로 같으면 같다고 하자."

○   **양만 볼 것**

사과 한 개는 그것이 크건 작건, 빨갛건 파랗건, 상했건 안 상했건, 비싸건 싸건 구체적인 상황이나 질과는 무관하게 결과적으로는 한 단위 (unity)입니다. 우리는 수학의 신 앞에서 사과의 크기도 지우고, 맛도 지우고, 냄새도 지웁니다. 즉 사과의 구체적인 질들은 배제합니다.

수학의 신은 만족스러운 미소를 띠면서 "너는 양이 만드는 정확성의 세계에 들어갈 준비가 되었구나. 이런저런 성질에 가려서 보이지 않던 순수한 양의 세계가 너희에게 그 비밀을 보여 줄 것이다" 하며 우리 눈에 보이지 않는, 수학이 만든 세계로 안내합니다.

사과 2개에 사과 3개를 더할 때, 정치인 두 사람에 지지자 세 사람을 더할 때, 교사 두 명과 학생 세 명을 더할 때, 현실 세계의 이해관계에서 벗어나 수학의 신은 이 모든 경우에 2+3=5라는 관계를 부여합니다. 힘센 사람이나 돈 많은 사람이 와서 답을 바꾸어 달라고 해도, 10년 뒤에 가서 다시 물어도 항상 2+3=5입니다. 즉 각 경우가 2단위에 3단위를 더해서 5단위가 된다는 거죠. 점을 찍어서 더하거나 손가락을 동원해 더해 봐도 알 수 있죠. 이때 두 점이나 두 손가락은 2를 눈에 보이게 하는 보조 수단, 부차적 수단이 됩니다.

그래서 눈에는 점이 2개 보이고, 손가락이 2개 보이지만 여러분은 점이나 손가락을 못 본 척해야 합니다. 눈에 보이는 것이 사과이든 배이든, 고양이든 강아지든, 살았든 죽었든 오직 양적으로만 이해해야 합니다. 점을 지우고 손가락을 치워도 순수한 양을 나타내는 2라는 수를 없앨 수는 없습니다. 그렇다면 이런 2라는 수, 양의 세계는 어디 있을까요? 그건 수학 세계에만 존재하죠. 그곳은 또 다른 사이버 세계 또는 시뮬레이션 세계가 아닐까요? 이 세계는 우리의 사고로 만드는 순수한 양의 세계입니다.*

○ **삼각형을 못 그리는 까닭**

어떤 철학학교 문에는 "기하학을 모르는 사람은 들어오지 마시오"라는 문구가 있답니다. 앞서 삼각형을 그릴 수 있는 사람을 찾는 것도 같은 맥락이 아닌가 싶었지요. 왜 기하학을 알아야만 할까요? 세상에는 그것 말고도 알아야 할 것이 많은데 말이에요. 또한 철학과 기하학은 무슨 관계가 있을까요?

저는 철학학교로 달려갔습니다. 취재도 할 겸, 공부도 할 겸.

도착하니 이미 수업이 시작된 뒤였죠. 칠판에 '삼각형이란 무엇인가' '삼각형을 그릴 수 있는가'라는 질문들을 써 놓고 학생들이 토론을 하고 있었습니다. 한 학생이 앞에 나와 직각삼각형과 이등변삼각형 등을 그리며 발표를 하고 있더군요.

"제가 지금 몇 개의 삼각형을 그렸습니다만, 삼각형을 모두 그릴 수는 없습니다. 가능한 삼각형을 모두 그리려면 이 칠판은 물론이고 칠판 수백 개를 동원해도 어림없기 때문입니다. 게다가 삼각형을 모두 그린다고 해서 삼각형이 무엇인지를 알 수는 없습니다. 다양한 삼각형을 보았다고 해서 삼각형을 제대로 알 수 있는 것은 아니라고 봅니다.

삼각형을 제대로 그리기 위해서는 먼저 삼각형이 무엇인지, 즉 삼각형을 삼각형답게 만드는 본질을 알아야 합니다. 우리는 이러저러한 삼각형이 아니라 삼각형 자체에 주목해야 합니다. 이런 본질은 모든 삼각형에 똑같이 적용되죠. 삼각형이라면 모두 이런 본질을 지녀야 합니다. 그런데 문제는 이런 본질이……."

저는 철학적 상념에 잠겼습니다. '삼각형의 본질이라……. 그렇지, 본질이란 어떤 것을 그것답게 만드는 것이지. 어떤 것에서 X를 빼면 그것답지 않게 되는 그런 X가 바로 어떤 것의 본질이구나. 삼각형에서 삼각형다움이란 무엇일까? 무엇이 삼각형의 본질일까?'

---

* 수학이 사물을 보는 유일한 방식은 아닙니다. 여러 방식 가운데 하나이죠. 수학은 상황에 관계없이 항상 똑같이 2+3=5로 만드는 사고방식입니다. 우리가 다르게 사고할 필요가 있다면 다른 방식으로 다른 관계를 만들 수 있습니다.

내 생각에 빠져 발표자의 이야기를 놓쳤는데, 한 학생이 다른 주장을 하는군요. "여기 칠판에 그려진 삼각형들을 무시한 채 삼각형의 본질을 논하는 것은 잘못이라고 봅니다. 구체적으로 보이는 이런 삼각형들을 떠나서 본질을 찾는다는 것은 너무 추상적이죠. 삼각형들에 공통된 어떤 것을 찾으면 되지 않을까요? 어쨌든 삼각형의 본질은 이런 삼각형들 안에 있어야 하니까요."

반론에 대한 반론이 이어집니다. "아니, 그렇지 않습니다. 삼각형의 본질을 찾는 우리는 그 본질을 여기에 그려 놓은 삼각형 안에 가두면 안 됩니다. 삼각형은 그 내각의 합이 180도여야 합니다. 그런데 잘 알다시피 우리가 그릴 수 있는 삼각형은 아무리 정확하게 그린다 해도 181도나 179도쯤이지 정확하게 180도, 그러니까 180.000000도가 되지는 않습니다. 제 말을 믿지 못하는 분은 정확한 각도기로 각자 그린 삼각형의 내각의 합을 구해 보세요. 비교적 정확하게 그린 경우라면 179.9999999도이거나 180.0000001도이겠죠. 그러니 완전한 삼각형이 아니라 유사하고 불완전한 삼각형일 뿐이에요. 제 결론은 아무리 노력해도 우리는 삼각형을 제대로 그릴 수 없다는 겁니다. 삼각형을 그리는 방식으로는 '삼각형다움'을 보여 줄 수 없어요."

그러면 진짜 삼각형은 무엇이고, 도대체 그것은 어디에 있을까요? 저는 그 학생에게 질문을 했습니다. "지금 이야기한 것처럼 우리가 삼각형을 그리는 것이 불가능하고, 그려진 삼각형으로는 삼각형의 본질을 찾을 수 없다면 어떤 다른 방법이 있을까요? 혹시 우리가 삼각형이 무엇인지 아는 방법이 없는 것은 아닐까요?"

그 학생은 이 질문에 얼굴을 붉히며 말했어요. "방법이 있을 것 같기는 한데 저도 아직 모르겠습니다. 제가 아는 것은 우리가 그리는 삼각형과 올바른 삼각형은 서로 다르다는 것뿐입니다. 여러분 중에 다른 좋은 생각이 떠오른 분은 없나요?”

아니 답도 모르면서 저렇게 강력하게 반론을 제기한단 말인가? 하긴 자기가 무엇을 모르는지 정확하게 아는 것도 중요하지.

○　　**삼각형들 너머에 있는 삼각형**

침묵하며 토론을 지켜보던 철학학교 선생님이 드디어 입을 여셨습니다.

“어려운 문제가 생겼으니 나름대로 내가 생각한 것을 말해볼게요. 방금 이야기한 학생의 지적처럼 우리가 삼각형의 본질, 삼각형을 삼각형답게 만들 만한 것을 알기 위해서 수많은 삼각형을 그려보는 것도 도움이 되지만 그것은 보조 수단에 불과해요. 우리가 그리는 삼각형을 나는 감각적 삼각형 또는 경험적 삼각형이라고 부를게요. 그런데 이런 것으로는 무수하게 존재하는 모든 삼각형에 똑같이 들어맞는 본질을 찾을 수 없습니다. 그렇다면 이런 감각적 영역을 뛰어넘어 다른 영역을 찾아야 하지 않을까요? 이런 의미에서 우리 눈에 보이는 감각적 삼각형이 아니라 우리 눈에 보이지 않는 삼각형을 생각하고 싶어요. 어떤 것이 우리 눈에 보이지 않는다고 해서 없는 것은 아닙니다. 나는 우리의 감각 너머에 있어서 보이지는 않지만, 지성의 눈으로만 볼 수 있는 삼각형을 생각하고자 합니다."

감각적 삼각형에 머물지 않기 위해서는 감각세계 밖을 볼 필요가 있다는 지적에 눈이 번쩍 뜨였습니다. 그렇다면 초감각적 삼각형이 있단 말인가요?

○ 점을 이으면 선이 되는가

선생님은 방향을 바꾸어서 계속 강의를 이어 가십니다. "내 이야기를 하기 전에 기하학에서 다루는 내용을 살펴보죠. 여러분은 점, 선, 면을 알고 있습니다. 점이란 무엇일까요? 기하학 선생님은 점을 이해시키려고 칠판에 자그마한, 보일락 말락한 동그란 표시를 하지만, 그런 작은 표시가 점은 아닙니다."

그때 아는 체하느라고 제가 거들었죠. "기하학적 점은 크기는 없고 위치만 있습니다. 그래서 우리가 보는 경험적 크기를 갖는 점과는 다릅니다."

선생님이 말씀하셨습니다. "그렇습니다. 그렇다면 우리 눈에 보이지도 않으면서, 즉 크기가 없으면서 위치만 갖는 그런 점을 어떻게 알 수 있을까요?"

조금 전 강력한 반론을 제기한 학생이 답합니다. "우리는 그것을 기하학적 이론상에서 알 수 있습니다. 즉 감각이 아니라 사고의 힘을 통해 그런 점의 존재를 생각할 수 있어요. 그래서 칠판에 점을 그리더라도 그것을 눈이 아니라 사고를 통해, 선생님 말씀처럼 지성의 눈으로 볼 수 있습니다."

선생님이 물으셨습니다. "좋아요, 그렇다면 오늘 지각한 학생에게 묻겠습니다. 선이란 무엇일까요?"

저는 자신만만하게 대답했죠. "선이란 점들의 집합입니다.

달리 말하면 점들을 연속으로 이은 것이죠."

선생님은 미소 지으며 말씀하셨습니다. "점은 크기가 없다고 했는데 어떻게 그것을 하나로 이을 수 있을까요? 크기가 없는 점들을 이어 놓은 것이 선이라면 선의 길이는 점의 크기들을 더한 것이 되나요? 크기가 없는 점, 즉 크기가 0인 점을 더하면 $0+0+0+0+0+0+0+0+\cdots\cdots=0$이 되지 않습니까?"

'이런, 괜히 잘난 체했네. 점은 크기가 없다고 배우긴 했는데, 그런 점들을 더한 것도 당연히 크기가 없다는 생각은 왜 못했지!'

선생님은 칠판에 선을 그립니다. "이해를 돕기 위해 선을 하나 그어 봅시다. 이 선은 일정한 길이를 가진 것처럼 보이죠. 점들이 빈틈없이 연결된 것처럼 보입니다. 하지만 그렇게 보일 뿐 사실은 그렇지 않아요. 점과 점을 이을 때 어떠한 빈틈도 없이 이어져야만 연속적인 선이 됩니다. 그런데 현미경으로 확대해 보면 한 점과 다른 점 사이에는 분명히 틈이 있죠. 이어져 있는 것처럼 보이지만 점과 점 사이에 일정한 간격으로 구멍이 숭숭 뚫린 채 늘어서 있을 뿐입니다. 점들 사이를 건너뛰지 않고는 다음 점에 이를 수 없습니다. 선은 점들과 그 사이에 있는 빈틈들의 합이 됩니다."

또 질문이 나옵니다. "선생님, 그러면 선들을 차곡차곡 쌓은 면은 어떻게 되는 겁니까?"

선생님은 또 미소를 지으십니다. "그것도 마찬가지입니다. 면은 선들의 집합이니까, 따지고 보면 점들의 집합일 수밖에 없습니다. 그런데 면도 크기가 없는 점들을 모아 놓은 것이니, 그 점들을 아무리 더해 봐야 크기는 0일 뿐입니다. 이제 가던 길을 바꿔야 하지 않을까요? 내가 점, 선, 면의 요술을 보여 준 까닭은 그런 것들을 감각적인 것으로 이해해서는 안 된다는 뜻이죠. 기하학에서 점, 선, 면을 다루지만, 그것들은 감각적인 것이 아니라 이론적 대상입니다. 이것을 알려면 지성의 힘이 필요해요. 여러분이 봐야 하는 선과 면은 여기에 그려 놓은 도형 너머에 있으며 지성의 눈으로 봐야 합니다."

분위기를 보니 선생님의 주제는 본론 부분에 이른 것 같습니다. 선생님은 더 차분하게 수업을 이어 나가십니다. "이처럼 기하학적 대상은 감각적인 것과도 무관하게 그것 자체의 논리에 따라서 특정한 관계와 성질을 갖습니다. 처음으로 돌아가 봅시다. 삼각형의 본질을 우리가 그려 놓은 삼각형 안에서 찾아야 한다는 지적이 있었죠. 그럴듯해 보이지만 잘못된 주장입니다.

삼각형의 본질이 그려 놓은 삼각형 즉 경험적 삼각형 안에 있다면, 이 칠판에 그려진 삼각형을 지우면 어떻게 될까요? 어떤 독재자가 기하학 공부를 하다가 머리가 아파서 이런 명령을 내렸다고 합시다. '앞으로 삼각형을 그리는 자는 모두 사형에 처하고, 삼각형에 관해서 언급하는 자는 모조리 입을 막아 버려라.' 우리가 감각을 통해서만 삼각형을 알 수 있다면 이런 왕이 지배하는 국가에서는 감각 경험을 통해 삼각형을 보거나 이야기할 길이 막히는 셈이죠. 비밀리에 모여서 삼각형을 그릴지도 모르고 삼각형을 그린 종이가 발각되는 날에는 '기하학을 위한 순교자'가 생길지도 모르죠."

그 순간 감을 잡은 제가 질문하는 척 끼어들었죠. "선생님, 왕이 그렇게 금지하더라도 우리 머릿속에 있는 삼각형을 없애지는 못하는 것 아닙니까? 삼각형은 돌멩이나 토끼처럼 존재하지는 않으니 말입니다. 지금 든 예로, 삼각형에 대한 인식이 감각세계로부터 독립해 있기 때문에 우리가 삼각형을 칠판에 그리건 그리지 않건 삼각형의 본질은 변하지 않는다는 점을 보여 주시려는 것 아닙니까? 그렇다면 선생님은 삼각형을 한 번도 본 적 없는 사람일지라도 순수하게 이론적으로, 지성을 통해서 삼각형을 알 수 있다고 보시는 거죠?"

○ **삼각형의 이데아**

선생님은 기다렸다는 듯 말씀하십니다. "그렇습니다. 우리가 삼각형을 그려서 아는 것이라면 이런 앎은 감각에 의존합니다. 그래서 삼각형을 보면 알 수 있지만, 지우면 알 수 없다고 해야겠죠. 이 경우에 삼각형을 정확하게 그리는 것이 중요합니다. 그렇게 그려진 것을 잘 살펴야 삼각형의 본질을 알 수 있으니까요. 그런데 방금 밝혀졌듯이 누구도 삼각형을 제대로 그릴 수는 없습니다.

　　　삼각형을 그릴 수 있든 없든, 삼각형을 눈으로 볼 수 있든 없든 삼각형의 존재나 본질은 전혀 영향을 받지 않습니다. 감각적 삼각형들이 삼각형을 많이 닮긴 했지만 그 어떠한 것도 삼각형과 똑같지는 않다고 봅니다. 이름만 삼각형인 유사 삼각형이죠. 나는 그런 유사

품과 구별되는 참된 삼각형을 '이상적 삼각형' 또는 '삼각형의 이데아'라고 부르고자 합니다. 이런 이데아는 감각적인 것이 아니기 때문에 우리 눈으로 보는 삼각형에서는 찾을 수 없습니다."

'삼각형의 이데아? 이데아가 뭘까? 사전에 나와 있는 대로 개념이란 뜻일까? 삼각형이 존재가 아니라 개념이라면 내 머릿속에 있는 삼각형을 말하는 건가? 그게 아니면 본질을 그리스어로 이데아라고 부르는 걸까?'

궁금증이 꼬리에 꼬리를 무는데도, 다른 질문이 계속 나오는 바람에 제가 알고 싶어 하는 이야기를 들을 기회는 밀려 버렸습니다.

○　　**원을 그려 보자**

그날의 수업은 이렇게 끝나고 말았습니다. 제가 이해할 수 있는 범위를 넘어선 부분에 대해서는 좀더 공부를 한 뒤 도전해야 할 것 같습니다. 저는 배운 것을 복습해 보았습니다. 삼각형보다 조금 더 어려운 원을 골랐죠.

우리 주변에 동그란 모양은 많지요. 태양과 보름달, 둥근 접시, 축구공, 구슬, 내 친구의 눈동자 등등. 그중 어떤 것을 원이라고 할 수 있을까요? 혹시 아까 배운 것처럼 원이란 것이 모조리 가짜? 그럴 리가……. 그렇지, 기하학적 원을 컴퍼스와 아주 가는 연필로 직접 그려 볼까?

'자, 멋진 원이 완성되었군. 누가 보더라도 완전한 원이야.' 하지만 눈에 보이는 완전성에 만족해서는 안 됩니다. 원을 원답게 하는 성질은 원이란 중심에서 같은 거리에 있는 점들의 집합이기 때문이죠. '자, 중심을 O로 했을 때 원주 위의 점을 내 마음대로 a, b로 잡고, 두 점이 중심에서 같은 거리에 있어야 하니까 Oa=Ob가 되겠군.

그래, 두 점보다는 더 많은 점을 잡아서 확인하는 것이 더 정확하겠어. 그러면 점을 20개쯤 잡을까? $Oc=Od=Oe=Of=Og=Oh\cdots\cdots$.'

원주 위에는 점이 몇 개나 있을까요? 200개, 2만 개, 아니면 20만 개? 점은 원래 크기가 없으니 이보다 훨씬 많은 점이 있을 수 있습니다. 혹시 점이 무한개 있다면? '이런! 이 많은 점을 언제 다 비교하지? 지금 내가 그린 원을 현미경으로 확대해 봐도 점이 몇 만 개밖에 안 보일 텐데.'

연필심의 굵기가 있으니까, 그린 점 가운데 상당수는 중심에서 반지름보다 조금 더 나가 있거나 조금 더 가까울지도 모릅니다. 굵기 없는 연필심을 찾아야 하는 걸까요? 하지만 연필심 굵기가 0밀리미터라면 원을 그릴 수 없습니다. 아니면 컴퓨터그래픽을 잘하는 친구에게 부탁해 볼까요? 원 그리기가 원리적으로 불가능하다면 이게 다 무슨 소용일까요.

'공들여서 그린 원도 완전한 원에 가까울 뿐이라면, 지금까지 보아 온 수많은 원은 '원의 친척'에 지나지 않겠군! 그렇다면 우리는 삼각형도, 원도 그릴 수 없는 걸까? 강의에서 발표자가 한 말처럼 우리가 그린 것들이 가짜라는 것만 확실할 뿐이야. 그런데도 많은 사람이 그것을 진짜로 알고 있잖아? 그런데 가짜가 진짜 행세를 해도 통하는 까닭이 뭐지? 사람들이 한 번이라도 진짜를 봤다면 가짜를 환영하면서 그것을 믿을 리 없잖아? 우리가 그리는 삼각형이나 원이 모조리 불완전하고, 유사하고, 아니 가짜라면, 그 가운데 삼각형이나 원을 좀더 닮은 가짜가 더 심한 가짜를 향해 큰소리칠 수도 있겠어. 가짜가 가짜를 가짜라고 나무란다?'

○　　**모든 탁자가 불완전하다니**

'철학학교 뒤풀이라도 가 볼까! 그 학생들은 이미 다 알고 있는 것 같았어.'

　　저는 학교 앞으로 헐레벌떡 뛰어갔어요. 선생님은 다른 분의 초대로 사랑을 주제로 한 모임에 가신 뒤였습니다(이 모임에서 주고받은 내용이 나중에 《향연(Symposion)》이란 대화편으로 나왔더군요). 학생 가운데 몇몇만 남아 이야기를 나누고 있었습니다.

　　여전히 삼각형의 본질에 관한 이야기를 하고 있었던 모양입니다. 저는 술을 한잔씩 돌리면서 질문을 던졌죠. "저, 궁금한 게 있는데요. 아까 선생님께서 감각적인 삼각형을 믿을 수 없다면서 삼각형의 이데아를 말씀하셨는데, 그러면 삼각형뿐 아니라 다른 모든 감각적 대상도 믿을 수 없다는 뜻으로 하신 말씀인가요?"

　　얼굴이 발개진 학생이 말했습니다. "그렇죠. 그 수업이 바로 감각세계가 참된 것인지를 다루는 수업이었어요. 가장 덜 감각적인 기하학적 대상인 삼각형을 다루면서 말이죠. 감각적 삼각형을 믿을 수 없다고 하는 것은 감각적 대상들 전체가 거짓이라는 이야기와 다를 바 없어요."

　　저는 당황스러웠어요. "아, 그렇군요. 그렇다면 여기 있는 이 탁자도 거짓인 건가요? 지금 내가 만지고 보며 감각하는 대상이 탁자임이 너무나 분명한데, 왜 그것을 거짓이라 하죠? 이 탁자가 가짜라면 심각한 문제인데요."

그 학생이 말했습니다. "놀라는 것도 당연해요. 그러면 제가 선생님을 대신해서 설명해 볼까요? 감각을 통해 대상을 아는 것은 믿을 수 없어요. 즉 감각을 통해 대상을 파악하는 경우에 그 내용이 매번 바뀌지 않습니까? 이를테면……."

술이 좀 취했는지 질문을 잘못 들었나 봅니다. 저는 다시 물었습니다. "아니, 저는 대상을 느끼는 감각이 아니라, 감각적 대상을 믿을 수 없다는 점에 관해 물어본 거예요."

다른 학생이 끼어들었어요. "그래요. 감각이 문제삼는 현실 대상 자체에 문제가 있어요. 그러니까 문제는 당신이 만지고 보는 책상이 완전한 책상인지인데, 문제를 조금 바꾸어 보는 게 좋겠어요. 이 탁자와 저 탁자는 비슷해 보이지만 달라요. 이 가운데 어느 것이 더 완전한 탁자일까요? 이런 비교를 하려면 어떤 기준이 필요해요. 그래야 어느 것이 더 완전하고 불완전한지 알 테니까요. 단순히 여기저기에 있는 책상들을 모아서 그것들끼리만 비교할 수는 없죠."

저는 더욱 집중하면서 말했어요. "그렇긴 하죠. 그러니까 어떤 척도가 있어야 한다는 거죠?"

그는 막힘없이 말했어요. "그렇죠. 현실에 있는 탁자들을 모두 모았다고 합시다. 그중 하나를 골라 기준으로 삼고 다른 탁자들을 그것과 비교하는 것으로 충분할까요? 아니면 이상적인 탁자를 상정해서 그것에 비추어 이곳에 모인 탁자를 비교하는 게 좋을까요? 그래서 완전하고 이상적인 탁자, 즉 탁자의 이데아가 필요해요. 그런데 그런 이상적인 탁자가 감각적인 탁자나 현실에 있는 탁자 중에 있지는 않잖아요?"

저는 모르는 것도 있었지만 수긍하는 척했습니다. "무슨 이야긴지 알 것 같아요. 그런데 제가 아까 물었던 것, 그러니까 내가 만지고 보는 현실적인 탁자가 믿을 수 없다는 것과 이게 무슨 관계가 있죠?"

"관계가 있지요. 현실에 있는 대상들은 모두 가변적이에요. 즉 그것들은 항상 자기 모습을 유지하지 못하고 그때그때마다 바뀌어요. 이렇게 바뀐다면 대상의 어떤 면을 대상의 본질이라고 할 수 있을까요? 흰색 탁자가 누렇게 되거나, 탁자를 오래 쓰면 조금씩 마모된다거나, 다리가 부러져 교체하는 등등의 경우에 탁자는 바뀌죠. 이 탁자는 영원한 것이 아니니 언젠가는 닳아서 쓸모없게 되고 결국에는 사라질 것 아닙니까? 그게 문제예요. 탁자1이 탁자1a, 탁자1b, 탁자1c 등으로 바뀐다면 어느 것을 탁자의 탁자다움이라고 해야 할까요?"

차츰 눈이 트이는 것 같았어요. "만약 탁자1c를 선택하더라도 그것마저 변할 테니 곤란하겠군요."

그가 말했어요. "바로 그거죠. 우리 눈에 보이는 탁자의 어떤 모습도 변하지 않고 그대로 유지되지 않아요. 탁자의 본질이 탁자1c에 있다면, 그것이 변하고 사라지는 경우에 그 본질도 탁자1c와 함께 변하고 사라져 버리겠죠. 탁자다움은 없어지고요."

이제 깨달음이 오는 듯했어요. "아! 그러니까 탁자다움은 현실에 존재하는 그 어떤 탁자에도 없고, 있어서도 안 되겠군요."

그가 선생님 같은 미소를 지으며 말했어요. "그래요. 어떤 것

의 본질을 이렇게 변하는 것 가운데서 찾을 수는 없죠. 끊임없는 변화
는 혼란을 부를 뿐이에요. 본질은 이런 변화를 넘어서서 항상 변하지
않는 것이어야 합니다."

○　감각적인 것을 믿을 수 있는가

그는 본질이 혼란을 없앤다고 했는데, 도리어 제 머릿속은 다시 혼란
스러워졌습니다. 저는 술잔을 기울였지만 정신은 또렷해졌죠. 탁자가
불완전하다면 취기를 자아내지 못하는 술마저도 불완전한 것 같았죠.

　　저는 처음으로 돌아가 삼각형을 생각해 보았어요. '삼각형의
본질, 삼각형의 이데아가 어디에 있을까? 어떤 모양을 하고 있을까?
아니 모양이 있을 리 없지. 그러면 모양도 없는 것이 어디에, 어떻게
존재하지? 2+3=5, y=3x 같은 것도 감각과 무관한 것이긴 하지.' 저
는 복잡한 머릿속을 차분히 정리해 보기로 했습니다.

　　우리가 감각적으로 보거나 만지는 것들이 불완전하고 가변
적일 수밖에 없다면, 삼각형, 탁자 등은 물론이고 아름다운 것, 선한
것, 심지어 이런 사정을 아는 사람까지도 모두 불완전할 것입니다. 주
변의 선한 행동 가운데 선(善) 비슷한 것만 있고, 그 어느 것도 완전하
게 선한 것은 없겠지요. 하지만 그에 미치지는 못하지만 유사한 선도

선이 없는 것보다는 낮지 않을까요? 조금 더 큰 선이 작은 선을 이끌기도 하니까요. 어쨌든 완전한 것이란 우리가 보고 듣는 세계에 있는 것이 아니고, 지성의 눈으로만 보이는 것이니까요.

학생들끼리 오가는 이야기에는 이런 내용도 있었습니다.

"그러니까 삼각형의 본질을 문제삼을 때 그것이 몇 개의 삼각형에만 통하는 건 아닐 거야."

"당연하지. 직각삼각형이나 이등변삼각형, 정삼각형은 서로 다르지만 어쨌든 삼각형이야. 서로 다른 삼각형들에서도 삼각형의 본질은 변함없어야 하지."

서로 본질에 관한 보충 설명을 나누고 있었어요. 삼각형의 본질은 모든 삼각형에 있어야 하고 삼각형다움은 모든 삼각형을 삼각형답게 하는 것이라고요. 그러니까 삼각형의 본질로 삼각형 전체를 하나로 묶을 수 있다는 이야기였어요. 삼각형은 저마다 달라도 모두 똑같은 본질을 갖고 있으니 똑같은 거죠. 그래야 다양한 삼각형이 모두 삼각형답게 되니까요. 그러면 우리가 삼각형을 일일이 보지 않더라도 별 문제는 없겠군요. 삼각형의 본질만 안다면 지금까지 있었던 삼각형은 물론이고 미래의 삼각형에 대해서도 미리 알 수 있을 겁니다.

○　　**아름다움과 아름다운 것**

저는 뒤풀이에서도 많은 것을 배웠습니다. 그런데 알면 알수록 궁금한 것이 더 많아졌습니다. 수많은 물음표가 머릿속을 헤엄쳐 다녔어요. 그래서 다시 철학학교를 찾아가기로 했습니다. 앞서 이름도 밝히지 않고 소개한 분이 바로 서양철학의 기본틀을 마련한 플라톤 선생님입니다. 제가 이런 선생님께 배울 수 있다니 얼마나 큰 행운입니까?

이튿날 늦지 않게 철학학교로 가서 맨 앞자리에 앉았습니다. 칠판에는 '감각세계와 초감각세계는 어떻게 다른가'라고 그날의 강의 주제가 적혀 있더군요.

선생님은 이렇게 말씀하셨습니다. "아름다운 것과 아름다움은 어떻게 다를까요? 우리는 주변에서 아름다운 사람, 아름다운 꽃, 아름다운 그림, 아름다운 음악, 아름다운 풍경 등 수많은 아름다운 것을 봅니다. 이런 아름다운 것들이 저마다 다른데 왜 이것들을 하나같이 아름답다고 할까요? 이것들에 어떤 같음이 있을까요? 나는 수많은 아름다운 것, 아니 모든 아름다운 것을 아름답도록 하는 어떤 것이 있어야 한다고 봅니다. 그것은 바로 아름다움의 이데아입니다.

아름다움의 이데아는 감각적인 것이 아니어서 아름다운 것들 안에 있지 않습니다. 예컨대 저녁노을의 아름다움은 밤이 되면 사라지죠. 그러면 아름다움도 함께 사라지나요? 아름다움이 밤새 죽었다가 다시 부활하나요? 이렇게 볼 때 아름다움의 이데아는 현실에 존재하는 아름다운 것들과 다른 곳에 있어야 합니다."

'그럼 아름다움의 이데아는 완전한 것이고 아름다운 것들은 불완전한 것이다? 그렇다면 아름다움의 이데아가 감각적인 아름다운 것들 안에 있지는 않겠네. 결과적으로 현실에 있는 모든 아름다운 것은 단지 아름답게 보일 뿐, 참으로 아름다운 것은 아름다움의 이데아

생각 활동

▢ 아름다운 것들을 아름답게 하는 아름다움 자체란 무엇일까요? 그리고 그런 아름다움 자체와 아름다운 것들은 어떤 관계를 맺을까요?

▢ 아름다움을 사랑하려면 어떤 것을 사랑해야 할까요? (이에 대한 플라톤의 답을 알고 싶다면 《향연》을 참조하세요.)

뿐이란 건가? 아름다운 것들을 아름답게 하는 아름다움 자체란 무엇이지? 그런 아름다움 자체가 현실적인 아름다운 것들 너머 어딘가에 있다는 말인가?'

선생님의 보충 설명이 계속됩니다. "이데아는 완전하고 (개체 안에만) 머물지 않는 보편적인 것입니다. 그래서 우리는 아름다운 것과 아름다움의 이데아가 같은 세계에 있다고 볼 수 없습니다. 나는 이 세계를 감각세계와 그것을 뛰어넘은 초감각세계로 나누어야 한다고 봅니다.

먼저 왜 우리가 감각세계를 멀리해야 하는지, 왜 감각세계를 믿을 수 없는지 살펴봅시다. 감각세계에서 사물은 끊임없이 변합니다. 감각적 사물*은 일정한 장소와 시간 안에 있어요. 그래서 여기저기 옮겨다니고, 시간에 따라서 바뀝니다. 특히 시간 안에서 사물은 생겨나고 변하고 사라집니다. 이렇게 변하는 세계에서는 참된 것, 영원한 것을 찾을 수 없습니다. 그래서 참된 것을 찾으려면 공간과 시간을 뛰어넘어 불변하는 세계로 나아가야 합니다."

아니 시공간을 뛰어넘어야 한다고요?

○   **한번 진리인 것은 영원한 진리인가**

플라톤 선생님은 어떤 이유로 변하는 세계에서는 참된 것을 찾을 수 없다고 말씀하셨을까요? 즉 참된 것, 진리란 어떤 것일가요?

변하는 것은 참된 것이 아니며, 참된 것은 변하지 않아야 합니다. 진리가 불변적인 것이라면, 이 마을에서 참된 것이 저 마을에서는 거짓이어서는 안 되겠죠. 특정한 장소에서만 타당한 것을 참이라고 할 수는 없어요. 만약 진리가 장소에 따라서 달라진다면 이곳의 진리와 저곳의 진리가 서로 싸우는 일이 생길 수밖에 없습니다. 이 두

지역 분쟁에서 어느 편을 들어야 할까요? 혹시 두 곳 모두를 인정하려는 너그러운 분이 있다면 진리에는 관심이 없는 평화주의자라고 할 수 있겠죠.

오늘의 참이 내일의 거짓이 되어서도 안 됩니다. 1500년 동안 참이었다가 1501년부터 거짓이어서는 안 되죠. '참'은 오늘이나 내일이나 그 어떤 날에도 항상 똑같아야 합니다. 참된 것은 시간의 변화와 관계없이 영원한 진리여야 하죠.

저는 지금까지 참된 것이 무엇인지 몰랐고 지금도 제대로 알지 못합니다. 하지만 제가 그것을 알건 모르건 참된 것은 참된 것이죠. 그렇다면 참된 것은 우리가 그것을 안다고 해서 달라지는 것도 아니고, 그것을 모른다고 해서 내용이 달라지는 것도 아니에요.

만약 참이 그것을 말하는 사람에 따라서 바뀐다면 누가 말하는지가 중요할 겁니다. 권력, 재력, 영향력을 지닌 자가 말할 때는 맞는데 그렇지 않은 사람이 말할 때는 맞지 않는다면 어떻게 되나요? 그럼 우리는 진리를 말하기 위해 이것들을 갖추어야겠죠. 참된 것은 사람을 가리지 않습니다. 참된 것은 플라톤 선생님이 말씀하시나 제가 말하나 그 내용이 바뀌어서는 안 되고 항상 같아야 하죠. 참된 것은 오로지 참되기 때문에 참입니다.

선생님은 칠판 아래쪽에 '생성의 세계', 위쪽에 '존재의 세

* 감각적 사물은 실재하는 것도 아니고, 그렇다고 없는 것도 아닙니다.
즉 실재(참된 존재)와 무(비존재) 사이에 있는 중간적인 것이죠.

계'라고 쓰더니 말씀하셨습니다. "현실에 있는 감각적 대상들은 시간에 따라서 변합니다. 대상들은 과거, 현재, 미래에서 항상 다를 수밖에 없고요. 이 책상은 누군가가 만들었기 때문에 지금 여기에 있지만, 시간이 지나면 모습이 변하고 결국 사라집니다. 다른 책상을 다시 만들어도 마찬가지예요. 단단한 책상을 만들어도 수명이 좀 길어질 뿐 결국 사라진다는 사실은 똑같죠. 그래서 여기 있는 이 책상은 그 안에 (잘 보이지는 않지만) 자기의 사라짐을 담고 있어요. 많은 사람이 눈앞의 이 책상에 정신이 팔려서 그것이 숨기고 있는 면을 보지 못하죠.

다시 한번 이야기하면, 우리는 책상을 보고 만지면서 '지금 여기에 책상이 있다'고 주장합니다. 그런데 흘러가는 '지금'이 쌓이면 '지금 책상은 없다'로 바뀝니다. 이처럼 '책상이 있다'는 주장은 시간에 따라서 내용이 변해요. 그것은 일정 시간 동안만 타당하므로 상대적으로 참일 뿐입니다.

마찬가지로 현실에 있는 아름다운 것들도 이윽고 추한 모습으로 변하고 결국 사라지고 말지요. 지금 아름다운 것이 얼마 뒤에도 계속 아름다울까요? 책상이나 아름다운 것들의 무상함이 안타깝습니다. 무상함을 달래려고 '나는 존재한다'고 외치거나 글로 써 놓거나 바위에 새겨 두면 어떨까요? '말은 날아가고 글은 남는다(Verba volant, scripta manent! 고대 로마의 격언)'고 하지만, 어쨌든 글의 주인공인 나는 100년 뒤에는 없는 사람입니다."

책상과 나는 서로 달라 보이지만 시간 앞에서는 별 차이가 없다는 서글픈 사실을 알게 되었습니다. 우리(책상과 나)는 시간 안에서 생겨나고 변하고 사라지며 시간의 물결을 타고 부재를 향해 나아갑니다. 책상이나 나는 죽음을 향해 걸어가는 유한한 존재입니다. 내가 책상과 한배를 타고 있었다니! 그 배는 어디로 가고 있을까요? 저기 시간의 바다를 항해하는 배는 감각적 사물을 잔뜩 싣고 있군요.

우리를 실은 배도 마찬가지고요.

선생님의 보충 설명이 이어집니다. "우리가 사는 세계는 시간 속에 있고, 이 시간 속에서 세계는 한순간도 멈추지 않고 변합니다. 이 세계에 있는 모든 것은 생겨나고 변하고 사라집니다. 그런데 이 데아는 어떻습니까? 이것은 감각세계, 특히 시간에 따라서 변하는 세계 너머에 있습니다. 그래서 이데아의 세계에는 어떠한 변화도 없습니다. 이데아는 영원한 존재여서 변하지 않고 항상 자신의 모습을 똑같이 유지합니다. 이데아는 과거·현재·미래의 어떤 시간에서건 항상 똑같습니다. 이리 보아도 저리 보아도, 이때 보아도 저때 보아도 항상 그 모습 그대로입니다."

○ **시간과 죽음을 거부하는 진리**

어떤 이들은 세상의 모든 것이 변한다는 점을 들어서 진리도 별수 없이 변한다고 봅니다. 진리도 생성·변화·소멸된다고 보는 상대주의적 진리관이죠.

하지만 플라톤 선생님은 엄격하십니다. 진리는 변할 수 없는 것이라고 보고, 조금이라도 변하는 것이라면 진리의 자격을 인정할 수 없다고 합니다. 그래서 존재하는 모든 것이 변하더라도 진리만은

생각 활동
☐ 시간 안에서 모든 것이 변한다면 과연 무엇을 참된 것이라고 해야 할까요? 사물이 변하는 다양한 모습 가운데 하나를 고르면 될까요?
☐ 예를 들어 처음의 청초한 모습이나 생기발랄한 모습, 아니면 원숙한 모습 또는 마지막 모습 가운데 어느 하나를 참된 꽃의 상태라고 해야 할까요?

변할 수 없고, 변해서도 안 된다고 봅니다. 이런 불변적인 것을 감각세계에서 찾을 수는 없습니다. 그것은 나무 위에서 물고기를 찾는 격이죠. 참된 것은 생성의 세계 너머에 있어야 합니다.

이런 생각을 하는 중에 저는 선생님을 비롯해서 진리를 찾는 사람들이 시간을 좋아할 수 없음을 알게 되었습니다. 시간과 변화는 밀접하게 이어져 있으니, 불변적인 것을 추구하려면 가변적인 것과 그 친구인 시간을 거부할 수밖에 없죠. 시간을 거부하고 불변성을 추구하는 것은 죽음을 거부하고 불멸을 추구하는 것 아닐까요?

'초(超)시간적인 것'을 동경하는 것은, 시간에 따라 바뀌지 않고 모든 시간에 항상 같은 것을 찾겠다는 의지입니다. 그래서 선생님은 감각적 대상 너머에 있는 초감각적 이데아를 추구하는 것이죠. 이데아들은 왔다갔다하는 것이 아니고, 생겨나는 것도 아니고(不生), 사라지는 것도 아니고(不滅), 변하는 것도 아니에요(不變).

저는 참된 것은 불생·불멸한다고 하는 여러 이론을 보았는데, 그 이론들이 어떤 이름을 내걸든 불변적인 참을 추구하는 점에서 비슷하다는 생각이 들었습니다.

○   **이 세계와 저 세계**

이제 저는 플라톤 선생님이 감각세계와 초감각세계를 엄격하게 나누신 것이 당연하다고 생각하게 되었습니다.

선생님의 말씀은 계속되었어요. "예를 들어 책상의 이데아나 아름다움의 이데아는 감각세계와 다른 세계에 있죠. 이런 초감각세계는 시간이 없는 영원한 세계, 시간이 흘러도 항상 똑같은 세계입니다. 그러니 아름다움의 이데아는 영원히 변치 않는 아름다움 자체를 지니고 있죠. 현실에 존재하는 아름다운 것들은 부분적으로만 아름답고 일시적으로만 아름다울 뿐이니, 아름다움 자체를 얼마나 부러워할까요? 자, 여기 우리 눈에 보이는 책상들이 있습니다. 그리고 그 위에는 책상의 이데아가 있어요. 여러분은 내가 그린 이 이데아가 보입니까? 이것이 이데아의 모습입니다."

그런데 책상3은 길쭉하고 책상5는 둥글고 책상33은 엄청나게 큰 것처럼 저마다 다양한 형태를 지니는데, 책상의 이데아 자리에는 형태는 고사하고 아무것도 보이지 않습니다. 왜 책상의 이데아는 보이지 않을까요? 아, 당연하죠. 책상의 이데아는 감각적인 것이 아니니까, 우리가 그것을 보거나 만지거나 냄새 맡을 수 없다고 했죠. 이 그림을 보니 우리가 살고 있는 감각세계와 초감각세계가 뚜렷하게 구별되네요. 이제 우리가 이데아를 보려면 감각세계와는 다른 세계로 가야겠군요.*

○ **이데아의 신상명세서**

수업이 끝나고 저는 책을 쓰고 있다고 말씀드리며 선생님께 몇 가지 질문을 할 수 있게 해 달라고 부탁드렸습니다. 선생님은 반가워하며 시간을 내주셨습니다. 그러면 지금까지 취재한 내용과 플라톤 선생님과 나눈 대화를 토대로 이데아의 정체에 관해 이야기해 보겠습니다.

* 혹시 이데아 세계를 믿지 못하는 사람이 있다면 이렇게 이야기할 수 있어요. 감각세계에 있는 모든 것은 불완전하죠. 만약 감각세계 자체가 나이가 들어서 죽으면 어떻게 하죠? 우리, 아니 우리의 먼 자손은 무엇과 함께 살아갈까요? 감각적인 모든 것이 사라져 버린 곳에서 말입니다. 불변적이고 완전한 이데아 세계가 지속적으로 있어야만 우리는 참된 것을 잃지 않을 겁니다. 항상 동일한 모습을 지닌 초감각세계가 필요합니다. 이런 이데아 세계가 없다면 우리는 불완전한 대상들에 둘러싸인 채 헛되이 스러져 버릴 것들만 만날 수밖에 없습니다.

1) 이데아가 참된 사고를 가능하게 한다

기자   선생님, 초감각세계에 존재하는 이데아에 대해서 조금 더 설
        명해 주세요.

플라톤   간략하게 정리해 볼까요? 이데아는 시간과 공간을 벗어난
        것으로서 조금도 변하지 않아요. 항상 같은 모습이고, 영원
        히 사라지지 않습니다. 이런 이데아는 감각이 아니라 사고를
        통해서만 알 수 있어요.

기자   그럼 이데아는 사고하는 우리 머릿속에 있는 건가요?

플라톤   오해하기 쉬운 점이 바로 이 부분이죠. 이데아는 사고를 통
        해 알 수 있지만 그렇다고 우리 머릿속에 있는 건 아닙니다.
        우리가 대상을 사고할 때 대상의 개별 성질을 일반화하거나
        추상해서 만든 개념을 이데아라 할 수는 없어요. 개념은 사
        고작용에 의존하며 주관적인 것입니다. 이데아가 사고작용
        의 산물이라면, 사고작용을 하지 않거나 사고하는 인간이 사
        라질 때 이데아도 함께 사라지겠죠. 그러면 이데아보다 사고
        작용이 더 근본적인 것이 되는 거예요. 사실은 반대입니다.
        이데아가 존재해야만 우리는 가변적 세계를 넘어선 참된 것
        을 보고 제대로 사고할 수 있어요. 즉 참된 사고 때문에 이데
        아가 있는 것이 아니라, 이데아가 참된 사고를 가능하게 하
        지요. 이처럼 영원히 존재하는 이데아는 '존재자 중의 존재
        자(ontos on)'입니다. 우리 사고의 올바름은 이데아를 드러
        내는 것이고, 이데아를 숨기는 것은 그릇됨입니다.

2) 이데아는 사물의 원형이나 이상이다

기자   그런 이데아가 현실에 나타나거나 구체적 존재를 통해 실현
        될 수도 있나요? 이를테면 선생님 같은 분을 인간의 이데아

로 보면 안 될까요?

플라톤   나를 놀리는 것이 아니라면 그런 엉뚱한 이야기는 하지 마세요. 예를 들어 누가 선한 행위를 한다고 합시다. 그 경우에 그가 아무리 노력한다고 해도 그의 행위가 선 자체일 수는 없어요. 현실의 선한 행위는 선의 이데아와 비슷하긴 하지만 이데아와 견주면 불완전하지요. 우리의 행위는 선을 추구할 뿐이지 선 자체가 될 수는 없습니다.

사람의 경우도 마찬가지죠. 어떤 사람도 완전한 인간, 인간의 이데아를 그 자체로 보여 주지 않습니다. 그렇지만 어떤 이들은 자신이 가장 완전하고, 인간이 보여 줄 수 있는 최선의 모습을 지녔다고 주장하기도 하죠. 이런 사람들은 초감각적 이데아가 마치 자기 몸을 빌려 자신에게 나타난 것처럼 생각하는 것 같아요. 하지만 그가 이데아라면 그가 죽고 난 뒤에 이데아는 어떻게 될까요?*

그 어떠한 존재자(인간이나 사물)도 이데아를 완전하게 실현하거나 보여 줄 수 없고, 오로지 이데아만이 완전하고 참된 것입니다. 감각적 사물은 이데아를 모사하려고 노력하지만 이데아의 근사치에 가까워질 수 있을 뿐이죠. 감각세계 전체가 이데아처럼 되려고 애쓰지만, 그렇게 될 수는 없고

* 이 문제는 '영혼불멸설'과 연결됩니다. 소크라테스가 보여 주듯이, 철학은 죽음을 연습하는 것입니다. 감각세계의 불완전함을 떠나는 것인 죽음은 참된 영혼의 눈으로 볼 때 그리 무섭거나 슬픈 일이 아니죠. 죽음 앞에서 태연했던 소크라테스의 모습은 많은 그리스 청년에게 감동을 주었죠. 영혼불멸설이 궁금하다면 플라톤의 대화편 《파이돈》을 참고하세요.

항상 불완전한 것으로 남을 뿐입니다.

기자   사물이 이데아를 흉내내려고 한다면, 이데아는 사물을 넘어서는 최고 존재 아닌가요? 사물이 이데아를 모방한다면 이데아는 사물의 원형에 해당하나요?

플라톤   물론이죠. 이데아는 사물의 원형이나 이상(理想)입니다. 사물은 이데아를 모사한 것이고, 이데아를 닮은 모상(模像)일 뿐입니다.

3) 이데아는 사물의 원인과 근거이다

기자   책상이 낡아서 부서지거나 사라지더라도 우리의 이데아 책상은 여전히 존재하기 때문에 그것을 원형으로 삼아 감각적인 책상을 얼마든지 다시 만들 수 있군요.

플라톤   그런 셈이죠. 그런 이유로 이데아는 사물의 원인(aitia) 또는 존재의 근거입니다. 하지만 원인과 결과처럼 시간적으로 앞서는 것이 아니라 사물의 원리라는 것이죠. 즉 사물에서 이데아가 나오는 것이 아니라 이데아에서 사물이 비롯됩니다. 감각적 사물은 스스로가 원인이 될 수 없기 때문에 어떤 다른 원인이 필요하죠. 이런 원인 중 가장 앞선 원인, 더이상 다른 앞선 원인이 없는 원인이 이데아입니다. 이데아는 그것을 바탕으로 어떤 것이 존재할 수 있는 근거입니다. 사물의 뿌리인 셈이죠.

기자   이런 표현도 가능한가요? '샘이 있어야 물이 흐르고, 뿌리가 있어야 나무가 자란다. 이런 샘과 뿌리가 바로 이데아이다.'

플라톤   이데아가 사물의 바탕이자 원천이라는 점에서 본다면 그렇게 생각할 수 있습니다. 주의할 점은 실제의 샘과 뿌리를 이데아와 혼동해서는 안 된다는 겁니다. 이런 설명을 잘못 이해하면 나의 기원이나 뿌리가 부모에게 있으니 부모의 부모, 더 거슬러 올라가 최초의 부모를 이데아라고 주장할지도 모르죠. 이데아는 '나'와 대응해서는 '부모'라 하겠지만 그렇다고 최초의 부모가 이데아는 아닙니다. 만약 그렇게 본다면 존재하는 사물 전체를 낳는 능력을 가진 어머니나 사물 전체의 바탕이 되는 무한한 능력을 가진 뿌리가 있어야겠죠.

기자 사물이 존재하는 이유(raison d'être)가 바로 이데아라는 말씀이시군요.

플라톤 이데아는 모든 사물을 그것답게 만들어 주는 공통의 근거에 해당합니다.

기자 좀 어렵네요. 그러니까 존재하는 것들의 바탕에는 항상 근거가 있어야 하지만, 존재하는 것들이 근거를 완전하게 갖고 있지는 않다는 말씀인가요?

플라톤 그래요. 근거(이데아)와 존재하는 것(사물)을 구별해야 합니다. 존재하는 것들의 바탕에는 항상 근거가 현존하고, 존재하는 것들은 근거에 부분적으로만 참여할 뿐이에요.

4) 이데아는 사물의 궁극목적이다

기자 그러니까 이데아라는 기원에서 사물이 비롯하고, 이데아라는 근거 없이는 사물이 존립하지 않겠군요. 그런데 감각적 사물은 그 자체로 완전한 것이 아니라는 말씀을 하셨는데, 어떻게 해야 좀더 완전해질까요?

플라톤 감각적인 것들은 불완전하기에 그 나름대로 완전해지려고 하겠죠. 사물의 지향점은 바로 이데아이죠. 이데아는 사물이 지향하는 최종목표이고 그러한 나아감의 마지막에 있습니다. 궁극적인 최고 '목적(telos)'입니다.

기자 그렇군요. A가 B를 목적으로 삼고, 그것이 다시 C를 목적으로 삼더라도 그런 목적은 여전히 더 높은 목적을 지향하겠죠. 그래서 더 완전한 목적을 향해 가는 과정은 궁극목적(이데아)에 접근하려고 노력하는 것과 다름없겠군요.

플라톤 그렇습니다. 모든 불완전한 존재자는 자기를 넘어 이데아에 가까이 가려고 애쓰는 과정에서 이데아가 정점인 계단을 하나씩 올라갑니다. 이런 점에서 이데아는 사물이 추구하는 가치 중의 가치(agathon)이고, 이보다 더 높은 가치란 없습니다.

5) 이데아는 하나이자 전체이다

기자 그런 이데아는 개별 사물과 달리 보편적인 건가요?

플라톤 그래요. 사물은 특정한 자기 모습에 제한되죠. 이와 달리 모든 사물에 두루 나타나 있는(parousia) 이데아는 어떤 제한에도 묶이지 않습니다. 이런 점에서 이데아는 각 사물에 하나밖에 없지만 동시에 모든 것이기도 합니다. '하나이자 전체(hen kai pan)'인 것이죠.

삼각형의 종류가 여럿이어도 삼각형의 이데아는 하나입니다. 사람이 아무리 많아도 사람의 이데아는 하나이고요. 모든 사람을 사람이라고 하는 것은 바로 모두가 '사람의 이데아'를 부분적으로 갖고 있기 때문이죠. 사람의 이데아는 모든 사람에게 보편적으로 있습니다. 그런 까닭에 한 사물의 이데아를 안다면 개별적 사물을 모두 살피지 않아도 모두를 보편적으로 아는 셈이죠.

이데아에 얽힌 몇 가지 이야기를 들으면서 이데아의 이모저모를 좀더 살펴봅시다. 그러고 나서 이데아를 우리 삶에 어떻게 적용할 수 있는지도 생각해 봅시다.

○   **이데아와 사물은 어떻게 만날까**

배움에는 끝이 없다고 했나요? 저는 이데아를 꽤 공부한 것 같기는 한데 아직 이데아 반대론자를 설득할 정도의 수준은 아닙니다. 몇 가지 궁금한 것도 있고요. 그래서 그 문제를 먼저 풀고 나서 이데아 이야기를 더 들었으면 합니다.

이데아는 우리가 경험하는 것들 저 너머에 있다고 했습니다. 이데아가 아주 다른 세계에 있다면, 경험하는 것들과 아무 관계도 없으니 둘 사이에는 어떠한 연결점도 없지 않을까요? 어떻게 그런 이데아로 우리가 경험하는 세계를 설명할 수 있을까요? 이 질문은 친구와 이야기를 나누다 나왔는데, 어떻게 이 질문에 답해야 할지 막막했습니다.

이튿날 저는 수업에서 적극적으로 궁금증과 해법을 밝혔습니다. "선생님이 말씀하셨듯이 감각적 대상들은 원형인 이데아를 불완전하게 모방한 모상에 지나지 않습니다. 이것을 복사에 비유하면 좀더 쉽게 이해되는 것 같아요. 예를 들어 삼각형들은 '참된 삼각형(이데아)'을 조금 혹은 많이 닮은 모조품이자 불완전한 복사물일 뿐이에요. 이데아와 사물은 원본과 복사물의 관계와 비슷한 것 같습니다. 우리가 보는 수많은 삼각형은 서로 다르지만 그것들이 원본을 선명하게, 또는 흐릿하게 복사한 것이라는 점에서는 같습니다. 조금 더 선명한 쪽이 다른 쪽보다 우월하다고 자랑하지만 선명하건 흐릿하건 복사물임은 변함이 없어요. 감각적 사물은 가짜일 뿐이죠."

복사기 모델에 바탕을 둔 진짜/가짜 이분법에 반론이 제기되었습니다. "복사기 이론에는 문제가 있습니다. 이데아는 보이지도 않는데 어떻게 그것을 복사합니까? 참 신기한 복사기군요. 보이지 않는 원본을 보이는 사본으로 만들 수 있나요?"

저는 설명을 덧붙였습니다. "꼭 그런 복사기가 있다는 게 아니라…… 저는 이데아와 사물이 원본과 복사의 관계와 같고…… 그러니까 복사물은 불완전한 것, 가짜라는 거죠."

선생님은 조심스럽게 이야기하셨습니다. "재미있는 지적이군요. 현실 대상들이 참되지 않고 영원불변하지 않다는 점은 맞아요. 그런데 나는 이런 가짜가 이데아와 무관하다고 보지는 않아요. 사물이 이데아를 모사한 것이고, 여기에는 이데아가 일부나마 들어 있다고 봅니다. 그것들이 이데아는 아니지만 아무것도 아닌 것도 아니죠. 이런 점에서 감각세계는 존재와 비존재(無) 사이에 있어요. 달리 말하면, 감각적 사물은 이데아를 부분적으로 나누어 가집니다. 이것을 '이데아를 분유(分有)하고 있다'고 합니다. 또한 감각적 사물은 이데아에 조금이나마 참여합니다. 그렇기 때문에 이데아와 사물은 비슷합니다."

사물이 이데아를 '모방(모사)한다'는 게 이런 뜻이라면 저도 사람의 이데아를 모사한 것이니까, 그 이데아와 닮은 점이 있고 이데아를 부분적으로 나누어 가졌으니 영 가짜는 아니었군요. 불완전하다는 꼬리표는 붙어 있지만 이데아와 조금이라도 더 닮으려고 노력할 만한 여지는 충분히 있습니다.

○　**책상 알아보기**

플라톤 선생님의 책상 이야기가 다시 펼쳐집니다.

"책상을 전혀 본 적도 없고 책상이 무엇인지도 모르는 사람을 가정해 봅시다. 그는 책상마을에 와서 비슷하면서도 다른 책상들을 보게 됩니다. 이렇게 생긴 것, 저렇게 생긴 것, 칠이 좀 벗겨진 것, 누군가가 커닝하려고 깨알 같은 글씨를 써 놓은 것, 한쪽 다리가 흔들려 고쳐 놓은 것, 멋을 부리느라고 모양을 바꾼 것, 접었다 폈다 할 수 있는 것 등이 있습니다.

책상을 처음 보는 그가 이처럼 조금씩 또는 상당히 다른 책상을 여럿 보면 책상의 본질, 모든 책상에 똑같이 있는 것, 책상을 책상답게 하는 것을 알 수 있을까요? 없을까요? 만약 우리가 책상을 하나하나 보고 만지고 나서야 그 모든 것에 똑같이 있는 책상다움을 알게 된다면 책상 알아보기는 끝이 없겠죠. 며칠 밤을 새우면서 수많은 책상을 보고 또 보고, 만지고 또 만진다고 해도 우리의 눈길과 손길을 기다리는 다른 책상들이 또 있습니다.

약간씩 다른 책상을 몇 개만 보면 나머지 책상을 굳이 다 보지 않더라도, 어떤 것이 책상인지 알 수 있습니다. 둔한 사람은 책상을 50개 정도 봐야 알겠지만, 똑똑한 사람은 한두 개만 보고도 책상다움을 알 수 있죠.

반대로 책상다움, 책상의 이데아를 미리 알고 있다면, 그것을 본으로 삼아서 실제 책상들이 그것과 얼마나 닮았는지를 살펴보고 책상이 조금씩 다르더라도 그것들이 책상의 이데아와 '같은 종류(eidos)'임을 알 수 있습니다."*

육안으로는 책상을 보지만 지성의 눈으로는 책상의 이데아를 본다는 이야기가 되겠군요. 눈으로 보는 것은 우리가 알고 있는 이데아를 일깨우는 수단일 뿐이라는 이야기 아닌가요? 책상은 이데아와 닮으면 족하고, 우리는 책상을 보면서 배후에 있는 이데아를 보니 책상은 나름의 역할을 하는 셈이군요. 눈으로는 책상을 감각하면서 동시에 지성으로는 감각할 수 없는 책상다움을 인식해야 하는군요. 감각에 얽매여 이데아를 보지 못한다면 책상들을 전부 보아야 할 뿐 아니라, 그것들을 모조리 비교한 뒤에야 겨우 책상이 무엇인지 알 수 있겠지요. 아, 그러니 이데아를 모르면 인생이 피곤해지겠어요.

* 우리가 같은 두 개의 사물을 볼 때, 그것들이 미리 '같음'을
  지니고 있지 않다면 아무리 보더라도 그것들을 같다고 말할 수 없겠죠.
  또한 비슷한 것들을 보면서도 '비슷함'을 모르고 있다면
  비슷한 것들을 알아볼 길이 없죠. 그리고 '선함'을 모르는 자가
  선한 것들을 아무리 많이 본다고 한들 어떻게 그것들 속에
  조금씩 들어 있는 선을 알 수 있겠습니까?

○　　　　**이미 본 이데아를 기억함**

그런데 플라톤 선생님은 우리가 이데아를 아는 능력을 가지고 태어난다고 하셨습니다. 그 내용을 간추려 소개해 보죠.

　　　인간은 이 세계에 나오기 전에 영혼의 세계에 살고 있었는데, 그곳에는 이데아만 존재합니다. 그래서 순수한 영혼들은 책상이 아니라 책상의 이데아를 보고 아름다운 것들이 아니라 아름다움의 이데아를 보죠. 그러다가 어느 시기가 되면 이 세상에 태어나게 됩니다. 영혼이 인간세계로 올 때는 레테의 강을 건너게 되는데, 이 강은 바로 '망각의 강'입니다. 신기하게도 이 강을 건너면서 영혼들은 자신이 앞서 본 것들을 잊어버립니다. 이데아들과 함께 놀던 기억을 잃는다니 아까운 느낌이 들 수도 있지만, 새 세상을 살아야 하는데 과거의 기억을 그대로 지니고 있다면 혼란스러울 거예요. 그래서 우리는 잊어버렸다는 사실 자체도 잊습니다. 망각을 망각하는 것이라고 할까요? 이 강이 없다면, 아니 이 강을 건너지 않은 채 몰래 온 영혼들이 있다면, 기이한 일이 벌어질 겁니다. 전생을 기억하면서 도통한 경지를 보여주는 경우가 생기겠죠. 다섯 살짜리 아이가 "나는 달라이 라마다"라고 말할 수도 있을 거예요. 보통은 레테의 강을 건너면서 어스름한 기억만 남을 뿐 또렷한 기억은 사라지죠. 그렇게 이 세상에 와서 살다가 어느 날 현실의 책상을 보게 됩니다.

　　　"이것은 무엇일까요? 이것을 본 적이 있나요?"

　　　"잘 모르겠군요."

　　　"이게 책상입니다."

　　　다른 책상을 하나둘 보고 나니 어렴풋하게 생각이 납니다.

　　　"처음 보는 건데 분명 어디서 본 것 같아. 이런 것들을 책상이라고 하지. 맞아, 언젠가 본 듯한 책상의 이데아와 닮았군"

불현듯 과거에 자기가 본 이데아가 상기되죠. 플라톤 선생님은 이렇게 말씀하셨어요.

"모든 것은 처음 보는 것이 아니라, 이미 본 것을 기억을 통해 재인식하는 거예요. 책상을 보지만 이데아를 기억함으로써 책상의 이데아를 보게 되는 겁니다. 이게 바로 '상기(anamnesis)', 즉 이미 알고 있는데 다시 그것을 확인하는 것이죠. 그러므로 모든 인식은 재인식(recognition)입니다."

그렇다면 우리는 필요한 것을 이데아가 존재하던 전생에서 다 배운 거로군요. 선생님은 이어서 이야기하십니다.

"책상을 몇 개만 보아도 알아보는(recognize) 까닭은 책상의 보편성을 이미 알기 때문입니다. 그래서 이데아와 닮은 책상들을 통해 책상의 이데아를 재인식하는 거죠. 우리는 사물의 보편성을 미리 알고 있다가 개별 경우에 그것을 적용합니다."

수업이 점점 더 흥미진진해져 빠져드는 바람에 질문은 하지 못했습니다. "그러면 이미 알고 있던 것 말고 새로운 것을 아는 경우는 없나요?"라고 질문해야 했는데 말이죠. 저는 나중에 플라톤 선생님이 《국가》에 쓰신 '동굴의 비유'에서 그 답을 찾았습니다. 이번엔 《국가》에 나오는 그 대목을 선생님의 친절한 톤으로 설명해 보겠습니다.

지하 동굴에 사람들이 산다고 가정해 보게.* 이들은 어려서부터 발과 목이 묶여 있어 언제나 같은 곳에 머물러 있고 고개조차 돌릴 수 없어서 앞만 보고 살았네. 이들이 앉아 있는 곳 뒤쪽으로는 저 높은 곳의 불빛이 그들이 바라보는 동굴 벽면을 비추고 있네. 이 불과 그들 사이에 길이 나 있고 그 길을 따라서는 나지막한 담이 쌓여 있지. 그들 뒤쪽에 있는 담을 따라 담 위로 각종 도구와 사람이나 동물 등의 모상을 움직이게 하면 어떻게 될까? 그 모양들이 불빛 때문에 동굴 벽면에 그림자로 비치겠지. 인형을 조종하는 사람이 구경꾼들에게 그림자 인형극을 보여 주는 것처럼 말이네. 고개를 돌려 그림자의 원형인 사물을 한 번도 본 적 없는 사람들은 동굴 벽에 비치는 그림자를 참된 것으로 여길 거야. 그들에게 그림자는 곧 사물인 셈이지. (이는 관습과 일상에 얽매여 있는 사람들의 고정된 시각을 쇠사슬에 묶인 몸에 비유하는 게 아닐까? 그들은 자신들이 볼 수 있는 것만 보게 되지.) 그들은 벽에 비치는 그림자를 가장 날카롭게 구별하는 사람에게 상을 주고 명예를 주기도 하네.

　　　그들 가운데 한 사람이 쇠사슬에서 풀려났다고 해 보게. 비로소 몸이 자유로워진 이 친구가 처음으로 고개를 돌려 불빛 쪽을 보게 된 거야. 이 친구의 이름을 그리스어로 참된 지식, 진리, 과학을 뜻하는 '에피스테메(episteme)'라고, 부르기 쉽게 '에피'라고 할까?

　　　에피는 동굴 속 불빛을 바라보는 것도 힘들 거야. 그때 어떤 사람이 "지금까지 본 것은 그림자일 뿐이오. 자, 그림자에 속은 삶을 청산하고 저 밝은 곳으로 나갑시다"라고 하면서 그를 이끌고 동굴 입구 쪽으로 간다고 해 보게. 어둠에 익숙한 에피는 밝은 곳으로 나갈수록 눈이 아플 거야. 처음 보는 신기한 것들에 정신이 혼란스러울 테고.

에피가 그림자가 아니라 실제 사물을 보는 고통을 이겨 내지 못하면 원래의 자리로 되돌아갈지도 몰라. 에피가 동굴 밖으로 나가는 힘든 모험 끝에 마침내 태양이 환히 비추는 곳까지 나왔다면 어떻게 될까?

처음 태양을 보게 되면 눈을 뜰 수조차 없을 거네. 사물을 보려면 연습이 필요할 테지. 처음에는 그림자를, 그다음으로는 물에 비친 것들의 이미지와 실제 사물의 순서로 보는 훈련을 할 거야. 밤에 달을 보는 것이 눈부신 태양을 보는 것보다는 훨씬 수월하겠지. 오랜 시간 보는 훈련을 한 뒤 마침내 태양을 보게 될 거네. 태양은 에피에게 남다른 의미가 있을 거야. 빛 덕분에 사물을 볼 수 있다면 빛의 원인이 바로 태양인 셈이니까. 태양은 사물의 원인이라고도 할 수 있어. 태양은 보는 눈에는 보는 능력(시력)을 주고, 보이는 것에는 형태와 색을 주지. 그뿐인가? 보이는 사물을 생성하고 성장시키지.

이런 점에서 태양은 보는 작용과 보이는 것 모두의 원인, 즉 인식과 실재의 원인이네. 어둠의 장막이 태양을 가린다면, 보는 작용으로 무엇을 볼 수 있고, 보이는 대상은 어떻게 자신을 드러낼까? 에피는 새로운 세계, 참된 세계에서 자신의 과거를 되돌아보게 되네. '이런 태양과 밝은 세계를 보고 있는 나는 행운아가 아닌가?'

에피는 고민에 빠졌어. '나는 밝은 세계를 보게 되었지만 그림자를 보면서 그것을 참된 것이라고 여기는 옛 동료들은 얼마나 애

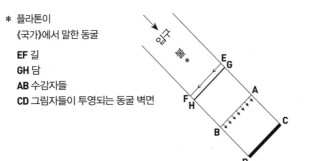

* 플라톤이
《국가》에서 말한 동굴

EF 길
GH 담
AB 수감자들
CD 그림자들이 투영되는 동굴 벽면

PART 3
생각할 그럴 수 있는가

처로운가. 아직도 오류의 동굴에서 아무것도 보지 못한 채 살고 있지 않는가?'

에피는 자신이 찾은 진리를 동료들과 나누고 싶어 자기가 올라왔던 길을 내려가 어두운 동굴로 되돌아갔네. 빛의 세계에서 갑자기 온 까닭에 에피의 눈은 어둠으로 가득차겠지. 그는 자기가 본 것을 전하고 모두 사슬을 끊고 저 바깥의 밝은 세계로 올라가자고 권했네.*

"저 친구, 위쪽으로 올라가더니 눈이 상해서 돌아왔어. 통 보지를 못하는군. 쯧쯧." 동굴 속 사람들은 여전히 벽의 그림자를 보며 참과 거짓, 선과 악 등을 이야기했네.‡ 의견 차이가 나면 다투었지. 에피는 동료들을 가르치려고 애썼지만, 그럴수록 동굴 속 현실에서는 무능한 자로 낙인찍히고 말았어. 그는 참된 것을 전하고 그것을 바라보는 기존 견해들(doxa, 속견(俗見))을 바로잡는 데 모든 것을 바치느라 현실의 행복과 안정에 관심을 두지 않았네. 그런 게 아무런 의미도 없었기 때문이지. 그는 그림자 알아맞히기와 그 보상으로 주어지는 명예와 상을 단호하게 거부했어.

이처럼 에피가 끝까지 자기주장을 굽히지 않고 그림자 세계의 모든 것이 허상이라고 주장하면 무슨 일이 벌어질까? 혹시 그들이 귀찮아하며 에피의 입을 막아 버리려고 하지는 않을까? 그를 아끼는 한 친구가 안타까워하며 그에게 이야기했네. "나도 자네 주장이 옳을지도 모른다고 생각하고 싶어. 하지만 내 삶을 완전히 부정하지 않고서는 그것을 따를 수가 없지 않은가. 자네 생명을 위해서라도 입조심하게. 또 자네 말이 참된 것이라면 자네가 군이 떠들지 않아도 어차피 참이지 않은가?"

친구의 충고가 에피의 귀에 들어올 리 없겠지. 그는 자신의 모든 것을 희생할 각오로 여전히 참된 세계를 이야기했네. 분위기는 점점 그에게 험악해졌지. 그들을 대표하는 알로독사(allodoxa)가 경고를 했어. "그렇게 혼자 진리를 아는 척하면 이로울 것이 없을 거요. 당신의 알량한 진리로 우리 세계를 허깨비 취급하는 것을 더이상 두고 볼 수는 없소. 계속 우리를 오류의 늪에 던지려고 시도한다면 진리의 이름으로 당신을 처벌하겠소."

결국 끔찍한 사건이 벌어졌네. 그를 미치광이로 여긴 사람들이 그를 없애기로 한 거야. 에피에게는 '진리를 모독하고 청년들에게 그릇되고 위험한 교육을 하여 국가의 위기를 초래했다'는 죄목을 들이댔지. 에피를 아끼는 사람들이 탈출을 권했지만, 에피는 진리를 뒤로하고 도망치는 걸 원하지 않았네. 그는 독이 든 당근즙을 마시고 이데아가 사는 곳을 향해 날아올랐어. 에피는 영원한 삶을 택하며 이런 말을 남겼다네. "나는 죽으러 가고, 나를 심판한 여러분들은 살러 갑니다. 하지만 우리 중에서 어느 쪽이 더 나은 운명을 향해 가는지 신 말고는 아무도 모릅니다."(《소크라테스의 변론》 중에서)

에피는 이 세계의 무거운 납덩어리를 달고 사는 이들과 달리 자유롭게 지성의 하늘로 날아올랐지. 그의 혼은 이데아만 사는 밝게 빛나는 곳에서 어떠한 그림자도 가까이하지 않고 살아갈 것 같지 않은가?

---

* 그림자들을 버리고, 감각세계의 어두움에서 참된 실재의 밝은 영역으로 힘겹게 올라가는 과정이 바로 교육의 과정 아닐까요? 그것은 참된 것을 얻기 위한, 가상의 세계를 벗어나기 위한 과정이 아닐까요?
** 현실의 감각적 사물에 정신이 팔려 그것을 참된 것인 양 여겼던 우리가 동굴 벽면의 그림자들에 정신이 팔려 있는 자들과 무엇이 다를까요? 하지만 사람들은 여전히 그림자에 둘러싸여 그 세계를 탐닉합니다.

○　　　**선분의 비유**

저는 이 진리의 순교자에 관한 이야기를 접하면서 감각세계에 사는
이들에게 불변하는 실재의 모습을 알게 하려는 것이 얼마나 어렵고
위험한지를 생각하게 되었습니다. 생사가 걸려 있는 이 문제는 사실
은 '감각세계에 살면서 이데아 세계를 버리느냐, 아니면 감각세계를
뛰어넘어 이데아 세계에서 사느냐' 하는 문제이죠.

　　　간단한 표를 하나 덧붙이겠습니다. 플라톤 선생님의 설명을
그대로 옮긴 것으로, 선생님은 이를 '선분의 비유'라고 했습니다. 그
내용을 간략하게 소개하죠.

지식		대상	
진리episteme	지성noesis (변증법)	이데아	지성적 세계 to noēton
	오성dianoia (수학적 추론)		
의견doxa	신념pistis	자연물	가시적 세계 to horaton
	허상eikasia	그림자 (이미지)	

　　　크게 둘로 나눠 표 오른쪽은 대상들의 종류를 구분해서 사고
대상과 감각 대상으로 나눈 것입니다. 이것은 각각 이데아(지성적 세
계)와 가시적 대상(세계)으로 나뉘지요. 이데아에 대해서는 더이상
설명할 필요가 없겠네요. 다만 이데아가 머릿속에 있는 사고물이 아
니라 순수한 대상이라는 것을 잊어서는 안 되겠죠. 눈에 보이는 대상
들은 명확한 정도에 따라서 그림자 또는 거울이나 수면에 비친 이미

지 같은 것과 우리 주변에 있는 감각적 사물로 나눌 겁니다.

표 왼쪽은 지식의 종류(또는 정신의 상태)를 구분한 것입니다. 이때 오른쪽의 대상에 따라 각각 다른 종류의 지식이 대응하죠. 먼저 이데아라는 지성적 대상에 대응하는 진리, 참된 지식 등이 있고, 감각적 대상에 대응하는 의견, 속견, 억지 주장 등이 있죠.

이 가운데 오성은 수학이나 기하학에서처럼 수와 형태를 이용한 가설과 전제에서 출발합니다. 이때 가설(hypothesis)이란 누구에게나 분명해서 굳이 설명할 필요가 없는 것, 즉 바탕에(hypo) 미리 설정한 것(thesis)으로, 논의할 때 이미 전제하는 것입니다. 그런데 이처럼 증명되지 않은 가설을 사용하는 오성은 불완전하겠죠. 논의의 출발점인 가설이 올바른지를 그 가설 자체나 또 다른 가설이 밝혀 줄 수는 없으니까요.

이에 비해 지성은 어떤 것에도 의존하지 않습니다. 가설 대신에 변증법(dialektike)을 통해 모든 것의 출발점을 찾아 그로부터 나오는 것들을 따라 내려가는 방법을 사용합니다. 이것은 감각을 전혀 사용하지 않고 형상·본질만을 사용해서 따라가죠.

우리가 동굴의 비유에서 가장 눈여겨볼 지점은 어두움에서 밝은 세계로 올라가는 극적인 전환 부분입니다. 이 전환을 통해 세계를 보는 눈이 근본적으로 바뀌죠. 새롭게 다시 태어나는 것이라고나 할까요? 그런 재탄생 이후의 삶이 행복한지는 묻지 마세요. 불행과 행복은 꽤 친한 사이이니까요.

○ 모방, 모방의 모방

다시 플라톤 선생님의 수업을 참관해 볼까요?

"이제 여러분은 감각세계에 다양한 침대나 책상이 있음을 압니다. 또한 침대와 책상이 아무리 많아도 오직 하나의 침대 이데아와 하나의 책상 이데아가 있다는 것도요. 이런 하나의 이데아는 어떤 변화도 겪지 않고 항상 동일하죠. 그것은 생성하고 소멸하는 세계에 휘말리지 않습니다."

이것도 배운 거네요. 이데아를 흉내내는 사물은 생성의 물결에 휩쓸리지요. 존재와 생성의 대립!

"가구를 만드는 장인(匠人)은 어떻게 가구를 만들까요? 만약 가구가 전혀 없는 상태라면 어떻게 그것을 만들 수 있을까요? 장인이 침대를 만들려면 머릿속에 어떤 모델이 필요하겠죠. 그는 이데아를 모델로 삼아서 이러저러한 침대를 만들 수 있습니다. 그럼 이런 이데아를 누가 만들 수 있을까요? 장인일까요? 아니죠. 그가 도끼, 대패, 톱을 사용해 이데아를 만들 수 있나요? 장인이 침대의 원형인 침대 이데아를 만들 수는 없습니다. 생산 행위를 통해 이데아를 만들 수 없다면, 생산에 앞서는 이데아가 있어야 합니다. 장인이 침대를 만드는 것은 이미 있는 이데아를 흉내내는 것이고, 장인의 생산이란 침대이데아를 우리 눈에 보이는 침대로 나타나게 하는 것이죠.

이처럼 이데아는 생산과 이데아에 대한 사고에 앞서서 존재해야 합니다. 그래야 장인이 이데아를 본떠서 제작을 할 수 있습니다. 장인은 이데아를 모방할 뿐입니다. 그래서 우리는 침대를 만드는 장인 이외에도 침대 이데아를 만드는 존재를 따로 상정할 필요가 있습니다. 이런 제작자 중의 제작자를 창조자, 즉 데미우르고스(dēmiurgos)*라고 부를까요? 데미우르고스가 침대의 본질을 만든다면, 이것을 흉내내는 장인은 이러저러한 침대만 만들 뿐입니다."

그렇다면 플라톤 선생님은 예술적 모방을 어떻게 생각할까요? '진리의 눈'으로 보면 가상을 즐기는 예술이 온전하게 보일까요? 선생님은 예술에 아주 비판적입니다. 어떤 이유에서 그럴까요?

"나는 예술이 모방(mimesis)에 바탕을 둔다고 봅니다. 그런데 이런 모방이 참된 세계를 제대로 모방할까요? 침대를 그림으로 표현하는 화가는 어떻게 될까요? 그려진 침대는 어떤 것일까요? 이런 생각을 해 봅시다. 침대를 거울에 비추면 침대의 이미지가 나타납니다. 이렇게 대상을 거울에 담는 것은 대상을 '나타난 것', 즉 현상(phainomenon)으로 만드는 것입니다. 침대의 상(像)을 만드는 사람의 예로 화가를 들 수 있습니다. 이런 면에서 화가도 장인처럼 침대 만드는 사람 가운데 하나인 셈이죠. 화가가 형태와 색채로 옮겨 놓은 캔버스 위의 침대는 침대와 닮았죠. 그러니까 화가가 공들여 모방한 침대는 알고 보면, 장인이 모방한 침대 이데아를 다시 모방한 것입니다."

모방의 모방이라! 아니, 모방한 것을 다시 모방하면 더 형편

---

* 데미우르고스는 플라톤의 우주 생성론에 등장하는 창조신의 별칭입니다.

없어지는 게 아닐까? 아, 선생님은 화가가 침대를 원형으로 삼아서 그것을 그림으로 다시 모방하는 것, 즉 예술적 모방을 문제삼는 거로 군요.

"이처럼 화가는 침대가 아니라 침대처럼 보이는 것을 그립니다. 즉 침대를 있는 그대로 모방하지 않고 그것이 나타나는 대로 모방합니다. 어느 쪽에서 보는지, 어떤 감정 상태에서 보는지에 따라 침대가 달라 보이긴 하지만, 그것들은 같은 침대입니다. 그때마다 다르게 나타나는 침대를 그리는(재현하는) 것은 침대의 모습을 어지럽게 보여 주는 거예요. 그것의 일정한 모습을 알 수 없게 하죠.

이런 모방 기술은 참된 것으로부터 아주 멀리 떨어져 있는 것을 다룰 뿐입니다. 이런 의미에서 화가들은 사물의 허깨비, 환영(phantasma)을 다룹니다. 그들은 허깨비를 만들고 참된 것과 아무런 관련이 없는 것에 매달립니다. 이런 예술적 모방은 일종의 '놀이'예요. 이런 점은 화가뿐 아니라 그림을 보는 사람도 마찬가지입니다.

예술가는 허깨비를 만드는 사람, 참된 것은 전혀 알지 못하고 보이는 것만 보는 사람입니다. 자, 이제 다시 정리해 보면, 침대는 세 종류가 있습니다. 첫째, 신이 만든 것으로서 하나의 동일한 이데아가 있고, 둘째, 장인이 만드는 것으로서 이데아를 모방한 것이 있습니다. 이것은 우리가 현실에서 사용할 수 있는 것이죠. 셋째, 화가가 그린 것이 있습니다. 만약 우리가 침대라는 말로 이들 중 하나만 가리켜야 한다면, 어느 것을 가리켜야 할까요?

이와 마찬가지로 침대 제작자에도 세 부류가 있습니다. 먼저 침대의 이데아를 만든 신이 있고, 그다음에 장인(침대 제작자)이 있죠. 그는 침대의 이데아에 따라 침대를 만듭니다. 그가 만든 침대는 질료 가운데 침대 이데아를 나타나게 합니다. 마지막으로 화가는 그림 속에 침대의 그림자를 표현하죠. 그려진 침대는 사용할 수 있는 것도 아닐뿐더러 침대 이데아로부터 아주 멀리 떨어져 있어요. 제3의 생산을 할 뿐인 이런 제작자는 침대를 하나의 환영으로 바꿔치기 합니다.

이처럼 모방이 예술의 본질이라면 예술은 진리에서 꽤 멀리 있습니다. 앞서 우리가 현실에 있는 침대를 존재하는 것과 없는 것 사이에 있는 중간적인 것이라고 했다면, 침대 그림은 거기에도 못 미치는 시뮬라크르(Simulacra, 모조품)입니다. 거울 속에나 존재하는 것처럼 나쁜 모조물에 지나지 않고, 아무것도 아닌 것이죠. 그것이 표현하는 내용은 아무것도 없어요. 그래서 여러분은 이런 겉모습을 보기보다는 그것의 원형을 보아야 하고, 나아가 그림의 원형(사물)이 모방하는 이데아를 알아야 합니다."

플라톤 선생님은 예술의 고유한 특성을 무시하고 무자비하게 예술을 공격하시는군요. 언제 예술가들이 현실을 있는 그대로 보여 주겠다고 하던가요? 현실을 다른 방식으로 표현하는 것조차 '그것이 얼마나 진리 내용을 지니고 있는지' '그렇게 표현된 것이 참된 것인지'를 문제삼는군요.

나중에 보니 선생님은 그림뿐 아니라 호메로스의 서사시도 이런 모방에 기초한 것으로서 아무런 가치가 없다는 말씀을 하셨을뿐더러, 만약 당신이 국가를 세운다면 이런 예술가들은 나라 안에 발도 들여놓지 못하게 할 것이라는 무시무시한 말씀을 하셨더군요. 아마 예술가들이 가상 세계를 만들어 사람들을 속이고, 아무것도 아닌 허구로 사람들을 울리고 웃기기 때문이겠죠.

만약 플라톤 선생님이 영화관에 간다면, 주인공이 상대의 칼에 찔리는 장면을 보고 안타까워하는 관객들을 본다면 뭐라고 하실까요? 선생님은 관객들에게 이렇게 말하면서 판을 깨실지도 모르죠. "여러분, 안심하세요, 주인공은 칼에 찔린 게 아닙니다. 흉내내는 것뿐이에요. 이 장면은 사실과 아무런 관계가 없습니다." 선생님은 영화를 보기는 하지만 거기서 참된 것은 보이지도 않는다고 하시겠죠. 감정이입을 하며 주인공과 일체감을 느끼는 사람들을 보면서 '왜 저들이 저런 이미지와 허상에 속아 기뻐하고 슬퍼할까' 하고 한참 생각하실 겁니다.

그런데 선생님은 우리가 영화표를 살 때 재미있는 선서를 한다는 것을 모르실 거예요. '나는 영화관에 들어서는 순간부터 나갈 때까지 영화 속 세계를 실제 세계로 착각하기로 엄숙하게 맹세합니다.'

○ **기독교와 이데아론**

플라톤 선생님은 우리 눈앞에 펼쳐진 감각적 대상들 너머에 그것의 원리이자 바탕인 이데아가 있다고 하셨죠. 이처럼 세계와 그 너머를 구분하는 방식이 기독교와 크게 다르지 않은 것 같네요. 실제로 이런 이데아론은 중세 신학자들에 의해 기독교적 세계와 신을 정당화하는 논리로 이용됩니다.

그렇다면 이데아 세계를 참된 세계, 신의 나라로 보면 되겠네요. 이데아는 불변하고 영원한 것입니다. 그런데 지상의 세계에는 그런 영원성의 그림자도 없어요. 모든 것은 변하고 사라지죠. 우리가 사라질 수밖에 없는 것들을 부여잡으려 노력한다면 얼마나 허무한 일일까요? 이렇게 이데아와 현실 세계를 대비한 논리가 죽음이 상존하는 지상의 나라와 영원한 생명이 있는 하늘나라를 대비하는 것으로 전용되기도 합니다. 이제 이데아의 불변성과 영원성이 '영원한 삶'으로 번역됩니다. 감각세계와 초감각세계의 대립은 허망한 이 세계와 참된 저 세계의 대립으로 바뀝니다. 이데아를 볼 수 있는 지성의 눈은 하느님의 말씀을 듣는 귀로 바뀝니다.

종교의 눈으로 보면 감각적 현상세계는 헛된 세계, 먼지의 세계입니다. 그런 허망한 것들에 매인 삶에는 참다운 기쁨이 없고 눈물의 골짜기만 있을 뿐이죠. 그래서 지상의 수고롭고 무거운 짐을 진 자들은 생명의 말씀을 들으러 가야 합니다. 그 말씀은 그들을 편히 쉬게 할 것입니다. 이제 이 세계에 매인 눈과 집착은 저 세계를 보려는 눈과 하늘나라에 가려는 소망으로 바뀝니다.

이데아와 마찬가지로 신과 하늘나라는 눈에 보이지 않습니다. 그것은 어떠한 감각을 통해서도 인식되지 않으며 우리가 경험할 수 있는 그 어느 곳에도 없습니다. 하늘나라는 하늘에 있지 않습니다.

이데아론이 기독교 이론은 아닙니다. 그리고 플라톤 선생님이 최고의 이데아로 여기는 선의 이데아와 그것을 따르는 도덕적 삶이 기독교의 신과 신앙생활은 아닙니다. 그렇지만 양자는 꽤 친근한 관계에 있습니다. 이데아 세계의 다른 이름이 하늘나라일 수도 있습

생각 활동

☐ 에피가 탈출한 동굴을 영화관으로 생각해 볼까요? 동굴 벽면을 스크린으로 삼아 실물과 실물을 닮은 것들을 비교해 보세요.

☐ 동굴에서 벽면에 비친 그림자를 사진으로 보고 그것을 사진의 원형에 해당하는 사물과 비교하면 어떨까요?

☐ 우리가 세계를 제대로 보려면 카메라가 기록하는 내용을 그대로 받아들이는 것으로 충분할까요?

☐ 우리가 사진을 통해서 세계를 얼만큼 알 수 있을까요?

니다. 이데아에 근거를 둔 도덕의 다른 이름이 기독교 신앙일지도 모릅니다.

○　**악의 이데아도 존재하는가**

저는 흥미로운 이야기를 들었습니다. 플라톤의 이데아론을 못마땅해하는 이들이 던진 질문이었는데, 신통한 것은 아니지만 재미있었습니다.

　　우리는 불완전한 감각적 대상들과 대비되는 완전한 이데아를 생각할 수 있습니다. 책상의 이데아, 물고기의 이데아, 소나무의 이데아, 인간의 이데아, 국가의 이데아, 마지막으로 선의 이데아 등등 말이죠. 그런데 머리카락의 이데아, 박테리아의 이데아, 태풍의 이데아, 악마의 이데아 같은 것은 어떤가요? 이 질문은 시시껄렁하고 사소하거나 해롭고 사악한 것들의 이데아도 필요한지, 아닌지의 문제입니다.

　　피할 수 없는 질문입니다. 다양한 책상들 너머에 책상의 이데아가 필요하다면 바퀴벌레의 이데아라고 없으리라는 법은 없어요. 만약 바퀴벌레의 이데아가 있다면 경험적인 녀석들 하나하나를 바퀴벌레답게 만들어 주는 이데아가 필요할 것이고, 우리가 경험적인 바퀴벌레를 죽이는 것도 바퀴벌레의 이데아를 죽이지 않는 한 끝나지 않겠죠. 플라톤 선생님도 이런 질문을 예상하고, 몇몇 대화편(《파르메니데스》《소피스트》 등)에서 마지못해 머리카락, 이, 때의 이데아를 인정하기는 합니다.

　　하지만 악의 이데아는 단호하게 거부합니다. 플라톤 선생님이 이데아론을 주장하신 중요한 이유 가운데 하나는 인간이 참된 삶을 추구하도록 하기 위해서였습니다. 즉 삶에 어떤 보편적 기준이 있다는 것을 보여 주기 위해서였지 지적 호기심에서 이데아를 주장한 건 아니었으니까요. 당시에 소피스트들은 도덕적 삶이 불가능함을 주장했습니다. 그들은 자연의 보편적 세계와 달리 인간세계, 규범과 가치의 세계에서는 어떠한 보편적 기준도 없다고 보았습니다. 가치척도는 자연에 원래 있는 것이 아니라 인간세계에서 인간의 기준에 따라 만들어지기에, 하나의 가치척도는 없고 "피레네산맥 이쪽에서 진리인 것도 저쪽에서는 오류"라며 서로 기준이 다를 수밖에 없다고 봅니다. 실제로 사회마다 각각 나름의 가치척도가 있으니까요.

하지만 플라톤 선생님은 스승 소크라테스와 함께 이들을 비판하고 가치의 보편성을 주장합니다. 만약 규범과 가치의 세계에 보편적인 척도가 없다면 우리는 어떻게 사는 것이 보편타당하게 선한지 알 길이 없죠. 이런저런 방식으로 자기 나름대로 선하게 산다면 그 방식을 놓고 충돌할 겁니다. 그래서 플라톤 선생님은 이데아 가운데 최고의 이데아를 선의 이데아로 보고 다른 모든 이데아는 이것을 최고 목적으로 삼아야 한다고 봅니다. 즉 도덕과 규범의 세계에는 하나의 완전한 척도가 있다는 거죠. 그래서 현실에 선한 행위들이 많지만 그 자체를 선의 이데아에 비추어 본다면 불완전할 수밖에 없고 선 자체는 아니라는 겁니다.

선생님은 선과 악의 문제를 놓고도 악과 같은 부정적인 것이 선과 같은 긍정적인 것과 같은 방식으로 존재한다고 보지 않습니다. 예를 들어 건강과 병이 있다면, 병든 상태 자체가 있는 것이 아니라 건강이 결핍되거나 부재한 상태가 있다고 보는 거죠. 악 자체는 없고 악은 마땅히 있어야 할 선이 부족하거나 없는 상태일 뿐입니다. 악은 선과 무관하게 그 자체로 있을 수 없기에 악의 이데아나 악마의 이데아는 존재하지 않는다는 것입니다.

플라톤 선생님과 다른 도덕관을 갖거나 선을 다르게 파악한다면 다른 주장이 가능하겠죠. 하지만 선생님이 보기에 우리가 감각세계 너머의 이데아를 추구하는 것은 궁극적으로 많이 알기 위해서가 아니라 '잘 사는 것' '덕스러운 삶을 사는 것' '정의롭게 사는 것', 즉 선의 이데아를 동경하는 삶을 지향하기 때문입니다.

이런 삶을 거부하는 자들이 악마의 이데아를 믿는다면 혹여 더 높은 인식을 얻을지는 몰라도 악마의 등쌀에 선하게 잘 살기는 쉽지 않을 겁니다. 현실에 존재하는 수많은 고통과 비참한 상태, 그것을 불러일으키는 악을 무시하는 것은 바람직하지 않지만 플라톤 선생님의 눈은 '저 높은 곳'을 향하고 있습니다.

○　　**여우와 두루미의 그릇**

《이솝 우화》에 나오는 여우와 두루미의 이야기를 아시나요? 서로 식사 초대를 해서 약올리는 장면을 잠깐 봅시다. 한번은 여우가 두루미를 놀리려고 저녁식사에 초대하죠. 맛있는 음식을 잔뜩 마련해서 넓적한 그릇에 내옵니다. "두루미님, 차린 것은 없지만 많이 드세요. 제수프 끓이는 솜씨 어때요?"

두루미는 배도 고프고 음식 냄새에 취해 맛있게 먹고 싶지만, 긴 부리 때문에 음식을 먹기가 여간 힘든 게 아닙니다. 몇 번 먹어

보려다가 포기하고 말지요. "미안하지만 조금 전에 뭘 좀 먹었더니 더 먹을 수가 없군요."

여우는 두루미 앞에 놓인 그릇까지 자기 앞으로 가져와 몽땅 먹어치우죠. 자, 1라운드가 끝났으니 이제 두루미가 여우를 초대하겠죠? "여우님, 저도 한번 초대를 하고 싶군요." 2라운드에서도 비슷한 장면이 거꾸로 연출될 거예요. 여우의 웃음과 두루미의 난처한 표정이 2라운드에서는 여우의 낭패감과 두루미의 고소함으로 바뀝니다. 두루미가 긴 부리로 먹을 수 있는 길쭉한 호리병 모양의 그릇에 음식을 내온다면 말이죠.

보통은 이 우화에서 여우의 간사함을 보복하는 두루미의 재치를 칭찬하거나 남을 괴롭힌 자는 그대로 괴롭힘을 돌려받는다는 경고를 떠올립니다. 아니면 상대가 내게 베풀었으면 하는 것을 자기가 상대에게 먼저 베풀어야 한다는 황금률을 배웠을지도 모르겠군요.

조금 다른 각도에서 한번 볼까요? 만약 여우가 그날의 실수를 알아차리고 다시 두루미를 초대한다면 어떻게 될까요? 당연히 여우는 두루미를 배려해서 길쭉한 그릇을 쓰겠죠. 여우는 여우 그릇에, 두루미는 두루미 그릇에! 그러면 즐겁고 맛있게 음식을 나눠 먹으면서 서로 우의를 다질 수 있을 겁니다.

여기서 우리가 그릇의 이데아를 생각하면 어떻게 될까요?

생각 활동

□ 플라톤이 악을 선의 결핍, 부재로 보는 까닭은 무엇일까요?

□ 이데아가 보편적이라는 것은 선의 이데아에서 어떤 점에 주목하게 하나요?

□ 플라톤은 왜 우리 모두의 삶에 한결같은 도덕적 기준이 있다고 할까요?

PART 3 선과 힘을 그릴 수 있는가

이 그릇이건 저 그릇이건, 여우의 그릇이건 두루미의 그릇이건 그릇의 이데아에 비추어 보면 별다른 게 아니죠. 어느 것도 참된 것이 아니니까요. 그릇의 유사품이자 그릇의 이데아를 흉내낸 그림자 그릇일 뿐입니다. 하지만 그런 다양한 그릇들은 나름의 쓰임이 있고, 우리가 음식을 먹을 때 부족함이 없습니다. 그때는 이데아 그릇처럼 음식을 담을 수 없는 그릇이 아니라 불완전하지만 음식을 담을 경험적이고 일시적인 그릇을 마련해야 하죠.

여러분은 어떤 그릇에 음식을 담고 싶나요? 아무리 이데아를 좋아해도 그릇의 이데아를 사용할 수는 없습니다. (또한 경험적 그릇이 도덕적 가치 평가의 대상이 되는 것도 아니에요.) 음식의 이데아를 추구하더라도 인간은 현실의 음식을 먹을 수밖에 없는 것과 마찬가지죠. 이데아 음식만을 추구하는 자의 생명은 위태롭습니다.

여우와 두루미를 모두 만족시키기 위해 그들에게 이상적이고 보편적인 그릇을 사용하라고 요구할 필요는 없습니다. 다만 그들 각자에 맞는 그릇이 필요한 겁니다. 이렇게 보면 여우가 자기의 그릇을 두루미에게 강요하는 것을 비난하고 입장을 바꾸어 두루미가 여우에게 자기 그릇을 강요하는 것을 옹호한다면, 우화 속 동물들 행동과 내용상 차이가 없답니다. 모두 하나의 그릇으로 모든 그릇을 대표하려는 사고방식에서 나온 것이니까요. 혹시 이데아 그릇도 이런 방식으로 그릇 모두를 대표하려는 것이라면 우리에게 그런 그릇이 필요할까요?

하늘에 있는 그릇은 수프나 음식을 담을 수 없습니다. 그 그릇의 용도는 음식을 담기 위한 것이 아니니까요. 만약 가장 완전한 이데아 그릇이 있어서 그 그릇만 사용해야 한다면 음식맛은 어떨지 궁금해집니다.

과연 이데아가 존재할까요? 아니면 우리가 이데아가 있다고 생각하는 것일까요? 그러니까 이데아는 있다고 생각하거나 믿기 때문에 있는 것일까요?

그리고 이데아가 있다면, 그것은 어떤 것을 잘 설명할 수 있을까요? 또 어떤 것을 논의에서 배제해야 할까요? 이데아가 없다면 세상은 혼란에 빠지고 아무런 질서도 마련하지 못할까요? 이데아가 안내하는 선한 삶을 지표로 삼는다면 완전한 선에 접근하는 도덕적 세계가 가능할까요? 이런 질문들은 플라톤 이후에도 계속 제기됩니다. 아직도 그에 대한 완전한 답을 찾았다고 보기는 힘들죠. 그래서 화이트헤드 (A. Whitehead)는 "서양철학사는 플라톤에 대한 다양한 주석의 역사에 지나지 않는다"라고 이야기합니다.

플라톤의 이론은 아리스토텔레스의 수정과 보완을 거쳐 수많은 철학자의 비판적 검토를 통해 무수하게 변형되었습니다. 플라톤과 대결을 벌이지 않은 철학자는 없습니다. 철학자들은 플라톤의 테두리에서 벗어나기 위해 수없이 시도하며 여전히 이 질문과 답이 만드는 공간에서 씨름하고 있고, 숱한 노력으로 그 공간을 최대한 넓혀 놓았습니다. 이후의 철학적 사고가 플라톤의 문제와 답을 완전히 벗어나서 이루어질 수는 없다는 점은 분명합니다.

여러분은 플라톤의 질문과 답에 대해서 어떻게 생각하나요?

수리한 희망호는 원래의 희망호와 같은가

1   **같음과 다름**

이번 시간에는 '같음'과 '다름'의 문제를 살펴봅니다. 같음과 다름이 바로 '동일성'과 '차이'입니다. 본질과 현상의 관계를 문제삼는 거죠. 이들 사이에 얽힌 문제를 잘 소화한다면 많은 철학 문제를 풀 수 있습니다.

"무엇이 무엇이 똑같은가"라는 노랫말로 시작되는 동요는 아무렇지 않은 척하며 꽤 심각한 질문을 던집니다. "무엇이 무엇이 똑같은가? 젓가락 두 짝이 똑같아요. 무엇이 무엇이 똑같은가? 젓가락 네 짝이 똑같아요."

      젓가락의 어떤 점이 같다는 걸까요? 짝이지만 서로 똑같지 않은 젓가락은 많아요. 얼핏 봐도 보일 만큼 두 젓가락의 크기, 굵기나 무게, 모양도 조금씩 다른 경우가 있습니다. 귀퉁이가 닳거나 떨어져 나간 젓가락, 잘못 쪼갠 나무젓가락 등 겉모양이 눈에 띄게 달라도 기능이 같으면 '같다'고 할 수 있을까요? 이 동요의 노랫말이 진실이 되게 하려면 젓가락을 만드는 사람들이 무게, 크기, 모양을 정확하게 같도록 만들어야 할까요? 두 젓가락이 '같음'은 어떻게 알 수 있을까요? 두 젓가락을 a와 b라고 합시다. a와 b가 같은지 확인하려면 a를 기준 삼아 b를 a와 비교하면 될까요? 크기, 모양, 무게, 색, 재질, 원자의 개수 등을 측정하면 될까요? 같은 틀로 찍어 낸 것이니까 같을 수밖에 없다고요? 이번에는 젓가락 a, b를 그것에 공통된 '틀'과 비교해야겠네요. 이것은 젓가락의 같고 다름을 그것들 바깥에 있는 '기준'에 맞추어 보는 겁니다.

우리 주변에 이런 예는 많습니다. 한 다발로 묶인 장미꽃 한 송이 한 송이가 같은 것인지, 한 그루 나무에 달린 꽃잎이나 나뭇잎은 조금씩 다르지만 그것들을 모두 같다고 해야 할지, 머리 염색을 한 나와 염색하기 전 내가 여전히 같은 나인지, 가난해져도 그 전과 같은 나인지, 온순한 사람이 버럭 화를 낼 때면 다른 사람이 되는 것인지, 사랑에 빠지면 다른 나로 바뀌는지, 술에 취해서 횡설수설하고 비틀거리는 사람은 알코올 성분의 화학 변화 때문에 다른 사람이 된 것인지 등등. 이런 문제는 보기보다 답을 찾기 쉽진 않습니다. 이 가운데 몇 가지 경우를 생각해 봅시다.

○ **삼각형과 사각형이 같다?**

선생　여기 칠판에 직각삼각형을 그려 보겠습니다. 그 옆에는 정삼각형을 그릴게요. 이 두 삼각형은 같은가요?

정원　당연히 다르죠.

선생　맞아요. 이 두 삼각형은 형태나 성질에서 몇 가지가 다릅니다. 이 삼각형들 옆에 사각형을 하나 더 그려 보겠습니다.

정원　앞의 두 삼각형이 사각형과 다르다는 점을 얘기하시려는 거죠?

선생 그래요. 두 삼각형이 자신들은 서로 다르다고 주장해도 사각형이 보기에 그들은 한편입니다. 각과 변이 세 개씩이고, 세 각의 합은 사각형의 절반(180도)이죠. 사각형이 나타나면, 두 삼각형은 '삼각형족'의 명예를 위해 협력할 겁니다. "우리는 저 친구와 달라." 이제는 자기들이 사각형과 다른 점을 부각하면서 자기들은 사실 같은 종(種)에 속한다고 하겠죠. "우리는 약간 다르게 보일 뿐 본질적으로 같아"라고.

경민 서로 다른 삼각형들이 사각형 때문에 같은 것이 되는군요.

선생 그들 옆에 원을 하나 그려 보면 어떻게 될까요?

경민 그러면 삼각형과 사각형이 같은 것이 되어야 하겠는데요.

선생 그래요. 방금 삼각형과 사각형이 자신들은 서로 다르다고 맞섰지만 사정이 바뀌었습니다. 이제 삼각형과 사각형을 나누던 경계선이 삼각형과 사각형, 원 사이로 옮겨질 겁니다. "우리는 저 원과 달라"라고 주장하는 삼각형과 사각형은 이제 어깨동무를 합니다. 이들은 자기 편을 늘리려고 오각형, 육각형, 삼십이각형 등을 불러들일지도 모르죠. 이런 예를 보면 같음과 다름은 어떤 기준으로 사물을 묶고 나누는지에 따라 바뀜을 알 수 있죠.

이어서 그것들 옆에 정육면체나 직육면체, 삼각뿔이나 사각

생각 활동

▫ 태어났을 때의 내 모습과 지금의 내 모습은 상당히 달라요. 10년 전의 내 모습과 지금의 내 모습도 달라요. 그런데도 과연 '같은 나'일까요? 같다면 어떤 점에서 같고, 다르다면 어떤 점에서 다를까요?

뿔, 원뿔을 그립시다. 사정은 다시 바뀝니다. 그 옆에 꽃 한 송이를 그려 볼까요? 그 옆에 강아지 한 마리를 그려도 좋습니다. 사람도 그려 볼까요? 이렇게 그려진 것들은 사람과 사람 아닌 것으로 나눌 수 있죠. 그 옆에 경민씨가 서 있다고 해 볼까요? 경민씨는 그려진 것들을 보면서 "이것은 모두 그려진 것들이다"라고 할 겁니다. 그 옆에 '자유'라는 낱말을 쓰거나 '3'이라는 숫자를 쓰면 또 사정이 바뀌겠죠.

이렇게 종류가 다른 것들을 불러온다면 같은 것과 다른 것의 경계선은 계속 바뀝니다. 이 모든 것을 한마디로 '존재'라는 막연한 말로 가리킬 수도 있을 겁니다. 이런 것들은 존재라는 점에서 '모두 같다'고 할 수도 있죠. 좀 어지러운가요?*

이런 경우 말고도 태어났을 때의 나와 지금의 나, 이 강의를 듣기 전의 나와 듣고 난 뒤의 나를 모두 '같은 나'라고 할 수도 있어요. 나의 모습이나 내용은 다르지만 그것들을 모두 같다고 보는 거죠. 이때 어떤 이유로 '같다'고 할까요? 이런 '나1' '나2' 들에는 어떤 같음이 숨어 있나요? 반대로 다른 모습을 한 '나1'과 '나2'가 다르다면 어떤 점에서 다를까요?

○ **배를 수리하면**

선생 아, 오늘 강의를 도와줄 '희망호'가 막 도착했군요. 모두 배를 타고 나가 바다 위에서 이야기를 나눠 봅시다. 같음–다름의 문제를 생각해 보면서요. 이 배는 그동안 여러 바다를 가로지르며 희망의 항해를 해 왔습니다. 끊임없이 물결치는 바다를 항해하는 희망호는 오래전에 건조되었고, 항해하는 동안 크고 작은 많은 변화를 겪었습니다. 그럼 이 배는 처음의 희망호와 같은 배일까요? 좀 단순화해서 희망호가 100개의 부품으로 이루어졌다고 합시다. 그런데 그중 부품 하나가 고장 나서 새것으로 바꿨습니다. 그렇다면 이렇게 수리한 희망호는 여전히 희망호일까요?

학생들 …….

선생 답은 희망호이거나 아니거나 둘 중 하나이겠죠. 어느 쪽일까요?

경민 조금 달라진 희망호라고 하면 어떨까요?

선생 질문은 같은 배인지 다른 배인지입니다. 답하기 어려울 수 있지만 딱 부러지게 이것인지 저것인지를 밝혀 보면 좋겠습니다.

경민 희망호입니다.

선생 그렇죠. 이렇게 부품 하나를 바꾼 것 때문에 희망호가 다른 배로 바뀌었다고 주장할 사람은 별로 없을 겁니다. 그렇다면 수리한 배를 어떤 이유로 여전히 희망호라고 부를까요?

학생들 …….

선생 이런 질문에 답하기는 쉽지 않습니다. 물론 답보다는 그 이유를 아는 것이 더 중요하죠.

문제를 더 만들어 봅시다. 희망호를 계속 타다가 부품2, 부품

---

* 위상기하학자들은 잘 늘어나는 고무판 위에 삼각형을 그립니다. 이것을 이렇게 저렇게 늘이면서 모양을 바꾸다 보면 사각형이나 원을 만들 수 있어요. 그것들은 위상적으로 같습니다. 하지만 이 고무판을 아무리 늘였다 줄였다 해도 도넛 모양을 만들 수는 없어요. 도넛의 중앙에는 구멍이 하나 있기 때문이죠. 그래서 구멍이 있는지 없는지, 몇 개인지에 따라 달라집니다. 예컨대 가운데 구멍이 뚫린 도넛의 한쪽을 주무르고 늘이다 보면 가운데가 움푹해지면서 컵 모양이 만들어집니다. 구멍이 뚫린 부분은 손잡이가 되겠죠. 그래서 도넛과 손잡이가 하나 있는 컵은 겉으로는 닮지 않았지만 위상적으로는 같습니다.

3…… 계속해서 부품25까지 새것으로 바꾸었습니다. 이 상황을 알아보기 쉽게 표시해 볼까요? 원래의 부품을 a, 바꾼 부품을 b로 표시합시다. 원래의 배는 100a이고, 그 가운데 한 부품만 바꾼 경우에는 99a + 1b가 되죠. 부품을 25개 바꾼 경우는 75a + 25b로 표시할 수 있습니다. 이만큼 수리한 배도 여전히 희망호라고 부를 수 있을까요?

경민 같은 이름을 쓰기 때문에 희망호가 아닌가요?

선생 그런가요? 같은 이름을 쓰는 것은 그 배가 같은 배이기 때문이죠. 그런데 같은 배이기 때문에 같은 이름을 쓰는 것과 같은 이름을 쓰기 때문에 같은 배라고 하는 것은 분명히 다릅니다. 수리한 배를 그냥 희망호라고 부르는 것이 아니라면, 그렇게 부르는 까닭이 있어야 하죠. 두 배는 어떤 점에서 같을까요?

수영 어떤 것의 일부를 바꾸었다고 해서 완전히 달라진다고 할 순 없습니다. 오디오나 냉장고의 부품을 바꾸었다고 해서 그것이 다른 것이 되지는 않잖아요?

선생 그렇기도 하죠. 문제가 되는 것은 수리한 냉장고가 '바로 그' 냉장고인지입니다. 수리해도 같다면 '어떤 이유에서 같으냐' 하는 것이 문제이죠. 둘 사이에 같은 점은 무엇일까요?

학생들 …….

선생 어려운가요? 그렇다면 이유는 잘 모르지만, 일단 같은 배라고 하고 계속 이 주장을 밀고 나가 보죠. 그 뒤에도 똑같은 희망호인지 알쏭달쏭한 이 배의 다른 부분을 계속 교체해서 부품 49까지 바꿨습니다(51a + 49b). 이 경우는 어떻습니까?

수영 꽤 많이 고쳤지만, 바꾼 부품보다 원래의 부품이 더 많이 남았으니 희망호 아닌가요?

선생   바꾼 부품이 적다는 이유로 같은 희망호인가요? 그러면 계속 짓궂은 질문을 해 보죠. 이를테면 바꾼 부품이 50이고 남아 있는 부품이 50인 경우(50a + 50b)는 어떻게 되나요?

하늘   부품을 한꺼번에 바꾸나요, 하나씩 바꾸나요?

선생   생각하기 편하도록 하나씩 바꾼다고 합시다. 어쨌든 계속 바꿔서 부품51도 바꿨습니다(49a + 51b). 이제 원래의 것은 반도 남지 않았습니다. 이제 원래의 것이 더 많다는 이유로 같은 배라고 주장할 수는 없겠죠?

세진   바꾼 부품이 더 많더라도 어쨌든 부품을 하나씩 바꿨으니 같은 배입니다.

선생   그런가요? 그럼 배의 부품을 99까지 바꾸었다고 합시다(1a + 99b). 이제 이 배에서 원래의 부품은 하나밖에 남지 않았습니다.

수영   바꾼 부품이 많지만 고칠 때마다 희망호답게 만들기 위해서 수리한 것이라면 같은 배가 아닐까요?

세진   그보다는, 바꾼 부품에 상관없이 수리하는 과정에서 배 전체에 변화가 없다면 같은 배입니다.

선생   그렇게 볼 수도 있겠네요. 부품을 바꾸더라도 배 전체는 여전히 같다는 거죠?

세진   네. 수리한 부분이 아무리 많아도 배의 결함을 보완하려고 수리한 것이지 다른 배로 만들려고 수리한 것은 아니잖아요? 제가 보기에는 원래의 부품이 얼마나 남아 있는지는 문제가 되지 않을 것 같습니다. 그래서 부품 40까지 바꿨을 때 $(60a + 40b)$를 같은 배라고 한다면 부품 99까지 바꿨을 때 $(1a + 99b)$도 같은 배라 해야죠.

선생　한번 희망호이면 끝까지 희망호인가 봅니다. 원래의 부품이 10개 있든 90개 있든 배의 동일성에 영향을 미치지 않는다는 생각에 이 배가 여전히 희망호라고 말하는군요. 그렇다면 부품을 모조리 바꿔서$(0a + 100b)$ 원래의 부품이 완전히 사라진 경우는 어떨까요? 이제 원래의 부품이라고는 찾아볼 길이 없는데도 여전히 희망호라 할 수 있을까요?

정원　부품 99까지 바꿨다면 희망호라고 하겠지만, 모조리 바꾼 경우라면 달라지는 것 아닌가요?

세진　부품을 모두 바꾸어도 같은 배예요. 수리할 때 항상 한 부품씩만 바꾼다고 가정했잖아요? 모든 경우가 사실은 맨 처음에 한 부품만 교체했을 때$(99a + 1b)$와 같은 셈이죠.

선생　이야기가 복잡해졌지만 재미있군요.

세진　회사에 비유하면 구성원이 모두 바뀐 경우와 같지 않나요?

선생　사장 이하 모든 사원이 한 사람씩 바뀌다가 결국 모두 바뀌었을 때도 같은 회사인지의 문제와 이 문제가 같을까요?
　자, 다시 원래 문제로 돌아가 보죠. 희망호의 부품을 대부분 바꾸었는데도 여전히 같은 배라면, 왜 같은지를 밝혀야 합니다. 부품을 하나씩 바꿀 때마다 희망호가 달라진다면 정신없을 겁니다. 제가 질문한 것은 어느 정도 부품이 바뀐 배를 같은 배라고 할 수 있는지였습니다. 미안하지만 여러분을 정신없게 하려고 낸 문제예요. 세진 씨가 이야기한 것처럼 수리한 부분이 어느 정도인지, 그것이 많은지 적은지를 따지는 문제는 아니었습니다.

정원 선생님, 우리는 지금 무슨 문제를 풀고 있는 거죠?

선생 '같음'과 '다름'의 문제이죠. 우리는 수리한 희망호에서 어떤 점이 바뀌고 어떤 점이 같은지 알고 싶은 겁니다. 그리고 이런 변화를 겪었음에도 여전히 같은 점은 무엇인지 묻는 겁니다.

정원 배의 부품을 모두 바꿨는데도 같은 배일 수 있다는 말씀인가요?

○ **수리한 희망호가 같은 희망호인 까닭은**

선생 처음 문제로 돌아가서 살피는 게 좋을 것 같네요. 그냥 넘어간 문제가 있었죠. 처음에 부품1을 바꾼 배는 원래의 배와 같다고 했죠. 이때 원래의 배(100a)와 한 부품만 바꾼 배(99a + 1b)는 어떤 이유에서 같을까요? 이 문제가 풀리면 바뀐 부품의 양적 변화와 무관하게 같다고 할 겁니다.

세진 바뀐 부품의 기능은 원래의 것과 같나요?

선생 부품이 바뀌더라도 같은 자리, 같은 역할을 맡아야겠죠.

민규　그러면 전체가 아니라 일부만 바뀌고, 무엇보다도 기능이 같다면 같은 배 아닐까요?

선생　그렇죠. 일부를 바꾼 배가 원래의 희망호와 같은 기능을 하기 때문에 같은 배로 본 겁니다. 그렇다면 희망호를 같은 기능을 유지하도록 수리하는 경우에는 바꾼 부품이 적든 많든 문제가 안 되겠군요?

민규　그렇죠.

선생　그러면 배의 부품을 모조리 바꿔서 원래의 부품이 하나도 남아 있지 않아도 희망호가 같은 기능을 하는지, 아니면 그 기능이 바뀌는지를 살피면 되겠군요.

민규　기능만 같다면 부품들이 옛것이든 새것이든, 좀 더 멋있는 색으로 칠을 했든 여전히 희망호인 거죠.

선생　그렇다면 희망호가 변하더라도 희망호의 동일성을 유지하는 것이 '기능'이란 말인가요?

민규　그렇습니다.

선생　정리해 봅시다. 배의 부품을 적게 또는 많이 바꾸더라도, 기능이 같다면 같은 배로 볼 수 있다는 이야기가 나왔습니다. 즉 기능의 동일성으로 희망호의 동일성을 설명한 거네요.

하늘　선생님, 기능이 아니라 '목적' 아닐까요? 만약 희망호가 다른 목적으로 사용되면 다른 배라고 해야 하지 않을까요?

선생　그럴 수도 있겠군요. 이를테면 희망호를 여객선으로 쓰고 있었는데, 화물용이나 전함으로 쓴다든지 영화 촬영 세트로 쓴다거나 부둣가에서 식당용 배로 쓴다면, 목적이 바뀌었으니 다른 배라고 해야 한다는 이야기인가요?

하늘　그렇죠. 기능은 목적을 위한 것이니까요.

선생　그렇게 볼 수도 있겠군요. 배의 목적은 배를 어떻게, 어디에 쓰는지에 관한 것입니다. 배 자체에 대해서 묻는 것과는 좀 다르죠.

정원   배의 부품을 모두 바꾸면 어떻게 되나요?

선생   지금 나온 이야기에 따르면, 처음의 부품이 남아 있지 않아도 기능이나 목적이 같다면 같은 배라고 할 수 있겠군요.

정원   배의 부품을 모두 바꿀 때 그것을 원래의 설계도에 따라 바꾸면 같은 배 아닐까요? 배를 수리하거나 새로 만들 때 같은 설계도를 이용하잖아요.

선생   그런가요? 만약 희망호가 불의의 사고로 침몰해 원래의 설계도에 따라 새 희망호를 똑같이 만들었다면 이때 새로 건조한 배를 희망호라고 할 수 있나요? 선장과 선원이 바뀌었고 제작비가 2배로 들었다는 점 등은 문제삼지 않기로 합시다.

하늘   같은 희망호이죠.

선생   그러면 처음부터 같은 설계도로 똑같이 두 척을 만들거나 희망호를 흉내낸 배를 만드는 경우는 어떻게 될까요?

정원   제1희망호, 제2희망호라고 해야 하지 않을까요?

선생   그렇게 부르는 것은 사실상 다른 배로 보는 거죠. 어쨌든 쉽지 않은 문제들이 숨어 있군요. 이 문제는 복제 문제와도 연결됩니다.

지금까지는 희망호의 각 부품을 더 중요하고 덜 중요한 것으로 나누지 않고 같은 질을 지닌 것으로 가정했습니다. 그런데 부품 가운데 더 중요하고 덜 중요한 것이 있을 수 있죠. 이 점을 고려하면 사정이 달라지지 않을까요?

○ **본질적인 부품을 바꾸면**

진오 선생님! 희망호의 엔진을 바꾸는 경우는 어떻게 되나요? 엔진을 바꾸면 달라지지 않을까요?

선생 그런 질문을 받으니 우리가 이제까지 배의 양적 측면만 보고 질의 문제를 따지지 않은 것 같군요. 그렇죠. 배에서 모든 부품이 똑같이 중요한 것은 아니겠죠. 부차적인 부품도 있으니, 그것들을 중요도에 따라 구별해야겠군요.

진오 그럼 엔진을 바꾸지 않은 경우에는 여전히 희망호이겠죠.

선생 그러니까 희망호의 부품 100개 가운데 부차적인 부품 99개를 바꾸어도 희망호는 여전히 같은 배이지만, 본질적인 부품인 엔진을 바꾸면 희망호는 다른 배가 된다는 거죠? 그러면 희망호를 희망호답게 하는 본질적 부품이 바로 엔진이군요.

하늘 본질적인 것과 부차적인 것을 나누는 것은 좋은데, 배에서 본질적인 부품을 꼭 엔진이라고 보아야 하나요?

선생 먼저 배의 본질이 무엇인지를 알아야겠군요. 어떤 인간주의자가 나타나서 배는 사람을 위해 있는 것이므로, 배가 아니라 인간이 부여한 목적이나 의미가 중요하다고 주장할 수도 있죠. 아니면 본질을 선장이나 배의 소유자라고 보거나 배를 이용하는 승객이라고 주장할 수도 있죠.

하늘 본질이 무엇인지를 아는 것이 같은 배인지를 판단하는 데 가장 중요하군요. 그럼 도대체 본질은 무엇이죠?

선생 본질이라……. 본질은 어떤 것에서 그것을 그것답게 만들어 주는 것, 그러니까 그것이 없으면 더이상 그것이 아닌 것 아닐까요? 달리 말하면 현상이 이렇게 저렇게 변하더라도 항상 똑같은 것이라고 하겠네요. 우리가 머리카락을 짧게 자르거나 금발로 염색한다고 해서 다른 사람이 되나요?

수영 잠깐 다른 사람처럼 보이거나 다른 느낌을 줄 뿐 다른 사람이 되지는 않아요.

선생 그렇죠. 예를 들어 누가 머리 모양을 확 바꾸고 나타나면 주위 사람들은 심경 변화가 있어 그런가 보다 하고 이해하겠죠. 또 다른 예로 머리카락이 5만 개쯤 있던 사람이 3만 개 정도 빠지는 경우에도 그 사람은 여전히 그 사람일 수밖에 없습니다.

하늘 골프 선수가 팔을 다쳐서 더는 선수 생활을 할 수 없다면요?

선생 안타까운 일이죠. 그가 "나는 죽은 거나 마찬가지야. 팔은 나의 본질이고 나를 나답게 하는 것이었으니까"라고 생각하더라도 우리는 그렇게 울부짖는 그를 '그가 아니다'라고 하지 않습니다. 그는 골퍼이기 이전에 자기 자신이니까요.
여기 가상인물이 있는데, 교통사고로 팔과 다리 한쪽을 잃었

생각 활동

□ 나와 똑같은 몸을 갖고 똑같은 생각을 하는 사람이 있다면
  이 사람과 나는 같은 사람일까요, 다른 사람일까요?

다고 합시다. 이렇게 팔다리를 잃은 경우에도 그 사람은 여전히 같은 사람일까요? 그의 삶은 많이 바뀌겠죠. 그렇지만 자기동일성을 유지하고 있다는 점은 아무도 의심하지 않을 겁니다. 그 자신도 이런 사고 때문에 이름을 바꾸지는 않을 거고요.

○ **심장이나 뇌를 이식하면 다른 사람이 되는가**

그렇다면 자기를 자기답게 하는 신체 기관은 무엇일까요? 달리 말해 신체의 어떤 부분을 보존하면 자기동일성(self-identity)을 유지하고, 어떤 부분을 상실하면 자기동일성이 바뀌거나 없어질까요?

심장이식의 경우를 봅시다. 수영 씨가 심장에 이상이 생겨 다른 사람의 심장을 기증받는 경우를 생각해 봅시다. 이때 수영 씨는 심장을 이식해 준 사람에게 더없이 고마워하겠지만, 수술 후 그 사람의 이름을 써야 하는 것은 아닙니다. 왜 수영 씨는 원래의 자기 이름을 쓸까요?

수영 심장이 중요하지만, 심장이 바뀐다고 자기 정체성을 잃지는 않으니까요.

선생 그렇겠죠? 그런데 고대 이집트인은 사람이 죽으면 심장을 저울에 달아 보고, 심장이 무거우면 나쁜 짓을 많이 했다고 생각했답니다. 또 고대 그리스인은 인간의 정신이 심장에 있다고 생각했다는군요. 큐피드의 화살이 노리는 곳은 머리가 아니라 심장이죠. 그렇다면 심장이 아니라 뇌를 이식받는다면 어떻게 될까요?

경민 우리 몸에서 가장 중요한 부분이니까 뇌를 이식한 경우와 콩

	팔이나 골수를 이식한 경우는 같지 않을 것 같습니다.
선생	뇌가 사고 및 지각, 감정을 총괄하기 때문에 그것이 제어하는 다른 부분들 전체보다 더 본질적이라는 거죠? 그러면 뇌이외의 부분은 비본질적이라는 이야기가 되나요?
경민	굳이 나누자면 그럴 것 같습니다.
선생	뇌가 본질이라면 다른 부분은 본질이지 않겠죠. 그렇다면 본질적 부분은 다른 부분보다 더 중요하고 우월해서 다른 부분들을 지휘하고 명령하겠군요. 이런 이유로 본질적 부분이 남아 있다면 다른 부분이 바뀌더라도 여전히 같은 것이죠.
경민	네, 변하긴 했어도 같은 본질을 지니고 동일성도 같으니까요. 그러면 선생님, 영화 〈로보캅〉에서의 경우는 어떻게 되나요?
선생	어려운 예시가 나왔군요. 문제의 주인공은 위험한 경찰 임무를 수행하다가 크게 다쳐 온몸이 만신창이가 되었습니다. 다행히 뇌는 크게 다치지 않아서 그를 살리기 위해 몸을 로봇에 가까울 정도로 거의 전부 개조합니다. 그는 디트로이트 경찰의 명예를 지키는 로보캅으로 재탄생합니다. 뇌만 남기고 신체를 전부 인공기관과 인공장기로 개조했는데, 뇌만 남아 있는 그를 살아 있는 사람이라고 할 수 있을까요? 또는

생각 활동

▢ 우리 신체를 본질적인 부분과 비본질적인 부분으로 나눈다면 어떤 기준으로 그렇게 할 수 있을까요?

▢ 뇌가 우리 몸의 본질적인 부분이라고 한다면 뇌의 어떤 측면을 그렇게 보아야 할까요?

로보캅으로 변신한 그를 이전의 자기 자신과 같은 인물이라고 할 수 있을까요?*

경민 같은 정신으로 새 몸을 움직일 뿐이니 같은 사람인 것 같습니다.

선생 뇌를 우리 몸의 본질로 본다면, 뇌가 보존되는 한 인공기관으로 몸을 움직이더라도 같은 사람이라고 해야겠군요. 어딘지 어색하지 않나요? 우리의 과학기술이 인공지능을 만들고 곧 사람처럼 사고가 가능한 자아를 지닌 인공지능을 기다리는 시대입니다. 뇌 중심의 이런 사고방식이 AI와 만난다면 꽤 곤란한 문제에 부딪히지 않을까요?

뇌를 인간에게 본질적인 것으로 본다면 뇌사상태에 있는 사람은 어떻게 봐야 할까요? 뇌가 기능하지 않으니 자기 본질을 유지하고 있지 않은 건가요? 자기 본질은커녕 그를 죽은 사람으로 볼 수도 있겠네요. 그래서 뇌사상태에 있는 사람의 살아 있는 장기들을 다른 사람에게 이식할 수도 있는 거고요. 이런 사고가 정당할까요? 뇌가 기능을 멈추어 아무런 의사표시를 하지 못한다고 해서 이 사람의 살아 있는 다른 부분을 (그의 동의를 미리 받았다 하더라도) 마음대로 다뤄도 될까요?

다른 각도에서도 살펴볼까요? 한 사람을 그 사람답게 하는 것을 그 사람의 동일성 또는 같음이라고 했습니다. 그러면 한 사람이 시간이 흐르면서 조금씩 또는 많이 바뀌는 예를 봅시다. 큰 병으로 수술을 받으러 수술실에 들어가면서 '이제 나는 다른 사람이 될지도 모른다'는 걱정을 해야 할까요?

수영 앞서 그런 경우에 같은 사람으로 본다고 했습니다.

선생 그랬죠. 그러면 이런 변화 가운데 좀 쉬워 보이는 예를 보죠.

생물학적으로 우리 몸의 세포는 몇 개나 될까요? 학자마다 견해가 다르긴 한데, 요즘은 어른의 세포 수가 60~70조 개라고 하더군요. 자그마치 세계 인구의 1000배나 되는 수치입니다. 어떤 학자는 세포 수가 1000조 개나 된다고 하더군요. 게다가 우리 몸의 세포는 영구적이지 않고 신진대사 과정에서 끊임없이 교체, 재생됩니다. 우리 몸의 그 많은 세포가 어느 정도의 시간이 지나야 완전히 교체될까요? 죽을 때쯤이면 한 번 완전히 교체될까요?

수영 교체 주기가 대략 7년이라고 들었어요.

선생 어쨌든 세포들은 일정 주기로 교체됩니다. 태어난 지 몇 년만 지나도 태어날 때 세포와 완전히 다른 세포로 바뀌어 있는 거죠. 세포는 열심히 일하다가 다른 세포로 대체됩니다. 어릴 때 여러분의 몸을 이루던 정다운 친구들이 세심하게 보지 않은 사이에 온다 간다는 말 한마디 없이 사라지고 처음 보는 녀석들이 아무 일 없던 것처럼 여러분의 몸을 이루고 있어요.

진솔 선생님! 우리 몸이 이렇게 변하는데도 여전히 같은 몸이라고 할 수 있는 건가요?

선생 질문을 빼앗겼군요. 세포가 새로운 것으로 바뀌어도 같은 몸

---

* 같은 기억을 가졌을 때에만 같은 사람이라고 본다면 이 기준은 같은 뇌를 가진 경우보다 더 까다롭습니다. 뇌를 이식한 경우 그 뇌에 기억이 그대로 보존되어 있다가 이식된 사람에게 과거의 기억을 그대로 갖도록 할까요? 서랍 안에 서류가 차곡차곡 들어 있듯이 뇌 안에 기억이 들어 있을까요?

이라고 한다면 거기에는 무슨 이유가 있겠죠.

진술 세포의 변화에도 불구하고 항상 동일한 어떤 것이 있어야 한다는 건가요?

선생 그렇죠. 우리 몸에는 계속 변하는 면과 함께 변하지 않는 측면, 즉 변화 속에서 (상대적인) 동일성을 유지하는 면이 있다는 점이 재미있습니다.

진술 세포가 바뀌거나 재생될 때, 같은 작용을 하는 세포로 대체되지 않나요?

선생 그러면 몸은 여전히 같은 몸이라는 건가요?

수영 그보다도 DNA에 있는 유전정보에 따라 세포가 재생된다면, 유전자에서 비밀을 찾아야 하지 않을까요?

선생 유전자(gene)의 동일성이 우리 몸의 동일성을 보존한다고 보는 건가요? 한 생물체의 유전정보를 담고 있는 DNA의 집합체를 게놈(genome)이라고 합니다. 생물학자들은 세포에 들어 있는 유전정보를 해독해서 세포 생산 프로그램을 알아내려 합니다. 따로 본질을 찾을 것 없이, 불변적인 유전암호를 밝혀 내면 세포들을 일정하게 조직하고 생산하는 메커니즘을 알 수 있다는 이유로요.

이렇게 보면 세포 안에 유전정보를 담은 DNA가 있고, DNA의 변치 않는 복제 체계가 몸을 이루는 비밀의 열쇠인 셈입니다. 그래서 몸에서 본질적인 부분은 유전자나 DNA이고, 유전자가 세포의 변화를 조절하는 프로그램을 작동시키는 거죠.

이런 사고는 분자 이하 수준인 유전자를 본질로 보고, 유전자의 불변성에서 세포와 몸을 이루는 동일성을 찾는 겁니다. 앞서 우리는 자기 몸이 바뀌는 과정에서도 나의 동일성이 유지되는지를 물었죠. 이제 다른 각도에서 생각해 볼까요?

○ **'29살의 나'와 '9살의 나'가 만나면**

나는 한순간도 쉬지 않고 변합니다. '어제의 나'와 '오늘의 나'가 다르죠. 갓 태어났을 때의 나와 아홉살 때의 나, 열아홉살 때의 나는 다릅니다. 아홉살 때의 나는 훌륭한 사람이 되고 싶었고, 만화영화를 좋아했고, 사람들의 말 속에 숨은 뜻이 둘 이상 있다는 것도 몰랐어요. 그저 자신을 친절히 돌보아 주는 사람의 손길이 필요할 뿐입니다.

그런데 열아홉살 때의 나는 꽤 다른 모습입니다. 나름대로 또래들과의 사회생활을 통해 삶의 단맛 쓴맛을 좀 알게 되고, 사회를 움직이는 냉정한 논리도 짐작할 수 있게 되었어요. 사랑의 쓰라림과 그것에 묻어 있는 기쁨도 알고, 자기 삶의 가능성을 좀더 현실적으로 보게 되었죠. 엄마 아빠로부터 벗어나 자기만의 세계를 만들려고 애씁니다.

다시 10년이 지나면 나이 먹는 것에 민감해지고 시간이 왜 이렇게 빨리 가는지 모르겠다며 지난날을 회상하기도 합니다. 자기가 특출하거나 인기 있는 사람이 될 가능성보다는

생각 활동

□ 우리 몸의 기본 구조를 만드는 유전자를 본질로 볼 경우
  다른 부분은 부차적이고, 유전자만이 몸의 구조를 결정한다고 할 수
  있을까요?
□ 과연 DNA를 완전하게 해독한다면 우리 몸의 비밀이
  완전하게 풀릴까요?

PART 4
수리한 희망호는 연대의 희망호일 값은가

현실을 받아들이기 시작하고, 평범한 사람들이 썩 마음에 들지는 않지만 자기와 친근한 존재라고 생각하죠. 스물아홉살의 나는 이전의 나와는 또 다른 사고와 행동을 하면서 전과 다른 양식의 삶을 살아갑니다.

우리는 이런 여러 '나'를 여전히 같은 이름으로 부르지만, 이 '나'들은 거의 알아보기 힘들 만큼 서로 다릅니다. 만약 '아홉살의 나'와 '스물아홉살의 나'가 만날 기회가 있다면 서로 말이 잘 통할까요? 아니면 각각 다른 나를 서로 다른 나로 보아야 할까요?

수영   그 각각의 나는 전혀 달라 보여도 같은 나라고 해야죠.

선생   왜인가요?

수영   앞서 현상과 본질을 나누었잖아요. 서로 다른 '나'가 현상적으로만 다를 뿐 본질적으로는 같기 때문이죠.

선생   그러니까 '아홉살의 나'와 '열아홉살의 나'는 현상적으로만 다르고 본질은 같다는 건가요? 거 본질이라는 녀석, 참 끈질기군요. 시간이 지나도 바뀔 줄 모르니 말입니다.

그러면 개별적인 '나'는 저마다 다르지만 그 밑에 변하지 않는 어떤 기체(基體, substance)가 있다고 생각할 수 있어요. 현상이 변한다 해도 항상 같음을 지니는 것이죠. 이것을 '자아'라고 부를까요? 이 자아를 때마다 변하고 달라지는 것의 근거나 중심에 둡시다.

자아 쪽에서 본다면, 서로 다르게 나타나는 '나'들은 사실상 하나입니다. 즉 '하나의 나'가 '여러 나'로 나타난 것입니다. 과연 이런 자아가 있을까요? 혹시 이런 자아는 현상적으로 다양한 '나'를 하나로 종합하기 위해 우리가 가정하는 것은 아닐까요?

'자아'라는 본질은 희망호의 경우처럼 눈에 보이는 부분이나 엔진 같은 것은 아닙니다. 개별적인 '나'들은 각각 나름의 얼굴을 갖고 있지만, 자아는 얼굴이 없습니다. 이처럼 볼 수도 만질 수도 없는 자아는 다양한 모습의 현상적인 나와 같은 종류가 아니죠. 현상적인 나는 계속 바뀌지만 자아는 어떠한 경우에도 변하지 않습니다. 자아는 여러 현상적인 나 가운데 하나가 아닙니다. 그런 현상적인 '나'들을 모두 모은다고 해서 자아가 되는 것도 아니죠. 이런 불변적이고 본질적인 자아를 놓고 아직도 논란이 끊이지 않습니다.

이제는 조금 물러서서 희망호의 본질을 찾아보기로 하죠. 앞서 우리는 희망호를 본질적인 부분과 부차적이고 현상적인 부분으로 나누었습니다. 그런데 배를 배답게 하는 배의 본질이 배를 이루는 부분 가운데 하나라고 보아야 할까요? 배의 본질이 보거나 만질 수 있는 감각적인 것일까요? 우리 몸에서 보듯이 몸을 이루는 한 부분(그것이 심장이든 뇌이든 유전자이든)이 몸 전체를 몸답게 하는 본질임이 분명하다고 해야 할까요? 그리고 (유전자처럼) 그런 본질적인 부분이 전체를 대표하거나 전체를 온전하게 설명할 수 있다고 보는 게 맞을까요?

세진 　배의 본질이 보이지도 않고, 부분 가운데 있지도 않다면 그런 것을 어떻게 알 수 있나요?

선생 　그런 본질을 설명하는 방식이 몇 가지 있습니다. 다음 시간에 그 가운데 두 가지를 알아보겠습니다.

우리는 희망호의 본질을 찾고 있습니다. 이번 시간에는 변하는 것 가운데 변하지 않는 것, '항상 같은 것'을 찾는 틀을 공부하려고 합니다. 시간상 현대에서 고대로 거꾸로 올라가서 먼저 '구조(structure)'를 보고 난 다음에 '형상(form)'을 보도록 하죠.

○　　　**구조와 요소**

선생　　먼저 희망호의 변치 않는 점을 '구조'에서 찾아볼까요? 구조의 관점에서 보려면 눈을 부분에서 전체로 돌려야 합니다. 희망호를 수리하면서 부품을 바꾸는 경우에도 구조가 같다면 여전히 같은 희망호라고 어떤 이론가가 주장하는 것을 본적이 있습니다. 그 내용을 소개하죠.

구조는 부분들을 관계 짓는 전체의 틀에 주목하고 부분을 이루는 요소들을 일정한 틀로 조직합니다. 그래서 요소들이 전체 관계망에서 서로 어울리도록 합니다. 이런 구조는 볼 수도 만질 수도 없어요. 감각적인 것이 아니니까요.

세진   그러면 이제 어떤 점이 달라집니까? 희망호를 요소와 구조
로 구별해야 하나요?

선생   그렇습니다. 구조가 요소를 질서 지으므로 요소와 구조는 다
른 수준에 있어요. 희망호에서 배를 이루는 부분은 모두 요
소이며, 구조의 일부입니다(그 가운데 엔진도 있겠지만). 부
분 가운데 하나가 전체를 틀 지을 수는 없습니다. 그래서 각
요소를 하나의 구조로 조직하기 위해서는 요소들에 적절한
역할과 자리, 의미를 정해 주어야 합니다. 각 요소는 정해진
자리에서 나름의 역할과 의미를 갖고 각 요소가 서로 어우러
져 하나의 구조를 이룹니다.

세진   그러면 희망호를 수리하는 과정에서 요소가 변하는지, 구조
가 변하는지가 중요하겠군요.

선생   그렇죠. 구조가 같다면, 부분을 바꾸더라도 부분 간의 관계
방식이 일정하므로 같은 것입니다. 이런 까닭에 부분의 관계
가 일정하다면 부품을 떼었다 붙였다 해도 희망호는 여전히
희망호인 겁니다. 부품 10개를 바꾸든, 60개를 바꾸든. 극단
적으로 부품을 모두 바꿔서 원래의 부품이 전혀 없더라도,
희망호의 구조가 바뀌지 않는다면 희망호는 여전히 희망호
이죠. 이처럼 구조는 요소가 변한다고 해서 따라 변하지 않
습니다. 변화가 만드는 차이들 밑에서 항상 같은 것으로 남
아 있죠.

선생   희망호의 바뀐 요소들은 같은 구조 안에서 같은 역할을 하고
같은 의미를 부여받죠.

그래서 선장이 선원들을 자기 마음대로 뽑거나 해고하는 경
우에도 인적 구조를 유지하는 선에서 인사권을 행사해야 합

니다. 희망호의 선장 '오희망' 씨가 자기 마음대로 사람을 고용하는 것처럼 보여도 선장의 권한이나 지배적 지위는 구조 위에 있을 수 없습니다. 알고 보면 선장도 희망호의 인적 구조 가운데 한 요소이죠. 자기를 가장 중요한 존재라고 생각하는 것은 자유이지만 자기가 구조 위에 있다고 생각해서는 안 됩니다.

수영 선장도 구조 앞에서는 힘을 못 쓰나 봐요?

선생 힘을 구조에 알맞게 써야 한다는 거죠. 선장답게 행동하는 것은 구조의 명령에 따르는 것이라고 할 수 있어요. 구조라는 관점에서 요소를 보면 사고방식이 크게 달라지죠. 요소가 구조에 앞서는 것이 아니라 구조가 요소에 앞섭니다. 구조가 먼저 요소들을 관계 짓는 방식을 결정한 다음, 그 관계 안에서 개별 요소들이 자기에게 알맞은 자리를 갖죠.

요소들은 구조 안에서 자기에게 배당된 자리나 의미, 기능, 역할, 목적을 갖습니다. 선원이나 선장은 물론이고 배의 엔진과 다른 부분도 구조가 부여한 각각의 자리, 의미, 역할을 배당받죠. 이렇게 볼 때 희망호의 엔진도 그것이 전체에서 차지하는 기능이나 의미 때문에 중요하지, 그것이 외따로 본질이 되거나 그 하나가 전체를 대신할 수는 없습니다.

그러므로 구조를 이루는 요소들 사이의 관계가 변하더라도 그것들을 조절해서 전체 구조를 유지한다면 구조의 동일성은 같죠. 구조는 이런 요소의 변화에 휩쓸리지 않습니다. 구조가 바뀌면 같은 요소도 다른 관계를 갖게 됩니다.

구조와 관련해서 전체와 부분의 관계를 한번 정리해 볼까요? 전체와 부분의 관계를 어떻게 볼 수 있을까요?

○ **전체와 부분**

세진 전체는 부분이나 요소로 이루어져 있습니다. 전체를 부분의 합으로 볼 수 있죠.

선생 전체는 부분의 합이고 부분 없는 전체를 생각할 수는 없습니다. 마찬가지로 국민이 없는 국가란 있을 수 없죠. 하지만 전체는 단순히 부분을 더한 것일까요?

경민 전체가 그것을 이루는 부분의 합보다 클 수 있나요?

선생 그럴 수 있죠. 먼저 부분과 전체의 관계를 보는 두 가지 틀을 나누어 봅시다. 하나는 전체를 부분의 합으로 보는 틀이죠.

전체=부분1＋부분2＋부분3＋……＋부분n($\sum$부분K)

이것을 개인과 사회에 적용하면, 사회=개인1＋개인2＋개인3＋……＋개인n이 될 겁니다. 이런 틀은 부분들 하나하나를 독립된 것으로 봅니다. 부분을 더하기만 하면 전체가 된다고 생각하죠. 예를 들어 '팔＋다리＋머리＋눈＋……=몸'이라는 식으로 몸을 이루는 부분을 단순히 합하면 전체 몸이 된다고 보죠. 이런 틀은 병이 나면 눈이 아프면 안과, 소화에 이상이 있으면 내과, 이가 아프면 치과에 가는 식으로 몸의 각 부분을 나누어서 치료하면 몸 전체가 좋아진다고 봅니다. 몸의 각 부분을 제각기 독립된 것으로 보죠.

이 틀은 부분에 변화가 생기면 전체도 함께 바뀐다고 봅니다. 그래서 부분의 수를 늘리거나 줄이면 전체가 늘거나 줄어든다고 보죠(개인의 부가 증대하거나 감소하면 국가의 부도 따라서 증대하거나 감소할 수밖에 없겠죠).* 또한 배에서 선원이 한 사람 줄거나, 배의 부품을 바꾸거나 보조 부품을 덧붙이는 경우에도 배 전체가 달라진다고 해야겠죠.

이 틀에서는 부분의 움직임에 항상 주의를 기울이고 약간이라도 변화가 생기면 그때마다 전체의 모습을 다시 봐야 합니다. 다시 말해 부분이 전체를 쥐고 흔드는 셈이 되겠죠.

희망호를 여기에 적용하면 어떻게 되나요? 부분이 바뀌는 것에 따라 전체도 달라진다고 봐야 합니다. 부분이 전체를 유지하면서 바뀐다 하더라도 전체는 부분을 합한 것이므로 결국 부분에 따라 변하는 셈이죠.

수업의 경우를 봅시다. 수업을 이루는 요소를 더하면 수업이라는 하나의 전체를 설명할 수 있을까요? 교실, 책상과 걸상, 수업 자료, 칠판, 학생과 교사, 청소부, 수업을 관리하는

---

* 경제학자 애덤 스미스(A. Smith)는 국가의 부(富)는 개인의 부를 모두 더한 것으로 봅니다. 국가의 부라는 추상적인 부가 아니라 (시장경제에서) 개인의 구체적 부를 늘리면 ('보이지 않는 손'의 도움으로) 국가 전체의 부가 늘어난다고 보죠. 그래서 개인이 (전체를 고려하지 않고도) 이익을 추구하면 사회가 풍요로워진다고 봅니다. 그에 따르면, 모든 개인이 2배의 부를 축적하면 국가의 부가 2배로 증가하는 거죠.

직원, 교실 주변의 조용한 상태…… 등을 한자리에 모으면 수업이 이루어지나요? 만약 몇몇 학생이 결석하고, 책상이 몇 개 모자라고, 학교 시설에 약간의 문제가 생기고, 교사가 바뀌면, 이러한 요소의 변화 때문에 수업이 전혀 다른 수업이 되나요? 이처럼 수업 요소들이 수업에 앞서나요?

이 틀을 조금 세련되게 바꾸어 봅시다. 전체를 이루는 요소 가운데 중요한 것과 사소한 것을 구별해 보는 거죠. 이런 틀은 배 전체에서 엔진을 본질적인 부분으로 보죠. 중요 부분이 바뀌지 않는 한 전체의 본질은 변하지 않는다고 봅니다.

정원   두 경우 모두 각 부분에 어떤 가치를 부여하건 부분이 전체를 이루고 전체를 규정한다고 보는 점에서 같은 틀 같은데요.

선생   방금 이야기한 대로 이 틀은 부분의 합으로 전체를 설명하죠. 예를 회사로 바꾸어 볼까요? 여기 많은 자회사를 거느린 '사성(四星)'이라는 회사가 있습니다. 사성은 수많은 요소로 이루어져 있고, 매년 신입사원을 채용합니다. 이들도 회사를 이루는 요소입니다.

이런 요소들이 보충된다고 해서 이 회사가 다른 회사로 바뀌거나 '오성(五星)'으로 이름을 바꾸지는 않아요. 이들보다 직급이 높은 부장, 전무, 이사가 바뀌면요? 이 경우에도 사성은 눈 하나 깜짝 안 하고 약간 아쉬운 표정만 지을 뿐이죠.

사성을 사성답게 하는 것이 무엇이기에 사람을 교체해도 회사 전체에 아무런 변화가 없을까요? 회사를 경영하는 사장, 아니 회사를 총괄 지휘하는 남다른 능력을 지닌 회장이 바뀌면 어떻게 될까요? 이름을 부르기에도 가슴이 벅찬 회장님은 하늘의 무지개보다도 높은 자리에 앉아 있죠. 이에 비해 다른 요소는 부차적이죠. 이런 생각이 설득력이 있나요?

하늘 선생님, 이 내용은 앞서 살펴본 몸과 뇌의 관계처럼 회장을 마치 우리 몸의 뇌처럼 생각하는 것 아닌가요?

선생 그렇게 볼 수 있죠. 뇌가 몸에서 이 일을 시키고 저 일을 명령하는 것처럼 회장은 모든 것을 총괄하는 최고의 자리에 있습니다. 다른 사람은 스스로 판단하거나 명령할 수 없고, 중앙이나 최고 자리에 있는 사람의 통제와 명령에 따라 자기 할 일과 의미를 부여받죠. 이 경우 '핵심'이 바뀌면 전체가 바뀐다고 봅니다.

이런 사고 틀은 그림2에서 보듯이 중심과 주변을 나누거나, 그림1처럼 상부와 하부를 나누죠. 중심이 주변에 대해, 상부가 하부에 대해 본질적이라고 생각하고요. 이렇게 본다면 사성의 핵심은 최상부에 있는 회장으로, 그는 피라미드를 총괄 지휘하는 존재입니다.

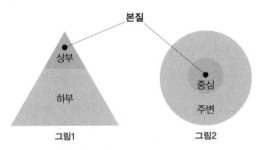

그림1   그림2

이런 모델은 비민주적이고 권위주의적이겠죠. 회장의 결정이 모든 것을 좌지우지한다면, 주변과 조직에서 그 명령에 따라야 하는 이들은 그저 전체의 한 조각으로서 회장의 입김에 이리저리 휘둘리는 신세가 되죠. 이런 틀에서는 핵심 부분이 전체를 대표하거나 장악합니다. 그래서 마치 전체가 이 부분 안에 있는 것처럼 주장합니다. "나는 곧 이 회사이다" "이 기업은 내 것이다"는 주장도 가능하죠.

프랑스의 루이 14세는 "짐은 곧 국가이다"라는 말을 남겼죠. 절대주의 국가관을 잘 보여 주는 예로 국왕의 욕망이 국가의 욕망이자 국민의 욕망이 되어야 한다고 주장한 겁니다.

○ **전체는 부분의 합을 넘어선다**

선생 그런데 이와 다르게 볼 수도 있죠. '전체를 부분의 합 이상'으로 보면 어떨까요?

전체 > 부분1 + 부분2 + 부분3 + …… + 부분n(부분의 합)

그러니까 전체가 일정한 틀을 마련한 바탕 위에서 각 부분이 지정된 자리에 배치됩니다. 그것들은 전체 질서에 어울리는 각각의 의미와 역할을 맡습니다. 이런 식으로 부분 하나하나는 그 자체가 아니라 전체 구조 안에서 맺는 다른 부분과의 관계에서 의미를 갖습니다.

예컨대 우리 몸에서 팔, 다리, 머리, 눈, 위, 심장 등은 서로 무관하지 않습니다. 각 부분은 유기적 전체 안에서 주어진 역할과 의미를 갖죠. 팔이 팔인 까닭은 몸 전체의 유기적 구조를 이루는 하나의 요소이기 때문입니다. 그래서 팔은 유기적 전체가 정해 준 역할을 맡을 때 팔의 가치를 갖습니다.

이런 틀에서 어떤 한 부분이 전체를 고스란히 나타내는 경우는 없습니다. 구조는 개별적 부분 밑에서 또는 위에서 그것들과 독립된 어떤 것, 즉 일정한 관계망 안에 있습니다. 황제가 국가가 아니라, 국가라는 전체가 황제에게 어떤 자리와 의미를 부여하죠. 황제는 그런 관계망에서만 황제라 불리고, 그에 알맞은 자리와 의미를 갖습니다. 황제는 그 자리에 있는 사람을 부르는 이름이죠. 만약 국가조직이 무너진다면 황제의 자리도 사라집니다.

황제는 국가를 대표할 수는 있지만 그 자신이 국가일 수는 없습니다. 황제가 이런 전체나 구조가 부여한 의미나 역할을 거스를 때 그는 다른 황제로 교체될 수 있죠. 바로 '국가의 이름'으로 황제가 바뀌는 것입니다.

하늘 앞서 수업을 예로 드셨는데, 수업이 요소들에 앞서지 않을까요? 수업 요소를 더한다고 해서 수업을 설명할 수는 없을 것 같습니다.

선생 그렇다면 수업을 앞세워 요소를 모으고, 일정하게 배치하고 조직해야겠군요. 요소를 갖추었지만 제대로 결합되지 못하

생각 활동

□ 요소 가운데 가장 중요한 것이 구조보다 우월할 수 있나요?

□ 구조는 어떤 점에서 모든 요소보다 우월할까요?

거나 알맞은 관계를 맺지 못해 수업 아닌 수업이 이루어지는 경우도 있겠네요. 또한 같은 요소를 다르게 조합해 수업과 다른 관계 방식이 만들어질 수도 있겠고요. 수업 시간에 학생과 교사가 합의해서 수업과 무관한 인생 상담을 하거나 수업을 노래 부르기 모임으로 운영할 수도 있겠죠. 이 경우에 요소는 같더라도 구조, 즉 전체는 분명히 다릅니다.

수업이라는 구조는 요소를 일정하게 배치하고 의미와 역할을 부여합니다. 즉 각 요소는 수업을 이루는 방식으로 일정하게 관계를 맺어야 하죠. 교사에게는 교사의 역할과 의미가, 학생에게는 그 나름의 자리가, 책상이나 교실에도 일정한 기능이 주어집니다. 그래서 이 요소들이 변하더라도 '수업-구조'를 바꾸지 않는 한 수업은 여전히 같은 수업입니다. 학생들이 지각하거나 결석하고, 책상이 몇 개 모자라고, 시설에 문제가 있고, 교사가 바뀌는 경우도 있겠지만 이때에도 수업-구조는 일정하게 유지될 수 있어요. 모든 요소는 수업을 수업답게 만들기 위해서 저마다 알맞은 역할을 맡고 나름의 의미를 가지며 전체와 조화롭게 관계 맺습니다.

○ **사람이 아니라 칠수, 소크라테스**

이제 본질을 형상으로 설명하는 고전적인 논리를 볼까요? 약 2000년 전에 나온 '본질론'이 그것입니다. 타임머신을 타고 아리스토텔레스가 '본질이란 무엇인가'에 관해 이야기하는 것을 들으러 가 봅시다. 원래 이 내용은 형이상학에 속하는 것이어서 사람들에게 잘 가르쳐 주지 않는 것이랍니다.

우리가 사람을 볼 때 칠수, 수영, 영진, 존 F. 케네디, 소크라테스 등의 개별적이고 구체적인 사람이 존재한다고 볼 것인지, 그들을 대표하는 사람이라는 보편 개념이 존재한다고 볼 것인지는 어려운 문제입니다.

아리스토텔레스는 말(馬)과 사람이 아니라 구체적인 이 말, 저 말, 칠수, 수영, 영진이 실제로 있다고 봅니다. 즉 실제로 있는 구체적이고 개별적인 것에 주목해 배가 아니라 희망호, 버지니아호, 프린세스호가 있다는 것이죠. 그는 이런 개체들을 '실체(實體, ousia)'라고 부릅니다. 또 특정한 이것 또는 저것을 '제1실체' 또는 '첫 번째 실체'라고 부르기도 합니다.

아리스토텔레스는 이런 실체의 두 측면을 구별합니다. 즉 실체와 속성으로 나눕니다. 속성은 실체가 지닌 성질들이죠. '이 말은 다리가 넷이고, 잘 달리고, 힘이 세고, 온순하고, 꼬리가 있습니다' '칠수는 두 발로 걷고, 정치와 철학에 관심이 있고, 유머가 있고, 운동은 좋아하지 않습니다'와 같은 이런 여러 속성은 각각 '이 말'과 '칠수'에 속합니다. 즉 '이 말'과 '칠수'라는 실체가 그 속성들의 바탕이죠.

속성은 독립적이지 않아서 '다른 것 안에(ens in alio)' 있고, 다른 것으로부터 생깁니다. 이와 달리 실체는 다른 것에 의존하지 않고 자립적이므로 '자기 안에(ens in se)' 있습니다. 그래서 독자적이고 본질적입니다. 즉 실체는 변하는 것과 달리 항상 같은 것이고, 의존하

> 이런 실체의 존재를 논리적으로 옮기면, 실체는 문장에서 주어 자리
> 에 있고 실체가 지닌 이러저러한 속성은 술어 자리에 있습니다.
>
> '영진은 두 발로 걷는다.'
>
> '영진은 철학에 관심이 있다.'
>
> '영진은 고집이 세다.'
>
> '영진은 꽃을 좋아한다.'

는 것과 달리 독립적인 것이죠. 한마디로 현상에 대해서 본질이라고
할 수 있습니다.

이처럼 개별적이고 감각적인 사물 '안'에 본질이 있다고 보
는 아리스토텔레스의 관점은 스승인 플라톤의 이데아론과 상당한 차
이가 있습니다.*

○   **이 질료에 어떤 형식을 부여할까**

우리가 개별적이고 감각적인 것을 탐구한다고 해서 그것의 본질이 반
드시 개별적인 것 안에 있고, 보고 만질 수 있는 감각적인 것이라고
할 수는 없습니다. 개별적인 것은 변화에 휩쓸립니다. 우리는 다양한
변화를 겪으면서도 항상 같은 것으로 남아 있는 것을 찾아야 합니다.
어떻게 해야 그것을 찾을 수 있을까요? 아리스토텔레스의 '형상-질
료 이론'을 보기로 하죠. 조금 어렵긴 하지만 여러분은 충분히 따라올
수 있을 겁니다.

앞서 아리스토텔레스는 구체적이고 개별적인 실체에서 출발
했고 구체적인 칠수, 수영, 영진, 소크라테스 등을 통해 사람을 보았
습니다. 그런데 칠수의 실체는 무엇일까요? 칠수는 사람입니다. 이제
칠수라는 실체가 보편적인 것, 곧 사람이라는 종(種)에 의해 파악됩

니다. 마찬가지로 희망호나 버지니아호는 모두 배이죠. 아리스토텔레스는 이런 보편적인 것 또는 종적인 것(eidos)을 '제2실체'라고 부릅니다.

아리스토텔레스는 제2실체가 제1실체에 앞선다고 보았습니다. 그리고 보편적인 것과 개별적인 것을 마주 세워 놓고 볼 때, 보편적인 것이 더 중요하다고 보았고요. 왜냐하면 개별적인 칠수, 수영, 영진은 보편적인 '사람'이라는 종에 의해서만 이해되기 때문이죠. 사람이 없다면 칠수, 수영, 영진, 소크라테스를 찾아볼 길도 없습니다.

○ **형상이 질료와 만날 때**

아리스토텔레스는 형상과 질료가 결합해서 실체를 이룬다고 봅니다. 예를 들어 식물, 동물, 집, 조각 등을 볼 때 이것들은 바탕이 되는 질료(質料, matter)와 그것에 일정한 질서를 부여하는 형상(形相, form)이 결합된 것이죠. 조각된 석고상에서 석고는 질료이고, 조각된 모양은 형상입니다. 나무로 책상을 만들었다면 나무는 질료이고, 책상 모양이 형상이 됩니다.

몇 가지 더 볼까요? 글쓰기는 글자를 질료로 의미라는 형상을 표현하는 것이죠. 그래서 여러분이 글을 읽을 때는 글자 자체만 읽

---

* 플라톤은 개별적 사물의 본질이 사물 안에 있지 않고
그것들 너머에 '이데아'로 존재한다고 보죠.
하지만 제자인 아리스토텔레스는 개별적 사물의 본질이
각각의 사물 '바깥'이 아니라 그 '안'에 있다고 봅니다.
그래서 아리스토텔레스에 따르면, 희망호의 본질은
희망호를 뛰어넘어서 존재하는 배의 이데아에서가 아니라
희망호라는 구체적인 배 안에서 찾아야 합니다.

어서는 안 되고 글자의 의미를 읽고 이해해야 합니다. 마찬가지로 건축은 건축 재료라는 질료에 일정한 형상을 부여해서 건물을 짓는 것입니다. 또한 노동은 자연 대상을 질료로 삼아 그것에 일정한 형식을 부여해서 생활에 필요한 것을 만드는 작업이죠.

　　이처럼 존재하는 모든 실체는 질료와 형상이 '합쳐진 것(synolon)'입니다. 그래서 형상이나 질료는 그 자체만으로 있지 않아요. 질료 없이 형상만 있거나 형상 없이 질료만 있는 경우는 어떤가요? 예컨대 석고라는 재료가 없는 석고 조각이나 건물의 설계 도면 없이 벽돌만 쌓아 둔 상태를 생각해 보면 되겠죠.

　　서로 어울려야만 나름의 의미를 갖는 두 쌍을 조금 더 살펴봅시다. 먼저 형상을 볼까요? 개별적인 제1실체는 보편적인 제2실체에 의해 규정됩니다. 이런 형상은 어떤 것을 규정하는 것, 형성하는 것, 존재를 주는 것입니다. 그래서 존재하는 모든 것은 형성된 것, 즉 일정한 형상을 부여받은 것이죠. 예를 들어 침대 만들기는 나무에 침대 형식을 주는 거죠. 이런 형상의 짝이 질료입니다. 즉 질료는 존재와 무(아무것도 아닌 것) 사이에 있는 것이고, 형상과 결합해서 어떤 것이 될 가능성을 지닌 바탕(element)입니다.

　　이를테면 나무 질료가 책상 형상을 받아들이면 책상이 됩니다. 그 형상을 잃고 다른 형상(예를 들어 의자나 침대 등)을 받아들일 때는 다른 것이 되죠. 이런 형상-질료 이론은 인간의 제작 행위를 모델로 삼은 거예요. 제작(poiesis)은 일정한 목적이 있어 질료에 형식을 부여하는 활동입니다.

　　형상과 질료 관계를 좀더 살펴보겠습니다. 앞서 칠수, 수영, 영진, 소크라테스 등의 개인들은 모두 사람이죠. 그래서 사람의 형상은 모든 개인에게 하나이고 같습니다. 칠수와 소크라테스는 똑같은 사람 형상을 갖습니다. 그러면 개인들은 어떤 점에서 다를까요? 무엇이 이들을 다르게 만들까요? 아리스토텔레스는 이것을 질료로 설명합니다. 곧 모든 사람에게 똑같은 형상이 어떻게 개별적인 사람으로 되는지를 설명하는 것은 질료입니다. 그래서 사람 형상이 이런저런 질료와 만나서 이런저런 개인이 된다고 봅니다.

형상이 질료를 얻으면 구체적으로 존재하는 실체가 됩니다. 책상 형상은 책상으로 구체화되고, 나무 질료는 단순한 나무를 벗어나 책상으로 되죠. 형상은 이제 구체적이고 개별적인 것이 됩니다. 형상은 그 자체만으로는 보거나 만질 수 없지만 질료를 통해 구체화되고 나면 비로소 보거나 만질 수 있죠. 이런 맥락에서 질료는 '개별화하는(individualize)' 바탕이고, 형상이 질료와 만나면 실체가 태어납니다.*

실체를 이루는 이 둘 중에서 어느 것이 더 중요할까요? 어떤 것에 우선권을 주기보다는 이 둘의 결합이 필수적이라는 점에 주목해야 합니다.

수영 그렇다면 형상–질료 틀로 희망호를 설명할 수 있나요?

선생 이제 희망호의 본질을 문제삼을 때, 그것을 실체와 속성으로, 또한 형상과 질료로 나누어 볼 수 있겠죠. 형상–질료 틀로 희망호를 볼까요? 먼저 희망호는 배이니까 배의 형상을

---

* 아리스토텔레스는 이런 형상이 참된 것이고, 다양한 존재자의 근거이며 영원하다고 봅니다. 여러분은 플라톤의 이데아가 되풀이되고 있다고 생각할지 모르겠지만, 이런 형상이 물체 '안'에 있다는 점에서 이데아와 다르다는 점을 잊어서는 안 됩니다.

갖지만, 희망호의 질료는 다른 배와 달라야 합니다. 모든 배에 보편적인 배의 형상과 희망호를 이루는 질료의 특수성이라는 두 요소가 결합해서 희망호라는 구체적인 배가 됩니다. 희망호의 내부 사정을 볼까요? 희망호를 이루는 부품들을 질료라고 한다면, 형상은 배답게 조직되도록 그 부분들에 질서를 부여하는 원리입니다. 계속해서 이 틀을 희망호의 수리 과정에 적용해 봅시다. 이 과정에서 초점은 '형상이 변하는가'입니다(희망호를 희망호답게 하는 것은 형상이에요). 그래서 희망호의 부품이 바뀌더라도, 형상이 바뀌지 않는다면 같은 배입니다.

희망호의 부품을 (비행기나 잠수함 같은) 다른 형식으로 재조립한다면 희망호는 사라집니다. 그렇지만 엔진을 바꾸어도 형상이 같다면 다른 배가 되지는 않겠죠. 이런 까닭에 엔진을 본질적인 부분이라고 할 수 없는 겁니다.

○ 같은 모델로 똑같이 생산하면 같은 것들인가

수영 선생님, 궁금한 게 있어요. 공장에서 자동차를 생산하는 경우에도 이런 식으로 설명할 수 있나요? 그러니까 자동차를 같은 재료와 부품으로 똑같은 설계도에 따라 같은 모델로 대량생산하는 경우, 이때에도 그것들을 같다고 해야 하나요?

선생 날카로운 질문이군요. 설명이 쉽지 않아요. 같은 모델의 차라도 무게나 부품이 조금씩 다르다면 그나마 이야기가 쉬울 것 같은데 말이죠. 책을 만들 때에도 같은 문제가 생기겠군요. 같은 제목을 달고 같은 내용으로, 같은 질의 종이와 잉크로 한번에 1000부를 찍을 때, 이 책들은 모두 같은 책일까요?

수영 그 책들은 다른 제목의 책들과 견주면 같다고 해야 하지만, 하나하나는 다른 책이죠.

선생 그렇죠. 아리스토텔레스의 이론에 따르면, 대량 복제된 책들은 모두 형상이 같고 질료만 다르다고 해야 합니다. 질료가 얼마나 다른지는 세심하게 살펴야 하고요. 여러분은 이런 설명을 받아들일 수 있나요?

하늘 만약에 희망호와 같은 재료와 부품을 사용하여 배를 한 척 더 만들면 어떻게 되나요?

선생 두 배를 각각 나무와 강철로 만든다면 쉽게 구별하겠지만, 같은 재료나 부품을 사용하면 구별하기가 어렵겠지요. 희망호와 같은 부품으로 만든 성공호가 있다면, 부품의 재질과 종류는 같지만 내용이 다르다고 해야 할 겁니다. 같은 쇠라고 해도 모두 똑같은 질의 쇠는 아니에요. 이 책상의 나무와 저 책상의 나무는 서로 다르죠.

여기서 아리스토텔레스가 왜 칠수와 소크라테스가 같은 형상을 갖고 있다고 했는지를 다시 한번 살피는 게 좋겠군요. 제가 보기에 아리스토텔레스는 차이보다는 동일성에 관심을 갖기 때문에 형상을 중시하는 것 같습니다. 이 배와 저 배의 차이보다는 배들이 지닌 같은 점에 주목하는 거죠. 그래서

생각 활동

□ 본질을 구조로 보는 관점과 형상으로 보는 관점은 어떤 점에서 다를까요?

□ 이 두 관점은 어떤 점을 잘 설명하고 어떤 점을 잘 설명하지 못할까요?

희망호와 성공호의 같은 점을 형상에서, 다른 점을 질료에서 찾는 겁니다.

지금까지 우리는 본질을 설명하는 두 관점을 보았습니다. 본질을 구조로 보는 틀은 같은 질료로 이루어졌더라도 구조가 달라지면 다르다고 보는데, 아리스토텔레스는 같은 형상이라도 질료가 달라지면 다르다고 보는 것 같습니다.

우리는 희망호를 살피면서 변하는 가운데 같은 것을 찾았습니다. 그런데 변화를 이야기하면서 '시간' 문제를 소홀히 했네요. 이제는 시간 안에서 같음과 다름을 살펴봅시다.

○   **나는 옛날의 내가 아니다**

이상한 사람들 이야기를 하나 할까 합니다. '어처구니'라는 사람이 오래전에 '순진한'에게 돈을 꾸었습니다. 돈을 갚기로 약속한 날이 지나자 순진한은 어처구니에게 돈을 갚으라고 요구했습니다. 그랬더니 어처구니는 자기는 돈을 꾼 기억이 없다며 발뺌을 했습니다. 또 기억난다 해도 자기는 더이상 옛날의 자기가 아니라는 겁니다. "돈을 꼭 받고 싶으면 과거의 어처구니, 즉 돈을 꾼 당시의 어처구니에게 가서 받으시오!" 어처구니의 대답은 이러했습니다.

어처구니가 없기도 하고 괘씸하기도 해서 흥분한 순진한이

어처구니를 한 대 쥐어박았습니다. 어처구니는 이런 이유 없는 폭력은 참을 수 없다면서 순진한을 폭행죄로 경찰에 고소했어요. 순진한은 돈을 받기는커녕 폭행으로 고소까지 당하고 말았습니다. 그런데 법 앞에서는 흥분한다고 도움이 되지 않죠. 좀더 차분하게 자기의 정당성을 밝히는 것이 좋을 겁니다.

자, 여러분이 순진한이라면 이 상황에 어떻게 대처할 건가요? 꾸어 준 돈을 받지 못했기 때문에 폭행을 한 것이니 먼저 돈을 갚지 않은 사건을 밝히자고 할까요? 아무튼 악의의 채무자를 때린 것은 분명한 사실입니다. 여러분도 함부로 주먹을 휘두르면 이유야 어떻든 처벌받는다는 것을 알아 두세요.

하늘	선생님! 좋은 생각이 있어요.
선생	어떤 생각이죠? 저도 그럴듯한 생각이 나긴 했습니다만.
하늘	어처구니가 자신은 옛날의 자기가 아니라 시간이 지나면서 바뀐 현재의 자기라고 우긴 논리를 그대로 되돌려주는 거죠.
선생	같은 방식을 거꾸로 이용한다는 건가요?
하늘	그렇죠. 순진한도 자기가 옛날의 자기가 아니기 때문에 지금의 자기는 주먹을 휘두른 폭력적인 과거의 자기가 아니라고 주장하면 되죠. 순진한도 어처구니처럼 "나는 더이상 옛날의 내가 아니다"라고 주장하면 어떻게 할 수 없겠죠.
선생	한마디를 더 얹어 순진한이 이렇게 말하면 어떨까요? "제가 폭력을 행사한 것 같기는 합니다. 저도 오면서 과거의 저에게 들었거든요. 그러니 저기 있는 현재의 어처구니 말고 나에게 얻어맞은 과거의 어처구니를 불러 주십시오."
민규	시간의 흐름에 따라 자신이 순간순간 바뀐다면 곤란한 점이 한두 가지가 아닐 텐데요.

선생 그렇습니다. 앞서도 이야기한 적이 있지만 우리 몸이나 정신은 끊임없이 변합니다. 우리는 매순간 달라지지만 한 상태와 다른 상태가 근본적으로 단절되지 않는다면 상대적 동일성을 주장할 수 있습니다. 돈을 꾼 어처구니와 돈을 안 갚는 어처구니, 돈을 빌려준 순진한과 한 대 때린 순진한은 상대적으로 동일한 사람이라고 볼 수 있습니다.

이러한 문제가 고대 그리스에서는 어떻게 논의되었는지를 변화, 생성과 관련된 논의와 함께 보기로 할까요? 먼저 제가 칠판에 똑같은 사각형을 5분 간격으로 하나씩 그립니다.

각각 다른 시간에 똑같은 사각형을 그렸습니다. 이 사각형들은 같은 것일까요? 다른 것일까요?

정원 시간을 고려한다면 다른 사각형이라고 해야 합니다. d는 아직 그리지 않은 것이니까 현재 있는 a, b, c와 달리 아직 없는 사각형이죠.

선생 그렇죠. 과거의 사각형, 현재의 사각형과 아직 그리지 않은 미래의 사각형은 서로 다릅니다. 이처럼 시간 속에 있는 사각형들은 서로 다르고, 마찬가지로 존재들도 시간 안에서 항상 같지 않고 변합니다.* 5분 뒤의 세계는 아직 존재하지 않기 때문에 그것이 지금과 같은 것이라고 할 수는 없습니다. 이처럼 우리가 시간을 고려하면 이야기는 복잡해집니다. 시간 안에서 변하지 않는 것은 없으니까요. 변하지 않는다면 그것은 초시간적이고 영원한 것입니다.

○ **모든 것은 변한다**

선생 시간 안에서 사물이 변하는 것이 사물과 세계의 참된 모습이라고 주장한 사람은 바로 헤라클레이토스(Heracleitos)입니다. 그는 만물유전(萬物流轉), 즉 모든 것은 항상 같은 것으로 있지 않고 끊임없이 바뀐다고 했습니다.

경민 헤라클레이토스가 예로 든 것이 흐르는 강물 아닌가요?

선생 네. 그는 "같은 강물에 두 번 발을 담글 수 없다"고 말했죠.

경민 강물이 계속 흐르기 때문에 내가 한 번 발을 담근 뒤에 다시 발을 담그면 그사이 이미 강물은 저만치 흘러갔다는 이야기죠. 그러니까 사물은 항상 변한다는 이야기 아닌가요?

선생 맞아요. 강물만 흐르는 것이 아니죠. 강물을 보는 나도 강물과 마찬가지로 변합니다. 그래서 내 발도 첫 번째와 두 번째가 다르고, 발과 강물을 인식하는 나도 달라졌다고 해야겠죠. 자기도 변하면서 변하는 강물더러 변한다고 하고 있으니 재미있네요. 이때 이렇게 변하는 우리를 기억이 붙잡고 있긴 합니다. 기억은 서로 다른 순간들을 이어서 하나의 흐름을 만들죠.

수영 강물도 흐르고 우리도 흐르는군요. 존재하는 세계에서 변하지 않는 것은 없겠죠?

선생 네. 이런 점에서 헤라클레이토스는 존재의 세계 대신에 '생성'의 세계, '변화'하는 세계가 세계의 참된 모습이라고 봅니다. 이처럼 사물이 변할 때 겉모습만 변하는지, 아니면 본질까지 변하는지가 문제가 됩니다.

수영 사물이 겉모습(현상)만 변하고 본질이 바뀌지 않는다면 불변한다는 이야기 아닌가요?

선생 그렇죠. 헤라클레이토스처럼 모든 것이 변한다고 하려면, 사물의 현상은 물론이고 본질까지도 변해야 합니다. 보통은 본질을 조금도 변치 않는 것이라고 보는데, 그는 '본질까지도 변한다'고 보는 점에서 색다릅니다.

세진 모든 것이 변한다면 '모든 것이 변한다'는 말도 변하나요?

수영 '모든 것이 변한다'는 말을 제외하고 다른 모든 것이 변한다면, 모든 것이 변하는 것은 아니네요. 말 그대로 모든 것이 변한다면 '모든 것이 변한다'는 말도 변해야 하잖아요.

선생 날카로운 지적입니다. 모든 것은 변하지만, 그것을 표현하는 '모든 것은 변한다'는 말은 고정되어 있군요. 말과 그것이 가

* 우리가 쓰는 개념들은 고정되어 있으므로 변하는 세계와
  시간의 흐름을 포착하기가 어렵습니다.
  우리가 쓴 '시간' '변화'라는 글자 자체가 벌써 꼼짝 않고 버티면서
  변하지 않는 것처럼 보이지 않습니까? 우리는 개념이라는
  서투른 그물로 쉬지 않고 변하는 시간을 낚으려고 하죠.

리키는 내용이 서로 맞물려서 악순환을 이루는 역설의 한 예라 하겠네요. 어떤 대상을 가리키는 말을 그 말 자체에 적용해서 모순이 생긴 경우입니다. 예를 들어 '모든 것은 부조리하다'는 말이 있을 때, 모든 것이 부조리하다고 하더라도 '모든 것이 부조리하다'는 말은 조리가 있어야 한다는 것이죠.

"이 다이아몬드는 가짜다"라는 명제를 봅시다. 누가 이 명제를 말하고 있나요? 보석 감정가인 철희 씨군요. 이 명제를 완전하게 쓰면, "나(철희)는 '이 다이아몬드는 가짜다'라고 주장한다"가 되죠. 이것을 나누어 보면, '이 다이아몬드는 가짜다'라는 부분은 대상인 '다이아몬드'를 가리키는 말입니다. "나는 ○○라고 주장한다"는 부분은 실제 대상이 아니라 '대상을 가리키는 말'을 가리키고요. 그러니까 '대상에 대한 말'이 아니라 '말에 대한 말'이죠. 이렇듯 이 두 말은 종류가 다릅니다. 대상을 가리키는 말을 '대상언어'라고 한다면, 말에 대한 말은 '메타언어'라고 하죠.

요컨대 '모든 것은 변한다'는 말은 대상을 가리키는 말인데, 이 말을 '모든 것은 변한다'는 말에 적용하면 이 말까지도 (그것이 가리키는) 대상 가운데 하나가 됩니다. 그래서 혼란이 생기죠. 굳이 구분하자면, '모든 것은 변한다'는 말을 제외한 모든 것은 변합니다. '모든 것은 변한다'는 말은 변하지 않는 거죠. '모든 것은 변한다'는 말을 그 말 자체에 적용하면 헤어날 수 없는 역설에 빠지게 됩니다.

○ **삶 안에 죽음 있음**

선생 헤라클레이토스는 모든 것이 변하는 세계에서도 질서, 즉 로

고스가 있다고 주장합니다. 그는 이런 질서를 불의 비유를 들어 설명하죠. 여기에서는 이에 대한 설명은 하지 않겠습니다. 그가 사물 안에서 일어나는 대립과 투쟁으로 사물의 변화를 설명한다는 점이 흥미롭습니다.

헤라클레이토스는 삶 안에 단순히 삶만 있는 것이 아니라 삶에 맞서고 삶을 끝내는 죽음이 함께 있다고 봅니다. 삶을 삶과 죽음이 다투는 과정으로 보는 거죠. 살아 있는 것은 소멸해야 하는 운명을 지닙니다. 죽음 안에도 삶이 있습니다. 죽음 안에 삶이 없다면, 모든 살아 있는 것이 죽어 가면서 아무것도 남지 않겠죠. 그래서 죽은 것에서 새로운 생명이 자라납니다. 삶과 죽음의 순환과 부활이라는 신비한 주장은 이런 점에 주목하는 거죠.

"삶 안에는 죽음이 있고, 죽음 안에는 삶이 있다." 모든 변화는 삶에서 죽음으로, 또 죽음에서 삶으로 오고 갑니다. 삶과 죽음은 영원한 것이 아니라 변하는 세계의 한 모습입니다. 영원한 삶도, 영원한 죽음도 없고 삶과 죽음을 오가는 양자의 다툼과 조화가 있을 뿐입니다. 우리는 우리 안에 있는 죽음의 힘과 겨루고 그것을 이기는 동안에만 살아 있습니다.

헤라클레이토스는 한 사물은 자기 안에 있는 투쟁과 대립의 힘 때문에 자기이면서 동시에 자기가 아니라고 봅니다. "나는 나이고 동시에 내가 아니다." 이런 까닭에 '나'는 항상 '다른 나'로 바뀌죠.

하늘   그러면 투쟁은 모든 변화를 이끄는 원리군요.

선생   투쟁을 운동 원리로 본다면, 진리의 장(場)은 진리와 오류가 격렬하게 다투는 곳이겠죠. 또한 사랑에도 미움이 있고, 미움에도 사랑이 있겠죠. 사랑하지 않는 자는 미워하지도 않습니다. 그리고 미움도 사랑으로 곧잘 바뀌고요. 격렬한 미움은 사랑 에너지의 다른 모습이기도 하죠. 파국에 이르지 않는다면 잘 다투는 부부가 서로에게 무관심한 부부보다는 사이가 좋다고 할 수 있지 않을까요?

○   모든 것이 변한다고?

선생   모든 사물은 변할 수밖에 없다고 보는 헤라클레이토스의 주장을 정면으로 반박하는 사람이 등장합니다. 바로 파르메니데스(Parmenides)입니다. 그는 헤라클레이토스와 달리 '변하지 않는 존재'를 내세웁니다. 변화는 사물의 겉모습일 뿐이고 실상을 제대로 보면 어떠한 변화도 없다고 합니다. 파르메니데스는 한마디로 이렇게 말하죠. "있는 것은 있고, 없는 것은 없다." 어떻습니까? 있는 것은 있으니까 없지 않고, 없는 것은 없으니까 있지 않다는 말이 맞지 않나요?

경민   당연한 주장 같은데요. 있는 것을 없다고 할 수 없고, 거꾸로 없는 것을 있다고 해서도 안 되지 않나요?

선생   그런데 이 주장의 결과가 재미있습니다. 먼저 생성(生成, becoming)의 경우를 보죠. 생성은 어떤 사물이 생겨나는 것으로, 어떤 것이 존재하지 않다가 어느 시점에서 존재하게 되는 겁니다. 여러분도 처음에는 없다가 우렁찬 울음소리와 함께 태어났습니다. 여러분은 그전에 어디 있었나요?

자, 문제는 '생겨났다'는 것인데, 이는 어떤 것이 없다가 어느 시점에 '있는' 것으로 되는 겁니다. 즉 없던 것이 있는 것으로 바뀌는 거죠. 앞서 '없는 것은 없다'는 말에 고개를 끄덕여 놓고 이제 와서 '없는 것이 있다'고 할 수는 없어요. 왜죠?

수영 말 그대로 없는 것은 없으니까요.

선생 그렇죠. 그래서 생겨나는 것은 없다고 해야 합니다. 파르메니데스가 볼 때 사물의 생성은 존재와 무(無)를 뒤섞는 것일 뿐입니다. 그것은 모순입니다.

수영 선생님! 그러면 소멸(消滅)도 비슷하게 설명할 수 있겠네요. 있던 것이 없어지는 것이니까요.

선생 하나를 배우면 둘을 아는군요. 여기에 책상이 있어요. 그런데 이 책상은 일정한 시간이 지나면 사라집니다. 책상만 그런 게 아니죠. 우리 모두는 미래의 어느 날 존재하지 않을 겁니다. 어떤 것이 소멸했다는 것은 그것이 한때 있다가 이제는 없다는 것이죠. 있던 것이 없는 것으로 바뀌어 '있는 것이 없다'가 됩니다. 앞서 '있는 것은 있다'고 한 것과 충돌하죠. 그래서 소멸도 논리적으로는 모순됩니다.

자, 조금 더 복잡한 '변화/운동'의 경우를 볼까요? 예를 들어 A가 그것과 다른 B로 바뀌는 경우입니다. 또는 어떤 자리에 있던 A가 다른 자리 B로 이동하는 경우이죠. 여기에서 A가 B로 바뀌는 것이 무엇을 말하나요? 전에 있던 A는 사라지고, 없던 B가 생겨난 것이죠.

기준 시점	이전	이후
생성	없음	A
소멸	A	없음
변화	A 없음	없음(A의 소멸) B(B의 생성)→A가 B로 바뀜

이처럼 변화/운동은 B가 생성되면서 동시에 전에 있던 A가 소멸하는 것, 즉 생성과 소멸을 한데 합쳐 놓은 거예요. 생성이나 소멸은 모순된 것이라고 했죠. 그런데도 변화/운동은 겁도 없이 모순에 모순을 곱한 셈입니다.

○ **변화를 알 수 없는 까닭**

파르메니데스는 생성과 소멸을 포함한 모든 변화는 '가상' 또는 '허상'이므로 변화를 설명하는 것은 모순을 범하는 것이라고 말합니다. 사물을 헛본 것이고, 겉모습에 속은 것이라고요. 파르메니데스는 있는 것만 있기 때문에 없는 것을 이야기할 수 없다고 보아 '존재'만 이야기합니다. 그러면 이런 존재는 어떤 것일까요?

그는 (참으로 있는) 존재는 생겨나지도 소멸하지도 변하지도 않는다고 봅니다. 앞서 보았듯이 생성은 불가능하므로 존재는 어느 시점에 생겨나지 않습니다. 또한 소멸도 없으므로 존재는 어느 때에 사라지지도 않습니다. 그래서 존재는 생겨나지도 않고〔不生〕, 사라지지도 않습니다〔不滅〕. 마찬가지로 존재는 변하지도 않고〔不變〕, 항상 그 모습 그대로입니다.

파르메니데스는 존재를 어떠한 빈틈도 없는 '충만한 하나'로 봅니다. 존재에 빈틈이 있다면 텅 비어 있는 공허, 곧 없는 것이 있는 셈이죠. 그래서 존재에는 빈틈이나 여백이 전혀 없어야 합니다. 존재는 여럿이 아니라 '하나(the One)'라고 보는데, 존재가 둘이라면 이것과 저것이 있으니 그것들 사이에 빈틈이 있겠죠. 그런데 빈틈은 있을 수 없기에 존재는 하나일 수밖에 없죠.

하나의 충만한 실재인 존재는 자기를 다른 것과 비교할 수 없습니다. 하나밖에 없고 둘이 있을 수 없기〔唯一無二〕 때문이죠. 실제로 다양한 것들이 있는 것이 아니라 오직 '하나의 존재'만 있습니다. 우리가 감각하는 다양한 것들은 단지 감각을 속이는 것이고, 존재의 겉모습이자 껍데기일 뿐입니다.

이러한 존재는 감각을 통해서는 알 수 없고 다만 사고를 통해서만 알 수 있습니다. 이런 존재가 여럿 있다고 하거나 변한다고 본

생각 활동

☐ 파르메니데스가 생성·소멸을 부정하는 까닭은 무엇일까요? 존재가 하나여야 하고 둘이거나 여럿일 수 없는 까닭은 무엇일까요?

☐ 존재를 사고를 통해서만 알 수 있다고 하는 점에서 '사고와 존재의 동일성'을 주장하는 경우에 존재의 어떤 측면과 사고의 어떤 측면이 연결될 수 있을까요?

다면 우둔한 감각이나 미련한 머리 때문에 뭔가 중요한 것을 착각한 겁니다. 정신을 똑바로 차리고 볼 수 있으면, 하나의 불변적이고 충만한 존재가 당신의 머리를 꽉 채울 거예요.

○   **100미터를 달릴 수 없는 사연**

선생   여러분은 파르메니데스가 말하는 '존재'를 이해할 수 있나요? 처음에 '있는 것은 있다'는 주장에 '예'라고 답한 결과가 바로 이것이죠. 그의 제자인 제논(Zenon)은 스승의 견해를 이해하지 못하고 반대하는 사람들을 못마땅하게 여겨 그들을 논박합니다.

제논은 귀류법(歸謬法, reductio ad absurdum)을 사용해서 자기와 상반되는 주장이 모순에 빠질 수밖에 없음을 보여 줍니다. 즉 상대방의 주장을 부조리로 몰고 가는 겁니다. 그러면 당연히 그 반대인 자기주장은 타당할 수밖에 없습니다. "내가 맞는 것은 나에게 반대하는 네가 틀리기 때문이다" "네 꾀에 네가 넘어가도록 하겠다"는 계산이죠.

제논이 사람들을 골탕 먹이는 데 사용한 역설 가운데 한두 가지만 살펴볼까요? 먼저 100미터 경주로를 떠올려 보세요. 제논은 우리가 경주로를 달리는 경우 아무리 열심히 달려도 끝까지 갈 수 없다고 주장합니다. 왜 그럴까요?

우리가 한번에 경주로의 끝까지 갈 수 없으니 일단 2분의 1 지점까지 가야겠죠. 그리고 2분의 1 지점까지 가려면 4분의 1 지점까지 가야 하고, 그 지점에 가려면 또 8분의 1 지점까지 가야 합니다. 이런 분할이 계속되는데, 문제는 우리가 분할을 도중에 그만두지 않고 미련하게 계속 밀고 나간다는 점이죠. 이처럼 나눌 수 있는 데까지 나누면 어떻게 될까요?

일정한 길이를 무한하게 분할한다면, 무한하게 많은 지점이 있을 겁니다. 그러면 이 무한한 지점들을 통과하는 데 시간이 얼마나 걸릴까요?*

수영 무한히 많은 시간이 걸리겠죠. 아무리 가도 그 끝까지 갈 수 없습니다.

선생 그렇죠. 내가 서울에서 부산까지 가는 데 무한한 시간이 걸린다면 내가 살아서 가지 못하는 것은 물론이고 자손이 대를 이어 달려도 갈 수 없습니다.

○ 아킬레우스는 거북을 따라잡을 수 없다!

이와 비슷한 예가 바로 아킬레우스와 거북의 경주입니다. 거북은 달리는(기어가는) 속도가 워낙 느리니까 아킬레우스보다 조금 앞서 출발하게 합시다. 이 경우에 거북보다 몇 배나 빠른 아킬레우스가 언제 거북을 앞지를까요? 흥미롭게도 제논은 아킬레우스가 영원히 거북을 앞지를 수 없다고 주장하죠.

아킬레우스가 거북보다 10배 빠르다고 해 볼까요? 자, 출발 신호가 울렸습니다. 아킬레우스는 제논을 비웃으면서 단숨에 거북을

---

* 제논이 이런 역설을 만든 까닭은 불변적 존재를 이해하지 못하는
사람들이 엉뚱하게 운동과 변화를 주장하고,
존재하는 것이 여럿이라고 하기 때문에 이런 오해를 없애기 위해서였죠.
그래서 그런 사고방식이 역설에 빠짐을 보여 주려고 합니다.

앞지르려고 내달립니다. 제논에 따르면, 아킬레우스가 아무리 빨리 달려도 거북을 따라잡으려면 어쨌든 거북이 출발한 지점인 t_0까지 와 야 합니다. 부지런한 거북은 빠르진 않지만 꾸준히 기어갑니다. 아킬 레우스가 t_0에 왔을 때, 거북은 그 지점에서 조금 더 나간 다음 지점인 t_1에 와 있습니다. 아킬레우스는 단숨에 t_0에 이르렀지만 거북은 조금 더 앞으로 나갔겠죠. "녀석, 느리지만 조금씩 가긴 가는군."

아킬레우스는 미소를 띠고 거북이 방금까지 있던 t_1까지 숨 도 안 쉬고 갑니다. 그리 멀지 않으니 금방 갑니다. 거북은 그사이 에 쉬지 않고 조금 더 간 지점인 t_2에 있습니다. 아킬레우스는 어이없 어하며 다시 그 지점까지 반숨에 가죠. 하지만 거북은 이미 그 자리 를 떠났습니다. 역시 조금 더 나가서 t_3에 있군요. 아킬레우스는 눈을 부릅뜨고 그 자리까지 반의 반숨 만에 가지만 거북은 또 조금 더 가 있죠.

이 경우도 무한 분할 때문에 역설이 생긴 겁니다. 실제로는

한 가지 다른 생각을 소개하겠습니다. 수학적인 방식이죠. 거북이 1초에 1미터를 간다고 합시다. 아킬레우스는 거북보다 10배 빠르고 초당 10미터를 달린다고 합시다. 거북이 아킬레우스 10미터 앞에서 출발한다고 하고요.

그러면 첫 번째 시점에 아킬레우스가 거북이 있던 지점에 가는 시 간은 1초 걸리죠. 두 번째 시점은 1/10초 걸리고, 세 번째 시점은 1/100초 걸리죠. 열 번째 시점은 1/109초가 걸리고 100번째 시점은 1/1099초가 걸립니다. 그러면 전체 시간이 얼마나 걸릴지 계산해 봅 시다.

$1 + 1/10 + 1/100 + 1/1000 + \cdots 1/10n + \cdots$ 이것은 무한하지 않 죠. 10/9초입니다. 왜 이렇게 되는지 모르는 사람은 수학 공부를 좀 더 하는 게 좋겠네요. 당시의 제논은 이런 방식을 몰랐을 겁니다.

이런 일이 생기지 않지만 이론적으로는 가능한 일이죠. 그래서 제논은 이런 예들로, 일정한 공간을 나누어 여러 개로 보는 관점이 모순에서 헤어날 수 없음을 보여 줍니다. 100미터밖에 안 되는 경주로를 늙어 죽을 때까지 달리거나 땀을 흘리면서 거북을 뒤쫓은 아킬레우스 신세가 되지 않으려면 자기 스승의 말씀을 따르는 게 좋다는 겁니다.

○   **나는 화살은 날지 않는다**

역설을 하나 더 볼까요? 바로 "나는 화살은 날지 않는다"입니다. 자, 화살을 공중에 쏘아 봅시다. 화살은 일정한 궤도를 그리면서 날아갑니다. 제논은 이를 독특하게 설명하죠. "사실 화살은 날아가는 것이 아닌데, 날아가는 것처럼 보일 뿐이다. 똑똑한 사람은 화살이 날지 않음을 알 수 있다." 어째서 그렇다는 걸까요?

화살은 궤도 위에서 항상 화살 길이만큼의 자리를 차지합니다. 궤도 위의 지점이 100개라면 화살은 100개의 지점을 거쳐가야겠죠. 그래서 궤도 위의 자리 하나하나에서 화살은 자기 길이만큼의 자리를 차지하면서 '정지해 있다'는 겁니다. 궤도가 a, b, c, d 등의 자리를 지나간다면 화살은 a, b, c, d 등의 자리에 정지해 있다는 거죠. 다만 우리 눈에는 그것이 날아가는 것처럼 보일 뿐입니다.

생각 활동

□ 우리는 100미터를 끝까지 달릴 수 있을 뿐더러 서울에서 대구까지도 얼마든지 달릴 수 있습니다. 이렇게 실제로 달리면 제논의 역설을 논박하는 것이 될까요? 제논은 사정을 알면서도 왜 이런 역설을 주장했을까요? 제논은 무엇을 주장하기 위해 이런 모순을 지적할까요?

화살이 a자리를 차지하지 않고서는 b로 갈 수 없습니다. 그래서 화살은 a자리에 있어야 합니다. 이처럼 화살이 a자리에 있다는 것은 화살이 정지해 있는 거죠. 그다음에 화살은 b의 자리에 정지해 있고, 마찬가지로 c, d 자리에서도 정지한 채로 있죠. 아직 이해가 안 된다면 영화를 생각해 보세요. 개별 장면 하나하나는 정지한 것이지만 그것을 이어서 일정한 속도로 보여 주면 장면이 이어지는 영화의 방식 말입니다.

제논에 따르면, 나는 화살이 정지해 있는 것처럼 어떠한 운동이나 장소 변화도 가능하지 않습니다. 똑똑한 논리에 따르면 운동이나 변화는 없습니다. 멍청한 감각에게만 운동이 있죠. 이런 '화살의 역설'은 운동이 불가능함을 보여 주려는 예입니다. 이 설명과 이 역설이 설득력이 있나요? 여러분은 이 역설을 논박할 수 있나요? 제논과 반대로 운동이 가능하거나 존재가 하나가 아닌 여럿이라고 주장할 수 있을까요?

지금까지 많은 사람이 파르메니데스의 주장을 반박해 왔습니다. 실제 세계에서는 아킬레우스가 거북을 당연히 추월하고, 날아가는 화살은 화살이 날지 않는다고 이야기하는 사람의 가슴에 상처를 입히죠.

○ **원자들과 빈 공간에서 일어나는 운동**

헤라클레이토스와 파르메니데스의 주장을 한번에 보면 좀 혼란스러울 겁니다. 여러분은 어느 쪽을 지지하나요? 세계와 사물이 끊임없이 변하나요? 아니면 변화는 허깨비에 지나지 않을까요? 고대 그리스에서는 이 논의를 어떻게 소화했는지 소개하겠습니다.

그리스 자연철학의 하나인 '원자론'을 볼까요? 원자론은 헤라클레이토스와 파르메니데스의 통찰을 적절하게 종합하려는 시도로 보입니다. 데모크리토스(Democritos) 같은 원자론자들은 자연에 존재하는 운동을 설명하면서 동시에 그런 운동과 변화가 어떤 변하지 않는 것에 의한 것임을 보여 주고자 합니다. 앞의 관점은 헤라클레이토스를 따르고, 뒤의 관점은 파르메니데스를 따릅니다.

원자론자는 사물을 이루는 기본 단위를 원자(原子, atom)로 봅니다. 원자는 말 그대로 더이상 나눌 수 없는 것, 즉 그보다 더 작은 것이 없는 최소의 것입니다. 동양식으로 표현하면 (너무 작아서) '안이 없는 것(無內)'이죠. 이처럼 작고 단순한 원자는 더이상 나눌 수 없기 때문에 쪼개지지도 변하지도 않는 실체입니다. 또한 이렇게 작기 때문에 감각으로 지각되지 않죠. 이런 원자는 파르메니데스가 말한 성질, 즉 생성하지도 소멸하지도 않는 성질을 지닙니다. 그리고 그 자체는 변하지 않습니다.

원자론은 이런 불변적 존재를 받아들이지만, 원자가 하나만 있다고 생각하지는 않습니다. 이들은 원자가 많이 있고(그래서 원자론은 다원론입니다) 이런 원자들은 양적인 차이가 있다고 보죠(원자의 크기와 형태가 다르고 단단함이라는 성질만 지니고 있다고 봅니다). 그래서 원자a가 하나 있는 경우와 둘이 결합한 경우는 서로 다른 성질을 갖습니다. 원자a + b + c와 3a + 5b + 23c는 성질이 다르겠죠.

생각 활동

☐ 화살이 a에서 b로 날아가려면, a에 있으면서 동시에 a에 없고 다음 자리로 가야 하죠. 이처럼 a에 있으면서 동시에 a에 없는 것은 모순입니다. 운동을 설명하기 위해서는 이 모순을 어떻게 설명하면 좋을까요?

원자론자들은 이런 원자들로 사물의 운동을 설명합니다. 이 세계에는 원자만 있는 것이 아니라, 원자들 사이에 빈 공간이 있다고 생각합니다. 빈 공간 없이 원자로만 꽉 차 있다면 운동도 있을 수 없습니다. 이들은 원자들과 빈 공간이라는 두 요소로 자연에 존재하는 사물과 그것의 운동을 설명할 수 있다고 보죠.

이들에 따르면, 자연의 무수하게 많은 사물은 그 요소인 원자의 결합이나 분리로 설명할 수 있습니다. 헤라클레이토스의 주장처럼 사물은 변하지만, 이것은 원자들이 공간 안을 운동하기 때문이죠. 변하지 않는 원자들이 운동하므로, 모든 것이 운동하고 변한다고 설명할 수 있습니다. (헤라클레이토스는 이런 원자까지도 변한다고 하겠죠.) 결론적으로 사물은 변하지만 원자의 불변성이 사물의 변화를 떠받치고 있습니다.*

○   **닭이 달걀보다 먼저**

아리스토텔레스는 이런 운동과 변화를 어떻게 설명할까요? 아리스토텔레스는 선배들을 비판하며 다른 길을 찾습니다. 그는 파르메니데스처럼 운동을 부정하는 것은 바람직하지 않고, 헤라클레이토스처럼 한 사물 안에서 대립된 힘들이 맞선다는 것도 이해하기 어렵다고 봅니다. 그는 실체 안에 운동과 변화를 낳은 원리가 있다고 보고, 운동의 종류를 나눕니다.

① 양적 운동은 늘어나거나 줄어드는 것, 또는 성장하고 소멸하는 것을 말하죠.
② 질적 운동은 어떤 것이 다른 것으로 변하는 것을 말하죠.
③ 공간적 운동은 장소가 바뀌는 것을 말합니다.

아리스토텔레스는 이 가운데 공간적 운동을 모델로 봅니다. 그는 이 세 가지 운동이 모두 하나의 실체에 속하고, 그 속성만 변한다고 봅니다. 물론 운동하는 실체 자체가 변하기도 합니다.

아리스토텔레스는 운동은 '가능태가 현실태로 바뀌는 것'이라는 유명한 주장을 합니다. 즉 가능한 존재가 실제로 실현되는 것이죠. 예컨대 나무를 쪼갤 때, 이런 변화는 나무 안에 있는 쪼개질 가능성이 실제로 나타난 것이라고 보죠. 달걀이 닭이 되는 것도 달걀에 닭이 될 가능성이 있다가 일정한 조건이 갖추어지면 현실의 닭으로 실현되는 것으로 봅니다. 여러분은 "닭이 먼저인가, 달걀이 먼저인가"라는 질문에 답해 본 적이 있을 겁니다. 어느 쪽이 먼저일까요?

정원   달걀이 먼저 있어야 닭이 나오지 않을까요?

경민   달걀은 누가 낳았을 거 아닙니까? 닭도 없이 그냥 달걀이 생길 수는 없죠.

선생   그 달걀은 엄마 닭과 아빠 닭이 없는 불쌍한 녀석인가 보죠.

경민   닭이 달걀을 낳아야 하니 당연히 닭이 먼저입니다.

정원   그러면 닭은 달걀에서 나오지 않고 처음부터 닭이란 말입니까? 이상한 닭이네요. 닭은 달걀에서부터 생명이 시작되는 것 아닌가요?

＊ 이 가설은 현대 물리학자들에게 이어져서 이들이 물리적 세계를 좀더 정확하게 설명하는 작업으로 원자론의 승리를 선언합니다. 하지만 최근에는 원자 이하 단위의 소립자가 발견되면서 원자론의 입지가 흔들리고 있습니다.

선생 그렇죠. 이 싸움은 끝이 없을 것 같습니다. 서로 맞물리는 주장을 얼마든지 할 수 있으니까요. 어른이 먼저인지, 아이가 먼저인지 물어보아도 마찬가지입니다. 아리스토텔레스는 이 질문에 어떻게 답할까요? 닭이 먼저라는 '닭파'일까요, 아니면 달걀이 먼저라는 '달걀파'일까요? 그는 "현실적인 것이 가능한 것보다 항상 앞선다"고 주장합니다. 현실의 닭이 달걀에 앞서고, 먼저 있다는 이야기죠. 바로 닭파입니다. 어떤 이유 때문일까요?

그는 '현실적인 것'은 가능한 것에 시간상으로 앞선다고 봅니다. 쉽게 이야기하면 어른이 먼저 있어야 아이를 낳을 것 아닙니까? 아이가 어른을 낳을 수는 없죠. 이미 운동하고 있는 현실적인 것이 원인이 되어서 가능한 것을 현실적인 것으로 만듭니다. 아이가 커서 어른이 되기 때문에 시간 순서로는 아이가 어른에 앞서지만, 아이는 어른이 되기 위해 있기 때문에 원리적으로는 어른이 앞섭니다.

또한 '현실적인 것'은 가능한 것보다 원리상으로 앞선다고 봅니다. 가능한 것은 가능성을 갖고 있을 뿐이지만 현실적인 것은 필요한 조건이 갖추어지면 실현되기 때문이죠. 가능한 것은 현실적인 것을 앞세우고 그것을 추구해야만 합니다. 집을 지을 때 집의 설계도나 구상이 없다면 집을 제대로 지을 수 없어요. 즉 닭이 있어야 달걀을 낳습니다. 이런 까닭에 현실적인 것은 시간상으로나 원리상으로 가능한 것에 앞섭니다.*

○ **쉬고 있는 장인은 장인이 아닌가**

이런 틀의 특징을 다른 사고와 비교해 볼까요? 아리스토텔레스는 가능한 것은 인정하지 않는 메가라학파의 입장을 비판하죠. 그 입장은 현실적인 것만 있고, 가능한 것을 없다고 봅니다.

아리스토텔레스는 이렇게 질문합니다. "어떤 장인이 작업을 쉬고 있지만 일할 능력이 있다면 장인이 아닌가?" 메가라학파는 현실적인 것만 인정하기 때문에 실제로 작업하고 있는 사람만 장인으로 봅니다. 쉬고 있는 장인은 작업을 하고 있지 않기 때문에 장인이 아니라는 것이지요.

그는 일을 하지 않는 동안에는 자기 능력을 잃기에 작업을 다시 시작할 때는 처음부터 일을 배워야 할까요? 시력이 좋은 사람이 잠깐 눈을 감고 있을 때, '보고 있지 않다'는 이유로 눈이 멀었다고 해야 할까요? 그가 보는 능력(가능성)을 잃었다고 하는 것이 온당할까요? 학생이 공부를 하지 않거나 수업 시간에 다른 곳에서 시간을 보내면 학생이 아니라 놀생인가요? 잠잘 때 생각하지 않는 우리는 아무 생각이 없는 존재인가요?

아리스토텔레스는 가능한 것을 없다고 해서는 안 된다고 말하는 겁니다. 가능한 것이 모두 현실에 나타나지는 않지만, 그렇다고

＊ 아리스토텔레스는 가능태와 현실태의 틀로 파르메니데스를 비판합니다. 파르메니데스는 비(非)존재에서 존재가 생기지 않는다고 하죠. 그래서 불은 공기로부터 생기지 않는다고 봅니다. 공기는 공기고, 불은 불이기 때문이죠. 그런데 아리스토텔레스는 불이 공기로부터 생기는 것을 불의 개념으로 설명하죠. 즉 불은 아직 불이 아니지만 불이 될 수 있는 공기로부터 생긴다고 봅니다.
좀더 복잡하게 설명하면 '결핍' 개념을 쓸 수 있습니다. 어떤 사물이 생기는 경우에, 그 사물은 아직 그것이 되려는 것이 아닌 것으로부터, 즉 결핍된 것으로부터 생긴다고 할 수 있습니다.

지금 여기에 없기 때문에 가능성이 없는 것으로 볼 수는 없습니다. 지금 위상수학을 모르는 학생에게 "너는 위상수학을 모르는 걸 보니 머리가 별로 유연하지 않구나"라고 하기보다는 먼저 그 학생이 위상수학을 배울 능력이 있는지 살피는 것이 좋겠죠. 위상수학을 제대로 배우면 그 학생은 자신의 수학적 가능성을 실현하는 셈이고, 현실적으로 아는 자가 될 수 있습니다.

　　　지금은 철학 개념이 약간 생소해도 이 책을 읽고 나서도 계속 그러라는 법이 있나요? 아리스토텔레스가 안다면 여러분도 알 수 있죠. 갑자기 가슴 벅찬 느낌이 들지 않습니까? 다만 아리스토텔레스는 현실적으로, 여러분은 가능적으로 개념을 안다는 차이가 있습니다.

○　　**도토리는 도토리나무라는 목적을 지향한다**

아리스토텔레스는 존재를 목적의 틀로 봅니다. 그는 돌을 조각하거나 집을 지을 때 재미가 아니라 어떤 목적에 따른다고 봅니다. 아리스토

> 파르메니데스는 존재를 움직이지 않는 것으로 보았죠. 이런 틀에서 보면 사물은 항상 현재 있는 그대로 있을 뿐이고 변하지 않습니다. 어떤 것이 생겨나거나 변한다고 하면 없던 것이 있게 되고, 어떤 것이 다른 것으로 변한다고 해야 하기 때문에 모순됩니다.
>
> 아리스토텔레스처럼 보면 사정이 달라집니다. 존재를 현실적인 것과 가능한 것으로 나누어 보기 때문에, 존재의 한 상태에서 다른 상태로 가는 길이 생기죠. 어떤 것이 현실적 존재인 한에서 그것은 자기 자신과 같습니다. 하지만 가능성을 고려하면 그것은 다른 것이 될 수도 있습니다. 나무는 나중에 책상이 될 수 있죠. 이 경우에 나무는 가능한 책상인 셈입니다.

텔레스는 우리가 어떤 계획을 세울 때는 물론이고, 자연에도 목적이 있다고 보고 싶어 하죠. 개미가 부지런히 오가고, 거미가 정교하게 거미줄을 만들고, 나뭇잎이 광합성을 하고 아름답고 향기로운 꽃이 나비와 벌을 유혹하고, 나무가 맛있는 열매를 이용해서 자기 씨를 퍼뜨리는 경우를 봅시다. 이처럼 그에 따르면, "자연은 무의미하고 목적 없는 일을 하지 않습니다."

비가 와서 식물이 자라는 경우, 비는 식물을 위해 내리는 것은 아닙니다. 대기 중의 수증기 변화로 비가 내리죠. 비는 의도적으로 내리지는 않습니다. 하지만 비가 내리면 필연적 질서에 의해 식물이 자랍니다. 자연 어디에나 같은 질서가 있습니다. 그래서 아리스토텔레스는 이렇게 봅니다. "자연이란 한 가지 원리를 바탕으로…… 하나의 목적을 향해 진행한다." 이런 사고는 자연이 어떠한 목적도 없이 기계적으로 움직이는 것이라고 보는 원자론과 대조적이죠.

도토리나무와 도토리의 관계를 볼까요? 도토리나무는 도토리가 지향하는 마지막 목적입니다. 도토리의 완성된 모습은 도토리 속에 아직 없지만, 도토리는 완전한 발전을 추구하는 내적이고 자연적인 경향을 갖고 있습니다. 이는 자연에 합목적성과 질서를 부여하기 위한 설명이라 하겠죠.

아리스토텔레스가 말하는 목적은 사물이 지닌 가능성을 완전하게 실현시키고, 사물의 운동에 방향과 의미를 주는 것입니다. 이것은 앞서 살펴본 형상(본질)과 같습니다.

　　이렇게 모든 작용이 하나의 목표를 향해 나아간다면, 그것이 도달해야 할 마지막 목적은 모든 과정이 끝난 다음에야 나타날까요? 그렇지 않죠. 마지막 목적은 작용이 시작될 때 이미 본질과 형상에 들어 있습니다. 마지막에 있는 것은 처음에 이미 있는 것이죠. 처음에는 제멋대로 가더라도 자기가 가야 할 길을 제대로 가면 마지막에 자기답게 됩니다. 이 이야기가 맞다면 여러분은 처음에 어떤 길을 가도록 정해져 있는지, 여러분을 이끄는 의미와 목적이 무엇인지, 여러분이 도달할 목적이 마음에 드는지 모르겠네요.

선생　여러분은 '나날이 새로워진다〔日新又日新〕'는 말을 들어 본 적이 있을 겁니다. 나날이 새로워진다면 어떻게 될까요?

세진　끊임없이 향상되는 모습을 보여 주겠죠. 앞서 공부한 대로 계속 새로운 모습을 보여 준다고 하더라도 근본적으로는 같은 본질을 유지하는 것 아닐까요?

선생　그렇죠. '나날이 새로워진다'는 말은 변하는 측면에 중점을 둡니다. 우리가 옛 모습과 비교해 새로운 모습을 보인다고 할 때는 그 모습을 비교할 어떤 기준이 필요합니다. 또한 오늘과 다른 내일의 새로운 모습을 보여 줄 때 새롭다고 하기 위해서는 그 모습들의 바탕에 변치 않음이 있어야 합니다. 그래서 한 사람이나 사물이 날마다 새로워진다는 것은 어떤 근본을 유지하면서 항상 새롭고 발전된 모습을 보여 주는 거죠. 나날이 새로워진다고 해서 완전히 다른 존재가 되지는 않습니다.

수영　선생님, 괄목상대(刮目相對)라는 말도 비슷하지 않나요?

선생 그런가요? 그 말은 며칠 보지 않았는데, 상대가 눈을 비비고 보아야 할 정도로 달라져 있다는 뜻입니다. 이것은 학식이나 재주가 날로 향상되어서 옛 모습을 알아보기 어렵다는 것이지, 알아보는 것이 불가능하다는 것은 아니죠. 진짜로 못 알아본다면 나아진 것도 알 수 없습니다. 다시 말해 근본 모습을 보존하면서 최대한 발전된 모습을 보여 주는 경우입니다. 지금까지 시간 안에서 변하는 것에 대해 설명하는 몇 가지 틀을 보았습니다. 이런 설명이 충분하다고 보기는 어려워요. 특히 변하는 것이 항상 비슷하거나 같은 모습이라면, 모든 변화는 지루하게 반복되고 하늘 아래 새로운 것은 없을 겁니다. 새로움이나 창조가 없는 거죠. 우리는 이런 새로움과 예측할 수 없음을 제대로 설명할 틀을 찾을 필요가 있습니다.

생각 활동 ─────────────────

☐ 여러분은 자연에 목적이 있다고 생각하나요?
  아니면 없다고 보나요? 어떤 이유에서 그렇게 주장하나요?
☐ 여러분 삶에 어떤 목적이 있다면, 그 목적은 언제부터
  여러분 안에 있어 왔을까요?
  그 목적이 여러분의 삶을 이끌고, 여러분이 그것을 따라간다면
  여러분의 행위는 정해진 길을 걷는 것과 같지 않을까요?

헤겔(F. Hegel)이 변화를 설명하면서 지양(止揚, Aufhebung)이라고 표현하는 것도 이런 맥락과 같죠. 어떤 사람이 범죄를 저지르고 처벌을 달게 받고는 새로운 사람으로 바뀌었다고 합시다. 이 경우에 꽤 복잡한 변화가 얽혀 있습니다. 헤겔의 지양이라는 표현에는 한자 그대로 '그치게 하고[止]' '끌어올린다[揚]'는 뜻이 있죠.

하나 더 덧붙이면 어떤 모습을 그치게 한다고 해서 그것을 완전히 부정하거나 없앤다는 것이 아닙니다. 본래 모습을 보존하는 상태에서 어떤 특정한 측면을 부정한다는 것이죠. 그래서 어떤 사람에게 벌을 줄 때 그 사람을 완전하게 부정해서는 안 됩니다. 그를 살려 둔 채로 그 사람의 특정한 잘못을 고치는 처벌을 내려야 합니다. 그런 벌을 통해 자기 잘못을 인정하고 좀더 나은 사람이 되도록 해야 하니까요. 복잡한가요? 헤겔의 변증법(辨證法)은 변화를 이런 방식으로 보죠. 그래서 '지양하다'라는 것은 자신의 본래 모습은 유지하되 특정한 면을 부정하면서 더욱 나은 방향으로 드높이는 것을 가리킵니다. 이때 '드높인다'는 것은 변화와 발전의 바람직한 방향을 미리 알고 있는 것을 전제합니다. 그런데 자신의 잘못된 행위로 처벌을 받으면서도 그것에 앙심을 품고 엇나가는 경우는 이런 지양이라고 할 수는 없죠. 우리가 새로운 생각을 받아들일 때나 생각을 바꿀 때도 이전의 생각을 완전히 버리고 백지상태에서 출발할 수는 없죠. 낡은 사고 가운데 어떤 것은 버리고 어떤 바탕은 보존하면서 좀더 잘 사고할 수 있을지 구체적으로 생각해야 합니다. 여기에는 바람직한 변화의 방향을 알고 있어야 할뿐더러 변화에도 질서가 있다는 사고가 바탕에 깔려 있습니다. 이런 이유로 따로 시간을 내어 변증법적 사고를 배울 필요가 있죠. 변증법도 변화를 일정한 논리로 설명하는 재미있는 모델입니다.

나는 속는다 그러므로 나는 있다

1 진리의 스승을 만나다

'진리'라고 여긴 것에 속아 본 적이 있나요? 우리가 그런 것들과 관련해 속거나 속이지 않으려면 어떻게 해야 할까요? 확실한 것이 있다면, 의심할 여지가 조금도 없는 것이 있다면 속임은 끝나지 않을까요? 이번 장에서는 '확실한 진리'를 찾아보고, 인간이 이런 진리를 알 수 있다면 어떻게 되는지 보기로 하죠. 근대 철학의 출발점에서 왜 확실성이 중요하고, 이런 진리가 어떻게 우리를 '주체'로 만드는지 봅시다.

○ 철학 선생님을 찾아간 피노키오

앞서 우리는 피노키오가 학교에서 열심히 공부해서 우등생이 되었다는 이야기를 한 적이 있습니다. 이후 피노키오는 성실하고 도덕적인 생활을 한 까닭에 그토록 바라던 '진짜 사람'이 되었죠. 그런 피노키오가 성장해서 이제 대학에 들어갈 나이가 되었습니다.

피노키오는 대학에 가서 철학을 공부하고 싶었습니다. 그동안 책을 보면서 많은 주제에 대해 생각해 보게 된 것이죠. 그러면서 혼자 힘으로 풀 수 없는 문제들과 공부하면 할수록 모르는 것이 많아졌고 훌륭한 스승이 도와주길 간절하게 바라게 되었습니다. 피노키오는 당시의 유명한 철학자 데카르트 선생님께 편지를 보냈습니다. 몇 가지 궁금한 주제에 대한 질문과 함께, 답장이 오리라는 기대까지는 하지 않았지만 한 번이라도 만나 뵈었으면 좋겠다고 써 보냈죠. 선생님이 쓰신 《방법 이야기(Discours de la méthode)》를 읽었는데 아주 감동적이었다는 이야기도 덧붙였습니다. 그랬더니 생각지도 않게 데카르트 선생님이 한번 찾아와도 좋다는 연락을 주셨습니다. 피노키오는 좋은 기회를 놓칠까 봐 편지를 받자마자 꿈에 그리던 선생님께 달려갔습니다.

데카르트(R. Descartes)는 17세기 프랑스의 철학자입니다. 그는 '확실한 진리'를 찾고 싶었습니다. 어려서부터 학문에 힘쓰고 좋은 학교에서 훌륭한 교육을 받으면서도 스스로 사고하는 것을 즐기고, 책과 스승보다는 진리를 안내자로 삼고자 했습니다. 진리가 있는 곳이라면 어디든 찾아갔고 진리를 자처하는 모든 이론을 배우고 검토하는 데 열중했죠. 하지만 확실한 진리는 아직 찾지 못했습니다.

그는 진리의 고향을 찾는 여행에서 의심의 바다를 항해할 수밖에 없었습니다. 모든 방법을 찾아보던 끝에 그는 당장 진리를 찾으려고 하기보다는 일단 거짓을 남김없이 물리쳐 보기로 했습니다. 그런 뒤에 어떤 확실한 것이 남는지 알고 싶었지요. 그래서 모든 것을 철저하게 의심하는 길을 걷기로 했습니다. 의심에 빠져 진리까지 의심하려는 태도가 아니라 의심할 수 없는 진리를 찾기 위한 방법이었습니다. 한마디로 그는 가짜 진리에 속아 살아 온 삶을 청산하기 위해 기존 진리에 대한 의심과 회의로 무장한 거죠.

기존 진리를 전면적으로 재검토하면서 데카르트는 최초의 토대에서 시작할 필요가 있다고 보았습니다. 철학의 선배들이 지어놓은 진리의 왕국이 확고부동한 왕국이 아니라는 것을 알게 되었거든요. 그렇다면 그것을 헐어 버리고 완전하게 새로 건설해야 한다고 보앗죠. 그는 진리의 전당을 새롭게 건설하려는 건축가가 되고자 합니다. 우리도 데카르트가 의심하는 과정을 따라가면서 그가 그 험난한 과정을 겪으며 어떤 진리와 어떤 확실성을 찾는지 보기로 합시다.

이는 이미 진리를 알고 있는 사람이 진리를 보여 주는 과정이 아니라 아직 진리를 모르는 사람이 진리를 찾아 나서는 과정이기에 우리도 그 길을 따라갈 수 있습니다. 이렇게 진리를 찾는 여행에서는 방법이 중요합니다. 성급하게 진리를 찾으려다가 길을 잃는 위험에 맞닥뜨리기보다는 바른 방법에 따라 차분하게 가는 것이 안전합니다.

철학(philosophia)은 지혜(sophia)를 사랑(philos)한다는 것을 뜻하죠. 데카르트는 '지혜를 사랑한 자(철학자)'라고 할 수 있습니다. 지혜를 무엇으로 볼 것인지에 관해서는 논란의 여지가 있겠지만, 그것이 모두에게 확실한 것이어야 함은 분명하죠. 이런 확실한 진리를 갖는다면 우리는 앎과 행위에서 흔들림 없는 원리와 규칙을 마련할 수 있고, 이런 확실성은 모두에게 타당하고 필연적인 앎을 보장할 겁니다.

데카르트는 확실성의 관점에서 '참된 것이 무엇인가'를 다시 묻고, 모두에게 참된 것이 보장되는 안정된 길을 닦으라고 합니다.

의심하는 방법이 있다

피노키오가 데카르트 선생님께 가르침을 받은 날 가운데 이틀 동안의
대화만 들어 보기로 할까요?

피노키오 선생님을 만나 뵙게 되어 정말 영광이에요.

데카르트 그 유명한 개구쟁이 피노키오가 우리집을 찾아왔군. 먼 길
오느라고 애썼네. 나도 자네 어린 시절 이야기를 재미있게
보았지. 이제는 어엿한 청년이로구먼.

피노키오 어릴 땐 말썽을 많이 부렸죠. 이제는 조금 달라졌습니다. 궁
금한 게 너무 많아 선생님께 여쭈어 볼 것이 한두 가지가 아
니에요. 무엇보다도 진리를 찾으려는 저 같은 초보자는 처음
에 어떤 점을 유의해야 할까요?

데카르트 좋은 질문이군. 먼저 적절한 방법을 찾아야 되겠지. 진리를
찾겠다는 열망으로 내달리기보다는 먼저 차분하게 어떤 방
법으로 진리에 이를 수 있는지 살피는 게 좋지. 방법을 모른
다면 길을 헤매는 꼴이 되기도 하거든. 올바른 방법을 안다
면 서두르지 않아도 한 걸음씩 진리에 가까이 갈 수 있지. 그
길은 멀어 보이지만 그리 먼 길이 아니기도 해.

피노키오 그러면 어떤 방법이 좋을까요?

데카르트 《방법 이야기》를 읽었다고 하니 자세하게 이야기는 않겠네
만, 무엇보다도 '의심하는 방법'을 권하고 싶어. 나는 훌륭한
교육을 많이 받았지만 어린 시절부터 내가 얼마나 많은 거짓
을 참으로 여겨 왔는지를 되새겨 보면서 한 걸음씩 나아갈
수 있었네. 그러면서 학문에서 확고하고 불변적인 것을 찾으
려 한다면 일생에 적어도 한 번쯤은 모든 것을 철저하게 뒤

집어 보아야 한다고 생각했지.

피노키오 저도 선생님의 경험담을 읽고서 선생님이 특히 의심하는 방법을 강조하시는 것을 알게 되었죠. 단순히 의심이 많은 것이 아니라 절대적으로 확실한 참된 것을 찾으려 하기 때문이라는 것도 알고 있고요.

데카르트 그렇다면 이야기가 쉽게 풀리겠군. 누구나 알듯이 진리는 참된 것이지. 그래서 가장 확실한 것이어야 할 텐데, 지금까지 나온 진리들은 불만스럽게도 확실한 것도, 의심을 견딜 만한 것도 아니지. '진리의 건축물'이라는 것이 겉보기에는 멀쩡하지만 얼마 가지 못해서 무너진다면 그것은 진리의 전당이라고 할 수 없잖아.

피노키오 진리의 전당이라면 절대로 무너져서는 안 되죠.

데카르트 진리가 불확실해서 여러 주장이 맞서거나, 항상 똑같지 않고 그때그때 바뀌거나, 사람에 따라서 다르게 이해된다면 어떻게 그것을 참된 것이라고 할 수 있겠나? 그래서 지금까지 우리가 '참'이라고 알고 있는 것들을 무시하고 처음부터 새로 시작하는 마음가짐으로 가장 확실한 것을 찾은 다음에 그것을 바탕으로 하나하나 다시 살펴볼 필요가 있는 것이지.

피노키오 의심하는 데에도 어떤 방법이 있을 것 같은데요?

PART 5
나는 속는다 그러므로 나는 있다

데카르트 그럼. 무작정 의심한다고 되는 것은 아니지. 모든 견해가 거 짓임을 밝히려고 모든 거짓과 다투고 검토하기에는 우리 삶 이 너무 짧아. 그래서 기존 견해의 토대만 살피면 그것으로 충분하지.

피노키오 그것도 적절한 방법이 필요하군요. 어떤 주장이든 원리가 그 바탕에 있으니 원리를 살펴서 거짓이면 이에 근거한 것들은 모두 거짓이라는 말씀이죠?

데카르트 그렇지. 아까 비유한 것처럼 진리의 건축물이 무너진다면 그 건 기초가 단단하지 않기 때문이야. 기초를 검토하면서 건물 이 무너질 가능성을 살펴보아야지. 당장은 문제되지 않아도 기초에 사소한 결함이라도 있다면 언젠가는 무너질 테니까. 하나라도 의심할 만한 것이 있다면 건물이 안전하다고 할 수 없어. 아깝긴 하지만 그것을 헐고 새로 지어야 해.

피노키오 그러면 선생님께서는 '진리의 건축가'가 되시는 셈이네요?

데카르트 그런가? 내가 보기에 여러 부분으로 이루어지고 여러 건축 가를 거친 건축물보다는 한 사람의 건축가가 구상한 건축물 이 더 질서 있고 아름답더군. 마찬가지로 법률이나 학문도 한 사람이 제정하고 구축했을 때 전체가 하나의 목적을 갖는 이상적인 것이 될 수 있지.

피노키오 실제로 그런 건축물을 만들기는 어렵겠는데요.

데카르트 그렇지. 한 사람이 나라나 도시 전체를 기초부터 새로 만들 수는 없어. 마찬가지로 학문의 체계나 교육 방식을 혼자 힘 으로 개혁하겠다고 해서도 안 되지. 먼저 자신이 믿고 받아 들인 모든 견해를 기초부터 살펴보고 의심해 본 뒤에야 자신 의 생각을 새롭게 하고 진리의 전당을 세울 수 있을 거야.

피노키오 그러려면 우리 능력을 잘 사용해야겠네요.

데카르트 자네도 내가 《방법 이야기》에서 이야기한 몇 가지 규칙을 알고 있을 거야.

피노키오 예. 가장 기본적인 네 가지를 말씀하셨죠.

데카르트 그래. 그게 어떤 것이었더라?

피노키오 첫 번째로 "분명하게 참이라고 아는 것 외에는 참된 것으로 받아들이지 말라"고 하셨죠. 편견이나 성급한 결론을 피하라는 말씀 같아요. 조금이라도 의심의 여지가 있으면 받아들이지 말고, '명석(明晳, clear)하고 판명(判明, distinct)한' 것 외에는 판단을 내리지 말라고 하셨죠. 그런데 명석하고 판명한 것이 무엇인지 잘 모르겠어요.

데카르트 낯선 용어인가? 말을 좀 풀어 보지. '명석한' 것은 우리 정신 앞에 분명하게 있는 것으로, 어떠한 모호함도 없다는 뜻이야. '판명한' 것은 아주 명확해서 다른 것과 섞이지 않고 잘 구별되면서 명석한 것만 포함하는 것을 말해. 한마디로 아주 분명해서 오해나 혼동의 여지가 없음이야. 이런 것은 의심할 수 없지. 이해하기 쉽게 '분명하고 뚜렷한'으로 바꾸어 볼까?

피노키오 예. 좋아요. 우리가 분명하고 뚜렷한 지식만 받아들이려면 가장 확실한 것에 동의해야겠군요?

데카르트 그렇지. 분명하고 뚜렷한 것에만 동의하면 절대로 잘못을 저지르지 않을 거야. 불분명하고 뒤섞여 있어서 모호한 것들은 아무리 익숙하고 그럴듯하게 보여도 버려야 해.

피노키오 알겠습니다. 두 번째 규칙으로 "어렵고 복잡한 문제를 가능한 한 작은 부분들로 나누라"고 하셨죠. 세 번째 규칙으로는 "생각을 순서에 따라서 이끌어 가야 한다"고 하셨어요. 가장 단순하고 알기 쉬운 것에서 차근차근 단계적으로 올라가야 가장 복잡한 것까지 알 수 있다고 하신 거죠? 순서가 없다면 순서를 만들어서 생각을 진행해야 한다고 하셨죠.

데카르트 그래. 앎은 서로 연결되어 있기 때문에, 어떤 것을 다른 것에서 이끌어 낼 때 필요한 순서를 잘 지키면 아무리 멀리 있거나 숨겨져 있어도 결국 알게 되지. 마지막으로 규칙이 하나 더 있지?

피노키오 네. "모든 것을 빠뜨리지 말고 완벽하게 나열하고 전반적으로 검토해야 한다"고 하셨어요.

데카르트 그렇지. 그런 규칙만 잘 지키면 우리 길은 그리 어둡지도 힘들지도 않을 거야. 그리고 그런 규칙들과 함께 우리를 바르게 안내할 방법도 필요하네. 바로 직관과 연역이지.

피노키오 그것에 관해 설명을 듣고 싶어요.

데카르트 이 가운데 직관(直觀, intuition)이 더 중요한데, 직관이란 순수하고 주의하는 정신의 생각(conception)으로 아무런 의심도 남기지 않을 만큼 단순하고 확실한 것을 말하네. 예컨대 자기가 있다는 것, 자기가 생각한다는 것, 삼각형은 오직 세 선분으로 되어 있다는 것, 원에는 면이 오직 하나 있다는 것 등을 말하지. 직관은 단순한 것을 순간적으로 파악하지.

연역(演繹, deduction)으로도 확실한 것을 얻을 수 있네. 이것은 그 자체로 참되고 분명한 것은 아니지만, 이미 알고 있는 참된 원리에서 출발해서 연속적이고 빠짐없이 사고 활동을 이어 나가 결론을 얻는 절차이지. 이렇게 처음의 원리는 직관으로 얻고, 다음의 결과는 연역으로 이끌어 낼 수 있네. 이것이 확실성에 이르는 두 가지 방법이지. 이 방법으로 명증한(evident) 것을 얻을 수 있어.

피노키오 가장 분명하고 단순한 성질은 직관으로만 알 수 있군요. 그리고 처음에 직관으로 파악한 것을 연역을 통해 차례대로 이어 가면 결론을 얻을 수 있고요.

데카르트 바로 그거야. 자네 혹시 연역이나 귀납이 무엇인지는 알고 있나?

피노키오 예. 귀납은 개별 사실을 모아서 일반 원리를 이끌어 내는 방법이고, 연역은 거꾸로 일반 원리에서 시작해서 개별 사실을 이끌어 내는 방법이죠.

데카르트 잘 알고 있군.

피노키오 선생님, 이제 제대로 의심하는 방법에 따라 진리를 찾아 나서야 하지 않을까요?

○ 감각을 믿을 수 있는가

데카르트 전혀 의심할 수 없는 것이 있는지 보도록 할까? 먼저 감각을 보기로 하지. 감각을 통해 진리를 찾을 수 있을까?

피노키오 우리는 우선 감각을 통해 주변 사물을 보고 듣고 만지면서 안다고 생각하죠.

데카르트 그렇지. 감각을 통해 대상을 알게 되는 경우가 많지. 하지만 때때로 잘못 아는 경우도 있지. 감각이 우리에게 세계와 우리 자신의 참모습을 보여 주지 않고 불확실한 모습을 보여 주기도 하거든. 우리가 감각이라는 창문으로 세계를 본다면 세계를 투명하고 확실하게 볼 수는 없어.

피노키오 그런 것 같아요. 유리컵에 들어 있는 젓가락이 빛의 굴절 때문에 휘어 보이기도 하고, 멀리서 둥글게 보이던 탑이 가까이 가 보면 사각형인 경우도 있고, 실제로 큰 것이 작게 보이기도 하고, 겨울에 찬물에 손을 넣었다가 미지근한 물에 손을 넣으면 훨씬 따뜻하게 느껴지기도 해요.

데카르트 그런 감각적 착오는 비교적 간단한 경우로, 바로잡기가 쉬운 편이지. 태양이나 달을 생각해 보세. 태양은 우리 눈에 공만한 크기의 동그랗고 노란 원반처럼 보이지. 하지만 우리 눈에 보이는 태양이 실제 태양과 똑같다고 할 수 있을까?

피노키오 얼마 전에 파브르의 책을 보았는데 태양에 대한 이야기가 나와 있었어요. 지구에서 태양까지의 거리는 1억 4,960만 킬로미터이고, 이 거리는 지구 둘레의 약 3,750배나 된대요. 그래서 1시간에 60킬로미터의 속력으로 달리는 기차가 태양까지 가는 데 300년도 더 걸린대요. 빛의 속도로는 8분 정도 걸리고요. 태양의 크기는 지구의 130만 배나 되고요. 만약 태양

속이 비어 있다면 그것을 채우는 데 지구만 한 크기의 공이 130만 개나 필요한 거죠. 태양은 눈으로 보고 가늠할 수 없을 만큼 커요.

데카르트 책을 많이 봤다고 하더니, 정말 그런가 보구나. 그래, 우리는 감각을 통해 태양을 있는 그대로 볼 수는 없지. 그래서 태양은 두 종류가 있는 거야. 하나는 우리 눈에 보이는 작은 노란 원반 같은 감각적인 태양이고, 다른 하나는 천문학자들이 이론적으로 계산한 태양이지. 그러니 우리 눈에 보이는 대로 사물이 존재한다고 생각해서는 안 되겠지.

피노키오 선생님께서는 보고 듣고 냄새 맡는 등의 감각 경험을 무조건 믿을 수 없다고 하시는 것은 아니죠?

데카르트 물론이지. 감각 경험 가운데 믿을 만한 것도 많아. 내가 감각 경험을 믿을 수 없다고 하는 것은 감각 경험이 때때로 우리를 속이기 때문이지. 진리를 찾고 있는 우리가 가끔은 맞고 가끔은 틀리는 것을 안내자로 삼을 수는 없으니까.

피노키오 감각 경험은 확실한 것이 아니기 때문에 조심하는 게 좋겠군요. 감각이 한 번이라도 우리를 속인다면 감각을 무조건 믿어서는 안 되죠.

데카르트 그렇지. 한 번이라도 틀리거나, 틀릴 여지가 있다면 확실한

PART 5
나는 속는다 그러므로 나는 있다

267

것은 아니니까. 이제 감각이 알려 주는 것 가운데 믿을 만한 점이 있는지 살펴보기로 하세. 우리에게 감각은 중요하니 완전히 무시할 수는 없지.

피노키오 이야기 방향이 바뀌니까 어지러워요.

데카르트 별로 복잡한 게 아니야. 이런 감각은 어떨까? 지금 내가 자네와 함께 마주 앉아 이야기를 나누고 있고, 이 옷을 입고 있고, 앞에 책이 있고, 저기 난로가 우리를 따뜻하게 해 주고 있고, 지금이 밤이라는 점도 믿을 수 없을까?

피노키오 그 점은 확실한 거죠. 지금 제가 여기 앉아서 선생님과 함께 있지 제 고향에 있는 것은 아니잖아요? 저기 있는 난로가 공기를 싸늘하게 하는 것도 아니죠. 이런 감각들은 아주 분명해서 의심할 수 없을 것 같아요. 제정신이 아니라면 몰라도 이런 확실한 감각을 부정할 수는 없지요.

데카르트 그렇지. 만약 미친 사람이라면 아주 엉뚱한 이야기를 하겠지. 망상 속에 있다면 흐릿한 감각 때문에 그는 혼란스러울 거야. 가난한데 부자라고 생각하거나, 평민인데 왕이라는 환상을 갖거나, 벌거벗고 있는데 붉은 비단옷을 입고 있다고 헛소리를 하거나, 머리가 진흙으로 만들어졌다거나, 몸이 루비나 유리로 되어 있다거나, 있지도 않은 것을 보았다고 하는 등 멋대로 꾸며 댈 수도 있지.

피노키오 건전한 양식을 지닌 사람이라면 그런 환상에 빠지지 않겠죠. 아주 분명해서 의심할 수 없는 감각도 있군요. 그러면 이런 확실한 감각을 따르면 참된 것을 얻을 수 있을까요?

○　　**꿈에서도 생생한 현실감을 느낄 수 있다**

데카르트　좀더 생각해 봐야지. 감각은 의심할 여지가 있으니까. 이런 경우를 생각해 보면 어떨까? 우리 모두는 밤에 꿈을 꾸지? 꿈속에서 가끔 너무도 생생한 것을 보고 만지고 듣는 경우가 있지 않나?

피노키오　왜 갑자기 꿈 이야기를 하시나요?

데카르트　엉뚱한가? 이런 점 때문이라네. 참되고 확실한 것이 우리가 깨어 있을 때에만 참되고, 꿈속에서는 거짓이어도 좋을까?

피노키오　아, 그러니까 참된 것은 꿈속에서도 참이어야 한다고 하시려는 거죠? 당연하죠. 참은 밤낮을 가리면 안 되니까요. 우리가 자고 있을 때에도 참은 참이어야 하죠.

데카르트　그렇긴 하지만, 이건 조금 다른 이야기네. 내가 꿈 이야기를 하는 것은 참되고 확실한 감각도 의심할 여지가 있는지 보려는 거지.

피노키오　아, 그런 뜻이었군요.

데카르트　우리는 꿈에서도 참된 것을 찾아봐야 하고, 잠에서 깬 상태에서 참이라고 주장한 것이 꿈속에서는 거짓이라고 의심된다면 진리마을에서 추방해야 하지 않을까? 꿈 상태와 잠에

PART 5
나는 속는다 그러므로 나는 있다

269

서 깬 상태를 우리가 확실하게 구별할 수 있을까? 어떤 기준이 있어야 할 텐데. 지금 우리가 혹시 꿈에서 이런 이야기를 나누고 있는 것은 아닐까?

피노키오 무슨 서운한 말씀을 하세요? 제가 먼 길을 달려오느라고 얼마나 고생을 했는데요. 이게 꿈이라면 저는 어떻게 하라고요. 꿈은 꿈이고 꿈에서 깬 상태는 깬 상태인데, 어떻게 그것을 혼동할 수 있나요? 선생님, 꿈인지 생시인지 저를 한번 꼬집어 보세요.

데카르트 너무 억울해하지 말고 진정하게나. 이게 진짜 꿈이라는 이야기가 아니라 그렇게 생각할 수 있다는 거지. 일종의 '사고실험' 같은 거야. 그리고 꿈에서도 꼬집히면 아프다고 느끼듯이, 그런 생생한 느낌을 주는 위협 때문에 가위눌리는 경우도 있지 않나? 그것이 흐리멍덩한 감각이라면 왜 그렇게 놀라고 고통스러워하겠나? 실제 사건은 아니더라도 적어도 꿈에서만큼은 확실하고 생생하게 여겨지기에 현실처럼 느끼는 것이겠지.

피노키오 꿈에서도 그런 생생함을 느낀다면 그것이 잠에서 깬 상태의 생생함과 어떻게 다를까요? 지금 저나 선생님 가운데 한 사람이 꿈을 꾸고, 그 꿈에서 선생님과 제가 마주 앉아서 이렇게 질의응답을 주고받을 수도 있다는 거잖아요?

데카르트 충분히 가능하지. 다시 한번 이야기하면 우리가 확실하게 느끼는 감각을 꿈속의 감각과 구별할 수 없다면 곤란하지.

피노키오 제가 꿈에서 나비가 되어 날고 있다면, 그 나비가 나인지, 내가 나비인지가 분명하지 않을 수도 있겠군요.

데카르트 나비가 된 피노키오라! 재미있는 꿈이야. 꿈속의 나비와 현실의 피노키오는 분명히 다르다고 하고 싶지만, 그 나비가 얼마나 확실한 것인지 알 길이 없구나.

○ **개별적인 것과 일반적인 것**

피노키오 그렇다면 무슨 좋은 수가 없을까요?

데카르트 이렇게 의심하는 과정이 재미있지 않나? 우리가 잠에서 깬 상태에 있으면서도 마치 꿈을 꾸고 있지는 않을까 하며, 만에 하나 있을지도 모를 경우를 생각하고 대비하니 말이야.

피노키오 선생님은 정말 철저하고 빈틈이 없으시군요. 그런 의심을 이기는 길은 없을까요?

데카르트 한번 찾아볼까? 아까 참된 것은 꿈속에서도 참이어야 한다고 했지?

피노키오 그랬죠.

데카르트 이런 생각을 해 보세. 그러니까 개별적인 것(the particular)과 일반적인 것(the general)을 구별해 볼까? 이 둘이 꿈에서 다른지 볼까?

피노키오 무슨 뜻이죠?

데카르트 먼저 개별적인 것과 일반적인 것을 구별해 보세. 우리가 "불은 뜨겁다"고 할 때는 이 불과 저 불만 뜨겁다는 것이 아니

PART 5
나는 속는다 그러므로 나는 있다

271

라 모든 불, 즉 불 자체를 말하는 것이지?

피노키오 이 불과 저 불은 개별적인 것이고, 불은 일반적인 것이군요?

데카르트 그렇지. 이제 꿈을 보세. 우리가 꿈에서 보는 것은 일종의 이미지들인데, 이것은 모두 가짜이거나 순전히 공상으로만 꾸며 낸 것일까?

피노키오 무슨 말씀을 하시는 건지 잘 모르겠어요.

데카르트 내가 잠을 자면서도 눈을 뜨고 뭔가를 보고, 머리에 모자를 쓰고 있고, 산을 오르고 있다고 해 보세. 이렇게 만들어진 이미지가 모두 거짓이라 해도 그것들은 눈, 머리, 다리를 본떠서 만든 거지? 이때 눈, 팔, 다리와 같은 일반적인 것까지 만들 수는 없네. 그것들은 공상이 아니라 실제로 있는 것이지?

피노키오 저에게 날개가 달려서 하늘을 날고 있는 상상을 한다고 해도 날개는 날개이고, 하늘은 하늘이군요. 날개나 하늘은 거짓이 아니죠. 그러니까 꿈에서 멋대로 이미지들을 만들어도 그것을 이루는 일반적인 것 자체는 참된 것이겠네요.

데카르트 그렇지. 잘 아는군. 꿈에서 눈을 뜨고 있고, 책을 보고 있고, 난롯가에 앉아 있는 것과 같은 개별적인 것들은 꾸며 내더라도 눈, 책, 난로 같은 일반적인 것은 참으로 존재하는 것이어야 하지. 그렇기에 일반적인 것은 의심할 수 없지.

피노키오 꿈에서 제가 만약 인어공주와 이야기를 하고, 사람 얼굴에 황소 몸을 가진 괴물과 싸운다면 어떻게 되나요?

데카르트 꿈에서뿐 아니라 상상의 존재인 인어나 날개 달린 말 같은 가상적 이미지를 만들 때에도 사정은 마찬가지지.

피노키오 상상으로 만들어 낸 것들은 모두, 현실에 있는 일반적인 것들을 마구 섞어서 만든 것인가요?

데카르트 그렇지. 미노타우로스, 세이렌, 사티로스, 용, 요술 방망이,

잭이 타고 올라간 콩나무와 하늘에 사는 거인과 요술 하프, 황금알을 낳는 닭 등이 모두 그렇게 만들어진 것이 아닐까? 사람의 상반신과 물고기의 하반신을 합쳐 놓고, 사람의 머리와 상반신에 소의 하반신을 뒤섞어 놓은 것은 허구이지만, 그것을 이루는 개별 요소는 허구가 아니야. 즉 실제로 존재하는 각 부분을 교묘하게 혼합해 상상의 괴물을 만든 것이지.

이 밖에도 현실에 존재하는 가장 나쁜 것이나 좋은 것만 골라서 지옥이나 천국을 상상하는 경우에도 그런 가상세계는 꾸민 것이지만, 그 세계를 이루는 요소는 실제로 있는 것들이네.

피노키오 그러면 그렇게 모아 놓은 전체는 가짜이지만 부분들은 진짜네요? 진짜를 합해서 가짜가 되는 이상한 경우이군요.

데카르트 참된 것이라도 그것을 잘못 합성하면 이상하게 되지.

피노키오 저는 인어공주가 상상으로 만든 것이라고 해도 가짜라는 느낌은 거의 들지 않아요. 따져 보면 허구이지만 재미있는 상상의 세계도 좋아요.

데카르트 그렇긴 하지. 꿈과 상상의 세계가 재미있더라도 그것을 현실과 혼동하면 안 된다네. 이처럼 상상을 통해 세이렌이나 외눈박이 거인 같은 기묘한 것을 만드는 경우에도 그것들에 새로운 본성을 줄 수는 없어. 그것들은 교묘하게 섞였을 뿐이니까.

피노키오 완전한 허구는 없다고 보시는 거죠? 그래서 요소가 되는 눈, 손, 머리 같은 일반적인 것은 상상적인 것이 아니라는 말씀이고요.

데카르트 그렇지. 좀 어렵지 않나?

피노키오 아뇨. 개별적인 것과 일반적인 것을 나누니까 훨씬 분명해진 것 같아요. 그렇다면 일반적인 것들은 꿈에서도 참되고 확실한 것이겠네요.

데카르트 일반적인 것들도 그보다 '더 단순하고 일반적인(more simple and universal)' 것으로 이루어진다고 할 수 있지. 인어공주처럼 사람의 상체와 물고기의 하체를 합쳐 놓은 경우에도 각각의 색까지 바뀌지는 않지.

피노키오 그렇군요.

○ **꿈에서도 3+4=7이다**

데카르트 그렇다면 더 단순하고 일반적인 것은 어떤 것일까?

피노키오 잘 모르겠는데요.

데카르트 어려울 것이 없네. 물체를 볼 때 다양한 성질이나 상태에만 초점을 맞추지 말고, 그것을 이루는 가장 단순하고 변하지 않는 것을 찾으면 되지. 물체의 색, 맛, 냄새 같은 것은 그런 것이 아니지. 물질적 본성, 연장(延長, extension), 형태, 양(크기와 수), 장소, 지속하는 시간 등은 단순하고 일반적인 것이네.

피노키오 좀 어려워지는데요. '연장'이라는 말이 특히 낯설어요.

데카르트 나중에 자세하게 이야기할 텐데, 이를테면 이 책상에서는 길이가 이만큼, 넓이가 이만큼, 높이가 이만큼이지. '연장'은 이런 공간적 크기를 말하는 것이네. 이처럼 단순하고 일반적인 것이 더 확실하다면, 학문에서도 자연학, 천문학, 의학 등 복잡한 것을 다루는 학문보다 대수나 기하학 등 단순하고 일반적인 것을 다루는 학문이 확실성을 지닌다고 할 수 있지.

피노키오 예를 들어 주세요.

데카르트 예를 들어 내가 깨어 있든 꿈을 꾸든 간에 4+3=7일 수밖에 없네. 그리고 두 점 사이의 가장 짧은 거리는 직선이지, 구불구불한 선이나 곡선이 되지는 않아. 또 꿈이라고 해서 육각형의 변이 4개일 수는 없고, 평행선이 서로 만나는 경우는 없지. 이런 것은 꿈이라고 해서 달라질 게 없어.

피노키오 이제 꿈에서도 진리는 진리일 수밖에 없다는 말을 분명히 알겠어요. 기하학이나 대수에서 참인 것은 꿈에서건 현실에서건 참이네요. 제가 나비가 되는 꿈을 꾸었을 때, 그것이 확실한 것이 아니라면 그 나비는 꿈속에만 있을 뿐이라고 하는 게 낫겠군요.

데카르트 그렇지. 지금 우리는 확실한 것을 찾으려고 좀 과장해서 꿈

이야기를 한번 만들어 본 거야.

○ 전능한 악마가 모두를 속인다면

피노키오 선생님, 이제 가장 확실한 기초를 찾았다고 할 수 있을까요?

데카르트 의심할 여지가 아직 있을지 모르니 이런 생각을 해 보면 어떨까?

피노키오 아직도 의심할 여지가 있단 말이에요? 그러면 가장 단순한 것의 확실성도 믿을 수 없다는 건가요?

데카르트 그래서 한 번 더 의심해 보자는 거야. 이런 악마를 상상해 볼 수 있지 않을까?

피노키오 선생님께서는 《방법 이야기》에서도 악마 이야기를 하셨죠?

데카르트 지적 능력이 뛰어난 존재를 가정하는 것이지. 실제로 악마가 있다는 게 아니라 상상해 보자는 거야.

피노키오 우리 모두를 속이는 악마이죠?

데카르트 그래. 어떤 전능한 악마가 있어 작심하고 인간을 모조리 속이는 경우를 가정해 보세. 이런 악마라면 완벽한 논리로 모든 인간을 속일 수 있겠지.

피노키오 의심할 수 있는 모든 것을 의심해야 한다고 하실 때 이렇게 극단적인 경우까지 생각하실 줄은 몰랐어요. 아마 이보다 더한 의심은 없을 거예요.

데카르트 과장된 의심이긴 하지만, 한 번이라도 틀리지 않기 위해서는 신중할 필요가 있거든. 만약 그런 악마가 있다면, 그리고 그가 마음만 먹는다면 우리 인간을 속이는 것은 어려운 일이 아닐 거야.

피노키오 저 같은 어리석은 사람은 속일지 몰라도 선생님 같은 분을 어떻게 속이나요? 또 많은 인간을 속일 수 있다고 해도 모두를 속이기는 쉽지 않을 거예요.

데카르트 모든 사람이 너무나 분명하고 혼동의 여지가 없다고 알고 있는 것 중에도 틀린 것이 있을 수 있지 않을까? 이를테면 모두가 확실하다고 믿어 온 천동설의 경우는 어떤가? 그 이론은 지구가 우주의 중심이고 태양이 지구를 돈다고 주장했지. 그런데 코페르니쿠스, 갈릴레이 등에 의해 지구가 우주의 중심이 아니라는 사실을 알게 되었네. 만약 지금까지 지동설이 제기되지 않았다면 우리는 여전히 천동설을 믿고 있지 않을까? 그렇다면 모든 사람이 그렇게 생각하도록 한 천동설 이론가가 바로 전능한 악마와 비슷한 자가 아닐까?

피노키오 그렇군요. 당시에는 천동설에 반대하는 사람이 아무도 없었죠. 지동설을 발표했을 때 세상이 굉장히 소란스러웠어요.

데카르트 그러니 모두가 참이라 믿는다고 해서 반드시 참인 것은 아니지. 믿는 사람의 수가 많으니까 참이라고 주장할 수는 없어. 선입견이나 습관적 믿음일 수 있으니까. 참된 것을 다수결로 정할 수는 없네. 또 가장 확실한 것으로 알려진 수학이나 기하학도 우리 모두를 모조리 속이는 예가 될 수도 있을 거야.

피노키오 아니, 그런 가능성도 있나요?

데카르트 예를 들어 2+3=5가 아닐지도 모르고, 두 점 사이의 가장 짧은 거리가 직선이 아닐지도 모르지.

피노키오 제가 기하학을 배울 때에는 분명히 그렇게 배웠어요. 그것도 참이 아닐지도 모르는 건가요?

○ 두 점 사이의 가장 짧은 거리는 직선?

데카르트 틀리지 않으면 좋겠지만 틀릴 가능성이 있는지 한 번은 확인해 봐야겠지. 한 번 더 의심하면 더욱더 확실해질 테니. 이를테면 둥근 공 위에 두 점을 잡아서 그것을 이어 보면 어떨까? 그때도 두 점 사이의 가장 짧은 거리는 직선일까?

피노키오 아, 그런 경우가 있군요. 당연히 직선이 아니죠. 공을 뚫고 들어가서 선을 긋지 않는 한 말이에요.

데카르트 그렇지. 지구가 이런 공처럼 둥글다고 할 때 한 곳에서 다른 곳으로 가는 가장 짧은 길은 직선이 아니라 곡선이겠지. 지구 표면이 매끈하지 않고 울퉁불퉁하니 한 지점에서 다른 지점을 잇는 가장 짧은 선은 울퉁불퉁한 측지선(測地線)이 되겠지?

피노키오 우리가 아는 대로 두 점 사이의 가장 짧은 거리가 직선이 되려면 평면이 울퉁불퉁해서는 안 되겠군요. 실제로 그렇게 매끈한 평면이 있을까요?

데카르트 수학자들은 굽은 정도인 곡률(曲率)이 0이면 평평하고, 곡률이 0보다 크면 공처럼 튀어나온 형태이고, 0보다 작으면 말안장처럼 움푹 들어간 공간이라고 하지. 그럼 공 위에 세 점을 잡아서 삼각형을 그리면 삼각형 안에 있는 세 각의 합이 180도가 될까?

피노키오 당연히 180도보다 더 크죠.

데카르트 마찬가지로 말안장처럼 움푹 들어간 곳에서 세 점을 잡아서 삼각형을 그리면 이번에는 180도가 안 되겠지?

피노키오 당연하죠.

데카르트 이처럼 삼각형이 어떤 평면 위에 있는지에 따라 내각의 합이 180도보다 크거나 작고, 정확히 180도인 경우는 거의 없을 거야. 기하학을 창시한 유클리드(Euclid)는 매끈하고 평평한 이상적인 공간에 맞는 기하학을 만든 셈이지. 하지만 그런 공간은 예외적이야. 그런데도 거의 2000년 넘게 아무도 이 점을 의심하지 않았지. 유클리드가 의도적으로 속인 것은 아니지만 사람들은 그런 공간만이 유일하고 참된 공간인 것처럼 생각하게 되었어. 기하학의 악마 역할을 한 셈이지.

피노키오 그렇게 보면 그런 악마들은 적지 않겠는데요. 선생님 말씀처럼 가장 확실한 것으로 여겼던 기하학도 틀릴지 모른다면 우리는 무엇에 의지해야 할까요? 갑자기 악마의 장난이 무서워져요.

데카르트 '호랑이에게 물려 가도 정신만 바짝 차리면 살 수 있다'는 동양의 속담을 믿고 정신을 차려 봐야지.

피노키오 호랑이가 아니라 악마잖아요.

데카르트 걱정만 할 게 아니라 좀더 살펴볼 필요가 있어. 악마가 우리를 어떻게 속이고, 또 우리는 어떻게 속는지 말이야.

피노키오 속인다는 이야기를 하시니 제가 인형이었을 때 한 짓이 생각나 부끄러워요. 그때 천사 엄마에게 거짓말을 둘러대는 바람에 코가 늘어났죠. 제가 얕은 수를 써서 속이려고 해도 천사 엄마는 다 알고 계시더라고요.

데카르트 그래, 네가 천사를 속이려고 해도 속아야 할 사람이 속지 않으면 속일 수 없지.

피노키오 그러니까 악마가 속이려 할 때 우리가 속는다면 속는 우리에게 문제가 있는 거예요.

데카르트 그렇지. 물론 악마는 너처럼 거짓말을 단순하게 둘러대지 않고 완벽한 솜씨로 일관되게 속일 테니까. 누가 누구를 속인다고 할 때 속이는 사람 혼자서 북 치고 장구 치고 할 수는 없어.

피노키오 맞아요. 상대방의 속임수를 의심 없이 받아들이거나 경솔하게 동의하기 때문에 속는 거죠. 선생님께서 처음에 말씀하신 것처럼 철저하게 의심하거나 사려 깊게 생각한다면 악마도 우리를 쉽게 속이지는 못하겠죠. 저도 분별력이 없어서 여우와 고양이에게 당한 거예요.

데카르트 그렇긴 한데, 그보다는 악마가 우리를 속이더라도 뭔가 확실한 것이 있을 것 같은데.

피노키오 그래요? 완전하게 속았는데도 확실한 것이 있나요? 악마의 속임수가 어딘지 허술하다는 이야기인가요?

데카르트 그건 아니지. 악마는 우리를 완전하게 속인다고 했으니 우리가 속는 것은 사실이야. 악마가 우리보다 능력이 뛰어나기 때문이지. 하지만 악마가 우리를 속이는 조건을 보면 흥미로운 점이 있어.

피노키오 악마가 속이는 경우에도 확실한 것이 남아 있다면 대단하네요.

데카르트 자, 속임수가 벌어지는 판을 다시 볼까? 악마가 재주를 부려 나를 속여서 내가 두 눈을 부릅뜨고도 삼각형 내각의 합이 180도라고 믿고, 두 점 사이의 가장 짧은 거리가 직선이라고 믿지. 다른 것들도 악마의 멋진 설명에 넋이 팔려서 그대로 믿고 마네. 이처럼 악마는 내가 알고 있는 모든 지식의 내용을 제멋대로 조작하고 있어. 속았다는 점에 흥분하지 말고 다시 잘 보세.

내가 악마에게 속으려면 한 가지 조건이 필요해. 아무리 뛰어난 악마라 해도 자기 혼자서 속일 수는 없지. 내가 악마에게 속으려면 속고 있는 나, 즉 모든 거짓을 참으로 믿고 고개를 끄덕이는 '나'라는 존재가 반드시 필요하지 않을까?

피노키오 악마가 전능한 힘으로 나를 속이는 데 내가 필요하다고요?

데카르트 그래, 악마가 완벽하게 속인다고 하더라도 내가 속으려면, 악마의 놀이판에서 함께 춤을 추는 내가 있어야 하지. 내가 아는 것이 모조리 가짜여서 그것들이 불확실하고 의심스럽다고 하세. 악마는 나를 속이기로 했으니 나를 없앨 수는 없어. '속이기 놀이'를 재미있게 하기 위해서라도 바보 같은 나를 놀이판에 끌어들여 내가 번번이 속을 때마다 좋아하면서 계속 '속이기 놀이'를 하겠지. 내가 없다면 악마는 스스로를 속일 수밖에 없지 않겠는가?

사정이 이러니 아무것도 모르는 나는 놀이판에 꼭 필요한 존재이지. 바로 나를 속이는 판이니까. 나는 속는 역할을 맡기 위해 놀이판에 참여해야 해.

피노키오 그러면 '나는 (악마에게) 속는다. 그러므로 나는 (속기 위해) 있어야만 한다'는 이야기인가요?

데카르트 그래, 그거야. "나는 속는다. 그러므로 나는 있다." 간악한 악마와 멍청한 내가 짝을 이룰 때 속기 위한 존재인 나는 확실하게 필요하지. 내가 확실하게 아는 것이 하나도 없다고 하더라도 내가 속는 것은 확실하지. 나는 확실하게 속고 있고, 내가 이처럼 확실하게 속으려면 나는 그 놀이판에 확실하게 존재해야 하네. 그래서 '나는 있다, 나는 현존한다(Ego sum, ego existo)'라고 이야기할 수 있어.

피노키오 그렇죠. 악마가 벌인 속이기 놀이판이라면 속는 나도 그 놀이판에 있어야죠. 놀이판에서 '악마 대 나'의 점수는 1:0, 5:0, 100:0…… 이런 보잘것없는 점수로 항상 내가 지겠죠. 내가 이길 가능성도 없고요. 그렇지만 내가 0점을 맞고, 항상 지기 위해서라도 놀이판에 내가 필요한 게 확실하군요. 내가 불쌍하다는 생각이 들어요. 계속 지면서도 놀이판에 있어야만 하니까요.

데카르트 재미있는 비유이군. 그 '진리와 오류의 놀이'에서 나는 영원한 패배자이지만, 승리하건 패배하건 놀이판에 끝까지 있는 것은 분명하지.

피노키오 나도 참가상을 받거나 2등은 하는 셈이네요.

데카르트 속이는 사람에게 상을 주는 대회……. 어쨌든 악마에게 속은 내가 거짓에서 헤어나지 못하더라도, 모든 것이 의심스러워도 '속는 나'나 '속는 것을 아는 나' 또는 '의심하는 나'는 있어야 하지. 전능한 악마라고 하더라도 "나는 속는다. 그러므로 나는 있다"는 사실을 부정할 수는 없어. 마찬가지로 모든 것을 의심한다 하더라도, 의심하는 나는 있어야 하지.

피노키오 이제야 선생님께서 우리가 악마에게 확실한 것이 있다고 하신 까닭을 알겠어요. 모든 것에 속고, 모든 것을 의심하는 경우에도 '속고, 의심하는 나'가 가장 확실히 있다는 점이 재미있어요.

데카르트 자네 이야기처럼 "나는 속는다. 그러므로 나는 있다"를 조금 바꾸면 "나는 의심한다, 그래서 나는 있다(Dubito ergo sum)"가 되겠지. 그리고 의심하는 것은 일종의 생각하는 것이기에 "나는 생각한다, 그러므로 나는 있다(Cogito ergo sum)"와 같은 거지. 이 확실성은 방금 보았듯이 악마가 나를 속이고 내가 아는 것이 아무것도 없더라도 누구도 부정할 수 없고 결코 흔들리지 않는 것이네.

○ **'생각하는 나'는 어떤 나인가**

데카르트 이처럼 유능하고 교활한 기만자가 나를 속인다고 해도, 나는 내가 어떤 것이라고 생각하는 동안에는 결코 아무것도 아니지 않네. 그래서 "나는 있다"는 명제는 가장 확실하지.

피노키오 그렇다면 이런 '나'를 무엇이라고 해야 하나요?

데카르트 내가 있다는 것이 확실하지만 나의 내용이 어떤 것인지는 아직 모르는 상태이지. 가장 확실한 것을 찾은 점에 만족하고 이제 이것을 바탕으로 다른 확실한 것들을 찾아야지.

피노키오 전에 인간은 '이성적인 동물(homo sapiens)'이라고 배웠어요.

데카르트 그것도 그리 확실한 건 아니야.

피노키오 어떤 점 때문에요?

데카르트 '인간은 무엇인가'라는 질문에 이성적인 동물이라고 답한다고 하세. 거기에다 또다시 동물이란 무엇이고, 이성이란 무엇인지를 물을 수 있지. 그러면 한 문제에서 더 곤란하고 더 많은 문제가 생기잖아?

피노키오 그런 것도 아직 불확실하군요.

데카르트 우리가 확실한 것을 모를 때는 분명하고 뚜렷한 것에만 동의하기로 했네. 지금 전능한 악마가 우리를 속인다고 할 때 우리가 얼굴, 손, 팔 등의 신체 기관을 갖고, 영양을 섭취하고,

걷고, 감각하고, 사고하는 점에서 영혼을 갖고 있다는 것이 확실할까? 악마 때문에 그렇게 생각하는 것인지도 모르지. 주변의 물체 또한 그것이 일정한 공간을 차지하고, 우리 감각에 의해 지각된다고 믿는 것도 확실할까?

피노키오 악마가 속인다면 우리는 아직 신체, 영혼, 물체에 대해서 확실하게 아는 게 없는 상태예요. 다만 가장 확실한 "나는 생각한다. 나는 있다"만 알고 있죠. 다른 것에 대해서는 섣부른 판단을 해서는 안 되죠.

데카르트 그렇지. 가장 확실한 '생각한다(cogitare)'는 점을 볼까? 여기에서 사고작용은 나와 뗄 수 없어.

피노키오 그렇죠. 내가 생각하는 것이 곧 내가 있는 것이니까요.

데카르트 '나는 있다'가 확실하다면 나는 어떻게 있지?

피노키오 생각하면서 있죠.

데카르트 그렇지. 얼마 동안 있는 걸까?

피노키오 생각하는 동안이겠죠.

데카르트 그래. 내가 사고작용을 멈추면 나는 있을 수 없지.

피노키오 그렇다면 나는 '사고하는 것'인가요?*

데카르트 바로 그거야. 지금 확실하게 이야기할 수 있는 것은 '내가 있다'는 것, 그것도 내가 사고하는 것(res cogitans)으로 있는 것

---

* 상상하고 감각하는 것도 사고에 포함될까요? 상상의 산물은 모두 참된 것이 아니더라도 상상하는 힘은 실제로 있고, 내 사고의 일부분이죠. 내가 빛을 보고, 소리를 듣는 등 감각하는 것은 얼마든지 거짓일 수 있어요. 그렇지만 내가 보고 듣고 느끼고 있다는 것은 확실합니다. 그래서 이것은 단순하게 감각하는 것이라기보다는 사고하는 것과 같죠.

이지. 누가 이것을 부정할 수 있을까?

피노키오 그건 악마도 부정할 수 없었잖아요? 그런데 생각한다는 것은 무엇을 말씀하시는 거죠? 이성적으로 생각하는 것만 이야기하시나요?

데카르트 아니. 의심하고, 이해하고, 긍정하거나 부정하고, 의지하거나 의지하지 않고, 상상하고, 감각하는 것까지 생각하는 것이라고 할 수 있지.

○ **물체보다 더 분명한 나의 정신**

피노키오 선생님, 확실한 것이 보기보다 많네요? 여기에 있는 책, 난로, 침대 같은 물건도 확실한 것이 아닐까요?

데카르트 확실한지 살피려면 우리가 사물을 어떻게 알 수 있는지를 먼저 봐야 하네. 마침 여기에 밀랍이 있군. 이걸로 이야기해 볼까? 벌집에서 꺼낸 밀랍 한 조각은 꿀맛도 있고, 꽃향기도 조금 나는 등 색, 맛, 모양, 크기가 있지. 또 단단하고, 차갑고, 손에 쥘 수 있고, 두드리면 소리도 내네. 이 밀랍은 물체가 인식되는 데 필요한 것을 모두 갖추고 있군. 이 밀랍을 불가까이 가져가면 어떻게 되지?

피노키오 열에 약하니까 녹겠죠.

데카르트 그렇지. 열 때문에 맛은 달라지고, 향기는 날아가고, 색은 변하고, 형태까지 바뀌어 액체로 되고 말겠지. 이제 밀랍은 따뜻해져 손에 쥘 수도 없고, 톡톡 두드려 소리를 낼 수도 없어. 그렇다면 이것은 밀랍이 아니라 다른 것으로 바뀐 건가?

피노키오 그래도 여전히 밀랍이죠.

데카르트 무엇 때문에 이것을 여전히 밀랍이라고 할 수 있을까?

피노키오 글쎄요, 분명히 밀랍은 밀랍인데…… 형태까지 바뀌니까 이 상하게 된 것 같아요.

데카르트 우리가 밀랍에서 아주 분명하게 인식한 것은 뭘까? 내가 보 고 만지고 한 내용들, 그러니까 감각으로 아는 것들은 모두 변했지만 여전히 같은 밀랍이지.*

피노키오 그럼 우리가 밀랍을 어떻게 알 수 있을까요?

데카르트 이런 게 아닐까? 밀랍의 형태는 변하지만, 내 생각 속에 있 는 밀랍, 내가 생각하는 밀랍은 여전히 같은 밀랍이 아닐까? 밀랍은 나의 정신(mens)이 없다면 지각될 수 없고, 오로지 정신으로만 제대로 지각될 수 있지. 밀랍을 분명하게 알려면 적어도 정신의 통찰(mentis inspectio)이 필요하네.

피노키오 선생님, 저도 과장된 의심을 해 볼까요? 우리가 보거나 생각 하는 것이 밀랍이 아니라 다른 것이라면 어떻게 하죠?

데카르트 좋은 의심이네. 우리 정신이 오류에 빠질 때도 있으니 자네 말대로 내가 보고 있는 것이 밀랍이 아닐 수도 있어. 아니면 내가 눈도 갖고 있지 않다고 해도 좋아. 하지만 내가 보고 있 는 동안에, 아니 보고 있다고 생각하는 동안에 이렇게 생각 하는 나를 부정할 수 없네. 다시 말해 밀랍을 지각할 때 (밀 랍은 확실하지 않더라도) 지각하는 나는 확실하지.

---

* 이때 무엇이 같을까요? 좀 전에 배운 '연장(延長)'은 어떻게 될까요?
감각적인 것을 없애고 나면 밀랍의 부드러움이나 변하기 쉬움,
또 연장이 남죠. 이때 부드러움이나 변하기 쉬움은 뭘까요?
모양이 세모꼴이나 네모꼴로 바뀔 수 있다고 내가 상상하는 것일까요?
나는 밀랍이 이런 변화를 겪는 것을 이해하고 있지만, 이런 변화를
모두 머릿속에서 그릴 수는 없어요. 상상력으로는 밀랍을
이해할 수 없습니다. 연장은 어떤가요? 그것도 내가 알 수 없는 것이죠.
녹으면 연장이 커지고, 끓으면 더 커지니까요.

밀랍뿐 아니라 다른 물체도 감각이나 상상력이 아니라 오직 지성(understanding)으로만 지각되지. 이런 점에서 보면 내가 지각하는 물체보다도 '지각하는 나'가 더 분명하고 근본적이지. 물체보다도 지각하는 내가 더 우위에 있다고 할까?

피노키오 물체가 확실한지 여쭈었는데 지각하는 내가 좀더 확실함을 알게 되었네요.

데카르트 그렇지. 정신보다 더 쉽고 명백하게 알 수 있는 것은 없네. 물론 습관을 따르는 사람은 그렇게 보지 않아. 습관은 그리 쉽게 고쳐지지 않지. 그래서 습관을 모조리 고치려 하기보다는 먼저 확실한 것을 바탕으로 삼아 한 걸음씩 나아가는 것이 좋을 거야.

피노키오 선생님 말씀을 듣고 보니 이제 "나는 생각한다"는 명제가 내 존재의 바탕임을 알겠어요.

데카르트 "나는 생각한다. 그러므로 나는 존재한다"는 명제는 내 존재의 바탕이 바로 나의 사고작용임을 말하는 것이네. 즉 나는 '생각하는 존재'로만 확실하게 있을 수 있지.

피노키오 어, 선생님께서는 보통 이야기하는 것과 다르게 말씀하시네요. 대부분 사람은 내가 있기 때문에 생각한다고 하거나, 내가 있고 난 뒤에야 생각할 수 있다고 하죠. 그래서 나의 존재가 나의 사고의 바탕에 있다고 하지 않나요?

데카르트 그렇지 않네. 내가 생각하기 때문에 내가 있지. 방금 보았듯이 나는 사고하는 동안에만 존재하기 때문에, '나는 사고하는 것'이라고 하지 않았나?

피노키오 그러면 제 생각을 완전히 바꾸어야겠군요.

○ 나는 걷는다고 생각한다. 그러므로 나는 존재한다

데카르트 내가 이 명제를 주장하니까, 이에 불만을 품은 많은 사람이 내 주장을 반박한다면서 한동안 나를 귀찮게 한 적이 있었지. 그때는 책을 출간한 걸 후회했다네.

피노키오 누가 무슨 반론을 폈나요? 선생님께서는 그런 반론을 보기 좋게 누르셨을 것 같은데요.

데카르트 누르고 말고 할 게 있나. 나를 반박하기보다는 자기 힘으로 좀더 깊이 생각하면 될 텐데. 그들도 나름대로 확실한 것을 찾으려고 한 게지.

피노키오 그 이야기 좀 해 주세요.

데카르트 한번은 어떤 사람이 날 찾아오더니 내 주장을 반박하려는지, 아무 말도 하지 않고 내 앞에서 이리저리 걸어 다니는 거야.

피노키오 왜 말도 없이 걸어 다니기만 했을까요?

데카르트 자기 나름대로 나를 반박하려는 거지. 아무 말도 없이 그저 걸어 다니기만 하니 나도 조용히 있을 수밖에.

피노키오 걸어 다니기만 하다가 그냥 갔나요? 나중에 한마디쯤 하지 않았나요?

데카르트 한참을 걸어 다니더니 나가면서 자신만만하게 한마디를 던지더구나. "나는 걷는다. 그러므로 나는 존재한다."

피노키오 그자는 생각하는 것보다는 걷는 것이 더 확실하다고 생각했나 봐요. 그래서 그냥 보내셨나요?

데카르트 불러서 이렇게 이야기했네. "나는 걷는다고 생각한다. 그러므로 나는 존재한다."

피노키오 그 사람 얼굴이 홍당무처럼 되었겠네요. 그 사람은 선생님의 명제를 반박하기 위해서는 걷는 것만으로도 충분하다고 생각했나 봐요. 그런데 결과적으로 한 방 얻어맞은 셈이네요.

데카르트 그 사람은 자네가 앞서 이야기했듯이, 우리가 먼저 있고 나서 생각한다고 생각했던 것 같네. 그리고 생각하는 것보다는 우리가 몸을 갖고, 걸어 다니는 활동이 더 근본적이라고 본 것 같아.

피노키오 그렇죠. 걸어 다니려면 존재해야 하죠. 존재하지 않으면서 걸어 다닐 수는 없으니까요.

데카르트 그래서 우리 존재가 사고보다 앞서고, 걷는 것이 생각하는 것보다 앞선다고 생각한 것 같네. 걷는 것만으로도 나의 명제("나는 생각한다")를 반박할 수 있다고 생각한 것이겠지. 하지만 분명히 그 역시 걷는다는 생각도 없이 걷지는 않았을 테지. 내가 존재한다는 것을 가장 확실하게 알려면, 그저 걷는 것이 아니라 걷는다고 생각해야 하네. 나는 걷는다고 생각해야만 "나는 존재한다"가 가능하지.* 어때 어렵지 않나?

피노키오 재미있는데요. 다른 예는 없나요?

데카르트 어떤 사람이 먹는 재미로 산다면, 이렇게 이야기하지 않을까? "나는 먹는다. 그러므로 나는 존재한다."

피노키오 그럴 수도 있겠군요. 그러면 "나는 먹는다고 생각한다. 그러므로 나는 존재한다"고 응수하면 되겠네요.

데카르트 먹지 않고 사는 사람은 없고, 우리가 존재하기 위해서는 먹어야 하지. 하지만 그것이 가장 확실하다고 이야기할 수는 없어. 동물도 먹는 데 관심이 많고, 먹는다는 생각을 하며 먹는지는 모르겠지만, 동물에게도 먹는 것이 중요하지. 또 우리가 그저 먹기 위해 있는 것도 아니고, 먹는 순간이 가장 확실하게 자기를 확인하는 순간도 아니지 않은가?

피노키오 그것 말고도 선생님 말씀을 흉내내거나 논박한다고 잘못 생각하는 유사 명제들이 더 있을 것 같아요.

데카르트 어떤 것이 있을까?

피노키오 사랑을 찬미하는 사람들이 "나는 사랑한다. 그러므로 나는 존재한다"고 할 것 같아요.

데카르트 아름다운 주장이군. 사랑할 때만 존재의 충만함을 느끼는 사람이라면 그렇게 주장할 만하겠군.

피노키오 하지만 사랑이 우리 존재를 가능하게 하는 가장 확실한 바탕은 아니라고 하시겠죠?

데카르트 그래야겠지. 예전부터 사람들은 완전한 신과 달리 자신들이 불완전하다고 생각했어. 그래서 인간은 실수하는 자라고 생각했네. "실수는 사람의 몫이다(Errare humanum est)"라는 말이 그것을 가리키지.

---

* 우리는 가장 확실한 것이 '나는 생각한다'임을 배웠죠.
이제 이런 확실성을 바탕으로 올바른 방법을 사용해서
어떤 확실한 것들을 얻을 수 있을까요? 가장 확실한 것을
찾기 위해 지금까지 하나씩 버린 것 가운데 확실한 것이 있을까요?
그 길을 따라가 봅시다. 우리를 안내하는 확실성의 등불이 이제 좀더
밝은 빛을 비추어 줄 겁니다. 아울러 우리는 아직 '나는 생각한다'에
대해서 잘 모르고 있죠. 이것이 어떤 의미를 갖는지도
살펴보아야 할 겁니다.

피노키오 그러면 "나는 실수한다. 그러므로 나는 존재한다"고 할 수도 있겠네요.

데카르트 그렇지. 어떤 것을 탐구할 때 우리는 실수 속에서 배우기도 하고, 의외의 발견을 하기도 해. 우리가 가장 확실한 것을 가지고도 조심하는 것은 진리 찾기에서 실수하지 않으려는 것이기도 하네.

피노키오 그 경우에도 나는 실수한다고 생각해야만 내가 있겠죠?

데카르트 그렇지. 약간 묘한 경우도 있네. 신학자는 신의 은총에 의해서만 인간이 있다고 본다네. 그래서 인간이 자신의 사고로 자기 존재를 확보한다고 얘기하는 내가 건방지다고 생각한 어떤 신학자가 다음과 같이 주장했네. "나는 신에 의해서 생각된다. 그러므로 나는 존재한다"고 말이야.

피노키오 이런 비판에 응수하면 위험하지 않나요?

데카르트 그렇긴 하지. 나는 신을 부정하는 오만한 사람은 아니야. 이런 주장은 내 명제를 잘 이해한 것이라고 하기는 어렵네. 그런 이야기를 하는 신학자나 신부가 있으면 나는 교회 문을 나서면서 조용히 말하고 싶어. "나는 신에 의해서 생각된다고 생각한다. 그러므로 나는 존재한다." 우리가 신에 의해서 생각됨으로써 존재하고, 그래서 불완전한 존재라고 해도, 그런 우리의 존재를 자각하는 것은 우리 사고의 몫이지.

피노키오 선생님께서 그런 말씀을 하셔도 신을 부정하거나 불신한다고 오해할 사람은 없을 거예요.

데카르트 사람들은 말꼬투리 잡는 걸 좋아하니까 오해할 소지도 있지. 그건 그렇고 장시간 이야기를 한 것 같군. 벌써 밤이 되었으니 쉬었다가 내일 계속할까?

피노키오 피곤하시죠?

데카르트 아니 그렇지는 않아. 진리 찾기는 항상 흥미로워서 힘든 줄

모르지. 그보다도 자네가 먼길을 따라 오느라고 수고했네.

피노키오 잘 배웠습니다. 내일 또 뵙겠습니다.

우리가 앞 시간에 배운 것이 바로 근대 철학을 대표하는 명제입니다. 이후의 모든 철학은 "나는 생각한다. 그러므로 나는 있다"로부터 시작되고, 이 명제를 다양하게 해석하고 논박하는 과정이라 할 수 있습니다. 그렇기에 데카르트 없는 근대 이후의 철학은 있을 수 없지요.

○　'나는 생각한다'를 추론으로 얻을 수 있는가

피노키오는 지금까지 자기가 확실하다고 믿어 온 것들을 의심해 보고, "나는 생각한다. 그러므로 나는 있다"는 확실한 명제를 배우게 되어 다른 세계에 와 있는 기분이었습니다.

데카르트의 '의심의 길'이 아직 끝난 것은 아닙니다. 데카르트는 가장 확실한 명제로 낡은 사고의 세계를 번쩍 들어올리고, 그 명제를 안내자로 삼아 그 길에서 참된 것들만을 찾아 나가는 중이죠.

데카르트는 아침에 눈을 뜨면 자리에서 바로 일어나지 않고 침대에서 이 생각, 저 생각 하면서 한동안 깊은 사색에 몰두했습니다. 그래서 피노키오와 만나는 시간을 느즈막이 잡았습니다.

아침잠이 많은 데카르트를 기다리는 동안 다음 명제를 좀더 살펴봅시다. "나는 생각한다. 그러므로 나는 존재한다"는 근본 명제는 추론(삼단논법)으로 보일 수 있습니다.

(모든) 생각하는 것은 존재한다→대전제

나는 생각한다→소전제

데카르트는 말년에 학문을 사랑하는 스웨덴의 크리스티나 여왕의 간곡한 초청을 받았습니다. 여왕은 선생님께서 친구인 샤뉴에게 보낸 신의 사랑에 관한 글을 읽고 감동을 받아 '최고선'에 관해 질문을 하기도 했죠. 그러다가 직접 가르침을 받고 싶어 군함까지 보내서 모셔 오게 하죠.

그래서 선생님은 조용히 연구하기 위해 머물던 네덜란드를 떠나 스웨덴으로 가게 됩니다. 선생님께서 조국 프랑스가 아닌 네덜란드에 있었던 것은 당시 과격한 사람들이 선생님을 무신론자로 몰아붙이고 대학 강의를 금지시켰기 때문입니다.

크리스티나 여왕은 선생님의 강의를 들을 욕심에 새벽 5시에 선생님을 왕궁으로 모시게 했죠. 하루 중 가장 조용하고 자유로우며 직관력도 좋을 시간, 국무의 번거로움에서 벗어나 두뇌가 가장 해방된 시간을 선택한 거예요.

그러나 선생님은 어렸을 때부터 몸이 약했고 늦게까지 아침잠을 자는 습관에다가 침대에서 오랫동안 사색하기를 즐겼기에 이런 새벽 강의를 아주 힘들어하셨습니다. 새벽 강의에 결코 적합한 분이 아니셨죠. 이 추운 나라에서 힘든 일과를 보내던 선생님은 감기가 심해져 폐렴으로 돌아가셨습니다. 1650년 2월 11일, 53세의 아까운 나이로 말입니다.

그러므로 나는 존재한다 → 결론

하지만 이 명제는 이런 추론에서 나온 결과가 아닙니다. 이런 추론을 세우려면, 먼저 대전제인 '(모든) 생각하는 것은 존재한다'가 타당하고 확실한지 밝혀야 하죠. 추론을 이끌어 내는 대전제가 확실하지 않다면 추론은 확실한 결론을 얻을 수 없죠. 그런데 대전제가 확실함을 어떻게 알 수 있을까요?

좀더 확실한 길은 대전제에서 시작하는 것이 아니라, 우리가 아는 가장 확실한 것에 비추어 대전제가 어느 정도 확실한지를 살피는 것이죠. 우리가 아는 가장 확실한 것은 '생각하는 나는 존재한다'입니다. 하지만 '생각하는 (모든) 것은 존재한다'는 명제는 불확실하죠.

● "나는 생각한다. 그러므로 나는 존재한다." 이 명제에서 '그러므로'를 어떻게 보아야 할까요? 내가 생각하기 때문에 내가 있다고 볼 수 있을까요? 즉 '내가 생각한다'는 사실로부터 '나의 존재'가 뒤따라 나올까요? 어떤 원인이 있어서 어떤 결과가 생기는 것처럼 '생각하는 나'가 원인이 되어서 '존재하는 나'가 결과로 주어질까요?

이렇게 보면 나의 사고와 나의 존재는 나뉠 수 있는 것이 됩니다. 나는 생각도 하고, 또 존재하기도 하는 것처럼 말이죠. 그런데 우리의 근본 명제는 이렇게 나를 나누고, 그 하나를 원인으로 보는 것이 아니죠. 그런 까닭에 '그러므로'를 이렇게 보면 이 명제를 오해하게 됩니다.

이 명제에서는 '나는 생각한다'가 바로 '나는 존재한다'를 뜻하죠. 다르게 표현하면, 내가 대상을 생각할 때 생각하는 '나'가 내 앞에 나타나죠. 나의 사고작용 안에는 생각하는 '나'가 이미 드러나 있습니다. 나는 나를 생각하고, 나를 생각하는 나로 알고 있는 거죠. 그래서 이 명제를 '그러므로' 없이 "나는 생각한다. 나는 존재한다(Cogito sum; I think, I am)"로 이해하는 것이 좋습니다.

오히려 대전제가 근본 명제를 바탕으로 삼고, 이 근본명제에서 대전제가 나와야 합니다. 이런 까닭에 "나는 생각한다"는 근본 명제는 추론에서 얻을 수 있는 것이 아니죠. 간단하게 표현하면, 이 명제는 증명하거나 추론할 필요가 없는 자명한(self-evident) 것이고 직관으로 분명하게 알 수 있는 것이죠. 앞서 우리가 방법을 이야기하면서 연역보다 직관이 더 단순하고 근본적이라고 하지 않았나요?

○ **나는 노동한다고 생각한다**

"나는 생각한다"를 라틴어로는 코기토(cogito)라고 하죠. 이것은 '생각하다'의 일인칭 형태, 즉 'I think'입니다. 그래서 나는 '생각하는 나'입니다. 이 당시의 학문 언어는 라틴어였습니다. 이런 분위기에서 데카르트가 《방법 이야기》를 프랑스어로 쓴 것은 특이하죠.

'나는 생각한다'고 했을 때의 '나'는 고립되어 홀로 생각하는 자를 말하는 것이 아닙니다. 내가 그냥 생각한다는 것도 아니고요. 그래서 '우리가 생각한다'고 하거나 '나는 나를 생각하지만 타인에 대해서 생각할 수 없다' 또는 '타인이 나처럼 생각하는지 알 수 없다'라거나 '나는 생각하기보다는 행동한다'고 해서 이 근본 명제가 부정되거나 훼손되지는 않습니다.

우리는 '나는 생각한다'는 문장의 '나'의 자리에 여러 가지를 넣을 수 있습니다. '나' 대신에 다른 사람 또는 집단이나 계급, 민족, 인류 등을 넣을 수도 있습니다. '나'의 자리에는 고립된 나, 타인과 무관하게 외톨이로 있는 나만이 아니라 인간이면 누구나 들어갈 수 있습니다. '생각한다' 자리에도 걷는다, 먹는다, 실수한다, 노동한다, 소비한다, 사랑한다 등이 들어갈 수 있고요. 그런 다양한 내용의 밑바닥에는 항상 '나는 ○○한다고 생각한다'가 있습니다.

요즘과 같은 소비 풍조가 만연한 경우에는 소비의 미덕을 칭송하느라 이런 말을 쓸 수도 있습니다. "나는 소비한다. 그러므로 나는 존재한다." 이처럼 소비를 통해서만 자기를 확인하고, 쇼핑하는 순간에 가슴 뿌듯하고 살맛나는 사람의 소비 행위 바탕에는 '나는 소비한다고 생각한다. 그러므로 나는 존재한다'는 명제가 있는 셈입니다. 사람을 노동하고 도구를 만드는 존재로 본다면 "나(또는 우리)는 노동한다. 그러므로 나(또는 우리)는 존재한다"고 할 겁니다. 이것은 '생각하는' 것보다는 현실적으로 '노동하는' 것이 더 확실하다고 생각하는 거죠. 정확하게 표현하려면, "나는 노동한다고 생각한다. 그러므로 나는 존재한다"고 해야겠죠.

이처럼 우리가 밥 먹을 때, 놀 때, 쉴 때에 "나는 생각한다"는 사실을 잠깐 잊을 수는 있지만 그 경우에도 "나는 생각한다"는 명제가 항상 밑바탕에 있습니다. 이제 코기토 명제의 속뜻을 살펴보기로 하죠. "나는 생각한다"고 할 때 나는 무엇을 생각할까요? 이렇게 생각하는 나는 누가 생각할까요? 누군가가 나를 생각해야 하지 않을까요? 이렇게 나를 생각하는 사람은 다른 사람이나 신일까요?

○　　　생각하는 나를 누가 생각하는가

내가 생각할 때, 나는 대개 내 바깥에 있는 물체를 생각하죠. 꽃, 나무, 나비, 산, 책상, 건물, 작동하는 기계, 엑스선에 나타난 심장의 상태, 모바일 화면에 떠 있는 글자나 그림 들. 이처럼 내 생각은 홀로 떠도는 것이 아니라 어떤 대상을 향하고 있고, 이때 대상은 '나와 마주서 있는 것(Gegenstand)'입니다. 그러면 나의 사고는 그런 대상과 짝을 이루는 사고, 즉 대상에 대한 의식에 그칠까요? 여기에서 '자기의식'이 문제가 됩니다.*

　　　예를 들어 내가 동물원에서 호랑이를 보고 있는 경우에 나는 호랑이라는 대상을 의식작용의 짝으로 삼고 있죠. 내가 어떤 대상을 볼 때, 나에게는 그 대상에 대한 의식, 곧 '대상의식(對象意識)'만 있을까요?

　　　음악의 선율에 빠져들거나 영화 장면에 빨려 들어가 그 속에 자기가 있다고 느낄 때가 있죠. 넋을 놓고 아름다운 꽃을 볼 때도 있습니다. 이때 나는 꽃의 아름다움에 정신이 팔려 내가 무엇을 하고 있는지를 모릅니다. 나를 망각한 상태, 즉 몰아(沒我) 또는 무아지경(無我地境)에 있죠. 누군가 다가와 툭 칩니다. "뭐하세요?" 나는 깜짝 놀라 그때서야 비로소 내가 꽃을 하염없이 쳐다보고 있거나 음악에 심

---

* '일기 쓰는 나'를 생각해 볼까요? 내가 일기를 쓸 때,
누가 쓰고 있고, 누가 그 대상인가요? 바로 자기가 자기를
대상으로 삼아 자기가 한 일이나 느낌 등을 쓰고 있죠.
이 경우에 '쓰는 나'와 '대상이 되는 나'가 모두 나라는 점에서는 같지만,
'쓰는 나'와 '쓰이는 나'는 구별됩니다. "나는 오늘 나에게 정말 실망했다."
"나는 하늘을 날 듯이 기뻤다." 이처럼 실망하는 나에 대해서 쓰고 있는
나, 기쁨에 들뜬 나를 기록하는 나는 자기를 대상으로 삼아 실망하고
기뻐하죠. 나의 자기의식은 나를 대상으로 삼고 있습니다.

PART 5
나는 속는다 그러므로 나는 있다

취해 있다는 사실을 되새깁니다. 이 경우에 나에게서 두 측면이 드러나죠. '넋 놓고 꽃을 보는 나'와 함께 꽃을 보는 나를 보고 있는 나, 즉 '나를 보는 나'가 있습니다.

이처럼 내가 어떤 대상을 볼 때 나에게는 두 작용이 한번에 이루어집니다. 한편으로는 대상을 보고 있고, 다른 한편으로는 대상을 보는 나를 보고 있죠. 하나는 '대상에 대한 의식'이고, 다른 하나는 그런 의식작용에 대한 '자기의식'입니다. 두 번째 작용은 의식하지 못하는 경우도 많지만, 이 작용이 없다면 우리는 대상에 넋을 빼앗길 뿐 자기가 무엇을 하는지 알 수 없을 겁니다. 내가 꽃을 볼 때나 음악을 들을 때나 항상 꽃을 보는 나, 음악을 듣는 나를 의식하는 '나'가 있답니다. 이 '나'는 다양한 경우에도 항상 같은 나죠. 이처럼 자기의식을 바탕으로 할 때 비로소 대상의식이 가능합니다. 의식은 자기의식을 앞세워야 합니다.

자기의식이 잠깐 이탈한 경우를 볼까요? 밤낮없이 며칠 동안 아무것도 먹지 않고 컴퓨터게임만 하는 사람이 있습니다. 게임에 살고 게임에 죽는 이런 사람은 게임 안에 쑥 들어가 버렸기에 자기가 무엇을 하고 있는지 돌아보지 않아요. 이때는 게임에 빠진 '나의 의식'과 게임을 하는 나를 의식하는 '자기의식'이 따로 놀죠.

왜 이런 일이 생길까요? 게임은 즉각적인 반응을 요구하기 때문에 잠시라도 한눈을 팔면 엉망이 되기 일쑤입니다. "야, 정신 차려"라고 할 때는 늦습니다. 게임을 하다가 '지금 내가 뭘 하고 있지?' 하고 여유를 부리면 생각지도 못한 결과가 나오죠. 게임은 '게임이냐, 자기의식이냐'를 재촉하면서 하나만 선택하도록 몰아붙입니다. 이 경우처럼 자기의식이 한동안 이탈하면 대상을 멀거니 바라보거나 배부른지도 모른 채 계속 먹게 되겠죠. 일기를 쓰거나 자기를 돌아볼 수 없고, 자기와 조용히 이야기를 나눌 수도 없습니다. 그렇기에 꽃만 볼 것이 아니라 꽃을 보고 있는 나를 보는 것도 필요합니다. 나의 의식은 나의 자기의식을 바탕에 깔고 있습니다.

데카르트가 "나는 생각한다. 그러므로 나는 존재한다"고 할 때, 이때의 나는 나를 생각하는 사고작용이죠. 나는 나의 사고작용 자체를 사고할 수 있습니다.*

○　　**책상이 아니라 '책상 – 관념'을 지각한다**

데카르트는 '관념'이라는 말을 많이 쓰는데 이것이 무슨 뜻인지 미리 공부해 볼까요?

'관념(idea)'을 앞세우는 것은 근대 인식론의 기본틀입니다. 즉 우리가 대상을 볼 때 대상 자체를 보는 것이 아니라 대상의 관념을 본다고 생각하죠. 이상하게 들리나요? 관념을 순전히 주관적인 것으로 보면 그런 생각이 들 겁니다. "내가 지금 책상을 보고 있지, 무슨 책상의 관념을 본다는 겁니까" 하고 펄쩍 뛸 것이 아니라 잠시 생각해 보세요. 우리가 컴퓨터 화면이나 스마트폰으로 보는 탱크가 진짜 탱크인가요? 탱크의 관념이죠. 여러분은 화면 속 탱크가 돌진해 와도 피하지 않죠. 나에게 보이는 탱크는 실제 탱크가 아니니까요.

달이나 태양에 대한 이야기를 할 때 우리는 달이나 태양이

---

* '나는 생각한다'를 앞세운다면 이데아도 그 자체로 존재하는 것이 아니죠.
이데아가 감각을 뛰어넘어 영원불변하는 것으로 있다고 합시다.
그러면 그것이 있다는 것을 '아는' 주체는 누구일까요?
이데아가 우리에게 독립된 것으로 존재한다고 하더라도, 우리가 그것을
알 수 없다면 그것은 없는 것이나 다름없죠. 이데아가 객관적으로
존재하더라도, 이데아라는 대상을 포착해서 자기에게 가져오는
'생각하는 나'가 중요합니다. 이데아는 '생각되는 대상'입니다.
이런 틀에서 존재 중심의 사고에서 인식 중심의 사고로 강조점이 바뀌죠.
그래서 근대 철학은 인식을 강조하고, 인식하는 인간을 존재 앞에 둡니다.

아니라 달-관념, 태양-관념을 보고 있고, 우리 정신에는 달이나 태양이 아니라 그것의 관념이 들어옵니다. 고양이, 친구, 연인, 꽃, 별을 볼 때 그 대상이 여러분의 눈이나 정신에 들어오면 어떻게 될까요? 큰 별을 볼 때마다 그 별이 내 눈에 들어온다면 하늘의 별이 사라지는 것도 문제이지만 내 눈은 어떻게 될까요? 별을 볼 때면 별의 이미지, 별의 상(像)만 내 눈에 들어옵니다. 꽃을 볼 때마다 꽃이 내 눈에 들어온다면 주위의 꽃이 남아나지 않을 것이고, 내 눈은 그렇게 많은 꽃을 담을 공간을 마련해야겠죠. 다행스럽게도 꽃을 볼 때 나는 꽃의 이미지를 보고, 부드러움-관념을 만지고, 향기-관념을 냄새 맡죠.

사물을 볼 때 우리에게는 사물의 원래 모습이 아니라 그 관념(표상)이 주어질 수밖에 없습니다. 이 점은 우리가 사물을 보는 조건 때문이죠(이에 관한 자세한 이야기는 나중에 칸트에게서 듣기로 합시다). 내가 지각하고 내 정신에 나타나는 것은 사물의 관념입니다. 이런 사정을 안다면, 책상-관념이나 꽃-관념이 그저 상상으로 만들어진 허상이라고 보지는 않겠죠. 관념은 대상과 무관하게 머릿속에서 주관적으로 꾸며 낸 것이 아닙니다. 우리 눈에 보이는 꽃, 책상, 탱크, 고양이, 별 등이 바로 그런 관념(표상)입니다.

우리 바깥에 어떤 사물이 있고, 이 사물로부터 관념이 나오

관념이라는 용어 대신에 '표상(表象)'이라는 용어를 써도 됩니다. 꽃을 볼 때 우리 눈에는 꽃 자체가 아니라 그 상, 곧 표상만 들어오죠. 이런 표상은 내가 꽃을 볼 때 꽃의 감각자극이 내 마음에 그린 그림이라고 할 수 있습니다. 이 그림은 현존하는 꽃이 내 마음에 다시 나타난 것, 곧 재현된(represent) 것이라고 할 수 있어요. 그래서 나는 꽃의 표상을 보고 있죠. 이렇게 재현된 꽃의 이미지가 원래의 꽃과 똑같은지는 알 수 없습니다.

고, 이 관념은 사물과 유사하다고 믿고 있나요? 이것은 순진한 착각이죠. 우리가 아는 것은 관념이므로, 그것이 사물과 같은지 다른지 알 수 없습니다. 데카르트는 '관념과 사물이 일치한다'는 믿음을 버리라고 말합니다. 그래서 진리의 기준으로 확실성을 내세운 겁니다. 사물의 관념을 이리저리 살펴서 그 가운데 분명하고 뚜렷한 것만 받아들이자는 것이죠.

우리가 보는 책상과 책상 자체가 다르다는 점을 알게 되면 이 이야기는 어렵지 않을 겁니다. 존재하는 책상과 인식된 책상이 똑같지는 않습니다. 그래서 책상과 책상-관념은 다릅니다. 남에게 보이는 나와 나 자체는 다르다는 점을 생각해 보세요. 데카르트는 이처럼 존재 중심의 사고를 인식 중심의 사고로 바꿔 놓았습니다.

예습은 여기까지입니다. 계속해서 피노키오가 데카르트와 나누는 두 번째 이야기를 들어 보겠습니다.

○ **분명하고 확실한 관념들**

데카르트 어제 공부한 것을 정리해 볼까? 내가 눈을 감고, 귀를 막아서 모든 감각을 멀리하고 물질적 형태도 모른다고 해 보세. 아니면 내가 아는 것이 모두 거짓이라고 해 보세. 그래서 오직 나 자신과만 대화하고 내 안을 좀더 깊이 들여다보면 나는 '사고하는 것'임을 분명하게 알 수 있지. 이 확실한 것에서 출발한 다음 올바른 방법에 따라 우리의 능력을 바르게 사용한다면 우리는 진리를 찾을 수 있을 거야.

우리는 오성(悟性)으로 명석하고 판명한 것만 받아들여야 해. 그러면 이제 우리의 관념을 검토해서 분명하고 뚜렷한 관념만 찾아보기로 할까? 그런데 자네는 왜 내가 '관념(idea)'을 검토하려는지 그 이유를 알고 있나?

피노키오 잘 모르겠어요.

데카르트 밀랍의 예로도 보았지만 우리가 땅, 하늘, 별 등을 비롯해 감각을 통해서 알고 있는 모든 것은 우리 정신에 나타난 사물의 관념들, 사물에 대한 사고들이지. 우리 정신에 관념이 들어 있다는 것을 부정할 수는 없지?

피노키오 그렇죠. 하지만 그 관념들이 참된 것인지는 아직 몰라요.

데카르트 그래. 자네 말처럼 우리 안에 있는 관념 가운데 명석하고 판명한 것이 어떤 것인지는 아직 몰라. 하지만 우리에게는 이상한 습관이 있어.

피노키오 혹시 관념이 사물과 같다고 생각하는 것을 말씀하시는 건가요?

데카르트 그래, 바로 그거야. 우리는 보통 자기 바깥에 어떤 사물이 있고, 그 사물에서 어떤 관념이 나오고, 그 관념이 사물과 구별되지 않을 정도로 유사하다는 믿음을 갖고 있어. 파란 물체는 내가 감각하는 것과 같은 파란 성질을 갖고 있고 이 파란 성질이 그 물체에서 나온다고 믿지.

피노키오 그러니까 내가 꽃을 볼 때 꽃은 내 바깥에 있고, 나에게 보이는 꽃이 정신 안에 있는 꽃의 관념을 만들고, 그 꽃의 관념과 실재 꽃이 똑같다고 생각하는 것을 말씀하시는 거죠?

데카르트 잘 이해하고 있군. 이를테면 나는 창밖 거리를 지나는 사람의 모자와 옷만 보고 그 사람이 사람이라고 판단하지. 사람이 아닌 자동기계가 모자와 옷을 걸치고 걷는지도 모르는데 말이야. 이 경우에 나는 눈으로만 보는데도 내 정신에 있는 판단력으로 파악한다고 잘못 생각하지.

피노키오 제가 인형이었던 때가 생각나요. 저는 나무인형이지만 사람처럼 움직였죠. 사람처럼 보이는 인공지능 인형이 사람처럼 움직인다면 그것을 사람으로 판단할 수도 있어요.

데카르트 그렇지. 정교하게 만든다면 구별이 어려울 수도 있지. 이제 관념을 살펴볼까? 원래부터 우리가 가지고 있는 고유한 관념, 즉 본유관념(本有觀念)과 우리 바깥에서 온 외래관념(外來觀念), 그 밖에 우리가 만들어 낸 허구적 관념도 있네. 본유관념은 정신의 본성에 따라 원래부터 내가 가지고 있는 관념이야. 이를테면 자아 관념, 유클리드 공간에서 삼각형의 내각의 합은 180도라는 관념, 신의 관념 등이 그런 것들이지.

그런데 감각을 통해 얻는 관념은 어떨까? 내가 어떤 소리를 듣거나 꽃을 보거나 뜨거움을 느끼는 경우에 그런 것들은 내 바깥에 있는 사물에서 온 관념이지. 인어나 상상의 괴물, 둥근 사각형처럼 우리 마음대로 고안해서 만든 관념도 있어.

피노키오 그렇군요. 그러면 이 가운데 어떤 것이 확실한가요?

데카르트 생각해 보세. 먼저 허구적 관념부터 볼까? 우리가 만들어 낸 인어나 유니콘, 하늘을 나는 말 같은 관념은 허구적인 것이니까 확실한 것이 아님은 분명하지?

피노키오 예. 감각을 통해 바깥에서 얻어진 관념은 항상 틀린 것은 아니지만 그렇다고 항상 확실한 것도 아니죠.

데카르트 그렇지. 바깥에서 얻어진 관념은 믿을 수 없지. 보통은 어떤 것을 만져서 뜨거운 경우에, 뜨거움의 관념이 바깥에 있는 불 같은 것에서 온다고 믿지 않을까? 이 경우에 이 관념이 사물에서 나오는 것인지도 의심스럽네. 설령 사물에서 나온다고 하더라도 뜨거움의 관념이 뜨겁게 하는 사물과 유사하지는 않지. 그리고 뜨거움-관념은 뜨겁지 않아.

피노키오 바깥에서 얻어진 관념, 물체의 관념을 완전히 믿어서는 안 되는군요.

데카르트 일단은 그렇게 생각해 두세.

피노키오 그러면 원래부터 내가 갖고 있는 관념은 믿을 수 있나요?

데카르트 그렇지. 자아, 삼각형, 신의 관념 등은 자명한 것이야. 이런 관념은 그 자체로 명백하고, 다른 어떤 것과 혼동될 염려도 없어서 분명하고 뚜렷하고 참된 것이라고 할 수 있지. 이제 그런 관념 가운데 가장 확실한 관념을 하나 볼까?

피노키오 어떤 것이 확실하죠?

○ **완전한 신은 존재한다**

데카르트 바로 신의 관념이지. 이 관념은 가장 분명하고 뚜렷한 관념일세.

피노키오 좀더 설명해 주세요.

데카르트 이 기회에 '신이 존재한다'는 점을 증명하는 게 좋겠군.

피노키오 저도 그 문제가 항상 궁금했어요.

데카르트 별로 복잡하지 않으니 들어 보게. 먼저 신의 관념을 보세. 자네는 신의 관념이 완전성의 관념이라고 생각하지 않나? 그러니까 신은 완전하고 무한하고 독립적이며 전지전능하고 우리를 창조한 존재라고 말이야.

피노키오 잘은 모르겠지만 완전하지 않다면 신이라고 할 수 없겠죠.

데카르트 신은 불완전한 존재가 아니라 완전한 존재이고, 어떤 한계에 갇혀 있는 유한한 존재가 아니라 무한한 존재이지. 또 그 자체로 존재하고, 다른 어떤 것에 영향을 받거나 의존하지 않으므로 독자적 존재이며, 신이 알 수 없거나 할 수 없는 일이 없으니 전지전능한 존재일세. 이런 완전한 능력으로 우리를 창조하는 것은 어려운 일이 아닐 거야.

피노키오 그렇죠.

데카르트 증명을 시작하겠네. 이 증명은 아주 간단하고 분명해서 금방 끝나지. 신의 관념은 완전성의 관념이지? 그런데 완전한 것이 없을 수 있을까? 어떤 것이 있지도 않은데 완전할 수 있을까?

피노키오 그럴 수는 없죠. 있지도 않은데 어떻게 완전할 수 있나요? 없으면 아무것도 아니죠. 그런 것은 완전하지도 불완전하지도 않아요.

데카르트 그렇지. 예를 들어 신은 전능해서 모든 것을 원하는 대로 할 수 있다고 해 놓고 "미안하지만 신은 없다"고 하면 안 되지. 없으면 당연히 전능할 수 없어. 즉, 완전성의 관념은 그 관념 안에 이미 존재를 갖고 있어야 해. 신은 완전하기 때문에 존재할 수밖에 없네. 그래서 완전한 신은 존재한다고 해야지. 어떤가?

피노키오 그렇군요. 신이 완전하다면 완전하기 때문에 반드시 있어야 하는군요.

데카르트 물론이지. 이것은 너무 분명하고 가장 확실하고 참된 것이네. 이런 증명을 처음 들으면 말장난처럼 들릴 수도 있지. 그러니 문제가 될 만한 것을 짚어 볼까? 내가 삼각형이나 책상의 관념을 갖는다고 해서 삼각형이나 책상이 실제로 현존하는 것은 아니야. 마찬가지로 신의 경우에도 신의 본질(완전성)과 신의 현존이 나누어지고 신이 현존하지 않는다고 생각해야 할까?

피노키오 삼각형의 경우와 신의 경우가 다르다는 말씀이죠?

데카르트 그렇지. 자네는 삼각형의 세 각의 합이 180도인 것이 삼각형의 본질과 떨어질 수 있다고 보나?

피노키오 삼각형이라면 그럴 수가 없죠.

데카르트 그렇다면 골짜기의 관념이 산의 관념과 분리될 수 있을까?

피노키오 그럴 수 없죠. 골짜기 없는 산은 없으니까요.

데카르트 마찬가지로 현존하지 않는 신을 생각할 수 있을까? 즉 신은 완전한데 현존하지 않으면서도 완전하다고 할 수 있을까?

피노키오 그것은 골짜기 없는 산처럼 말이 안 되죠.

데카르트 그렇지. 그래서 완전한 존재자인 신은 현존하지. 곧 신의 현존과 그 본질은 나눌 수가 없는 거야.

피노키오 선생님, 산의 경우 골짜기와 산을 함께 생각한다고 해서 산이 실제로 현존하지는 않잖아요? 내가 생각한다고 산이 현존하지는 않으니까요.

데카르트 좋은 지적이야. 내가 골짜기 없는 산을 생각할 수 없다고 한 것은 '산+골짜기'가 실제로 현존한다는 것을 뜻하는 게 아니고 골짜기와 산은 떼려야 뗄 수 없다는 거야. 마찬가지로 신의 현존과 본질도 뗄 수가 없지. 이렇듯 신의 본질과 현존이 결합되어 있다면, 그것은 바로 신이 현존한다는 것이지. 한마디로 신은 존재하네.

이처럼 최고의 완전한 존재자인 신이 실제로 현존한다는 것은 가장 분명하지. 이것은 최고의 확실성이고, 이 확실성이 없다면 다른 어떠한 확실성도 있을 수 없네.

피노키오 신의 존재가 가장 확실하다면, 이제 우리는 '생각하는 나'와 '완전한 신'을 확보했군요. 그러면 다른 확실한 것은 어떻게 얻을 수 있을까요?

여러분은 당시에 갈릴레이의 종교재판이 있었고, 데카르트도 무신론을 퍼뜨린다는 혐의를 받아 네덜란드로 도피한 험악한 상황을 염두에 두고 신의 존재 증명을 이해해야 합니다. 지금은 기독교의 신을 믿을지 말지는 개인의 종교적 자유이지만, 당시에 신을 믿지 않는 것은 자기 목을 내놓는 일과 맞먹는 용기가 필요한 일이었죠.

데카르트가 진실한 기독교인이었는지는 정확하게 알 수 없지만 진리 탐구를 위해 그런 분위기에 휘말리고 싶어 하지 않았다는 점을 기억할 필요가 있습니다. "아니, 진리를 위해서라면 목숨도 아까워하지 않아야 하지 않습니까?"라고 비난할 사람은 자신도 그럴 용기가 있는지 먼저 살피고 비난하기 바랍니다. 저는 용기 있게 진리를 추구하며 기존 사고방식을 완전히 전복한 데카르트의 용기에 주목하고 싶습니다.

그리고 데카르트가 말하는 '신'은 종교적인 신 또는 하느님이라기보다는 완전한 존재를 말합니다. 그래서 '신이 있다'는 이야기는 완전한 존재와 완전한 앎이 가능하다는 점을 보여 주기 위한 것이 되지요. 이런 존재가 없다면 우리는 완전한 진리를 찾을 수 없을 겁니다. 그래서 신은 진리의 보루가 아닐까요? 이렇듯 신의 증명에 관한 문제는 종교 내부의 문제에 그치지 않습니다.

데카르트 그래, 내가 신의 존재를 증명한 것도 바로 그 때문이지. 모든 것이 신에 의존하므로 신의 확실성을 바탕으로 다른 확실성을 마련하는 길을 열 수 있지. 그리고 신은 우리를 속이지 않는다네.

피노키오 속이는 것은 불완전함을 표시하는 것 같아요.

데카르트 그렇지. 내 안에는 신이 부여한 판단력이 있고, 신은 나를 속이지 않으니 이 능력을 바르게 사용한다면 결코 잘못을 저지르지 않을 것이 확실하지. 신이 속이지 않는다면, 우리는 우리가 잘못 생각할 때 그것을 고치려는 능력도 있다고 할 수 있네. 우리가 분명하고 뚜렷하게 지각하는 것이 필연적으로 참이라는 규칙을 따르면, 우리가 가는 길에서 부딪치는 장해들을 극복할 수 있을 거야.

○ **정신은 육체의 도움 없이 스스로 생각한다**

피노키오 선생님, 그러면 우리 주변에서 확실한 것은 어떤 것이 있을까요?

데카르트 신이 우리를 속이지 않는 것이 확실하니까 우리 자신과 우리를 둘러싼 세계를 조심스럽게 살피면서 확실한 것을 찾아보도록 하세. 세계에는 많은 것이 있고 이 가운데 많은 것이 불확실하지. 확실한 것과 그렇지 않은 것을 구별하기 위해 '실체(實體, substantia)'라는 말을 사용해 볼까?

피노키오 실체가 뭐죠?

데카르트 간단하게 말하면 스스로 존재하는 것이지. 실체가 존재할 때는 존재하는 원인이 자기 바깥에 있지 않고, 자기 안에 있다네. 그러니까 실체는 '자기원인(自己原因, causa sui)'을 말하는 거지. 다른 것에 의존하지 않고 자기 스스로 원인이 되어 순전히 자기 힘으로 존재하는 것이네. 좀 전에 살핀 신의 경우처럼. 신은 무한한 실체지.

피노키오 어려운 개념인데요.

데카르트 그러면 다르게 표현해 볼까? 실체는 변하는 세계에서 항상
자기 모습을 유지하는 것, 곧 불변적인 바탕(基體)을 말하지.
변화하는 것 밑에서 항상 변하지 않고 자기를 유지하고 있는
거야.

피노키오 그런 실체에는 어떤 것이 있나요?

데카르트 앞서 말한 '신'만이 실체의 정의에 가장 들어맞지. 이 실체 개
념을 유한한 세계에서도 쓸 수 있도록 바꿔 보세. 조금 넓혀
보면, 신 외에도 우리 세계에서 정신과 물질을 실체라고 할
수 있어. 유한한 실체이긴 하지만 말이야.

피노키오 정신과 물질은 어떤 점에서 실체이죠?

데카르트 정신이 실체임을 보여 주려면, 정신이 다른 것에 의존하지
않고 스스로 있다는 걸 보여 줘야겠지?

피노키오 정신이 실체라면 그래야겠죠.

데카르트 앞서 우리는 "나는 생각한다. 나는 있다"는 명제를 본 적이
있지. 그것이 가장 확실한 것이라고 했지?

피노키오 그렇죠. '생각하는 나'는 의심할 수 없어요.

데카르트 그런 '나'는 '생각하는 것(thinking thing)'으로서 사고작용을
하면서 존재하지?

피노키오 네.

데카르트 그러면 생각하는 내가 있으려면 사고작용 말고 다른 것이 필
요할까? 이상하게 들리겠지만, 내가 사고작용을 하는 데 신
체가 필요할까? 신체 때문에 내가 사고할 수 있는 것일까?

피노키오 좀 이상하긴 하지만, 내 사고작용에는 신체가 없어도 되죠.
앞서도 나에게 몸이 있고, 걸어 다닌다고 해서 내가 생각하

거나 내가 있는 것이 아니라고 하셨죠.

데카르트 그래서 '생각하는 나'는 내 신체와 다르고 신체 없이도 현존할 수 있지.

피노키오 그렇군요.

데카르트 이처럼 나는 내가 있고, 사고하는 것만이 나의 본질에 속하는 것을 깨닫고 있지. 나는 사고하는 것일 뿐 길이, 넓이, 깊이를 지닌 것은 아니야. 물체의 성질을 전혀 갖지 않고 생각하는 것인 한, 나는 나 자신에 관한 분명하고 뚜렷한 관념을 갖고 있지. 자, 이 정도면 사고하는 실체인 정신을 인정할 수 있을까?

피노키오 네. 그런데 그런 정신은 변하지 않나요?

데카르트 정신에는 많은 관념이 있고 그 관념들은 변하지. 그렇지만 정신은 그런 관념들 밑에서 항상 같은 것으로 있어. 이를테면 자네가 가진 관념들이 나를 만나기 전과 나를 만난 이후에 달라진 게 있다고 해서 자네의 정신이 완전히 달라졌다고 해야 할까?

피노키오 그렇지는 않아요. 저는 여전히 저이니까요. 정신이 실체라면 물질은 그것과 다른 실체이겠군요. 그러면 물질은 어떤 것인가요?

○   사고하지 않고 연장을 지닌 물질

데카르트   정신과 달리 물질은 '연장된 것(res extensa)'이지. 그것은 사고하는 것은 아니야.

피노키오   그렇다면 물질에서도 변하지 않는 점을 찾아봐야겠군요.

데카르트   앞서 우리가 책상을 볼 때 책상의 관념(표상)을 본다고 했으니 책상의 관념 가운데 어떤 점이 변하지 않는지, 또 분명하고 뚜렷한 것은 무엇인지 보아야겠지? 이렇게 생각하면 쉬울 거야. 물리학자나 수학자가 책상을 연구할 때 그것의 색에 관심을 가질까? 노란색 책상을 파란색으로 칠한 경우에 책상의 본성이 바뀌었다고 볼까?

피노키오   색이 바뀌었다고 해서 책상의 본성이 바뀌지는 않아요. 책상의 색이나 냄새는 계속 바뀔 수 있지만 그런 것이 바뀌어도 책상은 달라지지 않죠. 이런 감각적인 성질은 쉽게 바뀌기 때문에 책상의 분명하고 뚜렷한 관념이라고 할 수 없어요.

데카르트   그렇지. 색, 맛, 소리, 냄새, 촉감 등은 애매모호하게 책상의 관념을 알려 줄 뿐이지. 그러면 물리학자나 수학자가 관심을 가질 만한 책상-관념의 길이, 넓이, 깊이 같은 공간적인 양은 어떨까? 이것을 바로 '연장'이라고 했지.

피노키오   그런 것은 어떤 경우에도 바뀌지 않죠.

데카르트   그래. 그런 관념은 어디에서, 언제, 누가 보아도 항상 같지. 불을 끄면 책상이 까맣게 보이고, 멀리서 보면 작아 보이지만, 책상의 수학적·물리적 양은 항상 같아. 그런 점이 책상에서 보편적이고 불변적이지.

그러면 물질적 사물의 관념에서 분명하고 뚜렷한 것으로 지각되는 것은 극히 적을 거야. 크기(길이, 넓이, 깊이)를 지닌 연장과 연장을 윤곽 짓는 형태, 그것이 차지하는 위치, 위치 이동인 운동, 시간적 지속, 수 등이 그런 것들이지.

피노키오 그런 관념은 감각적인 것이 아니겠군요?

데카르트 그래. 이제 우리는 물질에서 분명하고 뚜렷한 것들을 알았지. 이 정도면 정신과 물질에 대해서 알 만한가?

피노키오 네. 그래도 정신과 물질을 비교해서 정리해 주세요.

데카르트 그럴까? 연장된 물질은 공간과 시간 속에 존재하지. 하지만 우리의 정신은 연장을 지니고 있지 않아. 그러니 공간이나 시간 속에 있지도 않지. 이 둘을 비교하면 나는 '사고하는 것'이어서 연장을 갖지 않는 반면에, 물질은 '연장된 것'이어서 사고할 수 없지. 이렇게 서로 다른 두 실체는 다른 것의 도움 없이 그 자체로 존재하네. 정신과 물질은 서로 달라서 섞일 수 없고 분명하게 구별되지. 물론 이 둘은 모두 실체야.

○　**정신은 어디에 있는가**

피노키오 선생님, 더 쉽게 정신과 물질의 차이를 알려 주세요.

데카르트 물질은 쪼개거나 나눌 수 있지만, 정신은 쪼개거나 나눌 수 없어. 정신은 어떤 부분을 갖지 않고, 그 부분을 이어서 전체 데카르트가 물질을 어떻게 이해하는지 간략하게 살펴봅시다. 이 세계는 연장을 지닌 물질로 이루어져 있습니다. 하늘과 땅도 모두 이러한 물질로 이루어져 있죠. 즉 자연을 이루는 물질에는 어떠한 차이도 없고 하늘의 물체라고 해서 지상의 것과 다를 바가 없습니다. 자연세계는 일정한 질서에 따라 기계적으로 움직이기 때문에 자연에서 질서와 법칙을 볼 수 있습니다. 우리가 이런 질서와 법칙을 안다면 자연은 어떠한 신비 뒤로도 숨을 수 없겠죠.

이 세계에는 물질과 운동만이 있을 뿐입니다. "우리 눈에 보이는 세계는 하나의 기계이고, 여기에서는 그 부분들의 형태와 운동밖에 고찰할 것이 없다."(《철학 원리》) 그리고 물질세계는 일정한 법칙에 따라 운동하고, 이런 운동이 다양한 변화를 일으키고 다양한 형태를 만들어 냅니다. 이런 자연법칙을 정리해 볼까요?

① 어떤 사물은 다른 것이 그것을 변화시키지 않는 동안 같은 상태에 머무른다.

② 모든 운동하는 물체는 직선으로 운동을 계속하는 경향이 있다.

③ 운동하는 어떤 물체가 자기보다 강한 다른 물체에 부딪치면 그 운동을 조금도 잃지 않고, 자기보다 약하고 자기가 움직일 수 있는 물체에 부딪치면 약한 물체에 준 만큼의 운동을 잃는다.(《철학 원리》 2부)

여기서 궁금한 게 있으면 《철학 원리》와 《방법 이야기》에 첨가된 글의 도움을 받으세요. 파스칼(B. Pascal)이 이런 자연학에 반대한 것은 아시죠? 파스칼은 데카르트가 기계적 법칙을 강조하고, 하늘의 세계와 지상의 세계를 같은 것으로 보는 점 때문에 "영원한 공간의 무한한 침묵이 우리를 두렵게 한다"고 했습니다. 그는 모든 것을 지배하는 우주의 운동법칙이 우주의 신비와 신성함을 메마르게 한다고 생각한 거죠. 하지만 우주의 주인공이 인간이 아닌 바에야 이런 물질적 자연의 질서와 법칙을 우리에게 유리하도록 해석할 수는 없지 않을까요?

를 만들 수 없는 것이지. 항상 통합된 것으로 작용하니까 의지, 감각, 이해력 들을 정신의 부분이라고 하면 안 돼. 하나의 정신이 의지하고, 감각하고, 이해하기 때문이야. 반면 물질은 부분으로 나누어지고 연장을 갖지.

피노키오 이 두 실체를 우리의 마음(mind)과 몸(body)으로 이해해도 될까요?

데카르트 그렇게 볼 수 있지.

피노키오 궁금한 게 있어요. 정신이 사고작용을 통해 확실하게 존재하는 것은 알겠는데, 그럼 정신은 어디에 있을까요?

데카르트 글쎄, 몸의 어딘가에 있을까? 만약 시인들 말처럼 심장에 정신이 있다면 심장이식 수술을 하면 정신까지도 함께 이식될 거야. 같은 이야기인데, 정신과 육체가 결합되어 있는 것처럼 보이지만, 발이나 팔 또는 다른 부분을 절단한다 하더라도 정신의 일부가 잘려 나가는 것은 아니지.*

피노키오 정신이 혹시 뇌 속에 있는 것은 아닐까요? 뇌가 없으면 생각을 할 수 없잖아요?

데카르트 뇌는 생각하는 데 쓰이는 기관이긴 하지만 뇌 자체가 생각하는 것은 아니야. 만약 뇌 안에 정신이 있다면 정신은 뇌의 산물이 되거나 뇌의 한 성질이 되어야겠지. 또 뇌 일부를 다치

---

* 데카르트는 정신과 물질을 엄격하게 구분하고, 이 두 실체가 어떤 독자적인 본성을 갖고 어떻게 관계 맺는지를 보여 주려고 합니다.

면 그 부분의 정신도 다치게 되겠지. 이 경우에 '나의 뇌는 생각한다. 그래서 나는 있다'고 해야 하지 않을까?

피노키오 거참, 이상하네요.

데카르트 정신은 어딘가에 꼭꼭 숨어 있는 것이 아니야. 정신은 연장을 갖지 않기 때문에 몸이라는 공간의 그 어느 곳에도 없어. 이것은 정신이 사고하는 데 어떤 물질적 요소도 필요하지 않다는 이야기지. 정신과 물질은 별개의 것이라고 하지 않았나? 물질이 연장된 것일 뿐 사고할 수 없으니, 몸은 사고할 수 없지. 뇌도 몸의 일부이므로 사고할 수 없어.

피노키오 그렇군요. 그렇다면 우리 몸 안에 정신이 있기는 있나요?

데카르트 자연이 우리에게 가르쳐 주는 바에 따르면, 내가 몸을 갖고 있는 것은 분명해. 고통이나 허기를 느끼는 것을 봐도 알 수 있네. 비유적으로 표현하면, 이런 감각을 통해서 선원이 배 안에 있는 것처럼 내가 내 신체 안에 있지. 나는 신체와 아주 밀접하게 결합되어 신체와 일체를 이룬다네. 그렇지 않다면 내 몸은 사고하는 것일 뿐이어서 몸에 상처를 입어도 고통을 못 느낄 거야. 마치 선원이 배의 일부분이 부서졌을 때 눈으로 그것을 지각하듯이 지성을 통해 상처를 지각할 뿐이지. 몸이 음식이나 물을 필요로 할 때에도 이것을 인식할 뿐, 허기나 갈증 같은 것을 느끼지 않을 거야.

몸은 물질이기 때문에 물질처럼 운동하고 그 법칙에 따르네. 물질이 법칙에 따라 기계처럼 움직이듯 인간의 몸도 기계처럼 움직인다고 볼 수 있어. 예컨대 혈액은 펌프 장치와 똑같은 원리로 순환하지 않는가? 만약 인간의 몸을 뼈, 신경, 근육, 혈액, 피부 등으로 조립된 기계로 본다면 몸은 자연법칙을 정확하게 따르겠지.

피노키오 몸이 기계라고 하니까 기분이 좀 이상해요. 제가 어릴 때 몸이 나무였잖아요?

데카르트 그랬지. 그러면서도 자네는 움직이고 말하고 생각하고 울고 웃을 수 있었지.

피노키오 선생님 말씀대로 몸과 마음이 완전히 다른 것이고, '배라는 몸'에 '선원이라는 마음'이 들어 있다면, 예전의 저와 비슷한 상태인 것 같아요. 나무로 된 몸에 사람의 마음이 들어 있었으니까요. 선생님 말씀대로라면, 나무인 제 몸이 기계처럼 움직이면서 제 마음을 담고 있는 것하고, 보통 사람처럼 몸이라는 기계장치에 마음이 들어 있는 것하고 별로 다를 게 없지 않나요? 다만 몸이 유기적인 생명체인지, 나무인지만 다르죠. 그리고 제 몸이 나무가 아니라 기계였다고 해도 사정은 달라지지 않잖아요? 선생님 말씀에 따르면, 몸과 마음의 결합은 기계장치 안에 영혼이 들어 있는 것처럼 기묘해요.

데카르트 그렇게 이야기하니 나무인형 피노키오와 사람이 별반 다르지 않구나. 그러면 곤란한데.

피노키오 그때 저는 사람이 되고 싶었죠. 선생님, 몸도 마음만큼 중요한 것 같아요. 단순히 잘 움직인다고 해서 몸의 모든 것을 가

생각 활동

☐ 데카르트의 이론 가운데 가장 문제가 되는 부분은 바로 마음과 정신의 관계에 얽힌 문제입니다. 데카르트는 분명히 마음과 정신이 다르다고 했죠. 그런데 우리의 경험에 따르면 몸과 마음은 상호작용을 합니다. 완전히 다르고 어떤 공통성도 없는 몸과 마음이 어떻게 서로 연결되고 서로 작용할 수 있을까요?

진 것은 아닌 것 같아요. 기계장치와 몸은 아무래도 달라요. 저는 지금 그 차이를 잘 알고 있죠.

데카르트 내가 몸을 좀 가볍게 여기며 설명한 것 같네. 하지만 자네는 조리 있게 생각할 수 있었고, 이성 능력을 갖췄기에 사람과 다를 바 없었지. 어린 자네는 아주 애매한 존재였어.

피노키오 지금은 다 옛날이야기죠. 제가 지금도 나무 몸이라면 선생님 도 설명하기 어려우셨을 것 같아요. 그리고 몸을 단지 기계 장치로만 보시지도 않을 것 같고요.

데카르트 ......

○ 몸과 마음은 어떻게 서로 작용하는가

피노키오 선생님, 인간은 마음과 몸의 결합체인데 마음과 몸은 서로 독립된 것이고 아무 관계도 없다고 하셨죠?

데카르트 그랬지.

피노키오 그런데 그런 몸과 마음이 어떻게 서로 소통할 수 있을까요?

데카르트 서로 독립된 몸과 마음이 어떻게 상호작용할 수 있는지를 묻 는 거로군.

피노키오 제 생각에는 몸과 마음이 완전히 다르다면, 서로 영향을 미 치지 않을 것 같거든요. 하지만 실제로는 몸이 마음에, 마음 이 몸에 영향을 미치고 서로 작용하잖아요?

데카르트 잘 관찰해 보면, 뇌 아래쪽에 아주 작은 송과선(松果腺)이라 는 기관이 있어. 정신은 몸의 다른 부분에 직접 영향을 받지 는 않고, 이 부분에만 영향을 받지. 육체에 어떤 자극이 오면 송과선이 그 자극을 받아 정신에 신호를 주고, 반대로 정신 이 움직이면 그 움직임을 기회로 삼아 송과선이 육체를 움직이게 하지.

피노키오 선생님, 이상해요. 말씀대로라면 실체는 두 종류밖에 없잖아요. 정신 아니면 물질, 또는 마음 아니면 몸이죠.

데카르트 그런데?

피노키오 선생님 말씀에 따르면, 송과선이 몸과 마음을 이어 주잖아요. 그러면 송과선이라는 기관은 마음인가요, 몸인가요?

데카르트 글쎄. 나는 몸의 한 부분이라고 생각했는데.

피노키오 몸의 일부인 송과선이 몸과 마음을 상호작용하게 한다면 결과적으로 몸이 정신을 움직인다는 이야기가 되죠.

데카르트 이거 곤란하게 되었군. 눈으로는 볼 수 없는 송과선이 몸의 기관일 수도 없고. 그렇다면 마음인 송과선이 몸을 움직인다고 하는 셈이니 말이 안 되는구나. 자네 이야기처럼 송과선은 몸에도 마음에도 속하지 않네. 그런데 실체는 정신이거나 물질일 수밖에 없고, 그렇다고 해서 정신도 물질도 아닌 제3의 실체가 있는 것도 아닌데. 거참, 결과적으로 몸과 마음의 상호작용을 설명할 길이 없군. 이 문제는 시간을 두고 더 생각해 보고, 여러 실험을 통해 살펴봐야 하겠어. 자네가 날카롭게 지적하지 않았다면 이 문제를 그냥 넘어갈 뻔했네.

피노키오 몸과 마음의 관계는 참 신기해요.

데카르트 몸과 마음의 상호작용을 놓고 많은 의견이 나올 수 있겠군.

피노키오 몸과 마음의 상호작용에 대해 극단적으로 생각하면, 몸을 중시하는 유물론과 마음을 중시하는 관념론으로 의견이 갈라질 것 같아요.

데카르트 그럴 가능성이 있지. 그래서 몸으로 정신의 모든 것을 설명하는 '인간기계론'이 나오거나, 그에 맞서 몸을 정신의 작용으로만 설명하는 사고방식이 다툴 수도 있겠지. 내가 몸과 마음을 둘로 쪼개 놓았기 때문에 이런 다툼이 일어난다는 느낌도 드는군. 간단하게 해결될 수 없는 문제가 될 것 같네. 더 생각해 보는 게 좋겠어. 오늘은 이쯤에서 그칠까?

피노키오는 그 후로도 데카르트를 몇 번 더 찾아가서 다양한 주제에 대해 가르침을 받았습니다. 피노키오는 지적 성숙을 맛보며 가슴이 벅차오름을 느꼈습니다. 아마 인형이었을 때 이런 공부를 했다면 더 빨리 사람이 되었을지도 모릅니다.

    이제 우리도 정리할 시간입니다. '근대 철학의 아버지'라고 불리는 데카르트 철학의 근본 명제는 "나는 생각한다. 나는 존재한다"이죠. 이런 '생각하는 나'는 근대적 사고의 바탕이자 근대 주체가 됩니다. '생각하는 주체'는 자기 자신의 근거이면서 동시에 존재하는 모든 것의 근거입니다. 그래서 주체가 사물들을 근거 짓는 위치에 서게 됩니다. 이제 물질은 생각하는 주체가 인식하는 데 의존하죠. 물질은 주체가 생각한 대로 존재하는 '생각된 것'으로 격하됩니다. 밀랍의 예에서 보았듯이, 밀랍의 존재는 밀랍을 지각하는 정신에 의존합니다. 더이상 물질은 그 자체로 있는 것이 아니라 '생각된 것'일 뿐입니다.

지금까지 우리는 확실한 것을 찾느라고 아주 과장된(hyperbolic) 의심을 했죠. 이제는 그렇게까지 의심할 필요는 없고, 그런 과장된 의심을 약간 우스꽝스러운 것으로 여겨도 될 겁니다.

감각된 모든 것이 거짓이 아닐까 의심하기도 했지만, 감각 가운데 우리에게 참된 것을 알려 주는 경우도 많았죠. 지성을 제대로 사용하고 적절한 방법에 따라 문제를 살피면 잘못에 빠지지 않고, 또 잘못에 빠지더라도 그 원인을 알 수 있죠. 우리 능력이 불완전하기 때문에 잘못을 완전히 피할 길은 없어요. 실제 생활에서 개별적인 것들을 세심하게 살필 시간이 없기 때문에 잘못을 저지를 때가 많은 거죠.

그리고 꿈 얘기를 하면서, 깨어 있을 때와 꿈을 확실하게 구별할 수 없다고 했죠. 과연 이 둘 사이에 차이가 없을까요? 우리가 깨어 있을 때 일어나는 일은 기억으로 저장되어 삶의 다른 활동과 연결되지만, 꿈에서 일어나는 일은 그렇게 연결되지 않죠. 깨어 있는 상태에서 어떤 사람을 보았는데 그 사람이 꿈에서처럼 갑자기 나타나고 사라진다면, 그가 어디에서 왔는지, 어디로 갔는지 모르기 때문에 진짜 사람으로 볼 수는 없죠. 유령이라고 보는 게 좋을 겁니다.

하지만 그가 어디에서 왔고, 어디에 있고, 언제 오고가는지를 뚜렷하게 알고, 이런 것을 삶의 다른 가닥과 아무 단절 없이 연결시킬 수 있다면, 깨어 있는 상태임을 확실하게 알 수 있죠. 그리고 내 감각, 기억, 지성으로 검토해서 그것이 다른 것과 모순을 일으키지 않는다면 '참'임을 의심할 필요가 없습니다. 이렇게 해서 우리는 꿈과 현실을 구별할 수 있죠.

3   '나는 생각한다'로 본 주체의 지위

다른 철학자들은 데카르트 철학을 어떻게 해석할까요? 이번 시간에는 하이데거, 푸코, 라캉의 해석을 소개합니다. 논의가 조금 까다롭기는 하지만, 이것은 데카르트 개인을 이해하는 것이라기보다는 '철학적 근대성'을 이해하는 것이라고 할 수 있습니다. 어떤 점 때문에 데카르트는 근대 철학의 바탕을 마련했다는 평가를 받을까요? 그리고 근대성에 대한 비판이 데카르트에 대한 비판에서 시작하는 까닭은 무엇일까요?

○   **책상 군, 이리 와서 여기에 서 있게. 꼼짝하지 말고!**

데카르트의 철학은 주체성의 철학입니다. 주체는 모든 것의 바탕에 있고, 모든 것은 주체에 의해 인식되어야만 참되게 존재할 수 있습니다. 주체는 다른 모든 것을 확실성의 기준에 따라 파악하고, 그것들에 이 기준을 부여합니다. 그래서 근대적 주체성이 전면에 등장한 뒤에는 더 이상 존재하는 사물이 진리의 기준이 되지 않습니다.

데카르트는 주체와 이성 능력을 중심에 둡니다. 이 점 때문에 철학과 사고의 방향이 크게 바뀌죠. 우리가 철학적 근대성이라고 할 때에는 데카르트적 사고방식이 중심에 놓입니다. 근대 이후의 철학이 모두 '데카르트주의'인 것은 아니지만 이런 방향전환과 그것에 따른 파급효과를 완전하게 벗어나기는 어렵죠. 아직도 데카르트의 정신은 살아 있기에 근대를 넘어서려는 논의는 데카르트를 비판해야만 새로운 입지를 마련할 수 있습니다.

하이데거(M. Heidegger)에 따르면, 데카르트는 근대 형이상학의 기초를 마련했습니다. 근대적 주체를 전면에 내세워 인간의 우월성과 인간의 새로운 지위를 주장할 수 있게 하지요. 인간이 자기 자신의 주인이 되고 스스로 법칙을 세운다고 보면, 이는 근대 주체의 자유가 그 바탕을 확립하는 것이 됩니다. 인간은 자신의 앎과 행위뿐 아니라 자신과 마주선 사물의 근거로 자리잡습니다. 모든 것의 근거가 된 인간은 이렇게 자기 자신의 주인이 됩니다. 데카르트는 "나는 생각한다. 나는 존재한다"는 명제가 모든 진리와 근대적 주체의 자유의 바탕이 되는 일차적 인식으로 봅니다.

근본 명제를 한 번 더 보죠. "나는 생각한다. (그러므로) 나는 존재한다 Cogito (ergo) sum; I think, (therefore) I am." 여기에서 '나는 생각한다'인 코기토(cogito)는 무슨 뜻일까요? 하이데거에 따르면 데카르트는 '생각한다'는 단어 대신에 '지각한다(percipere)'는 단어를 사용하죠. 이것은 단순히 알려고 하기보다는 어떤 것을 소유하거나 사태를 정복한다는 것을 뜻합니다. 그래서 이것을 '표상한다(vorstellen)'는 뜻으로 사용한다고 봅니다. '표상한다'는 것은 말 그대로 '앞에(vor) 불러 세운다(stellen)'는 뜻이죠. 부모가 아이를 야단치려고 할 때 앞에 불러 세우죠. "너, 이리 좀 와 봐. 할 이야기가 있어. 거기 바로 서." 선생님이 학생을 꾸중할 때에도 앞에 불러 세웁니다. "학생, 이리 와 이 앞에 좀 서 봐." 어른에게 불려가서 서 있는 것은 기분 좋은 일이 아니죠. 약간 기가 죽고 '또 무슨 일로 야단맞을까' 하는 걱정이 앞섭니다. 다시 말해 '앞에 불러 세우는 것'은 그 앞에 세워 놓은 자에게 영향력을 행사하겠다는 것이죠.

우리가 대상을 '표상하는' 것은 대상을 '앞에 불러 세우는' 것입니다. 대상은 우리를 향하고, 우리는 대상에게 어떤 명령을 하는 상황이죠. 이처럼 대상을 표상함은 대상이 주눅들게 하고, 표상하는 자가 '표상되는 것(represented being, vor-ge-stelles)'에 어떤 위력을 행사하죠. "자, 책상 군, 이리 와 여기에 똑바로 서 있게." 우리는 이렇게 시작하죠. 그다음에는 책상의 본질을 인식하기 위해 책상의 요모조모를 따져 봅니다. 눈으로 보고, 두드려 보고, 냄새 맡고, 들었다 놓았다 하고, 일부를 떼어 검사를 하기도 하죠.

책상은 꼼짝 못 하고 자기를 인식하려는 인간에게 자기를 내맡깁니다. 이때 인간은 인식하는 데에만 관심을 갖는 게 아니라 어디에 사용할지도 궁리하고 있죠. 책상은 인간이 자기를 어떤 용도로 사용할지 모르고, 또 알아도 어떻게 할 수 없습니다. 인간이 정한 대로, 인간에게 필요한 대로 사용되는 건 분명하겠죠. 이렇게 해서 책상은 그 자체로 존재하는 것이 아니라 '인간에게 표상된 것' '인식된 대상'으로 바뀌어 인간의 권한 아래 숨죽이고 있습니다.

하이데거에 따르면 '사고한다'는 항상 '의심하는(dubitans)' 것입니다. 곧 사고는 철저하게 검토하고 신중하게 계산하는 것으로, 단지 주어지는 인상을 받아들이거나 나타나는 대로 쳐다보는 것이 아니죠. 손을 뻗쳐 자기 앞에 세우는 것이고 사소한 애매함도 남기지 않도록 살피며 꼼꼼하게 따지는 것이죠. 이것은 확실하게 하는 것(sicher-stellen)이고, 안전하게 확보하는(sichern) 것입니다. 이 말들에 모두 '확실한(sicher)'이 들어 있는 점에 주목하세요.

그러므로 '의심한다'는 것은 '의심을 위한 의심'이라는 부정적인 태도가 아닙니다. '의심할 수 없는 것', 즉 '확실한 것'을 확보하려는 점에서 긍정적인 태도이죠. 따라서 표상작용은 앞에 불러 세워서 그것을 자신이 처리하고, 계산할 수 있는 것으로서 확실하게 확보하려는 것입니다. 그렇다면 이렇게 의심을 벗어날 수 없고 처리할 수 있는 것으로 확보되지 않는 것은 확실한 것도, 참된 것도 아니겠죠.

○   나는 '생각하는 나'를 생각한다

중요한 이야기니, 다시 한번 정리해 봅시다. 하이데거는 데카르트가 말하는 '사고(cogitatio)'의 참뜻을 알기 위해서 "나는 생각한다"를 "나는 생각하는 나를 생각한다"로 봅니다. 곧 내가 어떤 것을 표상함은 동시에 '나'를 표상하는 것이죠. 즉 나는 '표상하는 나'를 표상합니다(이것을 앞서 '자기의식'이라고 했죠). 인간의 표상작용은 사실상 표상하는 자기를 '자기가 표상하는(sich-vorstellen)' 것이죠.

어렵다면 이렇게 생각해 보세요. 나는 '생각하는 것'이죠. 그러면 생각하는 '나'는 누가 생각할까요? 만약 아무도 생각하는 나를 생각하지 않는다면 이상하죠. 바로 생각하는 내가 그런 나를 생각합니다. 이 점이 이해되지 않는다면, "나는 왜 조금만 복잡해지면 모를까" 하며 한탄하지 말고, 그렇게 모르는 나를 누가 안타까워하고 있는지를 살펴보세요. 바로 그렇게 안타까워하는 내가 내 생각을 하는 거죠. 그래서 표상하는 나는 (눈에 잘 띄지 않지만) 나의 모든 표상에 함께 들어 있답니다. 곧 표상하는 내가 표상작용의 바탕을 이룹니다. 간단하게 말하면, 내가 어떤 것을 생각할 때마다 항상 생각하는 나를 생각하는 나, 즉 나의 자기의식이 함께 따라다니죠.

　　"나는 이 꽃이 좋아"와 "나는 저 꽃이 싫어"라는 두 경우에 내가 꽃을 싫어하건 좋아하건 그렇게 싫어하고 좋아하는 '나를 의식 하는 나'가 있죠. 때로는 이 꽃을 좋아하고 때로는 저 꽃을 싫어하지 만 여전히 '같은 나'입니다. 표상하는 인간은 모든 표상에 개입하고, 이런 개입은 나중이 아니라 앞서 이루어지죠. 인간은 항상 '표상된 것 (대상)'을 자기 앞에 불러오는 방식으로 개입합니다. '표상하는 자'는 표상의 구조에 필수적이어서 '표상하는 주체'가 없다면 표상이 가능 하지 않습니다. 그런데 표상작용에는 표상하는 자와 표상작용이 함께 표상됩니다.*

　　이런 점에서 인간의 의식은 곧 자기의식이죠. 그래서 '대상 에 대한 의식'의 바탕에 자기의식이 작용하고 있습니다. 이런 자기의 식이 왜 중요할까요? 표상작용의 바탕에는 항상 '인간의 자아'가 있 죠. 내가 대상을 표상하면서 대상을 내 앞으로 불러오는데, 이런 작용 밑에 항상 자아가 있다면, 자아는 대상과 대상에 대한 표상의 근거가 될 겁니다. 이런 이유로 자아가 모든 것의 근거이고 본질인 것입니다.

○　　**인간은 대상을 재판하는 자, 세계를 짊어지고 있는 거인**

데카르트는 자아와 자기의식이 모든 것의 바탕에 있음을 보여 줍니 다. 이처럼 근거나 바탕에 놓여 있는 것을 실체(subiectum)라고 하죠. 이때 'subiectum'은 말 그대로 'sub(밑에, 근거에)' 'iectum(던져져 있 음, 놓여 있음)'을 뜻합니다. 이런 실체는 바로 인간이고, 인간은 대상 의 근거이자 뿌리인 셈이죠.

데카르트는 인간이 표상(표상작용+표상된 대상)의 근거이자 표상에 척도를 부여한다는 점에 주목했습니다. 그래서 모든 표상된 대상은 인간의 관할권 아래에 놓입니다. 데카르트는 대상을 앞에 불러 세우는 인간을, 대상을 판단하는 재판관으로 봅니다. 다시 말해 인간은 자신이 불러 세운 것이 존속할 만한 가치가 있는지, 견고한지, 인간에게 안정성을 주는지를 결정하는 재판관입니다. 이처럼 인간은 모든 것을 표상할 수 있고, 이런 표상에 척도를 부여하는 자로 세계를 짊어지고 있는 막강한 거인입니다.

이제 하이데거에 따라서 데카르트 형이상학의 근본 입장을 정리하면서 매듭을 지읍시다. 인간은 어떤 존재이며, 인간에게 불려 나온 대상들은 어떤 지위를 갖고, 이런 대상의 바탕이 되는 인간은 어떤 의미에서 주체가 되는지 정리해 볼까요?

○ **근대적 주체의 얼굴**

1) 인간은 어떻게 그 자신으로 존재하고, 자신을 무엇으로 알까

인간은 사물과 그것에 대한 모든 표상작용의 근거에 있는 '두드러진 근거'이죠. 모든 표상작용과 표상된 것은 이 근거 위에서만 세워집니다. 인간은 이러한 의미에서 모든 것 밑에 있는 것, 곧 실체입니다. 이

---

* 단순하게 말하면, 먼저 내가 있고 나서 대상을 아는 내가 있죠. 나의 인식작용은 크게 두 가지입니다. 내가 대상을 아는 작용과 내가 작용 자체를 아는 작용을 말하는데, 뒤쪽의 것이 인식작용의 바탕에 있습니다.

런 실체인 인간이 주체(Subjekt)가 되는 거죠. 근대 철학에서 인간 주체를 이야기하는 모든 것이 이런 주체를 말합니다. 그래서 데카르트는 근대 주체 철학의 아버지인 셈입니다. 그리고 인간이 아닌 것들은 주체와 마주한 객체(Objekt)의 자리에 놓이게 되죠. 이런 이유로 근대 철학은 주체-객체의 대립에 바탕을 둡니다. 이제 주체는 오로지 인간만을 가리키는 말이 됩니다.

2) 사물 존재는 어떻게 규정될까

사물은 그 자체로 존재하는 것이 아니라 주체에게 불려 나와서 주체 앞에 서 있는 것, 즉 표상된 것이 됩니다. 사물은 주체가 만든 표상 공간에 놓입니다. 이런 사고는 인간이 세계의 일부이고, 세계 안에 있는 한 존재자일 뿐이라는 사고방식과는 전혀 다릅니다. 인간은 이제 세계의 모든 것을 표상하는 자, 세계의 모든 것을 자기 앞에 불려 세우는 자가 됩니다. 우리에게 표상된, 불려 나와서 우리 앞에 서 있는 사물이 어떤 운명에 놓일지 짐작이 가나요?*

"나무야, 이리 와서 내 앞에 똑바로 서 봐. 어디 쓸 만한지 보자." "땅 밑에 숨어 있는 철광석도 이리 올라와. 너는 왜 순수한 상태가 아니어서 말썽이니? 너를 용광로에 넣어 철 성분만 빼내 따로 써야겠다." 이처럼 사물의 존재와 의미는 주체인 인간에게 내맡겨집니다. 사물은 인간 앞에 불려 나와 확실하게 표상된 것으로 바뀌고, 인간은 사물을 남김없이 탐구해 지배하고 정복할 능력을 마련합니다. 꽃이나 나무, 광석, 석유가 원래 어떻게 존재하고, 어떤 의미를 갖는지는 중요하지 않습니다. 인간은 자신의 관점에서만 사물을 보죠. "이 꽃은 참 아름다워. 이 꽃은 우리를 즐겁게 하기 위해 아름답게 피어나는구나." "석유는 꽤 유용하지."

이때 인간의 생각이란 사물을 인간의 가치 평가표에 따라 점

수 매기거나, 어디에 이용할지 궁리하는 사고 활동입니다. 이런 사고는 철저하게 사물이 인간에게 어떤 봉사를 할지에 관심이 있습니다. 인간은 자신과 나무의 관계를 항상 자신과 나무의 이기고 지는 싸움 또는 자신은 살고 나무는 죽어도 좋다는 틀로 봅니다. 인간이 나무를 위해 한 것이 무엇인지 모르겠지만 나무는 인간을 위해 자신의 모든 것을 바칠 수밖에 없습니다. 여기에서 '아낌없이 주는 나무'와 인정사정없이 빼앗는 인간의 관계가 만들어집니다. 나무가 아낌없이 준다기보다는 인간이 나무를 아낌없이 이용하죠.

인간 이외의 존재, 특히 생명 없는 자연에 대해서 수학적으로 파악할 수 있고 확실하게 계산할 수 있는 측면이 '연장(extensio)'입니다. 자연은 '연장된 것(res extensa)'으로 파악되며 이런 해석은 근대 과학기술과 연결됩니다. 인간은 세계를 지배하고 이용하기 위해 자신의 모든 능력을 계발합니다. 근대 인간은 세계와 벽을 쌓지 않고 앞으로 나아갑니다. 세계를 발견하고, 정복하고, 탐구하고, 통치하고, 지배하는 길로 달려나갑니다. 그렇게 주체가 됩니다.

3) 진리는 무엇일까

데카르트가 등장하기 전, 진리는 '인식과 사물이 일치하는 것'으로 이해되었습니다. 이 틀은 인식이 목표로 삼은 사물과 일치하거나 대응

---

* 이런 이야기가 사물은 표상일 뿐이고 관념적인 것이 되었다는 뜻은
아닙니다. 표상된 사물이 가짜로 존재한다는 뜻도 아니고요.
다만 인간에 의해서 규정된 상태로 있다는 뜻이죠.
더 쉽게 이야기하면 사물은 인간에게 쓸 만한 것으로 바뀔 때에만
존재 가치를 인정받는다는 것입니다.

될 때 그 인식을 참된 인식이라고 봅니다. 여기에서는 대상을 있는 그대로 포착하는 것이 중요합니다. 이 틀은 인식이 대상을 따라가야 한다고 보고 대상을 중심에 두죠. 이런 경우에 인간은 대상을 장악하기보다는 대상과 조화를 이루려고 노력합니다.

데카르트는 이 틀을 뒤집었습니다. 그는 '확실성'이라는 진리 기준을 내세우며 대상이 이 기준에 따를 것을 요구하죠. 데카르트처럼 인식을 사고작용이나 지각작용으로 본다면, 주체가 자기 앞에 불러 세운 것 가운데 확실하다고 확신한 것만이 표상된 사물로 존재합니다. 따라서 참된 것은 확실한 것이고 이제 진리는 확실성이 됩니다. 인간은 이런 확실성을 통해 주체인 자신을 확신하고 자신의 안전을 확보하죠.

이런 확실성을 마련하기 위해서는 방법이 중요합니다. 단순히 차례대로 지식을 고찰하고 증명하고 편성하는 것으로는 부족하죠. 방법은 사물을 객체로 삼기 위해 그것을 확보하고 정복하는 방식으로 사물에 달려듭니다.

4) 인간은 존재하는 것에 대한 진리 척도를 어떤 방식으로 정하는가

인간이 '실체'이고 존재하는 사물은 '표상된 것'이고, 진리는 '확실성'이기 때문에 인간은 존재하는 모든 것을 관장합니다. 만물을 재는 '자'는 인간에게서 나오고 인간은 자신의 자로 모든 것을 평가합니다. 이런 자가 바로 지상의 척도이죠. 이것을 단순하게 표현하면, 인간은 자기가 원하는 대로 세계를 지배하는 위치에 서 있다는 겁니다. 어떤 것이 존재하는지, 존재할 가치가 있는지 정하는 것은 주체인 인간에게 맡겨집니다. 인간 자신은 어떤 관점에도 얽매이지 않습니다. 인간은 세계를 지배하기 위해 앞서서 달려갑니다(vor-gehen). 사물과 인간의 경주에서 인간이 이기죠.

존재하는 것에 척도를 갖다 대는 인간은 이 척도를 자기에게서 취하고, 자기를 위해 사용합니다. 즉 자기가 척도라는 뜻입니다. "나는 세상의 척도이니 모든 것을 이것으로 재겠노라. 나 이외에 다른 자는 없으니 모두 내 앞에 나와서 평가받을지어다!" 이런 틀에서만 근대적 주관주의와 근대적 주체성이 마련될 수 있겠죠. 이런 주체는 존재하는 것 모두를 찾아내고, 인식하고, 통제하고, 지배할 수 있는 것으로 만듭니다. 인간이 세계의 주인인 이유는 이런 탁월한 능력을 가졌기 때문이죠.

○　'생각하는 나'에 대한 다른 생각들

데카르트 철학을 이해하는 방식은 많습니다. 지금까지 소개한 것도 그 가운데 하나이죠. 여러분은 "나는 생각한다"를 어떻게 해석할 건가요? 자기 나름대로 해석할 수 있을까요?

다음으로 현대 프랑스 철학자 두 사람의 해석을 간단하게 소개하죠. 먼저 "나는 생각한다"고 할 때, 나는 어떻게 생각하나요? 앞서도 밝혔지만 나는 이성적으로 생각하죠. 따라서 "나는 이성적으로 생각한다. 그러므로 나는 존재한다"가 됩니다.

미친 사람처럼 생각하면 어떻게 될까요? 미친 사람은 이성적으로 생각하지 않습니다. 그런데 비이성적으로 생각하는 것도 생각하는 것일까요? 데카르트의 틀에 따르면 비이성적으로 생각하는 것은 제대로 생각하지 않는 것이고, 극단적으로 이야기하면 생각하지 않는 것이 되죠. '나는 미친 생각을 한다'고 한다면, 나는 제대로 존재하지 않거나 아예 존재하지 않는다고 할 수 있습니다. '나는 미친 생각을 한다'는 '나는 생각하지 않는다'와 같죠. 비이성적으로 생각하는, 아니 생각하지 않는 자는 존재하지 않거나 존재할 가치가 없습니다.

이런 점에서 "나는 생각한다"는 명제가 사람을 두 부류로 나누는 기준이 됩니다. 이성적으로 생각하는 쪽과 그러지 않는 쪽으로 말이죠. 예전에는 정신에 이상이 생겨 이성적으로 생각하지 않는 사람을 미친 사람, '광인(狂人)'이라고 했는데 요즘은 조현병 환자라고 부르며, 의학적으로 치료받아야 하는 존재로 봅니다. 정신병원이 생긴 것은 그리 오래된 일이 아닙니다. 이성을 기준으로 인간을 나눈다면, 비이성적인 미친 자들은 인간의 자격을 갖추지 못했고 이성적인 사람들과 함께 살 수 없는 자들입니다. 그들의 말은 헛말이고, 그들의 행위는 무의미한 짓이기 때문이죠.

이성만으로 이루어진 세계를 건설하려면 이런 비이성적인 자들을 사회 바깥으로 추방해야 합니다. 그곳이 현대적 시설인 정신병원일 수도 있죠. 이성으로 건설된 사회는 광인들을 이성 바깥으로, 치료 공간에 감금해 놓고 그들을 치료한다는 명분을 내세우죠. 그들이 치료를 받아야 하는지, 그들처럼 생각해서는 왜 안 되는지, 그런 기준을 누가 정하는지 모르지만 이성의 수호자들은 그들을 받아들일 수 없습니다.

푸코(M. Foucault)는 광인이 어떻게 이성에 의해 다양하게 규정되고, 감금되고, 정신병원에 갇히게 되는지를 《광기의 역사》라는 책에서 추적하죠. 이성과 그것의 한 부분인 정신병리학은 비이성을 부정하고 추방합니다. 이성과 비이성을 나누는 기준은 이성에 의해 정해집니다. 광인들은 그들의 비이성을 버리고 이성의 치료를 받을 때에만 이성의 공간 안에서 살 자격이 주어집니다. 이처럼 이성의 참된 언어와 기능은 비이성을 추방하는 근거를 제시합니다.

푸코는 데카르트가 광인을 추방했다거나 데카르트의 사고를 정신병리학과 정신병원의 선구자로 보지는 않습니다. 하지만 이처럼 이성과 비이성을 나누는 기준은 이성이 주도하는 문화에서 비이성을 배제하는 길을 열 수 있음을 보여 주죠. 또 이성이 건설하려는 이상적인 공간의 뒤쪽에 어두운 공간이 숨겨져 있고, 그곳에 이성의 타자가 추방될 수밖에 없음을 보여 줍니다.

이제 남성이건 여성이건, 좌파이건 우파이건, 지배계층이건 그렇지 않건, 사회적 능력이 있건 없건 간에 모두 미친 사람을 사회 바깥이나 정신병원으로 추방하자는 데에는 아무 이견이 없습니다. 이성의 눈으로 볼 때 미친 사람은 '우리'나 '자기'가 아니라 '그들'이거나 '타자'일 뿐입니다. 그래서 비이성에 빠진 사람은 자기 의사와 무관하게 감금되어서 이성의 치료를 받고 이성에 항복하지 않고는 그곳에서 나올 수 없습니다.

그곳은 치료하는 곳이지만 들어가는 사람만 있고 나오는 사람은 없습니다. 또 그곳에 들어가면 절대로 해서는 안 되는 말이 있죠.

"나는 미치지 않았어." 이 말은 커다란 주사기와 힘센 간호사의 신경질적인 반응을 부릅니다. 오히려 "그래, 나는 미쳤어"라고 해야 치료가 좀 부드러워집니다.

앞서 프로이트(S. Freud)의 정신분석학을 언급한 적이 있습니다. 프로이트에 따르면 인간을 움직이는 힘은 의식이 아니라 무의식에서 나오죠. 프로이트는 무의식을 발견해 의식을 중심에 둔 사고틀을 전복합니다. 무의식으로 인간을 이해할 때 인간은 자기라는 집의 주인이 아닙니다. 자기가 알 수 없고, 자기가 장악할 수 없는 무의식적 욕망(특히 성적 욕망)에 의해 움직입니다. 그러니 자기 행동의 동기를 의식할 수 없죠. 의식적 주체와 이성을 무의식적 욕망이 얼마든지 무력하게 만들 수 있습니다.

라캉(J. Lacan)은 이런 프로이트의 무의식을 전면에 내세웁니다. 의식과 이성, 주체의 틀로도 뚫고 들어갈 수 없는 무의식을 살핍니다. "나는 생각한다. 그러므로 나는 존재한다" 대신에 라캉은 "나는 내가 존재하지 않는 곳에서 생각하고, 내가 생각하지 않는 곳에 존재한다"고 이야기하죠. 이렇게 되면 '나는 생각한다'와 '나는 존재한다'가 연결되지 않습니다.

라캉은 프로이트를 소쉬르(F. Saussure)의 구조언어학의 틀에 연결시킵니다. 그래서 욕망은 언어처럼 구조화되어 있고, 무의식이 '타자의 담론'이라고 말하죠. 우리의 욕망은 언어의 구조에 사로잡혀서 개인들을 적절하게 배치하는 언어 구조가 개인들의 욕망을 규정한다고 보죠. 꽤 복잡한 이야기지만, 무엇보다도 이렇게 되면 주체의 자리가 위태로워집니다.

간단하게 이야기해 봅시다. "나는 생각한다"는 명제에서 이 말을 하는 자는 누구일까요? "나는 생각한다"는 분명히 '말해진 것 (énoncé)'이죠. 말해진 것은 '말하는 작용(énonciation)'의 산물이고요. 이렇게 '말하는 자기'가 '말해진 자기'보다 앞서겠죠. 그러면 '나는 생각한다'고(생각하는 자기가 아니라) '말하는 자기'는 누구일까요? 이 점을 보면, 데카르트의 '생각하는 나' 그리고 '생각하는 나를 생각하는 나'보다 이것을 '말하는 나의 작용'이 더 앞서겠죠.

　　이때 말하는 나는 '무의식의 나'이고, 더 정확하게 말하면 말하는 나를 말하게 하는 '말의 구조'입니다. 무의식적 욕망의 세계에 나는 없고 '말의 구조'가 있을 뿐이죠. 라캉은 이것을 타자(autre)라고 부릅니다. 무의식적 욕망은 타자라는 말의 관계망 안에서만 말할 수 있습니다. 하지만 나의 말이 나의 욕망을 표현할 수는 없습니다. 우리는 언어가 짠 그물망 안에서 욕망의 대상을 추구하고, 그것으로 만족을 얻으려고 하지만 그것은 계속 어긋나고 미끄러질 뿐이죠. 이런 설명은 궁금증만 더할 뿐이겠지만, 이런 논의가 주체의 지위를 위태롭게 함을 알 수 있을 겁니다.

감성과 오성이 협력하는 방식

이야기를 하다 보니 인간이 무엇을 어디까지 알 수 있는지, 알 수 없는
것은 어떤 것인지 궁금해집니다. 세계를 인식할 때 인간은 어디까지,
얼마나 참되게 알 수 있을지 이번 시간에는 철학자 칸트를 모시고 이성
의 능력을 검토해 보겠습니다.

○   **서로 다르게 보는 안경**

"여러분이 보고 있는 이 칠판은 무슨 색입니까"라고 물으면 여러분
은 "초록색입니다"라고 대답하겠죠. 이것을 의심할 사람이 있을까
요? 칠판이 초록색이라는 사실을 부정할 사람이 있을까요? 근대 철
학을 완성한 칸트(I. Kant)는 이렇게 다르게 대답합니다. "칠판이 우
리에게는 초록으로 보이지만, 사실은 칠판이 원래 무슨 색인지 알 수
없다. 우리는 원래의 색을 모른다." 다른 사람도 아니고 대철학자 칸
트의 이야기인지라 어떤 이유에서 그렇다는 것인지 천천히 살펴봐야
할 것 같습니다.

여기에 칠판이 있습니다. 사람들에게 칠판의 색이나 형태를 물어보면, 감각기관에 특별한 이상이 없는 한 색이나 형태에 대해서 다르게 이야기하는 경우는 없겠죠. 그런데 우리 인간끼리만 모여서 똑같이 답하면 그 답이 객관적인지, 우리끼리 짜고 그러는 것인지 알 수 없으니 다른 동물에게도 그렇게 보이는지 살펴볼까요? 물고기, 소, 개미, 쥐, 독수리, 벌 등을 불러서 칠판이 어떻게 보이는지 들어봅시다. 다양한 동물이 같은 칠판을 똑같이 볼지, 다르게 볼지가 문제입니다.

먼저 황소 씨를 불러 봅시다. 황소 씨가 이리 오는 도중에 신호등 앞에서 쩔쩔매고 있군요. 왜 그럴까요? 신호등을 처음 봐서 그런 것 같지는 않은데…… 확인해 보니 황소 씨는 신호등 건너는 것을 미리 연습까지 했답니다. "황소 씨, 빨간불이 켜지면 멈추어 기다리고, 초록불이 켜지면 건너면 됩니다." 그런데 이 황소는 연습을 꽤 했는데도 빨강과 초록을 구별하지 못하는 것 같군요. 왜 신호등 앞에서 쩔쩔매냐고 물으니 사정을 하소연합니다. "빨간불과 초록불이 분간이 안 돼요. 위에 있는 불(빨간불)이 켜질 때 서고, 아래 있는 불(초록불)이 켜질 때 건너가면 되나요?"

소의 색 감각이 우리와 다르다는 점을 미처 생각하지 못했군요. "미안해요, 황소 씨. 앞으로는 아래, 위가 켜지는 것으로 신호를 구별해서 신호등을 건너세요." 우리는 빨간색과 초록색이 달라 보이지만 소는 그것을 구별하지 못하니 어쩌겠습니까. 우리끼리 하는 이야기지만 황소 씨는 적록색맹이군요.* 이제 황소 씨와 함께 칠판 앞으로 가 봅시다. 우리의 색 감각과 다르긴 하지만, 황소 씨는 칠판이 초록색이라고 하는 우리의 주장에 고개를 끄덕일 것 같네요.

그런데 소만 우리와 색 감각이 다른 것은 아닙니다. 예를 들어 벌은 삼원색인 빨간색, 초록색, 파란색에서 빨간색을 보지 못한다고 하죠. 하지만 우리와 달리 자외선을 볼 수 있답니다. 같은 꽃이라도 벌과 우리는 다른 색의 꽃으로 보겠죠.

색깔뿐 아니라 공간 감각도 다른데, 칠판 앞으로 가서 한두 가지 예를 봅시다. 어항에서 우아하게 춤을 추고 있는 금붕어를 불러 올까요? 엄숙한 자세로 우리의 연구에 협조할 것을 요청하고 칠판의 색을 물어보려 합니다. "금붕어 씨, 여기에 평평하고 반듯하게 놓여 있는……" 하고 말하려는데, 금붕어 씨가 되묻습니다. "저기요, 평평한 것이 어디 있다는 건가요?" "여기에 있는 칠판이 보이지 않나요?" "그게 칠판인지는 아는데, 저는 전부터 궁금한 게 있어요. 왜 사람들은 가운데가 불룩 튀어나온 것에 글씨를 쓰는 거죠? 가운데 글씨는 크고 주변 글씨는 휘어진 데다 작아서 잘 보이지도 않는데 말이에요. 이왕이면 평평한 판에다 쓸 수는 없나요?"

갑자기 말문이 막히는군요. 이 칠판이 튀어나와 보인다고요? 물고기는 우리와 공간을 지각하는 방식이 다르군요. 그렇다면 금붕어에게 사람의 얼굴은 얼마나 재미있게 보일까요? 우리가 물고기의 눈을 흉내낸 어안(魚眼)렌즈를 쓰면, 칠판도 불룩 튀어나와 보이겠죠. 우리 모두가 코주부가 아니라는 사실을 금붕어에게 알려 주고 싶지만, 달리 표현할 방법이 없군요.

두더지와 박쥐도 부르겠습니다. 날이 좀 어두워져서 불을 켜

---

* 그렇다면 투우장에서 투우사가 황소 앞에서 휘두르는 빨간색 천은 어떻게 된 거죠? 관중을 흥분시키는 강렬한 빨간색 천에 칼을 숨긴 투우사는 달려드는 황소를 이리저리 유인하면서 피하고, 계속 허공을 들이받던 소가 지칠 때쯤이면 투우사의 망설임 없는 칼끝에 소가 쓰러집니다. 투우사가 흔드는 빨간색 천은 소가 아니라 관중을 흥분시키기 위한 것이로군요.

PART 6
감성과 오성이 협력하는 방식

343

놓았는데, 이 친구들은 불을 켜든 말든 아무 상관이 없다고 합니다. 땅속에서 생활하는 두더지의 시력이 0에 가깝다는 것은 이해가 되죠. 땅을 파는 데 눈이 좋으면 뭐하겠어요. 이 친구는 칠판을 보는 것이 아니라 만져 볼 테니 색을 묻는 것은 실례가 되겠군요. 박쥐는 음파를 이용해 공간의 굴곡을 지각한다고 합니다. "칠판이라는 것은 매끈매끈하군요. 내가 사는 동굴에는 이처럼 매끈한 것은 없어요. 참 신기하네요"라고 말하겠네요. 어두운 동굴에서 생활하는 박쥐의 시력을 생각하면 역시 색을 물어보기는 곤란하겠군요.

하나의 칠판을 놓고 보더라도 동물은 저마다 대상을 지각하는 방식이 달라서 누구는 이런 색, 누구는 저런 색, 누구에게는 매끈한 것이 다른 누구에게는 울퉁불퉁한 것으로 지각됩니다. 그런가 하면 제비는 시속 200킬로미터로 날 수 있는데, 여러분이 시속 200킬로미터로 달리면 주변 사물이 잘 구별되지 않을 겁니다. 이런 제비의 눈을 가진 야구선수가 있다면 아무리 강속구인 공이 날아오더라도 움직임이 보일 테니, 가공할 만한 타력을 갖추게 되지 않을까요? 독수리는 한술 더 뜹니다. 이 친구는 하늘 높이 원을 그리며 날다가 먹이가 있는 낌새가 보이면, 카메라의 줌업 기능처럼 필요한 부분만 정확하게 포착해서 먹이를 낚아챈다고 합니다.

공간을 다르게 지각하는 또 다른 예를 볼까요? (약간 억지스럽지만) 개미나 뱀은 공간 이동을할 때 선처럼 움직이니까 2차원 공간 이동을 합니다. 길 가운데 벽돌이 놓여 있는 경우, 이 길을 개미는

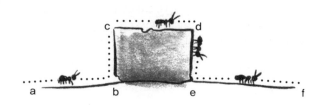

a-b-c-d-e-f를 직선상으로 연장해 움직입니다.

우리는 이와 달리 벽돌을 넘어서 3차원 공간 이동을 합니다. 한 걸음에 a-f로 갈 수 있죠. 아니면 재미로 a-c로 갔다가 e를 거치지 않고 f로 갈 수도 있습니다. 이 경우에 개미와 우리는 서로 다른 공간에 살고 있는 셈이죠.*

지금까지 인간은 다른 동물에게 별 관심이 없었습니다. 특히 인식의 문제를 다루는 철학자들은 동물을 열등한 존재로 보고, 동물이 칠판을 어떻게 보는지 관심이 없었죠. 그런데 인간 인식을 검토하는 과정에서 동물이 저마다 다르게 본다는 점이 부각되면 인식의 문제가 조금 복잡해지겠죠.

지금부터는 동물과 우리가 세계를 똑같이 보는지 확인하고, 모두에게 공통된 인식이 가능한지 살펴보려고 합니다. 하나의 칠판을 앞에 두고 각 동물 종이 모여서 칠판의 모습을 규정할 때 과연 하나의 보편타당한 결론이 나올까요? 우리가 주장한 칠판의 모습과 물고기, 황소, 두더지, 독수리 등등이 주장한 칠판의 모습 가운데 어느 것이 가장 올바를까요? 우리는 당연히 우리의 주장이 옳다고 하겠지만 반드시 그럴까요? 이 난국을 어떻게 해결해야 할까요? 서로 맞서는 주장이 칠판을 두고 어지럽게 펼쳐진 가운데 칠판이 원래 어떤 것인지를 아는 것은 포기하고, 상황을 정리해 봅시다. 이때 난처한 점은

* 여기서 어느 공간이 더 공간의 본질에 가까운지는 알 수 없습니다. 3차원 공간 이동을 하는 경우는 2차원 공간보다 한 차원이 더 있죠. 만약 나중에 공간을 3차원이 아니라 4차원의 방식으로 이동하는 방법이 개발된다면, 우리는 새로운 공간을 경험하게 될 겁니다. 이 경우에 4차원을 진짜 공간으로 나머지를 불완전한 공간으로 볼 수는 없겠죠.
예를 들어 앞으로 가다 보면 뒷면이 나오는 '뫼비우스의 띠' 모양이라든가, 안과 바깥이 하나로 연결된 '클라인의 병' 모양에서 경험하는 공간은 다른 것이죠.

A, B, C, D, E라는 각 동물 종이 보는 칠판 a, b, c, d, e가 저마다 다르다는 겁니다. 이것이 모두 같다면, 아니 적어도 이 중 같은 것이 두 개라도 있으면 얼마나 좋을까요? 그렇다면 인간이 보는 칠판도 이 여럿 가운데 하나일 뿐이겠죠.

그나마 확실한 것은 같은 대상이 각 동물 종마다 다르게 보인다는 것입니다. 여기에서 다른 것은 칠판 자체, 원래의 칠판이 아니라 각 동물 종에게 보이는 칠판이죠. 각 동물 종은 자기에게 나타난 칠판을 보며 나름의 방식으로 칠판을 구성해서 그것이 칠판이라고 주장하겠죠. 즉 칠판 자체는 하나이지만, 각 동물 종이 보는 칠판은 여럿인 셈입니다.

○ **어느 안경이 가장 좋은가**

왜 같은 대상을 다르게 보는지 살펴봅시다. 어느 종의 시력이 나쁜지 좋은지 살피는 것이 아니라, 다르게 볼 수밖에 없는 까닭을 아는 것이 중요하죠. 이것을 설명하기 위해 가설을 하나 세워 봅시다.

모든 사람이 태어날 때부터 빨간 안경을 쓰고 있다고 해 보죠. "으앙!" 소리와 함께 세상에 나온 아기들은 처음에는 눈이 잘 안 보이죠. 몇 달이 지나 형체와 색이 보이고, 드디어 소리와 냄새, 분위기로 분간하던 엄마와 아빠의 얼굴을 보게 되었다고 합시다. 그때 그들은 빨간색 얼굴로 웃고 있는 엄마와 아빠를 보지 않겠습니까? 방도, 장난감도 모두 빨갛게 보일 겁니다. 세상은 빨간색 일색이어서, 그 밖의 다른 색도 진하고 옅은 빨간색으로 구별될 뿐이죠.

이때 인간이 보는 세계는 우리가 쓰고 있는 안경알 색깔 때문에 그렇게 보이는 거죠. 대상은 우리에게 이미 빨간색으로 칠한 상태로 나타나고, 우리는 그것을 원래의 색인 듯 보게 됩니다. 우리가 이런 '안경-눈'을 버리지 않는 한 다르게 볼 길은 없습니다. 세계는 이런 안경-눈을 통하지 않고는 보이지 않을 테니까요.

'빨간 안경' 가설에서 이 안경알을 우리의 시각기관으로 바꾸어 볼까요? 우리가 보는 것은 '우리 눈에 의해서' 보이는 것이고 우리 눈에 앞서 존재하는 원래의 세계는 아니겠죠. 우리 눈을 통해 대상을 보기 때문에 대상의 원래 모습을 보는 것은 포기해야 하는 안타까움이 있지만, 이것이 바로 우리가 대상을 보는 조건입니다. 즉 모든 시각 경험은 이런 조건에서만 가능하죠.

저마다 다른 동물 종이 보는 저마다 다른 세계를 이야기했지만, 그나마 내가 쓰고 있는 안경과 다른 사람이 쓴 채 있는 안경이 같다는 점이 다행스럽습니다. 안경이 저마다 다르다면(이런 골치 아픈 가정을 하는 철학자도 꽤 있습니다) 우리는 저마다 다른 세계를 본다고 해야겠죠. 어쨌든 인간은 같은 지각기관을 갖고 있기에 대상의 색이나 형태를 똑같이 봅니다. 즉 우리 모두는 칠판이 초록색이고, 매끈하고, 평평하다고 한목소리를 냅니다. 그렇다면 각 동물 종이 칠판을 다르게 보는 것은 저마다 다른 안경을 쓴 채 보기 때문이라고 설명할수 있죠. 신은 우주에 안경을 하나만 만들어 놓지 왜 수고스럽게 여러개를 만들어서 하나의 세계를 이토록 다양하게 보도록 하실까요?

어떤 분은 "제발 각 동물 종이 칠판을 다양하게 본다는 이야기로 헷갈리게 하지 말고, 칠판이 원래 어떤 것인지를 이야기하라"고 할 수도 있습니다. 물론 그것은 중요한 문제이죠.

"어느 동물 종이 대상을 원래의 모습 그대로 보는가"라고 묻는 것은 "어느 종이 쓰고 있는 안경이 올바르고 최상의 것인가"를 물어보는 것입니다. 과연 어느 것일까요? 인간의 것인가요? 인간만 이런 질문을 하고 고민하니 우리를 기준으로 삼아도 될까요?

"지상에 척도가 있는가"를 묻는다면, 우리는 어떻게 답할 수 있을까요? 하나가 아니고 여럿이 있을 뿐입니다. 그 가운데 어느 것이 가장 올바른가요? 올바름과 그름을 구별하는 것은 그 가운데 어느 하나를 기준으로 정할 때 가능하죠. 아직은 알 수 없으니 차근차근 살펴보는 게 좋을 것 같네요. 우리는 안경이 하나가 아니라 여럿이라는 것, 그래서 각 안경에 비치는 세계가 다르다는 것을 확인했습니다. 안경을 쓰지 않은 상태에서 객관적인 품질 검사가 가능할까요? 안경

● 우리가 감지하지 못하는 것들을 예로 들어 볼까요? 배가 침몰하기 전에 쥐들이 갑자기 바다로 뛰어들거나, 지진이 나기 전에 동물들이 떼지어 이동하는 경우를 다큐멘터리 등을 통해 접한 적이 있을 겁니다. 이 동물들은 우리가 듣지 못하는 소리를 들었거나 어떤 낌새를 알아챘기 때문에 그런 이상행동을 했겠죠. 우리는 배가 가라앉고 땅이 갈라질 때에야 사태의 심각성을 깨닫고 움직이죠.

쥐들은 지진이 나기 전에 미리 알고 재빨리 다른 곳으로 피한다고 합니다. 우리한테는 들리지 않는 어떤 신호를 감지한다고 하니 신기할 따름입니다.

우리는 우리가 들을 수 있는 범위 안의 소리만을 선택적으로 듣죠. 30데시벨 정도의 작은 소리는 들을 수 없습니다. 핸드폰의 1~2기가 헤르츠 음파가 우리 주변을 수없이 지나가지만, 핸드폰을 켤 때만 들을 수 있는 소리로 전환되는 거죠.

을 벗는다면, 우리는 대상의 참모습이 아니라 아무것도 보지 못하게 되죠. '안경 가설'을 통해 말하고자 하는 바는 어느 종도 원래의 칠판을 보지 못하고 자기에게 보이는 칠판을 볼 뿐이라는 것입니다.

내가 책상을 인식하려는데 책상이 자기 모습을 그대로 보여주려고 통째로 내 머릿속에 들어온다면 내 머리는 남아날 수 없죠. 다행히 책상 이미지가 살짝 들어와 내 마음에 마음-그림(표상)을 그려 놓으면 이 표상을 책상 대용으로 삼을 수 있습니다. 이런 까닭에 우리가 보는 대상과 대상 자체가 같다고 믿어서는 안 됩니다. 각 동물 종이 나름의 안경으로 본다는 것은 대상 자체를 '그대로 본다'는 것이 가능하지 않다는 말이기도 합니다. 우리가 안경을 통해 본 대상은 대상 자체가 아니라 우리에게 나타난 대상, 현상(現象)인 거죠.

대상을 제대로 보는지 따지기 전에 우리가 대상을 어떤 조건에서 보는지 살피는 것이 중요합니다. 우리가 대상을 그대로 보는 것이 아니라 안경을 쓰고 본다면 어떤 안경을 쓰고 있는지, 그 안경은 믿을 만한 것인지 등을 살펴야 합니다.

○   **진리의 재판정을 열자**

어떤 사연으로 각 동물 종이 사물을 다르게 보는지 알게 되었으니, 인간이 어떤 조건에서 무엇을 어떻게 보는지 알아야 하지 않을까요? 우리 문제를 미룰 수는 없으니까요. 우리는 대철학자 칸트에게서 이 문제의 해답을 얻고자 합니다.

칸트의 주도로 '진리의 재판정'을 열어 볼까 합니다. 이 재판정은 각 동물 종마다 세계를 다르게 보는 데서 생기는 인식의 혼란상을 극복하고자 합니다. 이 재판정은 다음을 명심하고 있습니다. 진리는 보편적이고 필연적이어야 하므로, 변할 수 있거나 우연적이어서 특수한 경우에만 타당하거나 시간에 따라서 들쭉날쭉해서는 안 된다는 것을요. 한마디로 진리마을에서 오류를 추방하고, 진리에게만 시

칸트는 60세에 《순수이성 비판》(1781)을 출간합니다. 평생 갈고닦은 솜씨를 잘 갈무리했다가 환갑이 되어서야 철학의 역사를 바꾸어 놓은 저작을 내놓죠. 칸트가 없는 근대 철학도, 그 이후 철학에서의 다양한 논의도 이 책을 중심에 두고 이루어졌다고 해도 과언은 아닙니다. 젊고 팔팔한 사람이 아니라 원숙기에 이른 노인이 이런 중심 논제들을 철학마을에 휙 던져 놓았다는 점에서 칸트의 뒷심을 알아줘야 합니다.

그래서 일찍이 천재성을 보이지 못한 대기만성형 철학자들은 자기도 60세가 되면 세상을 놀라게 할 책을 쓸 것이라고 주장하곤 합니다. 칸트라는 전례가 있기 때문에 무시할 수 없는 멋있는 핑계라고나 할까요? 이 나이에도 칸트 흉내내기에 바쁘고 해설서를 쓰면서 시간을 보내는 저 같은 철학자에게 아직 늦지 않았다고 희망을 주는 칸트는 고마운 선배입니다.

《파브르 곤충기》의 저자 파브르도 이와 비슷하죠. 파브르(J. Fabre)는 55세에 이 책의 첫 권을 선보였고, 마지막 10권을 84세에 완성했답니다. 파브르의 지칠 줄 모르는 노력이 과학계에 얼마나 많은 기여를 했는지 잘 알 테니, 여러분도 나이 타령일랑 그만하고 무엇이든 지금 시작하세요.

민권을 주고자 합니다.

여기서는 칸트의 충고에 따라 인간만으로 구성된 재판정을 열기로 했습니다. 겸손한 칸트는 자신이 아니라 이성이 재판정을 주재해야 한다고 주장하며 거절했지만, 저희가 네 번이나 찾아가 간곡하게 부탁하자 마지못해 인간의 대표 자리를 수락했습니다. 아마 가장 훌륭하고 사심 없는 재판관이 아닐까 생각합니다.

기존의 형이상학자들은 인간의 인식능력을 철저하게 검토하지도 않고, 모든 것을 모조리 파악할 수 있는 것처럼 주장했습니다. 이들은 진리를 얻고자 하는 욕심 때문에 인간의 인식능력으로 알 수 없는 것까지도 잘 알고 있는 것처럼 주장했습니다. 이 재판정은 이를 방관하지 않겠다고 합니다. 듣기 좋은 주장이나 확실하지 않은 의견을 화려한 말솜씨로 포장해, 진리를 추구하려는 이들을 기만한다면 '진리모독죄'로 고발하기로 했습니다.

이제 인간이 자기의 인식능력을 잘 사용하는지, 자기 능력 너머의 것을 넘보는 것은 아닌지, 인식할 수 있는 경우에는 어디까지 가능한지, 또 어떤 확실성을 갖출 수 있는지 등을 살피려 합니다. 진리를 추구할 자격을 갖춘 인식능력을 비판적으로 검토함으로써 무너지지 않을 토대를 세우는 것이 칸트의 야심 찬 계획입니다. 재판장은 이 작업과 관련해 이런 질문을 마련했습니다. "나는 무엇을 알 수 있는가." "나는 무엇을 해야만 하는가." "나는 무엇을 바랄 수 있는가."*

첫 번째 재판정에서는 "나는 무엇을 알 수 있는가"라는 질문을 다룹니다. 인식의 타당한 범위가 어디까지인지를 묻는 것이죠. 우리는 이 범위를 넘어선 것을 알 수 없습니다. 신이 아닌 바에야 우리가 모든 것을 투명하게 인식할 수는 없겠죠. 그다음으로 그 범위 안에서 어떻게 인식이 이루어지고, 어떤 능력이 필요하고, 그 확실성의 정도는 어떠한지, 인식능력은 어떤 권리를 갖고 어떤 의무를 지켜야 하는지 등을 검토하려고 합니다. 칸트는 이런 작업을 '비판철학' 또는 '선험철학'이라고 부릅니다.

첫 번째 재판정에서는 칸트가 인식의 적법한 권리를 따지는 점이 소개되고, 두 번째 재판정에서는 형이상학적 이성이 심의되는데 이것은 다음 장에서 보기로 합시다.

○　　　**인식형식은 경험에 앞선다**

자, 이성의 재판정에서 어떤 심의가 이루어질까요? 잠깐 앞서 이야기한 각 동물 종의 안경 이야기를 다시 볼까요? 이 재판정에서는 안경이라는 용어 대신 법정에 어울릴 만한 다른 점잖은 용어를 쓰고자 합니다. 우리는 어떤 대상이 있을 때, 동물 종이 저마다 다른 안경을 통해 대상을 본다고 했지요. 이러한 안경을 대상을 인식하는 '형식(形式, form)'이라고 부릅시다.

다른 동물처럼 인간도 대상 세계를 나름의 '인식 틀'로 봅니다. 인식을 짜는 이런 틀을 '인식형식'이라고 부를 수 있죠. 우리는 이 형식으로 대상 세계를 일정하게 구성해서 인식합니다. 모든 종은 태어나면서부터 나름의 안경을 가지고 대상을 본다고 했죠. 이러한 인식형식(안경)은 대상을 경험하면서 갖게 되는 것이 아닙니다. 경험에 앞서 이미 가지고 있는 선천적인 것 또는 선험적인 것입니다. 칸트가 만든 이 용어는 인식형식이 경험에 앞서고, 이것이 있어야 비로소 경험이 가능하다고 보기 때문에 경험의 '가능 조건'이라는 점에서 선험적(transzendental) 또는 선천적(a priori) 인식형식이라고 부릅니다.

선험적(先驗的)이라는 말은 경험하기 전에 이미 있고 그것 때문에 경험이 가능하다는 의미입니다. 또한 선천적(先天的)이라는 말은 태어날 때부터 가지고 있는 것이어서 모든 경험의 바탕에 이미 있다, 곧 모든 경험에 전제(前提)된다는 뜻입니다. 그래서 '경험하고 나서' 또는 '경험 이후에'라는 뜻의 후천적(a posteriori)이라는 말과 구별되죠. 경험에 앞선다는 것은 시간적으로 앞선다는 것이라기보다 논리적으로 앞선다는 의미입니다. 그래서 이 형식을 거쳐야만 비로소 경험이 인식될 수 있다는 뜻입니다.

이것은 안경 이야기에서 안경을 인식형식으로 바꾸었을 뿐 앞서 나눈 이야기 내용과 같습니다. 우리가 눈-안경을 가지고 대상을 보는 것이지 대상이 있고 나서 그때 부랴부랴 안경을 만드는 것은 아니니까, 안경-인식형식은 대상을 보기 전에 이미 있어야 합니다. 그리고 대상은 안경(인식형식)을 통해 보이는 것이지요.

선험적 인식형식에 대한 논의는 칸트만의 독특한 것입니다. 그는 선험적 인식형식을 통해 전통 철학의 난제를 풀고자 하죠. 이때

---

* 칸트는 나중에 이 재판정의 보고서에 해당하는 책을 《순수이성 비판》《실천이성 비판》《판단력 비판》이라는 제목으로 출간합니다. 책마다 제목에 '비판'이라는 말이 붙어 있지요? 이것은 '순수한 이성을 비판적으로 검토한다'는 비판적 작업의 성과를 보여 주려고 한 것입니다.

의 전통 철학은 경험주의와 합리론입니다. 경험주의는 경험을 통해서만 우리가 인식할 수 있고, 경험할 수 없는 것은 참이 아니라고 보아 경험을 인식의 유일한 원천으로 보죠. 그래서 우리는 경험하기 전에 백지상태로 있지만 경험을 하면서 백지 위에 구체적 인식을 하나둘 써 나간다고 봅니다. 책상을 감각적으로 경험해 봐야 책상이 무엇인지 알게 되어 우리 마음에 책상이라는 글씨가 쓰인다고 주장하죠.

반면 합리론은 감각 경험이 일시적이고 가변적이기 때문에 그것만으로는 필연적 인식이 마련되지 않는다고 봅니다. 그래서 우리에게 본래 주어진 이성 능력을 통해서만 대상의 참된 모습이 제대로 인식된다고 주장합니다. 삼각형을 아무리 많이 그려 보아도 삼각형의 본질을 확실하게 알 수는 없으므로 이성을 통해 삼각형의 본질을 파악해야 한다고 보는 것이죠.

○   선천적 종합판단은 가능한가

칸트는 이런 전통 철학의 싸움판에서 다른 해결책을 찾습니다. 이것을 판단형식의 문제로 정리해 볼까요? 우리는 개념을 결합해서 판단을 만드는데, 판단에는 종합판단과 분석판단이 있습니다.

종합판단의 예로 '이 원은 노랗다' '까마귀는 검다' '모든 물체는 무게가 있다' '아스피린을 먹으면 감기가 낫는다' 등을 들 수 있습니다. 이런 예 가운데 '이 원은 노랗다'를 볼까요? 이것은 '원'이라는 주어에, 원의 개념에 없는 '노란색'을 술어로 덧붙인 문장입니다. 감각을 통해 '원' 개념에 '노랗다'는 개념을 더한 것이죠. 종합판단은 경험의 도움을 받아야 합니다. 누군가가 원을 보지도 않고 '원이 노랗다'고 하면 믿을 수 없죠. 따라서 종합판단은 경험과 더불어 형성됩니다.

그런데 경험에 근거를 둔 판단은 보편적으로 타당하지는 않습니다. 원이 항상 노랗다고 할 수는 없고, 다만 지금, 여기에 있는 이 원이나 그때 저기에 있던 원이 노랄 뿐입니다. 게다가 우리가 안 보는 사이에 누군가가 일부러 검게 칠하거나 어두운 곳에서 보면 원은 노랗지 않습니다. 따라서 종합판단은 특정한 경우에만 타당할 뿐 보편 타당하지 않습니다. 모든 원이 노란색이지 않고, 노란색 원 말고도 다른 색의 원이 있을 수 있으니까요. 이런 판단은 주어에 들어 있지 않은 경험 내용을 술어에 보태는 것이기 때문에 이것으로 우리의 인식을 확장할 수 있습니다.

이와 달리 분석판단은 '이 원은 둥글다'와 같은 것입니다. 주어인 '원' 개념만 분석하면 '둥글다'라는 술어가 나오죠. 원은 원래 둥근 것이니까요. 이 경우는 주어 바깥으로 나갈 필요 없이 지성을 통해 술어를 찾을 수 있죠. 게다가 '원은 둥글다'는 것은 모든 원에 대해 예외 없이 타당합니다. 둥글지 않은 것은 원이 아니므로, 원은 둥글 뿐 다른 가능성이 없습니다. 이런 판단은 반드시 그러해야 하고 다른 가능성이 없으므로 필연적으로 참입니다. '원은 둥글다'는 것을 인식하기 위해 감각 경험의 도움을 받을 필요는 없습니다. 우리가 그리는 원이 필연적으로 완전하게 둥글지는 않으므로 감각 경험은 방해가 될 뿐이죠. 이처럼 분석판단은 감각 경험에 독립된 것이고, 경험과 무관하게 참이거나 거짓임을 알 수 있습니다.

　　두 판단을 비교하면, 분석판단은 경험에 의존하는 종합판단과 달리 보편타당함을 갖지만, 주어에 들어 있는 내용을 끄집어낼 뿐이죠. 이미 알고 있는 인식을 다시 확인하는 데는 도움이 되지만 분석판단으로 우리의 인식이 확장되지는 않습니다.

　　두 판단 가운데 어느 것이 더 바람직할까요? 한쪽은 생생하고 변화무쌍한 경험세계를 포착하지만 보편성이 없고, 다른 한쪽은 보편성을 갖추었지만 감각을 배제한 지성의 회색빛만으로 세계를 칠할 뿐입니다. 이렇게 보면 경험주의자는 종합판단을, 합리주의자는 분석판단을 가슴에 안고 진리를 찾아 험난한 파도를 헤치며 무모한 항해를 하는 셈이지요.

　　이렇듯 실패할 수밖에 없는 시도를 안타깝게 여기던 칸트는 분석판단처럼 보편타당성을 가지면서 동시에 종합판단처럼 인식을 확장하는 판단형식을 찾습니다. 그것이 바로 '선천적 종합판단'이죠. 두 판단의 장점을 취하면서 단점을 제거한, 마음에 쏙 드는 진리의 안내자이자 믿을 만한 도구인 선천적 종합판단이 가능할까요? 자세한 설명은 《순수이성 비판》의 서론을 참고하길 바랍니다. 여기서는 이런 독특한 형식의 판단이 가능하다고 믿기로 하죠. 앞으로 보게 될 인식형식과 그 작용에 관한 논의는 이런 판단을 전제합니다.

　　칸트는 선천적 종합판단이 가능하다고 보았습니다. 우리의 인식에는 경험도 필요하지만, 인식이 경험에만 의존하지는 않아야 합니다. 경험에만 의존하는 인식은 보편타당성이 없으니까요. 칸트에 따르면, 우리 인식이 보편타당하고 필연적일 수 있는 것은 인식 과정에서 이런 선천적 종합판단이 마련되기 때문입니다.

궁금해하는 분을 위해 간단하게 소개해 볼까요? 칸트는 순수수학과 순수기하학의 명제들이 선천적 종합판단에 해당한다고 봅니다. 설명이 약간 까다롭지만 예를 들어 살펴봅시다.

3과 7의 합이 10인 경우를 보죠. 일단 이 명제는 필연적입니다. 그런데 칸트는 이것 또한 종합적이라고 봅니다. 두 수의 합인 10은 단일한 수입니다. 10이라는 수를 분석한다고 해서 3과 7이 나오지는 않습니다. 우리는 10을 구할 때 3과 7의 바깥으로 나가야만 합니다. 이때 감각의 도움, 예를 들어 손가락으로 셈하거나 점 3개를 점 7개와 함께 헤아림으로써 10을 만들 수 있습니다.

이것은 좀더 큰 수의 경우에 잘 드러납니다. 3,876과 6,783을 더하는 경우, 각 수가 주어질 때 금방 그 합을 생각할 수 없고 두 수를 헤아려야 10,659라는 수가 나옵니다. 3,876 + 6,783=10,659라는 명제는 필연적입니다. 그리고 이것은 '3,876 + 6,783'이라는 개념에 10,659라는 개념을 덧붙인 것이기 때문에 종합적입니다. 자, 이해되나요? 이런 설명을 이해할 수도 없고, 이런 명제가 가능하지 않다고 믿는 철학자들(경험주의자와 실증주의자)도 많습니다.

다른 기하학의 예를 들어 볼까요? "두 점 사이의 가장 짧은 거리는 직선이다"라는 명제를 봅시다. 두 점만을 분석해서는 '가장 짧은'이라는 개념을 찾을 수 없습니다. 이때 감각의 힘을 빌려야죠. 실제로 선을 그어 보거나 눈으로라도 직선을 그어서 그것을 두 점의 개념과 결합시켜야 합니다. 이 명제는 감각의 도움을 받는 한 종합적이고 필연적으로 타당하기 때문에 선천적입니다. 단순히 경험을 일반화해서는 이것이 얻어지지 않죠.

○   선험적 인식형식은 어떻게 질료를 가다듬는가

우리가 '선험적 인식형식'을 인식 과정에서 어떻게 사용할 수 있는지 살펴보기로 합시다. 물론 우리에게는 이 형식을 적절하게 사용하여 올바른 인식을 마련하는 '인식능력'이 있어야 합니다. 이제 질문은 우리가 '어떻게 선험적 인식형식으로 대상을 보편타당하게 인식할 수 있는가'입니다. 직설적으로 이야기하면, '나는 무엇을 알 수 있는가'라는 질문이 됩니다.

우리의 인식은 어떤 과정을 거쳐 이루어질까요? '인식하는 자(인식주관)'가 있고 '인식되는 것(인식 대상)'이 그 맞은편에 있습니다. 대상 쪽에서 인식주관에게 무엇을 촉발합니다. 여러분이 책상, 하늘, 꽃, 잔디, 낙엽, 애인의 얼굴, 모바일 화면 등을 마주하면 어떤 자극이 여러분의 감각에 주어집니다. 그러면 인식주관에 표상이 생기죠.

표상에 대한 이야기는 이미 했죠. 우리가 어떤 대상을 볼 때는 대상이 그대로 우리에게 들어오는 것이 아니라 그 표상만 주어질 뿐입니다. 태양이나 별을 볼 때 마음속에 그려진 태양-이미지와 별-이미지를 보기 때문에 우리가 보는 태양과 실제 태양은 다릅니다. 칸트는 표상과 그 대상을 일치시키는 것을 '인식한다(erkennen)'고 합니다. 칸트는 이때 표상에서 인식의 '질료'로 주어지는 것과 그것을 틀 지우는 '형식'을 구별하자고 제안합니다. 즉 대상에서 주어지는 질료와 내가 이 질료에 부여하는 형식을 나누자는 거죠. 인식은 대상에서 질료를 받아 그것을 우리가 지닌 형식으로 가다듬는 것입니다.

예컨대 조각가에게 질료는 조각하려는 나무, 돌, 대리석, 청동 같은 것입니다. 조각하는 것은 질료를 일정한 형태로 깎거나 빚어내는 작업이죠. 조각가는 대리석-질료에 비너스의 형태를 부여합니다. 다시 말해 조각된 비너스의 질료는 대리석이지만 비너스라는 형태는 조각가가 부여한 것이죠.

이런 예처럼 칸트는 인식의 질료가 인식형식에 따라 가공되어 그 산물인 인식이 마련된다고 봅니다. 그래서 인식하는 과정을 우리가 형식을 질료에 부과하는 것으로 보죠. 이렇게 인식 과정은 질료와 형식을 종합하는 과정으로, 곧 형식으로 질료에 일정한 질서를 부여하는 것입니다. 예를 들어 우리가 갈색, 딱딱함, 일정한 공간적 크기 등을 가진 어떤 책상을 받아들였다면 이런 표상들은 단순한 것이 아니라, 우리 스스로가 부여한 형식과 대상이 제공한 질료가 결합된 복합체라는 것이죠. 나아가 여기서 질료와 형식을 종합한다는 것은 형식이 무질서한 질료에 질서를 부여하는 것입니다.

이때 인식형식은 앞서 본 안경처럼 선험적 형식이라는 점을 잊어서는 안 됩니다. 인식형식은 대상에서 얻는 경험에 앞서 우리가 미리 가지고 있는 것이죠. 그것은 대상에서 주어지는 것도, 경험에서 얻는 것도 아닙니다. 또한 그것은 그저 있는 것이 아니라 대상을 인식하기 위해 우리가 대상에 부여하는 것입니다.

경험과 그것이 담기는 인식형식의 선후관계를 쉽게 이해할 길은 없을까요? 인식형식이 경험 내용에 앞선다는 것은 마치 요리 능력이 요리 재료나 요리 행위보다 먼저 있는 것과 같습니다. 요약하면,

인식주관은 대상에서 주어진 질료를 자신의 형식으로 질서 짓습니다.

○　인식은 대상을 거울처럼 비추지 않는다

이처럼 칸트가 인식에서 그 대상의 몫인 질료와 인식주관의 몫인 형식을 구별하려는 까닭은 뭘까요? 칸트는 인식주관이 대상을 있는 그대로 받아들이거나 대상을 거울처럼 비춘다는 생각을 거부하려는 것입니다. 곧 인식 과정에서 인식주관이 자기 형식으로 대상을 구성한다는 점을 강조하기 위해서죠.

전통적인 사고방식은 인식 대상이 인식주관에서 독립되어 있고 인식하는 것은 그런 대상을 있는 그대로 반영한다고 보았습니다. 이때 대상을 경험할 수 있는 대상으로 보건, 합리적 대상으로 보건 간에 대상 자체를 그대로 본다고 말이죠. 그런 주장을 하려면 내가 인식한 별이 바로 별 자체라고 주장하면 됩니다. 나에게만 특별한 능력이 있어서 별 자체가 원래 그대로 내가 인식한 별로 나타난다고 하겠죠. 다른 사람들은 별을 헤는 밤에 '별 표상'을 헤아리지만, 나만은 '별 자체'를 헤아리는 사람이라고 주장하면 되겠죠.

그러나 인간이 외부 세계를 있는 그대로 볼 가능성은 없습니다. 이미 갖추고 있는 선험적 틀을 가지고 대상을 볼 뿐입니다. 대상이 나에게 거울에 비춰지듯이 복사되거나 반영되지는 않죠. 그것은 인식 형식과 관련해 일정하게 변형되어 나타납니다. 그래서 칸트가 주재하는 이성의 재판정에서는 인식이 대상을 있는 그대로 반영한다고 보는 소박한 실재론이나 반영론을 근거 없는 주장으로 여겨 물리칩니다.

○ 현상과 물자체를 구별하자

인식 과정을 검토하기 전인데 분위기가 심상찮습니다. 칸트의 인식론이 어떤 점에서 혁명적 의미를 갖는지 조금 더 살펴봅시다. '혁명가 칸트'라는 표현이 어울리지 않나요? 칸트는 인식에 관한 논의가 이루어지는 판을 혼자 힘으로 엎어 버린 괴력의 소유자입니다. 그렇기에 새로운 인식의 하늘을 짊어지고 있는 아틀라스에 비유할 수 있죠.

칸트는 우리의 인식이 인식형식을 통해 현상세계를 능동적으로 구성하는 점을 강조하는데, 인식이 대상으로 삼는 것은 사물 자체 또는 물자체(Ding an sich)가 아닙니다. 인식은 우리에게 나타나는 현상(Erscheinung)과 마주하죠. 사물 자체, 즉 우리에게 나타나기 이전의 사물 그대로의 모습을 아는 것이 아니라, 그것이 우리에게 나타난 측면만을 알 수 있죠. 우리 능력은 현상 배후에 있는 '사물 자체'에까지 이를 수는 없습니다. 과장해서 말하면 '알맹이 없는 껍데기'를 인식한다고 할 수도 있습니다.

우리는 전능한 인식자가 아닙니다. 우리는 그것이 만들어지기 '이전'이나 그 틀 '바깥'을 볼 수는 없죠. 다시 말해 우리가 인식형식으로 가공하여 일정하게 색칠하고 모양을 지은 것, 그렇게 바뀐 채 우리에게 나타나는 현상만 볼 수 있습니다. 제가 손가락으로 가리키고 양자역학의 예를 들어 볼까요? 하이젠베르크(W. Heisenberg)의 불확정성원리까지 갈 것도 없이, 간단하게 소립자물리학에서 소립자를 관찰하는 방식을 봅시다. 원자 이하 단위인 양자(量子, 소립자 덩어리)는 우리에게 보이지 않기 때문에 그것을 보려면 입자가속기를 사용해야 합니다. 우리가 찾는 소립자가 있을 만한 곳에 가속된 입자를 쏘는 거죠. 그러면 전자총을 맞은 소립자가 측정기에 모습을 나타냅니다.

그런데 그 녀석이 총을 맞고 비틀거리기 이전에 어떤 모습을 하고 어떻게 운동을 했는지 알 길이 없습니다. 총을 맞은 이후의 위치와 운동 속도만 보일 뿐입니다. 그 녀석이 보여 준 모습과 원래의 모습이 똑같을까요? 강력하게 가속된 입자를 맞고도 원래의 모습을 유지한다면 맷집이 대단한 것이겠죠. 물론 정확한 논의는 하이젠베르크에게 물어보어야 할 겁니다.

있는 이것(책상)은 우리에게 나타난 책상, 현상으로서의 책상입니다. 그렇다고 우리 인식능력이 미치는 범위에 있는 현상을 인식하는 것까지 포기해서는 안 되죠. 이 영역에서는 우리 나름대로 보편타당한 인식을 만들 수 있습니다.

사물 자체는 우리에게 자신의 모습을 보여 주지 않습니다. 그것은 우리 경험에 어떠한 질료도 주지 않죠. 우리의 감각능력이 약해서도, 노력이 부족해서도 아니고 인식의 조건상 그럴 수밖에 없습니다. 시력이 5.0이라고 해도, 우리가 눈을 더 크게 뜨거나 현미경이나 망원경, 아니 입자가속기를 동원한다고 해도 사정은 달라지지 않습니다.

인간은 유한한 존재입니다. 우리는 우리 능력이 허용하는 범위에서만 인식할 뿐입니다. 당연하지만 안타까운 일이죠. 그렇다고 여기에서 주저앉을 수는 없습니다. 칸트는 이런 인식의 유한성을 다른 각도에서 해석합니다. 제한된 인식능력과 인식형식 때문에 사물의 본모습을 보지는 못하지만, 우리가 우리에게 나타나는 현상을 알 수 없는 것은 아니라는 것이죠. 그나마 다행입니다.*

칸트는 인식이 가능한 조건을 한탄하지 않고, 이 조건을 인정하면서 가능한 대안을 모색합니다. 어떤 길이 있을까요? 인식 조건을 잘 보고, 생각을 조금 바꾸기로 합니다. 우리는 인식 조건에 제한되어 있지만, 달리 보면 이 조건에 따라서 대상이 나타나죠. 그러므로 우리의 인식 조건은 대상이 나타나는 조건이기도 합니다. 칸트는 인식 조건을 대상에 들이댑니다. 그리고 단호하게 명령합니다. "대상들은 앞으로 이 조건에 따라서 나타날 때에만 인식될 것이다. 너희가 이 조건을 따르지 않으면 우리는 너희를 존재하지 않는 것으로 여길 것이다."

다시 말해 칸트는 인식 조건을 현상세계를 인식 가능하게 하는 조건으로 봄으로써 사태를 역전시키려고 합니다. 우리는 유한성에 갇혀 있지만 유한한 형식으로 현상세계와 대결하죠. 그 형식으로 현상세계를 구성하면서 현상에 대한 보편타당한 인식을 요구합니다. 이때 유한성은 인식의 한계이자 인식 가능한 조건을 대상 세계에 요구하는 것이어서 양면성을 갖습니다. 이것은 우리 안경이 모든 것을 볼 수는 없지만, 우리가 보는 사물은 모두 이 안경에 보이도록 나타나야

* 앞서 안경 가설을 얘기하면서 우리가 안경을 통해서 보는 칠판이 다른 동물 종과 다르게 보인다고 했죠. 이때 안경을 통해 볼 수 있는 것들에만 국한한다면, 그러한 것들이 우리에게 보이려면 안경이 '보이는 조건'에 들어맞아야 합니다. 즉 우리에게 보이도록 나타나야 하죠. 그렇다면 우리가 보는 조건에 따라서 대상이 나타나야 합니다.

하는 것을 말하죠.

칸트는 이런 관점에서 기존의 극단적인 두 입장을 물리칩니다. 독단론은 우리가 보는 대상 너머에 진짜가 있다고 하면서 우리가 물자체를 볼 수 있다고 주장합니다. 회의주의는 우리가 보는 것은 가상일 뿐이라고 합니다. 칸트는 이런 극단적 주장들이 인식을 비판적으로 검토하지 않는 점에서 불법적이라고 판결합니다. 그는 인식 대상과 관련하여 독단론과 회의주의에 유죄 판결을 내립니다.

○ **코페르니쿠스적 전회와 칸트적 전회**

칸트는 이러한 관점 전환을 코페르니쿠스적 전회(轉回)에 비유합니다. 코페르니쿠스는 아리스토텔레스의 세계 해석에 기반을 둔 중세의 신학적 관점이 우주 해석을 독점하는 분위기를 뒤흔들어 놓았죠. 그는 태양이 지구를 중심으로 돈다는 이론을 뒤집어 지구가 태양 주위를 돈다고 주장했습니다. 인간과 세계의 관계에 관한 기존의 관점과 완전히 달랐죠. 그의 주장에 따르면 인간과 지구는 더이상 세계의 중심이 아니고, 태양계의 여러 행성 가운데 하나일 뿐이어서 있어도 그만 없어도 그만인 우주의 주변부로 내동댕이쳐집니다. 당시의 높으신 분들은 이런 반기독교적 해석에 혼란 초래죄, 진리 참칭죄를 선고하려 했죠. 어떤 험악한 사태가 일어났는지는 여러분도 잘 알 겁니다.

칸트도 이런 코페르니쿠스적 뒤집기를 시도하죠. 그래서 인식 영역에서 대상과 인식주관의 자리를 바꾸어 놓습니다. 종래 인식론에서는 대상이 중심에 있고(대상은 우리와 무관하게 그것 자체로 존재합니다) 우리가 주변에서 대상을 보기 위해 대상을 따라 돌았다고 보았습니다. 칸트는 이런 대상 중심의 관점을 뒤집어 버립니다. 이제는 거꾸로 인식주관이 중심에 있고 대상이 인식주관의 주위를 돈다고 봅니다.

우리는 이미 그 이유를 배웠습니다. 우리는 사물 자체가 아니라 현상에 인식형식을 부여합니다. 현상은 이 형식이 부여한 바에 따라 우리에게 나타나죠. 이제 우리의 인식형식이 제시한 조건에 현상이 따라야 하므로 이 관계에서는 인식형식이 주도적인 것이 됩니다. 현상은 인식주관이 요구한 일정한 형식에 복종해야 합니다. 현상은 이와 다르게 나타날 수 없기 때문에 우리의 인식형식이 현상에 명령을 내리고 법칙을 부여하는 셈이죠.

우리는 인식형식을 대상의 질료에 부여합니다. 그때서야 비로소 대상이 자기 모습을 드러내고 질서 지어지기 때문에, 인간이 중심에 있고 대상이 우리 주변을 돈다고 할 수 있습니다. 코페르니쿠스는 지동설을 주장함으로써 인간을 우주의 중심에서 주변부로 내몰았지만, 칸트는 거꾸로 이런 전환을 통해서 인식하는 인간을 대상 세계의 중심으로 끌어옵니다.

이제 대상들은 인식주관을 중심에 두고 그 주변을 돌아야 합니다. 우리 주위를 정해진 길에 따라 돌고 있는 대상들에게 한마디 하지 않을 수 없네요. "대상들이여! 우리가 정해 준 궤도를 벗어나지는 말게. 혹 어지럼증이 나면 이야기하게나. 우리가 다른 궤도를 찾아볼 테니. 너무 빨리 돌지도 너무 느리게 돌지도 말고 정해진 대로 가면

생각 활동

☐ 우리 인식의 유한성이 갖는 양면성은 무엇을 말하나요?
왜 우리가 세계를 보는 능력이 제한된 것이면서도
현상세계를 객관적으로 인식할 수 있다고 할까요?
☐ 만약 우리가 7가지 색만 볼 수 있는 안경을 쓰고 있다면 현상들의
색은 어떻게 나타날까요?

된다네." 이런 사정을 고려한다면, 대상과 인간 가운데 누가 주인공이고 누가 법칙을 정하는 건가요?

우리가 현상에 인식형식을 부여하면 어떻게 인식이 이루어지는지 살펴볼 필요가 있습니다. 인식형식에는 어떤 것이 있는지, 이런 형식은 어떻게 작용하는지, 이런 형식을 사용하는 우리 능력은 어떤 것인지 살피기로 하겠습니다.

○   수용하는 능력과 사고하는 능력

칸트가 볼 때 인식에 대한 심의는 인식능력에 대한 질문과 직결됩니다. 인식능력은 크게 감성(感性, Sinnlichkeit)과 오성(悟性, Verstand 또는 지성)으로 나뉩니다. 일단 알기 쉽게 감성은 감각을 통해 수용하는 능력이고, 오성은 이렇게 수용된 것을 바탕으로 사고하고 판단하는 능력 정도로 봅시다. 우리는 이 두 능력을 적절하게 사용하여 현상세계를 구성하죠. (이 외에도 상상력과 이성이 있습니다.)

　　인식능력의 작용부터 간략하게 살펴볼까요? 감성은 수용하고, 오성은 사고작용을 맡습니다. 그럼 수용하는 능력인 감성은 무엇을 받아들일까요? 우리 감각을 통해 들어오는 표상들을 받아들입니다. 칠판을 예로 들면, 우리가 칠판이라고 인식하지 못한 상태에서 칠판은 초록색이고, 딱딱하고, 매끈하고, 네모난 모습 등으로 표상됩니다. 또 장미라면 붉고, 부드럽고, 향기롭고, 아름다운 모습 등으로 표상되겠죠. 감성은 이런 다양한 표상을 한꺼번에 받아들여 사고할 준비를 갖춥니다. 이것들은 대상 그 자체가 아니라 대상에서 얻는 직관(直觀, Anschauung)이죠.*

감성이라는 인식능력은 직관을 받아들일 때 어떤 형식을 사용할까요? 칸트는 직관을 틀 짓는 형식을 바로 공간과 시간으로 봅니다. 즉 직관은 시간과 공간의 틀로 짜여서 우리에게 수용됩니다. 약간 엉뚱하지만 시간(t)과 공간(s)의 좌표가 감성의 형식이고, 직관되는 내용(f)은 좌표에서 특정한 값으로 나타난다고 볼까요? 공간과 시간의 값을 $f(s, t)$로 나타낸다면, 현상들은 $f(3, 6)$, $f(5, 89)$, $f(0, 23)$ 등으로 특정한 값을 갖는 시간-공간 좌표로 주어지겠죠.

이때 주의할 점이 있습니다. 직관 내용이 들어오고 난 뒤에 그것이 시간-공간에 따라 틀 지어지는 것이 아닙니다. 감성은 이미 시간-공간의 틀을 가지고서 직관을 받아들입니다. 즉 감성의 형식은 우리가 경험하기 전에 갖추어진 것이기에 이것을 선험적 형식이라고 앞서 말했습니다.

다시 말해, 대상은 인식의 한 능력인 감성에 의해 수용될 때 시간-공간의 틀에 따라야 합니다. 시간-공간의 형식을 갖추지 않은 것들은 감성의 문 안으로 들어올 수 없습니다. 대상 자체가 원래 어떠한 것이든 우리에게 인식되려면 일단 시간-공간의 틀에 따라야 합니다. 이 형식은 우리가 대상을 보는 조건이자 대상이 우리에게 나타나는 조건이 됩니다.

○　　　　**현상에 따라다니는 공간**

감성이 시간과 공간으로 질료를 틀 짓는 점을 좀더 살펴보겠습니다. 감성은 시간과 공간으로 직관을 받아들인다고 했는데, 왜 시간-공간이 필요할까요? 책상, 장미, 바다, 《순수이성 비판》이라는 책처럼 우리 '바깥'의 현상과 기쁨, 슬픔, 분노, 《순수이성 비판》을 읽고 싶은 욕망처럼 우리 '안'의 것을 구별하기 위해서죠. 책상같이 일정한 공간적 크기를 갖는 외적 현상은 공간을 통해 받아들이고, 기쁨이나 슬픔처럼 공간적 크기를 갖지 않은 것들은 시간을 통해 받아들입니다.

　　따라서 모든 외적 현상은 일정한 공간적 크기와 공간적 연장을 가져야 합니다. 즉 공간의 3차원 좌표에 나타나야 합니다. 이를테면 갈색의 딱딱한 어떤 것이 있다고 할 때, 일정한 면을 지닌 갈색이나 일정한 연장을 가진 딱딱함이 있는 것이죠. 반면 어떤 공간적 크기도 없는 갈색, 공간적 크기가 0인 딱딱함이란 있을 수 없기 때문에 그것의 직관 내용은 아무것도 없겠죠.

　　공간은 외적 현상이 감성에 나타나기 위한 최소 조건입니다. 공간이 갈색이건 푸른색이건, 딱딱하건 부드럽건, 네모꼴이건 세모꼴이건 자리매김하는 공간형식은 같죠. 그것들은 하나같이 일정한 공간적 연장을 갖는데, 단지 그 크기가 다를 뿐이죠. 교실과 책상은 공

---

* 직관은 대상을 마주하여 개념을 매개하지 않고 곧바로 주어지는 것을 보는 작용, 또는 그렇게 주어진 것을 가리킵니다.
장미의 경우에 붉음, 부드러움 등이 직관된 내용입니다.

간적 연장을 갖는 점에서는 같지만 양적 크기가 다릅니다. 이처럼 공간은 모든 외적 현상에 반드시 따라다니며 모든 현상은 공간과 함께 있습니다. 그러면 사물을 담고 있는 공간 표상은 어디에 있을까요? 우리가 흔히 생각하듯이 우리 바깥에 있을까요? 그렇지 않죠. 공간은 우리 바깥의 사물에서 생기지 않습니다.

칸트는 공간이 인식주관, 즉 나 자신 안에 있다고 봅니다. 우리가 바깥에 있는 공간을 보고 공간 표상을 갖는 것이 아니라, 거꾸로 우리가 이 '공간형식'을 현상에 적용하는 겁니다. 이런 점에서 공간은 사물이 아니라 우리 안에 있는 표상일 뿐입니다. 이 내용을 이해한 독자는 깜짝 놀랄 겁니다. "아니, 공간이 우리 바깥에 있는 객관적 표상이 아니라 주관적 표상이라고?" 그렇습니다.

칸트 당시에도 물리학자들은 공간을, 물질을 감싸고 있는 그릇 같은 것으로 생각했습니다. 그래서 물질이 공간 속을 운동하는 경우에도 공간은 그것과 무관하게 변하지 않고 그대로 있다고 생각했죠. 뉴턴은 이런 점에서 물질의 운동으로부터 독립된 '절대 공간'을 생각했습니다.

칸트는 생각이 다릅니다. 만약 공간이 이처럼 물질적인 것, 즉 모든 물체를 담는 엄청나게 '큰 그릇'이라고 본다면, 공간과 물질의 관계는 (담는) 사물과 (담기는) 사물의 관계가 됩니다. 그러면 공간이라는 사물은 도대체 어떤 그릇에 담아야 할까요?

칸트는 공간 안에 사물이 있는 것도, 공간이 사물인 것도 아니라고 봅니다. 우리가 사물을 볼 때 공간형식을 집어넣어서 보고, 우리가 보는 사물의 표상에는 항상 공간이 들어 있다는 거죠. 이런 점에서 공간은 모든 사물이 나타나는 주관적 조건 또는 우리가 현상에 부여하는 선천적·주관적 형식입니다. 주관적 형식이라고 해서 멋대로 늘이고 줄일 수 있다는 의미는 아닙니다.* 선천적이라는 표현은 필연적이라는 말과 바꿔 쓸 수 있다는 점을 생각하면 됩니다.

○   내적 현상에 시간형식을 부여하라

그러면 시간은 어떨까요? 우리 안의 직관, 예를 들어 기쁨, 슬픔, 짜증, 답답함, 행복, 우울 등과 같은 내적 상태를 받아들이기 위해서 공간 직관을 사용할 수는 없습니다. 기쁨이나 슬픔 등은 적어도 몇 초 동안 지속되는 시간적 지속을 갖습니다. 시간적 지속은 어떠한 내적 직관에나 들어 있는 보편적인 것이어서 즐거운 감정이든 슬픈 감정이든 그 감정에서 시간을 제거한다면 어떤 직관도 주어지지 않죠. 내가 0초 동안 기쁘거나 행복하다는 것은 가능하지 않죠. 이처럼 모든 내적 직관에 필연적으로 시간이 들어 있다면 시간은 바깥에서 주어지는 것일 수 없습니다. 이런 시간이 바로 내적 직관형식이죠.

앞서 직관 내용을 공간과 시간의 좌푯값 f(s, t)으로 표시한 적이 있습니다. 이런 식으로 보면, 공간인 s의 값은 0과 같거나 0 이상이고, 시간 t의 값은 0 이상이어야 합니다. 즉 f(0, 3)은 공간적 크기가 없는 내적 상태를 나타내지만, f(3, 0)은 불가능하죠. 이것은 공간적 크기를 갖지만 시간적 지속이 없는 경우인데, 이처럼 시간 속에 존재하지도 않으면서 공간적 크기를 갖는 경우는 당연히 없습니다. 이렇

---

* 우리가 장미라고 부르는 것은 우리의 표상, 즉 나에게 나타난
현상일 뿐입니다. 원래 붉고 향기롭고 부드러운 것은 아니죠.
이런 감각들이 내 안에서 작용한 것일 뿐이어서 그것은 붉게 보이고
부드럽게 만져지는 것처럼 우리에게 나타납니다. 장미의 내용이
원래부터 공간적 연장을 갖는 것은 아니죠. 우리에게 그렇게
연장된 것처럼 보일 뿐입니다. 이런 사정은 우리가
공간의 형식으로만 현상을 직관할 수 있기 때문입니다.

게 볼 때 $f(0, 0)$도 가능하지 않습니다.* 왜 그럴까요? 이 경우는 특정한 직관 내용이 어떠한 공간적 크기도 시간적 지속도 갖지 않는 것이어서 공간과 시간 속에 모습이 나타나지 않기 때문이죠. 따라서 $f(s, t)$에서 t는 항상 0보다 커야 합니다.

벌써 칸트의 말을 자장가 삼아 졸고 있는 분도 있군요. 그런 분은 꿈속에서 인식을 탐구하고 있나요? 그런 내밀한 상태에도 소리 없는 시간이 바탕에 깔려 있습니다. 이런 인식 과정에서 우리는 모든 현상을 시간-공간의 형식으로 질서 지어서 받아들이죠. 그리고 이 형식은 우리가 부여하는 것이지 외부에 있는 것이 아닙니다. 우리는 시간-공간 좌표 안에서 현상을 받아들입니다. 이제 이런 사고 틀이 어떤 의미를 숨기고 있는지 살펴보죠.

○　　시간-공간을 거부하는 대상들

과연 사물이 자기에게 낯선 시간-공간 좌표를 순순히 받아들일까요? 대상 가운데 공간이나 시간을 싫어하는 대상이 우리에게 질료를 줄 때 공간이나 시간과 무관하게 촉발하는 경우가 있을 수 있습니다. 이때는 어떤 대상이 있다고 하더라도 우리는 그것을 시간-공간의 틀로 수용하지 못하죠. 그래서 그런 것을 경험할 길도 알 길도 없고, 그런 것은 없다고 할 수 없지만 인식할 수는 없습니다.

이처럼 대상에서 직관되는 것이 우리의 공간형식과 시간형식을 통해서만 주어진다면, 시간-공간 안에 나타나지 않는 대상을 파악할 길은 막혀 있습니다. 예를 들어 영혼, 신, 초감각적 현상, 현상으로 나타나지 않는 X 등은 우리에게 어떠한 시공간적 직관도 부여하지 않으니까요. 이렇게 보니, 대상이 우리에게 어떤 조건에서 나타나는지 알 수 있겠죠. 칸트는 초감각적 대상을 인식하는 문제보다는 뉴턴 과학이나 유클리드 기하학의 대상들처럼 인식 조건을 만족시키는 대상을 필연적으로 인식할 수 있는지 살피는 데 관심이 있습니다.

우리가 다른 대상, 예를 들어 아름다운 것이나 도덕적 의지, 신앙의 대상을 살피는 경우는 어떻게 될까요? 칸트는 각각의 경우를

> 보고 싶은 친구가 자기 모습을 보여 주지는 못하지만 멀리서 전화로 나마 목소리를 들려주면 고마울 때가 있죠. 이때 친구는 자기 모습을 전화 통화의 조건에 맞춰서 드러냅니다. 만약 친구가 슬픈 표정으로 "반갑다"라고 말한다 해도, 목소리에 묻어 있는 이상한 음조를 눈치 채지 못한다면 들려오는 소리만이 그가 나에게 존재하는 유일한 현상이죠. 이 소리는 소리 자체가 아니라 나에게 들리는 현상이죠.
>
> 우리가 아무리 초감각적이고 신비한 존재들을 보고 그 존재들의 소리를 들을 조건을 만들려 해도 어떻게 할 수가 없습니다. 공간적 대상의 경우에 우리는 공간이라는 3차원의 틀로 대상을 볼 수밖에 없기 때문이죠. 만약 4차원이나 5차원 세계가 있다면 어떻게 될까요? 그런 세계도 3차원으로밖에 나타나지 않으니 그것을 파악하기는 불가능하겠죠.
>
> 신이나 영혼을 인식하지 못한다고 해서, 신이나 영혼을 믿는 것이 잘못이라고 하는 것은 아닙니다. 그것들이 우리에게 어떠한 감각적 질료도 부여하지 않기 때문에 참되게 인식할 수는 없지만, 그것을 믿음의 대상으로 여기는 것을 틀렸다고 할 수는 없습니다.

* 외적인 것도 시간적 지속을 가져야 합니다. 책상이 0초 동안 존재하지는 않으니까요. 따라서 외적인 것이든 내적인 것이든 모든 표상은 시간 속에서 지속됩니다. "모든 현상 일반, 즉 감성의 모든 대상은 시간에서 존재하고, 필연적으로 시간에 관계한다."

구별합니다. 아름다운 대상의 경우에는 미적 판단과 관련해 그 대상의 표상이 우리를 만족시키는지 살피고, 도덕적인 것의 경우에는 이론적 이성이 아니라 실천적 이성의 문제에 연결 짓죠.

○ 오성이여, 사고하라

인식은 감성능력만으로는 이루어지지 않습니다. 다른 능력이 더 필요한데, 그것이 바로 오성입니다. 감성이 받아들인 다양한 것들은 아직 개념적 사고를 거치지 않은 상태이므로 그것만으로는 인식이 이루어지지 않습니다. 감성은 수용할 수 있는 다양한 감각 자료를 모았을 뿐이죠. 감성이 받아들인 이런 다양한 것들에 대해서 오성이 작용합니다.

오성은 감성이 받아들인 조직화되지 않은 것들을 개념을 통해 일정한 규칙에 따라 결합합니다. 예를 들어 어떤 것(칠판)이 인식 주관을 자극하여 초록이고, 딱딱하고, 평평하다는 직관이 주어질 때, 이런 것을 단순히 늘어놓기만 해서는 그것이 무엇인지 알 수 없습니다. 이때 '이것은 칠판이다'라고 판단하기 위해서는 직관된 것들을 오성이 나서서 칠판이라는 하나의 개념으로 결합시켜야 합니다.*

오성은 무엇으로 이 작업을 할 수 있을까요? 이 작업을 가능하게 하는 형식이 바로 범주(範疇, Kategorie)입니다. 범주는 오성이 직관을 결합하는 선험적 형식으로서 개념적 판단을 할 때 바탕에 있는 형식이죠. 범주는 오성이 사용하는 개념들의 관계 형식을 정리한 것으로서, 오성이 바르게 사고하게 하는 길잡이라 하겠습니다.

칸트는 이 범주들을 양, 질, 관계, 양태(양상)로 나누어 다음과 같은
표로 정리하죠.

양	단일성	다수성	총체성
질	실재성	부정성	제한성
관계	실체와 우유성(偶有性)	인과성 (원인과 결과)	상호성
양태	가능성과 불가능성	현실적 존재와 비존재	필연성과 우연성

표상이 주어질 때, 양의 측면에서 하나(책상 하나)이거나 여
럿(돌멩이 여러 개)이거나 전체(모든 사람)인 경우로 나뉘죠. 다른
경우는 없습니다. 마찬가지로 어떤 것의 양상은 가능하거나 현실적이
거나 반드시 그러해야 하는 경우로 나뉩니다. 오성은 각 경우의 표상
을 양, 질, 관계, 양태의 각 범주에 포섭하고, 이것을 결합합니다.

범주에 관한 자세한 논의는 생략하고, 범주표를 사용하는 예
를 하나만 들어 보죠. 우리가 눈앞에 보고 있는 어떤 것(칠판)을 예

* 칸트는 개념을 결합시켜 보편타당한 판단을 가능케 하는 형식을
  판단 형식표를 이용해 새롭게 만듭니다. 일찍이 아리스토텔레스가
  정리해 놓은 것이죠.

를 들어 설명해 볼까요? 먼저 감성에 의해서 그것의 직관이 주어지겠죠. 이 직관은 시간−공간의 틀을 따르고 오성의 판단 밑에 놓입니다. 오성은 각 경우에 맞는 범주를 찾아 해당되는 내용을 그 밑에 포섭합니다.

먼저 '양' 범주에서 직관된 것이 하나면 '단일성'이 부여됩니다. 그다음에 '질' 범주에서 그것은 없는 것도, 부분적으로 있는 것도 아니고 실재하므로 '실재성'에 포섭되죠. 여기까지 보면, 우리에게 주어진 그것은 단일하고, 실재하는 것입니다. 하지만 이것만으로는 무엇인지 알 수 없으니 다른 범주인 '관계' 범주를 사용합니다. 그것은 이러저러한 성질을 지닌, 즉 초록이고, 매끈하고, 평평하고, 네모난 성질을 지닌 하나의 실체이죠. 마지막으로 '양태' 범주에서 보면, 그것은 지금 눈앞에 있으므로 있을 수 있는 것도, 반드시 있어야 하는 것도 아닌 '현실적인' 것입니다.

이런 검토 과정을 거쳐 다양한 내용이 칠판으로 종합되어 칠판−인식이 이루어집니다. 복잡해 보이는 이 작업을 오성능력은 순식간에 능숙하게 해내죠.

범주는 선험적이라고 했습니다. 즉 범주가 경험에서 나오는 것이 아니라 우리가 범주를 앞세워 경험을 받아들이죠. 이것을 감성과 오성의 작용과 관련하여 다시 정리해 볼까요?

예로 든 칠판은 사물 자체(칠판 자체)로서는 공간과 시간에 관계할 필요가 없습니다. 하지만 우리는 공간과 시간이라는 직관형식을 부여해야만 그것을 수용할 수 있기 때문에 칠판에 공간과 시간을 짊어지게 하는 거죠. 칠판은 공간과 시간으로 틀 지어져야만 우리에게 직관될 수 있습니다. 이것은 오성에 대해서도 마찬가지입니다. 어떤 것(칠판)을 실체라고 하는 경우에 그것 자체가 실체는 아니고, 우리가 실체 개념을 그것(칠판)에 부여한다고 해야겠죠. 그래서 칠판은 내가 그것에 가져간 인식형식, 즉 '시간-공간'이라는 직관형식과 사고형식(범주)을 짊어져야 합니다. 칠판이 이런 형식을 짊어지고 있다고 하더라도 사실 무거울 것은 없죠. 형식은 무겁지도 가볍지도 않으니까요.

그래서 공간과 시간에 의해 직관이 주어지고, 이것은 범주에 의해 하나의 개념으로 통일됩니다. 만약 인식주관이 미리 범주를 갖고 있지 않다면 감성에 의해 주어지는 다양한 것을 통합하는 작업, 개념을 부여하는 작업은 가능하지 않습니다. 오성의 작용에서 오성은 능동적이고 자발적이고, 오성이 만드는 결합은 바깥에서 주어지지 않고 오성 스스로가 산출한다는 점에 주목해야 합니다.

자, 이제 범주의 의미를 이해하고, 범주 때문에 인식을 보는 눈이 근본적으로 달라진 것을 살피기 위해 인과법칙의 문제를 검토해 봅시다.

○   **인과법칙은 어디에 있는가**

1) 인과법칙 비판

인과법칙을 거꾸로 표현하면 어떤 결과가 주어지면 반드시 어떤 원인이 있다는 것입니다. 원인과 결과 사이에는 필연적 결합(necessary connection)이 있어야 하죠. 즉 a라는 원인-사건은 항상 b라는 결과-사건을 낳아야 합니다. a가 때로는 b를, 때로는 c라는 결과를 낳는다면 곤란합니다. 불을 땐 굴뚝에 연기가 나는가 하면, 아니 땐 굴뚝에 연기가 나기도 한다면 혼란스럽겠죠?

불을 때면 항상 연기가 나야 하죠. 아니 땐 굴뚝에서는 연기가 나지 않아야 합니다. 연기라는 결과는 어떤 경우에도 불을 땐 원인과 떨어질 수 없습니다. 물이 끓고 있다면 분명히 열을 가한 사건이 있어야 합니다. 또 누군가가 원인 모를 죽음을 당했다면 우리가 아직 모를 뿐 분명히 원인이 있죠. 탐정이 그 원인의 미로를 찾는 과정이 추리소설이 되고 추리소설의 원칙은 '원인 없는 결과는 없다'입니다. 이처럼 원인과 결과의 관계에서는 반드시 어떠한 예외도 없이 원인과 결과가 결합해야 합니다.

그런데 경험주의자 흄(D. Hume)이 이것에 반박을 하는 바람에 철학마을과 과학마을이 발칵 뒤집힌 적이 있습니다. 우리의 경험세계에서 일정한 원인은 일정한 결과를 반복적으로 만들어 냅니다. 그런데 우리가 경험하는 세계에서는 어떠한 경우에도 필연적인 것을 찾을 수 없다는 점이 문제죠. 달리 말하면, 어떤 원인이 어떤 결과를 만드는 사건이 1000번, 5만 번, 5조 번 반복된다 하더라도 그것이 필연적인 것은 아닙니다.

우리는 원인에 이어서 결과가 나타나는 현상은 무수히 보았지만 신기하게도 '필연적 결합' 자체는 본 적이 없죠. "아니, 무슨 말씀! 불을 때면 연기가 나는 현상을 내가 7억 8,900만 번이나 봤는데!"라고 할 수도 있지만, 곧 이런 반박이 따라올 겁니다. "당신은 원인이 있으면 결과가 잇달아 일어나는 것을 본 것이지, 원인과 결과의 필연적 결합을 본 것은 아니오! 미안하지만 그것은 볼 수가 없소."

우리는 a가 b에 앞서는 것을 반복적으로 본 까닭에 a가 나타나면 당연히 b가 따라 나오리라고 주관적으로 기대를 합니다.* 반복적 경험을 주관적으로 확신하는 거죠. "a가 있는 곳에 곧이어 b가 나오더라! 여러 번, 아니 수천 번 봤으니까 이번에도 틀림없겠지." 경험이 쌓이고 a-b의 연쇄가 반복되기 때문에 필연적 결합을 객관적으로 보지는 못하지만, 그것을 주관적으로 기대하게 되죠.

　　　　과학은 이런 인과법칙을 바탕으로 삼습니다. 그런데 이 법칙을 증명할 길이 없다면 어떻게 될까요? 과학은 기껏 수많은 경험을 쌓아서 그것이 반드시 그러하다고 우기는 것이 될 뿐입니다. 반복에 따른 주관적인 기대를 어찌 법칙이라고 하겠어요?

2) 인과법칙은 우리 안에 있다

흄은 인과관계에 대해 무자비하게 비판합니다. 칸트는 과학을 사랑한 분인데, 이 비판을 접하고는 정신이 번쩍 들었다고 합니다. "나는 흄의 책을 읽고 비로소 독단의 잠에서 깨어났다." 그 후 칸트가 얼마나 많은 밤을 번민으로 지새웠을까요? 여러분은 혹시 이때의 번민을 작품화한 《쾨니히스베르크의 경야(經夜)》라는 책을 본 적이 있나요?

　　　　인과법칙에 대한 비판을 정리합시다. 지금까지 모든 사람은 인과법칙이 자연법칙이라고 생각했습니다. 그런데 알고 보니 자연 속에는 인과법칙이 없다는 겁니다. 필연적 결합은 주관적 기대일 뿐, 그

---

* 앞에서 공부한 것을 떠올려 봅시다. 바로 까마귀색조사위원회를
　괴롭히던 문제이죠. "모든 까마귀는 검은가."
　절대로 검다고 할 수는 없습니다. 경험적 사건이기 때문에
　수많은 까마귀가 검고, 미래의 까마귀가 검다고 하더라도
　"모든 까마귀는 검다"고 할 수는 없죠.
　필연성은 경험적 반복에서 나오지 않습니다.

것을 관찰하거나 경험할 수 없으니 어떠한 필연성이나 객관성도 있을 리 없죠.

칸트는 이 문제를 어떻게 정리할 수 있을까요? 앞서 양, 질, 관계, 양태마다 세 항씩 배당된 범주들을 본 적이 있죠. 바로 관계 범주 가운데 '인과성'이 있었지요? 칸트는 인과관계를 오성이 사고하는 범주의 하나로 봅니다. 볼멘소리로 이렇게 질문할 독자가 있을 겁니다. "아니, 인과성이 범주의 하나라면, 우리가 오성으로 사고할 때 미리 갖고 있는 형식 가운데 하나라는 말인가요?" 네, 그렇습니다. 인과성은 대상 세계에 있는 것이 아니라 우리가 대상에 부여하는 형식이 맞습니다. 인식형식이 대상을 틀 짓는 작업 도구 중 하나가 인과 범주라면, 인과성은 대상 세계에서 나온 것이 아니라 우리가 대상 세계를 틀 짓는 형식이고, 대상 세계를 보기 위한 조건이 되지 않겠습니까?

원래 자연세계 속에 인과관계가 객관적으로 있기 때문에 우리가 그것에 따라 인과관계를 인식하는 것이 아니라는 이야기입니다. 거꾸로 우리가 인과관계를 대상에 집어넣어서 마치 대상이 인과관계에 따라 필연적으로 나타나는 것처럼 인식된다는 겁니다. 거참! 말은 되는데…… 좀 혼란스러울 거예요.

3) 인과법칙을 현상에만 적용해야 한다

이것을 칸트가 구별한 현상과 물자체로 나누어 보면 간명합니다. 인과관계는 사물 자체에 있는 것이 아니라 현상에만 있는 것입니다. 우리가 현상세계를 인식할 때, 인식형식인 인과관계를 투입해서 보기 때문에 현상세계가 인과 질서를 갖는 것으로 보인다는 것이죠. 물자체가 인과 질서를 갖는지 우리로서는 알 길이 없습니다.

인과법칙이 현상에만 적용된다고 해서 그것을 우연적인 것으로 보아서는 안 됩니다. 우리가 현상에 부여하는 범주가 선천적인 것이므로 이 관계는 보편타당성과 필연성을 지닙니다. 현상들이 우리가 부여하는 주관적 범주에 따른다고 해서 현상들의 관계가 제멋대로 연결된다고 보아서는 안 되죠.

이처럼 인과 질서는 자연의 질서가 아니라 우리 인식의 질서입니다. 이런 인과 범주가 없다면 우리는 자연현상을 질서 있게 관계 짓지 못하고 그저 경험적 반복에 지나지 않는 것으로 볼 수밖에 없습니다. 그러니 어떤 원인이 우리가 기대하는 결과를 낳을지 조마조마해하면서 가슴을 졸여야 할 겁니다. 인과법칙이란 항상, 예외 없이, 지루하게 a → b를 반복하기 때문에 우리는 다른 가능성을 고려할 필요 없이 'a가 있는 곳에 b가 있을 수밖에 없다'고 안정된 예측을 할 수 있습니다.

이런 방식으로 칸트는 인과관계에 얽힌 논란을 정리합니다. 재판정에서 칸트는 두 가지 잘못된 주장을 물리치죠. 인간이 인과법칙을 가지고 객관적 자연세계를 있는 그대로 본다는 '독단론'을 깨뜨리고, 또 흄처럼 인과법칙을 주관적 기대로만 보는 '회의주의'도 잘못이라고 지적합니다.

왜죠? 만약에 범주로서의 인과법칙이 있고, 인과법칙이 '선험적' 틀이라면 당연히 보편타당성을 가질 겁니다. 묘하죠? '인과법칙은 자연적 현실이 아니고, 우리 바깥에 있는 어떤 것이 아니라 인간이 세계를 보는 방식이지만, 이 방식은 필연성을 지닌다.' 이렇게 보면 인과법칙을 설명할 길이 열리고, 이것에 기초를 둔 순수한 자연과학이 필연적 인식을 마련할 길도 열립니다. 다만 이것이 적용되는 범위를 현상세계에 국한한다는 조건을 잊어서는 안 되죠. 요컨대, 인과관계에 관한 논란은 이제 그것이 물자체에서 현상으로 옮겨오면서 필연성을 갖는 것으로 매듭지어집니다.

○   **감성과 오성의 관계**

인식 과정을 계속 설명해 볼까요? 좀 전에 보았듯이 인식을 위해서는 마음의 두 능력인 '감성'과 '오성'이 필요합니다. 두 능력이 다투지 않고 어떻게 서로 도와야 할까요? 또 감성과 오성이 협력해야 한다고 할 때, 이 가운데 어느 쪽이 더 중요할까요? 수용하는 데 그치는 감성보다는 능동적으로 사고하는 오성이 중요할까요? 아니면 반대일까요?

여기에서 칸트의 답을 들어 보죠. 우리가 대상을 인식하려면 먼저 감성적 질료를 오성의 개념에 제시해야 합니다. 아무리 오성이 능동적이고 자발적이라고 하더라도 질료가 없다면 능력을 발휘할 길이 없습니다. 그래서 감성이 없는 오성, 직관이 없는 개념은 텅 빈 것일 수밖에 없죠. 이런 점에서 감성은 오성이 능력을 발휘하도록 '직관의 다양성'을 마련해 준다는 점에서 중요합니다.

반대편 사정은 어떨까요? 감성적 질료만으로는 어떠한 인식도 생산하지 못하죠. 오성이 분류하고 질서 짓지 않으면, 감성은 목표도 없이 질료만 잔뜩 쌓는 셈이죠. 갈 곳도 없이 여행을 떠난 경우라고나 할까요? 즉 개념이 없는 직관은 맹목적입니다.

이런 두 측면을 볼 때, 우리는 감성과 오성이 저마다의 고유한 능력을 가진 점에서 서로 다르지만 인식을 위해서는 협력해야 함을 알 수 있습니다. 이것을 야식으로 라면을 끓여 먹으려다 처한 상황에 비유해 설명해 볼까요? 자, 늦은 밤 출출해 라면을 끓여 먹으려 합니다. 이런! 냄비에 물을 넣고 불 위에 올렸는데 라면이 없군요. 아무리 제가 라면을 맛있게 끓이는 '라면의 달인'일지라도 재료가 없으면 텅 빈 것이죠. 룸메이트는 재료는 완벽하게 준비되어 있는데 라면을 끓일 줄 모른다고 합니다. 이 친구는 얼마나 맹목적으로 재료를 모아 놓은 걸까요? 저와 룸메이트는 라면을 끓이기 위해 협력할 수밖에 없군요. 이런 협력은 감성과 오성의 경우에도 똑같이 적용됩니다. 서로 작용하는 면은 다르지만 감성과 오성이 협력할 때에만 인식이 가능합니다.

이런 능력을 누가 사용하는지 알아볼 필요가 있겠죠. 설마 능력들 자체가 자동으로 작용하지는 않겠죠? 그렇다면 도대체 누가 인식능력들에게 과제를 부여하고, 그것들을 조화롭게 사용하는 것일까요? 이런 일치가 가능하려면 '보이지 않는 손' 같은 것이 감성과 오성을 도와야 하지 않을까요?

칸트는 이런 작용을 총괄하는 '주체'가 필요하다고 봅니다. 감성과 오
성이 작용하는 바탕에서 인식의 통일을 가능하게 하는 주체는 무엇일
까요? 그는 이런 근본적인 사고 주체를 가리키기 위해 '의식 일반' 또
는 '선험적 통각(先驗的 統覺, transzenden tale Apperzeption)'이라는 어
려운 용어를 씁니다. 이때 '통각'이란 주어진 표상들의 다양성을 통일
시켜 의식하는 작용을 말합니다.

　　칸트는 이런 주체의 작용을 "나는 생각한다(Ich denke)"라
고 표현하기도 합니다. 즉 주체를 '생각하는 나'로 봅니다. 이처럼 내
가 생각한다면 나는 생각하는 나이고, 이것은 바로 '자기의식'을 말합
니다. 이것은 데카르트를 소개할 때 이미 살펴보았죠. 여기에서 "내가
생각한다"고 할 때 나는 무엇을 생각하나요? 나는 어떤 대상을 생각
할 수 있겠죠. 하지만 대상을 생각하는 것 외에도 바로 내가 나를 생
각하는 면을 놓쳐서는 안 됩니다. 즉 나는 '대상을 생각하는 나'를 생
각할 수 있습니다. 그러면 내가 나를 생각할 때, 내가 의식하는 대상
은 바로 나이므로, 이것을 자기의식이라고 할 수 있겠죠.

　　수용된 표상을 오성이 결합할 때, 이것이 가능하려면 통일된
자아가 필요합니다. 이것을 '나는 생각한다'의 자기의식이라고 할 수
있습니다. 이 자기의식의 작용이 모든 표상에 함께 있을 때에만, 그리
고 그것을 통일시킬 때에만 인식능력이 조화롭게 사용될 수 있고 그
것에 맞물리는 대상의 존재가 확보될 수 있습니다.

　　우리 의식은 '대상을 인식하는 의식'이면서 동시에 바탕에서
이런 '의식작용 자체를 의식'하는 것이기도 합니다. 즉 대상의식과 자
기의식은 분리될 수 있지만 또한 하나로 모아져야 하죠. 자기의식은
의식작용을 의식하는 것, 그래서 자기 바깥의 대상에 쏠린 의식작용

을 다시 자기 안으로 불러오는 것이죠. 그럼 자기의식을 인식 과정과 연결해 볼까요? 내가 대상을 사고하는 것, 즉 표상을 수용하고 그것을 사고하는 것이 인식 과정이고, 이런 과정을 사고하는 것이 자기의식이라면, 자기의식은 인식 과정 전체를 따라다닙니다. 즉 모든 표상(직관과 범주)에는 '나는 생각한다'가 들어 있습니다.

그런데 칸트는 자기의식을 경험적인 것이 아니라 선험적인 것으로 보죠. 그것은 모든 인식 과정에 필연적으로 전제되고, 또 필연적인 근거가 됩니다. 인식에서 만나는 모든 표상은 자기의식을 벗어나지 않으며, 자기의식은 표상들을 통일하는 근거가 됩니다.

데카르트가 자기의식을 자명한 것으로 보고, 어떠한 추론 없이도 직관을 통해 분명하고 혼돈의 여지가 없이 알 수 있다고 한 것과 달리, 칸트는 이러한 "나는 생각한다(cogito)"라는 자기의식을 알기 위해 이렇게 복잡한 길을 걸어왔죠. 데카르트가 인식의 산에 오르면서 자기의식을 안내자로 삼는다면, 칸트는 산을 다 내려가다가 산 저 너머에서 자기의식을 찾는다고 할 수 있지 않을까요? 이런 주체를 미리 상정한 뒤에 인식을 설명하는 것이 아니라 인식 과정을 설명한 끝에 이런 주체의 작용이 필요함을 보여 주고, 그래서 어쩔 수 없이 '생각하는 나'를 불러온 거죠. (데카르트에게 '생각하는 나'가 가장 확실한 것이라는 점과 여기에서 모든 인식의 선험적 조건이라는 점은 근본적으로 다르지 않죠.)

또한 "나는 생각한다"는 대상에 주어지는 것이 아니라 우리의 자발적인 작용입니다. 주체는 이런 자발성으로 대상의 표상을 종합하고 통일시켜 대상이 존재하도록 하죠. 통일작용이 없다면 표상은 낱낱의 것으로 흩어지겠죠. 이런 자발성이 '우리에 대해서(für uns)' 존재하는 대상의 뿌리입니다. 대상은 그 자체로 있는 것이 아니라 나의 자기의식에 근거를 두어야 비로소 존재할 수 있습니다.

이런 점에서 자기의식은 근대 철학의 주요한 특성을 잘 보여 줍니다. 근대 철학은 인식론적 반성을 통해 인식하는 주체 안에서 존재의 문제를 근거 짓고, 대상의 객관성을 주체의 지배권 아래 두죠. 칸트는 이 점을 분명하게 보여 주기 위해 인식론적인 '코페르니쿠스적 전환'을 이야기한 것입니다. 근대 주체는 이제 현상계의 법을 정하는 권리를 갖고, 현상을 구성하게 됩니다.

○   **현상을 만든 인간**

칸트는 행여 우리가 알아듣지 못할까 봐 복잡하지 않은 것도 꼼꼼하게 설명합니다. 우리가 이 내용을 잘 알고 있다는 것을 보여 주기 위해 간략하게 정리해 볼까요?

대상이 주어질 때 우리는 그것을 인식형식으로 구성합니다. 앞서 논의에서는 처음에 현상이 있고 그것이 질료를 주어야 인식 과정이 진행된다고 설명한 바 있죠. 이 설명이 좀 이상하지 않나요?

우리에게 나타나는 현상을 도대체 누가 만들었을까요? 하느님인가요? 아닙니다. 당연히 인식하는 우리입니다. 현상은 우리가 인식형식을 부여해서 공들여 만든 것입니다. 그렇다면 처음에 있는 것은 현상이 아니라 현상을 만든 선험적 형식과 그것을 사용하는 능력이지요.

예를 들어 살펴볼까요? 여기 놓인 칠판이 초록색으로 보이는 까닭은 우리가 칠판을 초록색으로 칠했기 때문이죠. 고양이와 인간의 차이가 여기에 있습니다. 고양이가 볼 때 칠판이 초록색으로 보이면 '칠판이 원래 초록색이어서 그렇구나' 하겠지만, 칸트를 아는 근대인은 인식 과정의 구성 작업 때문에 그렇다는 것을 알고 있죠. 구성된 현상이 마치 우리에게 대상처럼 나타난 겁니다. 칸트가 현상과 물자체를 구분하고, 우리가 인식하는 것이 현상이라고 하는 이야기는 바로 이것을 가리킵니다. 우리는 현상을 인식할 수 있는데, 이 현상은 바로 우리가 만든 작품인 거죠.*

우리가 현상을 인식한다는 점을 칸트의 코페르니쿠스적 전환과 관련하여 인식주관과 대상의 상관관계로 다시 정리해 봅시다. 아마 깜짝 놀랄 만한 의미가 드러날 겁니다. 인식 대상은 항상 인식형식에 맞추어서 나타나야 합니다. 다시 말해, 대상이 인식되려면 우리의 인식형식이 요구하는 기본 조건, 즉 인식이 가능한 조건을 따라야 합니다.

이 조건은 현상이 나타나는 조건이자 동시에 인식이 가능한 조건이죠. 그리고 이런 인식의 가능 조건에 따라 현상의 존재 조건이 설정됩니다. 어떤 것이 '우리에 대해서' 존재하려면 우리의 인식 조건

---

* 우리가 능청을 떤다고 생각할 독자도 있을지 모르겠군요.
우리가 형식으로 현상을 구성해 놓고는 그 사실을 잊은 체하다가
현상을 인식하는 과정이나 그 끝에서 "아니, 현상에 우리가 부여한
형식이 있군. 이상한데, 아니 실은 당연한 거지" 하고 말한다고요.
이런 지적이 틀린 것은 아니죠. 우리는 현상을 인식하면서 우리가 부여한
형식을 다시 찾아내고, 결국 우리의 형식과 그 산물(현상)을 오가면서
인식 놀이를 하는 셈이죠. 그래서 우리가 현상에서 발견한 질서는
원래 우리가 부여한 것일 뿐임을 확인하게 됩니다.

을 반드시 따라야 합니다. 어떤 존재가 있다고 해서 인식되는 게 아닙니다. 요컨대, 현상이 존재할 수 있는 조건은 인식주관이 세우는 것이죠. 인식주관이 명령하고, 현상은 그것에 순종하는 셈이죠. 이런 까닭에 이제 대상은 주인공의 자리를 우리에게 넘겨줄 수밖에 없습니다. 주인공인 우리가 보는 모든 세상은 우리가 구성한 것입니다.

우리의 '인식하는 주인공'을 건축가와 비교해 볼까요? 건축가는 일정한 질료를 구성해서 우리가 생활하거나 음악을 공연할 건축물을 만들죠. 그는 세계의 일부에 자기 틀을 부여해서 인간적인 생활공간을 형성합니다. 그런데 인식주관은 세계의 일부를 설계하고 구성하지 않고 '현상 전체'를 자기 틀로 구성합니다. 그는 현상세계를 구성한 훌륭한 건축가인 셈이죠. 인식주관이 구성한 이 세계는 주관 자신이 잔뜩 솜씨를 부린 작품이 아닐까요?

칸트는 기존의 사고 틀을 뒤집어 놓습니다. 전통적인 사고방식은 원래 벽이 평평한 것이어서 우리에게 그렇게 보인다고 했습니다. 사실은 우리가 공간형식으로 이미 그렇게 구성해 놓았기 때문에 그렇게 보일 수밖에 없는 거죠. 따라서 칠판이 초록이고 매끈하고 평평하게 보이는 것, 꽃들의 다채로운 색과 향기, 나아가 현상들이 매끈한 인과 질서를 이루는 것도 이런 맥락에서 보아야 합니다. 그래서 우리가 인식하는 이 세계는 사물 자체가 아니라 현상세계입니다. 이 세계는 인간이 구성한 것이고, 인간이 이 세계 전체를 만든 자입니다. 만약 현상세계가 법을 따른다면 법을 정한 자는 우리입니다.

현상이 먼저 있는 것이 아닙니다. 그것은 우리의 산물입니다. 그리고 우리는 현상 속에서 우리가 만든 형식이 나타나 있음을 다시 확인하면 됩니다. 즉 칠판이 초록색으로 보이는 것은 내가 초록색으로 칠했기 때문이지요. 현상들 간의 인과관계도 내가 인과 범주로 미리 짜 놓은 것이어서 현상들이 인과 질서에 따라 나타납니다. 여러분도 그 작업에 동참했는데 이것을 까먹었기 때문에 지금 신기하게 생각하는 겁니다. 자, 기억을 되살려 보세요. 기억이 나지 않는 분들은 다시 빨간 안경알이 나오는 부분으로 돌아가서 다시 확인해 보세요. 이런 주장은 인간을 그가 구성한 현상세계 위에 두고, 인간을 '자연의 입법자'로 드높이는 것이죠. 한마디로 인간 중심의 주체성 철학이라고 할까요?

칸트는 자신의 인식론을 통해 인간이 현상세계의 입법자임을 선언하고, 인식의 법은 인식주관이 부여하는 것임을 천명합니다. 이제 인식의 법정에서 입법하고 심판하는 권한이 인간에게 부여됩니다. 몇몇 문제는 여전히 남아 있습니다. 이렇게 구성된 세계가 사물 자체가 아니라 현상세계라는 점이죠. 우리에게 보편타당하게 나타나는 현상을 우리가 만들었다는 것은 분명하지만, 현상은 우리에게 나타난 것일 뿐 대상의 원래 모습, 즉 사물 자체는 아니죠. 이런 점에서 인간은 현상을 만들었음에도 현상 배후에 있는 사물 자체를 인식할 수는 없습니다. 단지 생각할 수 있을 뿐이죠. 사물 자체는 우리에게 어떠한 감각 자료도 주지 않기 때문입니다.

이렇게 보면 인간은 한편으로 자연의 주인이지만, 다른 한편으로는 자기가 보는 세계 저 너머, 즉 물자체의 세계에 대해서는 아무것도 인식할 수 없습니다. 비관적으로 보는 사람은 우리가 세계를 알면서 동시에 모른다고 하겠죠. 아니면 우리의 인식이 반쪽에 지나지 않는다고 할 수도 있을 겁니다. 코끼리를 만지고 있는 장님과 다를 바 없지 않나요?

우리가 알 수 있는 현상세계가 아름답다면, 이 아름다운 구성은 우리 자신의 작품입니다. 이 세계가 추하더라도 그것은 우리가 그렇게 구성했기 때문입니다. 칸트는 이런 현상세계의 입법자이자 창조자가 우리 자신이라는 자각을 일깨운 철학자입니다.

○ **우리는 무엇을 알 수 있는가**

우리는 현상세계의 모든 것을 보편타당하게 인식할 수 있습니다. 다만 물자체에 대해서는 어떠한 권리도 주장해서는 안 됩니다. 이런 조심스러운 결론을 접한 사람 가운데 칸트의 업적을 칭송하는 사람도 있겠지만, 이렇게 불만을 드러내는 사람도 있을 겁니다. "에이, 시시해. 우리가 경험할 수 없는 세계에 대해서는 아무것도 모른다고? 이게 무슨 철학이야. 과학자들의 비위나 맞추는 거지. 그렇다면 우리는 우리에게 나타난 책상 배후에 있는 책상 자체도 모르는 것이 아닌가! 그러니 경험에 주어지지 않는 영혼이나 신에 대해서는 아무것도 모를 수밖에."

이런 불만에 대해서 칸트는 이런 문제들은 형이상학자들이 오래전부터 다루어 왔음을 상기시킵니다. 그래서 과연 이런 논의와 그 결론들이 우리의 인식능력을 비판적으로 검토하는 이성의 재판정에서 정당한 권리를 인정받을 수 있었을까요?

이성의 재판정에서는 이 문제를 다루면서 그 이름에 걸맞은 심의를 하고, 결과적으로 형이상학자들의 주장을 거의 대부분 근거 없는 것이라고 판정하여 그것들의 시민권을 박탈하는 험악한 판결을 하게 되죠.* 자, 이제 형이상학의 나무는 어떻게 될까요? 칸트가 하인에게 나무를 자를 도구를 가져오도록 하는 것 같은데, 과연 형이상학의 나무는 무사할 수 있을까요?

진리의 재판정에서 확인한 바에 따르면, 우리는 인식능력을 잘 파악해야 하고, 그것을 적절하고 적법하게 사용해야 하고, 인식 가능한 범위를 잘 지켜야 한다고 합니다. 인식의 제한된 범위에 만족하고, 알 수 없는 것은 모른다고 해야겠죠. 이렇게 재판정의 질서를 지키는 것만으로도 현상세계에 대한 보편타당한 인식이 가능함을 알 수 있었고, 순수수학과 자연과학을 비롯한 인식의 영역에서 객관성을 확보할 수 있었습니다. 그리고 '생각하는 나'는 이런 현상세계의 주인공임을 알 수 있었죠.

"나는 무엇을 알 수 있는가"라는 질문에 대한 칸트의 첫 번째 판결이 마음에 드나요? 질문에 대한 답이 완결되지 않았으니 조금 더 생각해 보고 여러분 나름대로 이 판결의 정당성을 평가할 필요가 있습니다. 칸트에게만 모든 짐을 떠넘겨서는 안 될 일이죠. 여러분은 무엇을 알 수 있고, 또 무엇을 알 수 없을까요?

---

* 이성의 재판정이 눈을 부릅뜨고 이런 주장들을 심의하는 것이 바로 《순수이성 비판》의 2부에 해당합니다. 2부의 내용은 순수한 이성, 즉 경험의 도움을 받지 않고 이성만으로 구성된 주장을 다루는 '선험적 변증론'입니다.

어려운 강의를 부드럽게 끝내기 위해 소설 작품을 하나 인용할까 합니다. 프랑스 작가 미셸 투르니에(Michel Tournier)의 단편소설 〈소녀와 죽음〉에 나오는 한 장면입니다.

주인공 멜라니는 철학적 성향을 지닌 소녀로 '죽음'을 탐구합니다. 여기서는 소설 주제와 별도로 우리의 논의와 관련되는 부분만 보겠습니다. 멜라니는 부모가 살던, 지붕 밑 아파트로 올라가는 나선형 계단에서 여러 색유리로 끼워진 작은 유리 창문을 보죠. 소녀는 가끔 계단에 앉아 색깔이 다른 유리창을 통해 정원을 내려다보는 것을 재밌어했는데, 그때마다 기적과 같은 광경을 보게 되죠.

붉은 유리를 통해 보면, 낯익고 금방 알아볼 수 있는 정원이 마치 타는 불속에 묻혀 있는 것처럼 보입니다. 그럴 때의 정원은 그녀가 놀고 공상에 잠기던 장소가 아니라, 낯설고 잔혹한 불꽃이 핥고 있는 지옥의 불덩이가 됩니다. 자리를 옮겨서 초록색 유리로 보면 정원은 가물거리는 바닷속이 되죠. 푸르스름한 저 깊은 곳에는 물귀신이 엎드려 있는 것 같습니다. 반대로 노란 유리는 태양 같은 따뜻한 그림자를 가득히 퍼뜨리고 금빛 가루를 뿌리면서 마음을 북돋웁니다. 푸른빛 유리는 나무와 잔디를 낭만적인 맑은 달빛으로 감쌉니다. 남색 유리는 작은 사물 하나하나에까지 엄숙하고 거창한 자태를 부여합니다.

정원은 매번 깜짝 놀랄 정도의 새로운 모습을 갖습니다. 멜라니는 정원을 극적인 지옥 속에, 노래처럼 즐거운 분위기 속에, 또는 장엄하고 화려한 빛 속에 마음 내키는 대로 잠가 놓을 수 있는 자신의 마술적 위력에 홀리고 말죠.

저는 이러한 묘사가 마치 칸트의 인식론을 소개하기 위해 쓴 구절 같다고 생각했습니다. 색유리들의 요술은 무엇을 가리킬까요? 이렇게 매번 달라 보이는 정원을 만드는 것은 색유리가 아니라 멜라니라는 점은 우리가 현상의 입법자에 관해 이야기한 부분과 같습니다.

길고 지루한 강의가 끝났군요. 다음 강의를 듣기 전에 자신감이 생긴 분은《순수이성 비판》을 한번 펼쳐 보세요. 이런 구절이 있습니다. "모든 인식은 항상 경험과 함께 시작한다. 하지만 그렇다고 해서 인식이 경험에서 나오지는 않는다."

다시 한번 물어보겠습니다. 여러분이 보고, 듣고, 만지는 세계를 만든 훌륭한 존재는 누구일까요? 왜 칠판이 이렇게 보이고, 진달래는 저렇게 보일까요? 바로 여러분이 세계의 주인공입니다. 이 현상세계는 우리가 알 수 있는 세계입니다. 그렇다고 우리가 모든 것을 알 수는 없지만요.

칸트는 인간이 보편타당하게 인식할 수 있는 길을 마련했습니다. 그런데 인간은 이런 인식에 만족하지 않고 현상세계 너머에 있는 물자체에 대해 알고 싶어 하며 순수이성의 신기루를 좇아갑니다. 칸트는 이런 모습을 보고 형이상학적 지식을 심문하는 이성의 재판정을 엽니다. 이때 '순수이성'이란 경험적 요소가 섞이지 않은, 경험의 한계를 받아들이지 않는 이성을 말하죠. 과연 어떤 판결이 나올까요?

○ **형이상학적 충동**

우리는 현상세계를 필연적으로 인식하는 것만으로는 인식의 욕망을 온전하게 채우지 못합니다. 바로 형이상학적 충동 때문이죠. 달리 말하면, 지금까지는 경험 안에서 보편타당한 인식을 마련할 수 있었습니다. 그런데 우리의 경험에 모든 것이 주어지지는 않으므로 경험할 수 없는 것들이 많이 있습니다. 예컨대 감각적으로 경험할 수 없는 영혼은 어떤 것이고, 몇 개나 되는지, 영원불멸하는 것인지, 생김새가 있다면 어떤 모양이고 무게는 얼마나 되는지, 또한 세계는 공간적으로 끝이 있는 유한한 것인지, 시간적으로 언제 생겨났고 언제까지 계속되는지, 이 세계를 주재하는 신이 존재하는지 등의 문제에 우리는 관심이 많고, 이런 것들에 대한 인식이 삶의 방향을 좌우하는 경우도 있습니다.

형이상학적 충동은 현상 너머에 있는 '물자체'에 대한 인식을 요구합니다. 그런데 이런 종류의 인식은 앞서 활약한 감성이나 오성으로는 가능하지 않습니다. 바로 이 지점에서 지금까지 감성과 오성의 배후에서 쉬고 있던 '이성(理性, Vernunft)'이 등장합니다. 이성은 우리의 인식이 경험세계에 제한되는 것에 만족하지 못하고, 경험 너머에 존재하는 대상에 대한 인식도 원하게 되죠. 공간과 시간의 한계를 뛰어넘으려는 충동은 경험에 묶여 있는 오성의 적법한 사용을 무시하고 초감각의 세계로 날아오르려 합니다. 그렇다면 불가능한 인식의 하늘로 날아오르려는 노력은 무의미하거나 헛된 것일까요?

칸트는 이런 문제를 '선험적 변증론'(《순수이성 비판》 2부)에서 다룹니다. 감각적 경험세계를 뛰어넘으려는 이러한 노력은 우리 인식능력의 하나인 이성과 관계됩니다. 칸트는 이 뿌리에서 형이상학의 나무가 어떻게 자라는지를 조용히 지켜보다가 순수이성의 능력을 비판적으로 검토하는 재판정에서 이것을 철저하게 검토하고, 비판적 이성의 칼날을 들이댑니다. 순수이성으로 꽃핀 형이상학의 나무가 베이면서 형이상학이 쌓아올린 우상들이 파괴됩니다. 영혼, 세계, 신에 관한 모든 논의는 권리 없는 주장으로 내몰리죠. 이들에 대한 인식은 모두 유죄판결을 받습니다.

칸트는 이처럼 인식 영역을 엄격하게 제한했지만 곧이어 신앙의 영역인 '실천이성'의 영역을 개척합니다. 그래서 영혼, 세계, 신의 문제는 도덕적 관점에서 검토되고 정당화됩니다.

모든 것을 알고 싶어 하는 인간은 시간과 공간의 제한을 뛰어넘는 것—영혼, 인간의 자유, 세계의 본질, 신의 존재 여부, 삶의 목적 등—에 대해서도 알고 싶어 합니다. 우리가 경험할 수 없는, 즉 경험 바깥에 있는 것들은 어떤 수를 써도 인식할 수 없는데 말이죠. 우리의 똑똑한 철학자들은 현상 저 너머에 있는 듯한 이런 예지계(noumena, 본체계)를 인식할 수 있다고 주장하죠. 그리고 그것으로 완전한 인식의 질서를 구성하곤 했습니다.

칸트가 보기에 이런 형이상학적 작업은 감각 경험에 나타나지 않는 것들을 가지고 아무런 감각 자료도 없이 개념들만 교묘하게 짜맞추어 만들어 낸 개념의 유희였죠. 그래서 칸트는 형이상학이 만든 이런 놀이판을 비판적으로 검토합니다. 이제 경험적 요소를 말끔히 걷어 낸 순수이성에 대한 비판이 본격적으로 이루어집니다.

이성은 우리가 앞서 본 오성과 어떤 점에서 다를까요? 오성이 판단하는 능력이라면, 이성은 추론하는 능력입니다. 이런 이성을 쓰는 방식 가운데 하나는 순수하게 논리적으로 사용하는 것이고, 다른 하나는 경험적이거나 선험적으로 사용하는 것이죠.

형이상학은 이성을 논리적으로 사용합니다. 이것은 경험을 중시해서 개념이 실제 대상에 일치하는지에 상관하지 않고 논리적으로 타당한지만 살피는 경우이죠. 그래서 '모순율'에 바탕을 두고 개념들이 모순되지 않으면 참이라고 여기죠. 예를 들어 '둥글다'라는 술어는 주어인 '사각형'과 논리적으로 결합되지 않습니다. 순수이성은 순전히 논리적 조작을 통해 개념을 결합하고 추론합니다. 추론을 논리적으로 사용하는 경우, 인식의 객관적 타당성은 문제되지 않고 형식만 문제가 됩니다. 즉 인식이 실제로 대상에 일치하는지는 문제가 되지 않습니다.

이성을 경험적으로 사용하는 경우에는 경험적 판단이 '인과율'에 의해 얻어지기 때문에 일정한 조건에 제한됩니다. 모든 현상은 원인을 조건으로 갖고, 이들 원인은 다시 원인에 따라 한정됩니다. 이와 달리 이성은 이런 조건에 묶이지 않고 조건을 뛰어넘어서 무조건적인 통일을 찾으려는 충동에 이끌리죠. 즉 이성은 조건의 무한한 계열을 통일할 만한 무조건적인 것을 구합니다.

○   **순수한 논리로 만든 이념**

이러한 무조건적 이성은 자기에게 알맞은 대상을 만들어 내죠. 이것을 칸트는 '이념(理念, Idee)'이라고 부릅니다. 칸트는 이런 이념의 예를 세 가지 듭니다. 영혼, 세계, 신이죠.

이와 같은 이념을 만들기 위해 형이상학자들은 오성의 범주를 사용하고 이 범주 가운데 관계 범주를 이용해서 이성을 논리적으로 추론합니다. 이념은 경험을 뛰어넘은 것이기 때문에 당연히 어떠한 감각적 내용도 갖지 않습니다. 다만 논리적·이성적으로만 알 수 있을 뿐입니다. 영혼을 손으로 만지거나 볼 수 있나요? 그런 경험을 했다고 하는 사람이 칸트 시대에도 있었나 봅니다. 신도 감각적 대상은 아닙니다. 신을 보거나 만진 사람들은 사람이 아니라 신과 비슷한 종류의 존재일 겁니다.

세계는 어떤가요? 어떤 사람은 자기가 세계를 보고 만질 수 있다고 생각하죠. 하지만 지금 우리가 말하는 세계는 세계의 부분이나 조각이 아니라 존재하는 사물을 모두 포함한 전체를 말합니다. 우리는 세계의 일부를 감각할 수 있지만 세계 자체, 즉 모든 사물을 보거나 만질 수는 없습니다. 이념의 하나인 세계는 우리의 감각을 뛰어넘어 있는 이론적 대상입니다. 그래서 누가 "세계는 무한하고, 끝이 없다"고 할 때에는 그 끝을 실제로 보고서 그렇게 주장하는 것이 아니라 이론적으로 그렇게 생각한다는 이야기죠. 그 끝을 볼 수 있다면 문제될 것이 없습니다. 그 끝을 볼 수 있는 사람이 없으니 이성의 눈을 지닌 형이상학자가 나서서 세계에 관한 어떤 주장을 하는 것입니다. 하지만 형이상학자도 '세계'를 눈으로 보거나 손으로 잡을 수는 없습니다.

칸트는 영혼을 심리학적 이념, 세계를 우주론적 이념, 신을 신학적 이념이라고 부릅니다. 이런 영혼, 세계, 신의 이념은 이성의 형이상학적 충동과 관련되죠. 그리고 이성은 경험세계에 제한된 오성에 이념을 주어서 다양한 것을 온전한 하나로, 조건에 매여 있는 것들을 무조건적인 것으로 통일하라는 명령을 내립니다.

○ **영혼을 잘 아는 형이상학자**

이런 이념에 대해서 차례대로 조금씩 설명해 봅시다. 먼저 영혼을 볼까요? 우리 정신은 많은 표상을 만들죠. 그런데 그런 표상들을 하나로 묶을 수 있는 어떤 것이 있을까요? 형이상학자는 그런 통일을 영혼의 몫으로 봅니다. 다시 말해, 영혼의 이념은 모든 표상의 바탕에 존재하고, 사고하는 주관의 모든 내용을 하나로 통일하는 어떤 것을 말합니다.

기존의 형이상학에서 이성은 영혼이라는 심리학적 이념을 만들죠. 그것이 어떤 것인지는 범주로 사고합니다. 영혼은 ① 양으로 보면 단일성=인격적이며, ② 성질로 보면 단순합니다. ③ 관계로 보면 실체이며, ④ 양태로 보면 비물질적입니다. 차례대로 살펴볼까요?

① 양적 범주에서 영혼을 보면, 영혼은 서로 다른 시간에 언제나 하나이고 동일한 것입니다. 즉 우리 사고의 내용은 다양하지만, 이런 다양한 사고에도 사고하는 자아가 일치함을 의식합니다. 그래서 영혼은 양적으로 통일된 것으로 추론됩니다. '영혼은 하나이며, 여럿이 아니다.' 이것은 영혼이 인격이라는 의미입니다.

② 질적 범주에서 보면, 영혼의 활동은 사고하는 다수를 합해서 만들 수 있는 것이 아니기에 영혼의 성질은 단순하죠. 이런 단순한 것은 결코 파괴되지 않습니다. 파괴되는 것은 언제나 부분으로 분해되는 것이므로 결합된 것만 파괴될 수 있죠. '영혼은 파괴되지 않고, 불멸(不滅)이다.' 영혼불멸설은 이런 사고에서 나왔습니다.

③ 영혼은 어떤 관계로 나타날까요? 우리의 주관적 표상이 이러저러하게 변한다고 하더라도 언제나 '나는 생각한다'는 의식이 바탕에 있습니다. 이것으로부터 이성은 영혼이 실체라고 보고, 우리

의 신체와 같은 것이 아니라고 추론합니다. '영혼은 실체이고, 사고하는 실체이다.' 실체는 생기거나 소멸하는 것이 아니죠. 그래서 영혼은 영원합니다.

④ 영혼을 양태 범주에서 보면, 영혼은 외부의 모든 사물에 관계하지만 그 자체는 물질적인 것이 아닙니다. 따라서 '영혼은 비물질적이며 정신적이다'라고 추론할 수 있습니다. 이처럼 기존의 형이상학은 이성 추론으로 영혼의 본질을 만들어 냅니다.

그런데 이성의 재판정을 연 칸트는 이 내용을 검토하기 위해 이성의 칼을 갈고 있습니다. 이런 합리적 추론은 타당하고, 인식의 정당한 권리를 지닐까요? 칸트 재판장님의 선고를 봅시다. 결론부터 이야기하면, 이성이 영혼을 추론하는 것은 부당하고 아무런 인식의 권리를 갖지 못합니다. 어떤 이유 때문에 그럴까요?

이성은 오성 범주를 활용하여 영혼이라는 이념의 본질을 규정했습니다. 만약 오성 범주를 영혼 이념에 적용하는 것이 허용된다면, 이 추론은 문제가 없을 것입니다. 하지만 익히 알다시피 오성 범주들은 경험 영역 안에서만 사용이 허가되어 있습니다. 즉 범주는 우리의 가능한 경험 대상에만, 시간-공간 속에 주어지는 대상에만 적용될 수 있습니다. 그런데 영혼이라는 이 특이한 대상은 결코 경험할 수 있는 대상이 아닙니다. 영혼 이념은 단지 순수이성, 즉 어떤 경험적 내용도 갖지 않은 이성이 만든 것입니다.

따라서 우리가 영혼을 시간-공간에서 직관할 수 있다면 형이상학적 주장은 타당할 겁니다. 그러나 영혼 이념은 이성 스스로가 만들어 낸 사고물(思考物)이기 때문에 타당하지 않습니다. 이런 주장은 이성의 자연스러운 충동에서 나온 추론이지만, 그릇된 추론(Paralogismus, 오류추리)에 지나지 않습니다. '비판적 이성'의 눈으로 볼 때에는 허용되지 않는 것, 정당한 권리가 없는 것입니다. 불법적으로 이성을 멋대로 사용한 예이죠.

이처럼 이성의 재판정에서 심리학은 학문의 가치를 인정받지 못합니다. 이런 명제가 타당하지 않다고 해서 영혼을 부정할 수는 없습니다. 왜냐하면 이성이 비판적으로 검토한 결과 우리는 영혼에 대해서 아무것도 알 수 없다고 했기 때문입니다. 영혼에 관한 이러저러한 주장들은 타당한 것도, 그렇다고 부당한 것도 아닙니다. 다만 이런 영혼을 굳이 믿고 싶어 하는 것까지 부정할 수는 없다는 거죠. 믿고 싶은 사람은 믿어도 좋지만 우리는 영혼을 알 수는 없고, 모르는 것은 모른다고 해야 한다는 겁니다.

이제 세계에 관한 주장들을 검토해 봅시다. 세계에 대한 형이상학적 주장들은 어떤 권리를 주장할 수 있을까요? 이 문제는 영혼 문제보다 좀더 복잡합니다. 여러분이 허락한다면 재판 기록을 간략하게나마 소개해 보죠. '세계에는 끝이 있을까' '이 세계는 창조된 것일까' '이 세계에는 필연적 법칙만 있을까' '자유가 있을까' '요즘 자연과학에서 복잡성 이론으로 세계를 복잡계(complex system)로 설명하려 하는데 과연 이것이 타당할까' 등을 알고 싶으면 이 기록을 참조할 필요가 있습니다.

○　순수이성의 이율배반

순수이성은 우리가 경험하는 모든 현상이 일정한 조건에 얽매여 있
는 것에 불만을 느끼고 이것을 뛰어넘으려는 충동에 이끌리죠. 그래
서 모든 현상을 무조건적으로 통일할 '세계이념'을 만듭니다. 그런데
여기서는 세계의 성격을 놓고 주장이 팽팽하게 맞서기 때문에 재판정
분위기가 훨씬 험악합니다. 이 재판에서는 피고가 둘인데, 저마다 자
기주장을 교묘하게 정당화하죠.

　　세계가 양적으로 어떤 성격을 갖는지 추론해 봅시다. 이 세
계에 공간적 끝과 시간적 끝이 있을까요, 없을까요? 이런 질문에 대
해 두 가지 형이상학적 주장이 가능합니다. 즉 세계가 유한하다거나
반대로 무한하다고 볼 수 있죠. 이런 까닭에 형이상학의 역사(지금은
물리학자들까지도 이 논쟁에 가세하죠)에서 상반되는 주장이 맞섭
니다.

　　이처럼 대립되는 의견들은 한 치의 양보도 없이 자신의 진
리성과 상대방의 오류를 내세우죠. 칸트는 어느 편을 들까요? 공정
한 재판관인 칸트는 어느 한쪽을 편드는 것이 아니라 문제가 되는 상
황이 어떻게 만들어졌는지를 검토합니다. 즉 세계이념에 관한 상이한
주장이 맞서는 논쟁 구도 전체를 비판적으로 검토합니다.

　　재판장은 논쟁에 말리지 않고 논쟁하는 판을 보려고 합니
다. 재판장은 이런 세계관의 투쟁을 순수이성의 '이율배반(二律背反,
Antinomie)'이라고 부릅니다. 일단 이 싸움판을 정리해 보죠. 우주론
적 이념에 관해서 다음의 질문들이 있습니다.

　　① 세계는 공간적·시간적으로 한계를 갖는가?(양)
　　② 세계는 단순한 부분들로 이루어져 있는가?(성질)

③ 세계에는 자연필연성 이외에 자유가 있는가? (관계)

④ 세계에는 세계의 부분이건, 아니면 그 원인이건 간에 절대적으로 필연적인 존재자(신)가 있는가? (양태)

각각의 주장에 대해 '그렇다'고 하는 쪽을 '주장(thesis)'으로, '그렇지 않다'고 하는 쪽을 '반대주장(anti-thesis)'으로 정합시다. 이 가운데 한 예만 보겠습니다. ①의 양적 특성에 관한 질문에 대해서 '주장'은 "세계는 시간적으로 시작과 끝을 갖고, 공간적으로 유한하다"고 말하고, 이에 맞서는 '반대 주장'은 "세계는 시간적으로 시작을 갖지 않으며, 공간적으로도 한계를 갖지 않는다. 즉 세계는 시간적·공간적으로 무한하다"고 말합니다. 여러분은 이 논쟁을 어떻게 생각하나요?

과연 세계는 유한할까요? 즉 시간적 처음이 있고, 언젠가는 정해진 시간이 끝나고 종말에 이를까요? 공간적으로 끝이 있어서 그 너머에는 아무것도 없을까요? 누군가가 세계의 모든 땅을 사들여서 독차지하고픈 소망을 품는다면, 아주 넓은 땅이긴 하지만 어쨌든 끝이 있기에 언젠가는 그 땅을 차지할 수 있을까요? 또 시간의 처음에 어떤 것들이 태어나고 시간의 끝에 모든 것이 죽어야 하는 걸까요?

세계의 끝이 있다면 그 바깥에는 무엇이 있는지, 만약 아무

생각 활동

▢ 창조론을 믿는다면, 이 세계는 창조된 것이니 처음부터 있지는 않았을 겁니다. 신적인 존재가 "세계야, 이제부터 있어라" 하고 명령하여 그 시점부터 비로소 존재하기 시작했다고 봐야겠죠. 그런데 세계 밖에 신적인 존재를 상정하는 것은 이치에 맞는지가 또 문제입니다.
신이 이미 존재하는 시점에 아무것도 없었다고 봐야 할까요?

것도 없다면 아무것도 없는데 왜 끝이 있다고 하는지도 문제가 되겠죠. 문제가 꼬리를 물고 이어집니다. 세계에는 자유란 없고 필연만 존재하는지 아니면 자유가 있는지 등과 같은 여러 문제를 여기서 모두 검토할 수는 없으니 두 가지만 살펴보기로 합시다.

칸트는 이런 문제들을 철저하게 검토한 뒤에 재미있는 점을 발견합니다. 만약 세계가 무한하다면 유한하지 않아야 하고, 반대로 유한하다면 결코 무한하지 않겠죠. 신기하게도 이런 상반된 주장 모두는 저마다 자신의 정당함을 밝힐 수 있습니다. 상반된 주장 가운데 하나만 타당한 것이 아니라 맞서는 두 주장이 상대방을 논박할 수 있다는 거죠. 그래서 공존할 수 없는 두 주장이 모두 정당한 것처럼 보이는 이율배반이 나타납니다. 이것은 마치 '나는 너를 사랑한다'와 '나는 너를 미워한다'가 상반되는 것이어서 이 가운데 하나만 맞아야 하는데, 둘 다 성립한다고 주장하는 이야기와 비슷합니다.

모든 경우에 이런 상반되는 주장이 저마다 성립하지는 않습니다. 모순율 때문에 둘 가운데 하나는 틀린 거죠. 그런데 세계이념의 경우에는 그게 그렇지가 않습니다. 즉 A와 −A가 동시에 타당하다는 어이없는 결과가 나타납니다. 달리 말해 '세계유한론'을 인정하는 쪽과 반대로 '세계무한론'을 주장하는 쪽 모두가 자기주장이 타당함을 증명할 수 있습니다.

이처럼 상반되는 두 주장이 모두 증명된다면, 세계는 유한하기도 하고 무한하기도 하며, 세계는 필연적 측면과 자유의 측면이 공존한다는 말인가요? 이런 점 때문에 형이상학자들은 서로 자기주장을 관철하려 합니다. 이 싸움은 승리와 패배가 가려지지 않는 가운데 끝없이 계속되죠.

이 주장과 반대 주장은 자기의 정당성을 증명하기 위해 귀류법을 사용합니다. 귀류법은 상대방의 주장이 부조리함을 밝히는 방식이죠. 즉 상대편 주장을 따라가 보면 어쩔 수 없이 모순에 빠짐을 보여 줌으로써 그것과 반대되는 자기주장이 옳을 수밖에 없다고 하는 것입니다. 그래서 칸트는 이런 이율배반의 경우들을 하나하나 검토하죠. 우리의 인식능력과 관련하여 어떤 것이 타당한 권리를 가졌는지를 살핍니다.

○　　**세계는 유한해, 무한할 수 없으니까**

세계가 유한하다는 주장과 그 반대 주장을 차례대로 살펴봅시다. 먼저 세계유한론부터 시작할까요? "세계는 시간적으로 시작과 끝을 갖고, 공간적으로 유한하다"는 세계유한론은 이것을 증명하기 위해 상대편 주장을 가정합니다. 곧 '세계가 무한하다'는 명제가 모순됨을 보여 주려고 하겠죠.

　　　먼저 공간부터 볼까요? 이들은 미련한 세계무한론자들이 '공간이 무한하다'고 주장하는 점에 대해 이렇게 질문해 봅니다. "현명한 우리는 이 주장의 터무니없음을 만천하에 알리고자 한다. 공간이 무한하고 끝이 없다고 주장하는 자들이여! 내 자녀들의 주장을 인정할 테니, 무한한 공간을 한번 빠짐없이 더해 보는 것이 어떤가? 자네들은 무한한 공간을 이루는 부분 공간들을 모아 보지도 않고 괜히 무한하다고 떠드는 것은 아닌가? 그것이 아니라면 이번 기회에 그 공간들을 빠짐없이 모아서 그것이 무한함을 보여 줄 수 있겠지?"

한번 해 봅시다. 무한한 공간은 부분들로 되어 있겠지요. 그 한 부분, 한 부분을 다 모아 봅시다. 공간이 무한하다면, 그 부분 공간의 수 역시 무한할 수밖에 없죠. 하지만 우리는 무한한 것을 다 더할 수는 없습니다. 아무리 더해도 또 남아 있고, 또 더하면 더한 것보다 더 많은 것이 남아 있겠죠. 무한하니까요. 그래서 무한한 공간을 완결된 것으로 보여 줄 길은 없습니다. 무한한 시간이 지나면 그 답을 알지도 모르죠(사실은 불가능하다는 뜻입니다).

무한한 공간을 유한한 시간에 다 합하려 할수록 그 무한한 공간의 일부만 보여 줄 수밖에 없죠. 무한한 크기의 공간을 온전하게 보여 줄 수 없습니다. 유한한 인간은 무한한 공간을 만지거나 볼 수는 없지요. 공간을 측정하러 갔다가 행방불명되는 사람의 수만 늘어날 뿐이니, 공간이 무한하다는 주장은 포기하는 것이 좋을 겁니다.

이제 시간의 경우를 볼까요? 시간이 무한하다고 생각한다면 어떤 모순이 생길까요? 만약 세계가 시간적으로 '처음'을 갖지 않는다면 어떻게 될까요? 분명히 '지금' 우리는 존재하고 있죠. 지금이 존재하기 위해서는 처음도 없이 아득한, 아니 무한한 과거에서부터 시간이 흐르고 흘러 지금까지 와야 합니다. 달리 말해 시간의 처음은 없고 시간이 무한하니 지금이 되기 전에 이미 무한한 시간이 있었다고 해야겠죠. 아울러 무한한 시간이 흘러서 지금이 되었다는 것을 보여 주어야 하죠.

과연 시작도 없는 무한한 과거에서 현재까지 올 수 있을까요? '무한한 시간이 걸린다'는 이야기는 과거에서 출발한 시간여행이 현재까지 오지 못한다는 이야기와 같습니다. 이처럼 무한한 시간의 계열 때문에 과거에서부터 아무리 시간을 지나와도 여전히 과거에 머무르게 되죠.

아마 시작도 없는 무한한 과거에서 이 주장이 타당함을 보여주려고 시간여행을 떠난 사람이 있다면, 먼저 영원한 생명을 부여받아야 할 겁니다. 아득한 그때에 떠나서 아직도 오고 있을지 모르지만 그 사람이 아무리 빠른 속도로 오더라도 무한한 시간이 걸리기 때문에 우리가 그 사람을 만날 가능성은 없습니다. 무한한 시간이 걸려서 우리가 있는 현재까지 올 수 없다면, 현재는 존재할 수 없죠. 하지만 현재는 지금 분명히 있고, 지금 있는 현재를 가짜라고 할 수도 없습니다. 이런 모순 때문에 무한한 시간을 가정해서는 안 됩니다. 그래서 이치에 맞도록 '시간적 처음'이 있음을 인정해야 합니다.

어떻습니까? 이런 까닭에 시간은 처음이 있습니다. 처음이 언제인지는 정확하게 알 수 없고, 신이 창조했는지 어떤지 모르겠지만 어쨌든 시간적 처음이 없어서는 안 되죠. "시간 무한론자여! 과거 속으로 뛰어들어 열심히 처음을 찾아 보세요." 세계유한론을 주장하는 사람들의 목소리가 들리는 것 같군요.

이제 정리해 볼까요? 만약 세계가 시간적 처음을 갖지 않는다면 무한한 계열의 사태가 일어났어야 합니다. 즉 현재 순간 이전에 무한한 시간의 계열이 완결되어야 하죠. 그런데 무한한 계열은 완결될 수 없습니다. 이처럼 시간이 무한하다는 가정은 모순되므로 시간

생각 활동

☐ 무한한 시간의 계열을 지나가는 데 시간이 얼마나 걸릴까요?

☐ 세계가 무한하다고 가정할 때 어떤 모순이 생기는지 자기 나름대로 논박해 봅시다.

☐ 여러분은 세계의 시간과 공간이 유한하다고 보나요? 그렇다면 어떤 이유에서 그렇게 생각하나요?

☐ 세계가 유한하다는 주장의 '반대 주장'을 보고 나서 다시 이 '주장'과 비교해 보세요.

적 처음이 있어야 합니다.

○ **세계는 무한해, 유한하다는 주장이 터무니없으니까**

세계무한론자들은 이 논증에 조용히 항복할까요? 어림없죠. 그들도 세계가 유한하다는 기괴한 주장이 모순된 것임을 밝힙니다. 이런 모순 때문에 어쩔 수 없이 세계가 시간-공간적으로 무한할 수밖에 없다고 보지요.

"세계는 시간적으로 시작을 갖지 않으며, 공간적으로도 한계를 갖지 않는다. 즉 세계는 시간적으로, 공간적으로 무한하다." 이것을 증명하기 위해 세계유한론자처럼 세계가 시간적으로 시작을 갖는다고 가정해 볼까요?

시간 없음 a - - - - - - - - - - - - - - - - b 시간 없음
→　　→

a가 시간적 '시작'이고, 그 앞에는 아무런 시간도 없다고 해 봅시다. 마찬가지로 b는 시간적 '끝'이고, 그다음에는 어떠한 시간도 없다고 해야 하죠. 이처럼 시간의 시작과 끝을 상정하면 어떻게 될까요? a는 처음이니까 시간이 비롯되는 신기한 지점이죠. 그런데 그 앞에는 무엇이 있나요? 텅 빈 시간이 있지요. 즉 시간이 없습니다. 텅 빈 시간에는 아무것도 존재하지 않을 텐데, 도대체 무엇이 시간을 만들 수 있을까요?

텅 빈 시간에는 아무것도 없기 때문에 시간이 없으면 아무것도 있을 수 없고, 시간의 처음을 만들 수도 없죠. 텅 빈 시간에서 갑자기 시간이 솟아나는 것은 불가능하고 어떤 것도 생기지 않으므로, 세

계가 시작을 가질 수는 없습니다. 또한 시간적 끝이 있으면 어떻게 될까요? 그 끝 다음에는 아무것도 없고, 시간도 없겠죠. 있던 것들은 모조리 사라지고 시간도 사라집니다. 그런 상태에서는 아무것도 없으니 그것을 이야기할 사람도 없을 겁니다. 이런 점을 볼 때, 시작이나 끝을 가정하는 것은 모순입니다. 따라서 시작도, 끝도 없는 무한한 시간을 생각할 수밖에 없죠.

다음으로 세계가 공간적으로 유한해서 끝이나 한계가 있다고 해 봅시다. 그림처럼 세계에는 일정한 테두리가 있고, 바깥에는 아무것도 없다고 합시다.

아무것도 없고, 단지 공허(無)만 있다면 어떻게 되나요? 무슨 이상한 말씀. 무(無)는 없는 것이죠. 그런데 왜 무가 있다고 하나요? 세계 바깥에는 무가 있는 것이 아니라 아무것도 없죠. 도대체 무엇이

생각 활동

☐ 현대 우주론 가운데 하나는 세계가 팽창한다고 봅니다.
   이런 사고는 세계가 유한하다고 보나요, 무한하다고 보나요?
☐ 최초의 시간을 상정하는 것은 어떤 난점이 있을까요?
☐ 공간적 한계를 상정하는 경우에 그 한계 너머에는 무엇이 있다고
   해야 하나요?
☐ 창조론은 세계에 대해서 어떤 사고방식을 갖고 있을까요? 시간과
   공간이 무한하다면 창조론이 가능할까요?

있다는 말인가요? 또 존재하는 세계와 그 바깥에 있는 '부재하는 것'은 어떤 관계를 가질까요? 어떤 두 사물 사이의 관계가 가능하려면 존재하는 어떤 것과 존재하는 다른 것이 관계를 맺어야 하겠죠. 그런데 '어떤 것'과 '아무것도 아닌 것'이 맺는 관계란 도대체 무엇이죠? 이 관계는 아무런 관계도 아닙니다.

그렇다면 존재하지 않는 무가 존재를 가로막는 바깥은 아닙니다. 텅 빈 공간이 세계를 제약할 수는 없어요. 그러니 세계가 존재하다가 무에 가로막혀서 멈출 필요가 없겠죠. 왜 아무것도 없는데 멈추나요? 막는 것이 없으면 얼마든지 계속 갈 수 있고, 이렇게 자꾸 간다면 한계는 없는 것이 됩니다. 혹시 자꾸 가다가 세계 바깥으로 떨어지지 않을까 걱정하는 사람이 있나요? 우리가 절벽에서 한 걸음 더 내딛다가 떨어지는 것은 더이상 땅이 없고 공기가 있기 때문이죠. 하지만 아무것도 없는데, 떨어진다는 것이 말이 되나요? 아무것도 아닌 것 속으로 떨어진다는 것은 안 떨어지는 것이죠. 그래서 세계는 무한할 수밖에 없습니다.

자, 이렇게 저마다의 주장을 듣고 보니 더 정신이 없네요. 각 주장이 전혀 엉뚱한 논증을 하지는 않았습니다. 분명히 나름의 근거가 있으니까요. 상반되는 것 가운데 하나만 타당해야 하는데 두 주장이 다 정당화되는 해괴한 일이 벌어졌죠. 그러면 순수이성을 재판하는 칸트는 이 해괴한 사건을 어떻게 판정할까요?

○ **맞서는 두 주장이 모두 맞을까, 틀릴까**

각 주장이 팽팽하게 맞서는, 이율배반이라는 난처한 상황에서 재판장인 칸트의 판결을 보기로 합시다. 그는 이 화려한 논쟁 한가운데에서 한쪽을 편들 것이 아니라 싸움판 자체를 검토해야 한다고 했죠. 만약 한쪽을 편들면 다른 쪽의 비판을 피하기 어려울 겁니다. 칸트는 싸우는 양쪽에게 이 싸움 자체가 정당한지 먼저 검토하자고 하면서 일단 싸움을 말립니다.

진지한 표정의 칸트는 이 문제를 이성의 본질과 연결해 따지려 합니다. 먼저 '세계이념'은 현상들의 무한한 계열을 '무조건적으로' 통일해서 만든 추론의 산물이죠. (현상세계의 모든 현상은 인과적으로 제약된 것인데 이성은 이것을 뛰어넘는 무제약적 이념을 추구합니다.)

'세계'는 우리가 인식할 수 있는 대상이 아닙니다. 왜냐하면 세계가 인식되려면 그것이 우리 경험에 주어져야 하는데, 어느 누구도 현상 전체를 볼 수는 없기 때문입니다. 우리는 현상의 일부만 볼 뿐입니다. 세계는 순수이성이 만든 개념일 뿐, 경험할 수 없습니다. 즉 우리 경험에서 세계에 상응하는 것을 찾을 수 없습니다.* 이런 '세계이념'을 실재하는 경험 대상으로 오해한 것은 형이상학의 잘못이죠. 경험 대상이 아닌 세계이념에 대해 우리는 아무것도 알 수 없고, 이것을 인식할 어떠한 권리도 갖지 못합니다.

세계의 성격에 관한 주장(정립)과 반대 주장(반정립)을 보면, 주장에서는 세계의 사물을 물자체로 보고 사고 대상으로 생각하지만, 반대 주장에서는 세계를 경험적 현상으로 보기 때문에 이율배

---

* 세계는 경험적으로 현존하는 사물이 아닙니다.
이성이 자연을 탐구하기 위해 오성에 부여하는 규칙일 뿐입니다.
이 규칙은 "그대의 탐구를 제약된 현상의 범주에 멈추지 말고,
마치 그대가 추구해야 할 무제약적인 것이 존재하는 것처럼
현상의 계열을 해석하라"라고 할 수 있죠. 경험적 오성은
이 규칙을 자연에 적용해서 마치 자연이 무조건적으로
통일된 하나인 것처럼 여기고 열심히 자연 탐구를 하게 됩니다.

반이 생기는 것입니다. 세계 자체는 결코 경험 대상이 아닙니다. 현상을 통일적으로, 하나의 전체로 설명하고 싶은 이성이 만든 사고 대상입니다. 이런 세계를 보거나 만졌다고 하면 곤란합니다.

세계에 대해서 공간적·시간적 '양'과 '질'을 따지는 것도 의미가 없습니다. 대상이 아닌 것은 양도 질도 갖지 않습니다. 그러므로 양에 관한 첫 번째 주장과 반대 주장, 그리고 질에 관한 두 번째 주장과 반대 주장은 모두 잘못된 것입니다. 세계는 유한하게 제한된 것도, 무한하게 무제한된 것도 아니죠. 마찬가지로 세계가 단순한 부분으로 이루어졌는지, 복합적인 것으로 이루어졌는지도 알 수 없습니다.

아직 머리가 아프지 않은 사람들은 세 번째 이율배반인 '자유'에 관련된 문제를 보고 갑시다. 세계에 자유가 있는지 없는지 아직 잘 모르겠지만, 여러분이 자유롭게 이 부분을 보든지 말든지 할 수는 있지 않을까요? 그 이유가 뭐죠? 이 부분을 읽으면 답을 알 수 있지 않을까요? 이번에 우리가 다룰 이율배반은 앞의 경우와 가정이 좀 다릅니다.

○　**필연성과 자유 사이에서**

세 번째 이율배반을 간략하게 살펴봅시다. 문제는 '세계에는 원인과 결과로 이어지는 필연적 법칙만 있는가' 아니면 '원인과 결과에서 벗어난 자유가 있는가'입니다. 자유를 인정하고 싶어도 뉴턴의 역학 세계에는 자유가 발붙일 공간이 없습니다. 왜 그럴까요? 원인이 있으면 반드시 그에 따르는 결과가 있어야 하기 때문이죠. 어떠한 결과도 저 혼자 생길 수는 없습니다. 반드시 어떤 원인의 산물일 수밖에 없는 거죠. 그러면 주장과 반대 주장을 차례대로 봅시다.

① "이 세계에는 인과율을 바탕으로 하는 자연 필연적인 사

건 말고도 자유로운 행동이 있다"는 주장을 증명하는 방식은 앞서 본 것처럼 자유가 없다고 가정해서 모순을 밝히는 것입니다. 만약 이 세계에 필연성밖에 없다면, 모든 원인은 그것의 원인에, 또 그것은 앞선 원인에 무한하게 이어져 있어야겠지요. 이런 무한한 원인의 계열로 이루어진 사건들의 계열은 원인이 원인을 찾고, 또 그 원인은 자기 원인을 찾아서 끝없이 거슬러 올라갑니다. 언제 이 계열이 끝날까요? 이 계열이 끝나지 않으면 첫 번째 원인을 찾지 못하는 거죠.

최초의 원인이 없다면 모든 인과관계의 질서정연한 사슬은 가능하지 않습니다. 최초의 원인을 찾아서 무한히 거슬러 올라간다고 해도 결코 그 시작을 찾을 수 없을 겁니다. 따라서 필연적 인과 사슬에서 벗어난 어떤 것이 있어야 하죠. 그것은 그 자체가 원인이라는 점에서 자발적 원인, 즉 자기원인이죠. 어떤 다른 것의 도움 없이 스스로 시작하는 원인 말입니다. 이것이 시작되고 나서 다른 모든 현상이 원인과 결과의 계열을 차례대로 이어 나갑니다. 자기 자신에게서 나오는 원인은 인과법칙에 매이지 않은 자유로운 것이죠. 그래서 자유가 존재해야 합니다.*

② "이 세계에는 자유란 없고, 모든 것은 반드시 자연법칙에 따라 생긴다"는 주장을 증명하는 방식은 있지도 않은 자유를 가정해서 어떤 모순이 생기는지를 봅니다. 이 세계에 만약 '원인 없이' 일어

---

* 자연세계에서 자유는 원인 없이 일어나는 것을 가리킵니다.

나는 자유로운 사건이 있다면, 이 사건과 그것에 앞서는 원인 사건과의 관계는 폐기되어야 합니다. 게다가 이런 '족보 없는' 사건의 수가 많다면 더 큰일이죠. 즉 원인 없는 사건들과 결과들은 인과법칙에 모순됩니다. 이런 원인 없는 결과들은 무질서를 낳아서 원인과 결과를 혼란스럽게 만들겠죠.

그래서 경험세계는 인과법칙에 따라 차례대로 나타나는 현상들로만 이루어져야 합니다. 자유는 경험세계에서는 찾을 수 없고, 다만 사고가 만든 허구일 뿐입니다. 이런 자유는 혼란을 부를 뿐이죠.

○　**자유를 보는 두 가지 관점**

칸트는 이런 이율배반을 놓고 묘한 판정을 내립니다. '세계에는 필연적 질서만 있는가'라는 질문에 대한 답은 세계를 무엇으로 보는지에 따라 달라진다는 것이죠. 즉 인과관계를 현상에 속하는 것으로 보는지, 물자체에 속하는 것으로 보는지에 따라 사정이 달라집니다. 우리가 세계의 사물을 현상으로 본다면 자연인과성을 인정해야 합니다. 현상들은 필연적 관계를 맺을 뿐, 이것을 벗어난 자유로운 것은 없죠. 그래서 자유를 부정하는 반대 주장 ②가 타당합니다.

이와 달리 세계의 사물을 물자체로 본다면, 인과관계에 얽매일 필요가 없으므로 자유를 인정하는 것이기에 주장 ①이 타당할 수 있죠. 그래서 현상의 필연성을 뛰어넘는 자유의 세계가 가능해집니다. 나중에 칸트는 인간의 도덕과 관련해 이런 자유가 필요하다고 주장하죠. 인간이 필연성에만 매여 있다면 자유롭게 도덕적 행위를 할 수 없을 테니까요.

앞서 보았듯이 세계가 얼마나 큰지, 어떤 것으로 이루어졌는지는 물을 수 없습니다. 하지만 세계 안의 현상들 사이에 자연인과성만 작용하는지, 아니면 자유가 있는지는 물을 수 있습니다. 다만 이런 관계를 현상이나 물자체 중 어느 쪽으로 보는지에 따라 달라집니다. 우리는 물자체를 알 수 없고, 증명할 수도 없고, 그렇다고 부정할 수도 없습니다. 그래서 자유는 이론적으로 알 수 있는 것이 아니라 믿음의 대상이죠. 나중에 도덕철학에서 칸트가 자유를 어떻게 정당화하는지 보게 될 겁니다.

칸트는 합리적 우주론에서 생긴 이율배반을 다루면서 독단론과 회의론을 모두 물리칩니다. 그는 인식이 부당하게 권리를 주장하는 것을 부정하거나 제한하죠. 그러면서 형이상학자들에게 다음과 같이 충고합니다. "세계에 관한 형이상학적 명제들은 우리 인식을 확장시킬 수 없습니다. 그런 주장으로는 결코 초감각적 세계에 관한 인식을 마련할 수 없습니다. 조용히 해 주세요."

알 수 없는 것을 안다고 말하면서 사람들을 혼란에 빠뜨리는 대신 우리는 인식능력이 허용하는 범위에서 일정한 한계를 지키면서 세계에 관한 인식을 추구해야 합니다. 우리는 모든 것을 알 수 없으며, 알 수 있는 것에 대해서만 인식능력을 적법하게 사용해야지, 형이상학적으로 불법적으로 사용해서는 안 된다는 것이죠.

서구 형이상학에 관한 논의 가운데 가장 관심을 끈 뜨거운 논쟁은 바로 신의 존재를 둘러싸고 벌어진 논쟁입니다. 신에 관해 언급하지 않는 형이상학자는 없지만 그 주장이 일치하지는 않습니다.

칸트는 신의 존재에 관한 다양한 논의를 잘 정리해서 그것들이 어떤 방식으로 신의 존재를 이론적으로 증명하는지 살핀 후 이런 증명에 어떤 문제점이 있는지 검토합니다. 그 결과 모든 신의 존재 증명이 잘못이라는 무시무시한 결론을 내리게 됩니다. 앞으로는 더이상 신의 존재를 이론적으로 증명할 수 없다고 못박습니다. 과연 신은 있을까요, 없을까요? 신의 존재를 이론적 인식을 통해서 알 수 있을까요? 이때 신은 가장 완전한 존재이자 존재하는 모든 것의 원인, 이 세계가 보여 주는 아름다운 조화와 목적의 원인입니다.

순수이성은 우리 눈앞의 다양한 사물을 보면서 이런 사물들을 하나로 통일해 세계 전체를 사고하고 싶어 합니다. 이때 세계를 포함해서 존재하는 모든 것을 한정 짓는 최고의 실재성을 상정할 수 있죠. 이런 최고의 실재가 있어야 모든 사물이 존재한다고 볼 수 있고, 최고의 존재자인 '신의 이념'을 칸트는 순수이성의 '이상'이라고 부릅니다.

이런 신을 증명하려는 형이상학자들은 만약 신이 없거나 신을 증명할 수 없다면, 이 세계에는 완전성도 없을 것이며, 사물이 존재할 수도 없을 것이고, 어떠한 조화나 질서나 목적도 없을 것이라고 생각합니다. 그래서 신이 존재함을 '순수이성'으로 증명할 수 있다고 생각하죠. 칸트는 이런 증명을 크게 세 가지로 분류하여 그 내용을 검토하고 순수이성이 이성 능력을 적법하게 사용했는지 살핍니다.

1) 존재론적 증명

존재론적 증명은 앞서 데카르트와 피노키오의 대화로 본 적이 있죠. 기억이 가물가물한 사람을 위해 한 번 더 살펴봅시다. 잘 알다시피 신은 무한하고 선하고 모든 것을 알고 있고…… 한마디로 완전하고 전능한 존재입니다.

그런데 이런 존재가 없을 수 있나요? 예를 들어 '신은 완전하지만 존재하지 않는다'라거나 '신은 우리가 상상할 수 있는 모든 어려움을 해결할 전능한 능력을 갖는데, 존재하지 않는다'라거나 '신은 없는데 신은 선하다'라거나 '신은 모든 것을 아는데 존재하지 않는다'는 것이 말이 될까요? 신의 전능함을 찬양하면서 다른 한편으로 신이 없다고 주장하는 것은 앞뒤가 맞지 않습니다. 없으면서 전능하다거나, 없으면서 완전하다고 해서는 안 되죠. 존재하지 않는 것은 어떤 능력도 행사할 수 없고 어떤 무한성도 없고 어떤 완전함도 보여 줄 수 없다고 해야겠죠.

지금 이야기한 것을 간단하게 표현하면, 신의 '완전함'이라는 개념에는 이미 '존재'가 포함되어 있습니다. 즉 한 문장으로 끝나지요. "신은 완전하므로 존재한다."

2) 우주론적 증명

현상세계에서 모든 것은 원인에 의존합니다. 따라서 어떤 것에는 원인이 있어야 하고, 또 그 원인도 그것의 원인이 있어야 하죠. 그렇게 끝없이 원인을 찾아가야 합니다.

그런데 모든 것의 원인인 어떤 것이 있지 않으면 끝없이 원인으로 거슬러 올라가기만 할 뿐 첫 번째 원인을 찾을 수 없죠. 그래서 그 자체가 어떤 것에도 의존하지 않는 궁극적 원인이 있어야 합니다. 이것이 없다면 존재하는 모든 것은 원인 없이 존재하는 것이 되기 때문에 이 궁극적 원인에서 다른 모든 것이 나와야 합니다. 이런 '원인의 원인'이 바로 신입니다. 이런 궁극적 원인은 다른 모든 원인을 자체 안에 포함하는 한 가장 완전한 존재이죠. 그래서 신은 존재합니다.

이 증명이 그럴듯하지 않습니까? 재미있는 것은 마지막이죠. 모든 것의 궁극적 원인인 신은 완전하고, 완전하기 때문에 당연히 존재한다고 하고는 이 증명은 끝나 버립니다. 이 점에서 이 증명은 앞서 살펴본 '존재론적 증명'을 바탕에 깔고 있습니다.

3) 자연신학적 증명

이 증명은 자연 질서에는 어떤 혼란이나 무질서로 설명할 수 없는 일정한 합목적성이 있다는 점에서 출발합니다. 꽃의 아름다움, 솔방울의 질서정연함, 규칙적인 광물의 결정, 생태계의 조화, 자연경관의 아름다움, 자연에 드러나는 일정한 질서 등이 단순히 우연의 산물일까요? 생물의 기관들, 예를 들어 '눈'처럼 복잡한 기관은 우연한 원인이 모여서 저절로 생겨난 것일까요? 이처럼 자연의 질서는 뛰어난 조화를 보여 줍니다. 이런 엄청난 조화를 만든 어떤 완전한 존재가 있어야 하지 않을까요?

또한 자연의 질서 안에서는 모든 현상이 어떤 목적을 지향합니다. 각각의 목적이 더 높은 목적을 지향한다면 이런 목적들의 목적이 있어야 하죠. 이런 목적이 우연의 산물이 아니라면 그것을 부여할 능력을 지닌 어떤 존재가 필요하죠. 그래서 이런 목적을 의도적으로 배치한 지성적 존재가 필요합니다. 이런 완전한 존재가 바로 신이죠. 이처럼 세계의 질서는 신에게서 나오고, 모든 것은 신이 부여한 목적과 질서의 산물이라면 완전한 신은 존재해야 합니다.

이 증명도 일리가 있죠. 그런데 이 증명의 끝에서도 신을 이 세계에 조화와 목적을 부여하는 완전한 존재로 보고, 그런 완전한 존재가 있을 수밖에 없다고 주장하는 것이 보입니다.

신에 관한 이 같은 세 가지 증명은 모두 신을 완전하다고 보고, 이 개념에서 그 존재를 이끌어 내고 있습니다. 이런 증명이 제대로 된 것일까요? 이런 증명은 신을 인식의 틀로 정당화하는 것이죠. 이성이 만든 이념인 신을 확실하게 인식할 수 있다는 주장이 정당할까요? 칸트의 생각은 다릅니다.

○ **신의 존재를 증명할 수 없다**

이런 증명에 대해 이의를 제기한 칸트의 이야기를 들어 보죠. 어떤 점 때문에 칸트는 신의 존재 증명 가운데 특히 존재론적 증명에 이의를 제기할까요? 앞서 지적했듯이 이 증명은 신의 완전성이라는 개념에서 완전한 신의 존재를 이끌어 냅니다. 즉 어떤 (완전한) 개념이 그 안에 이미 존재를 포함하고 있다고 주장합니다. 칸트는 이것을 이상하다고 봅니다. 이처럼 개념이 있다고 존재가 따라 나온다면 어떻게 될까요?

내가 지금 배가 고픈데, 머릿속으로 아주 정교하게 빵의 개념을 만들어 본다고 합시다. 이런 빵의 개념이 있다고 해서 실제로 빵이 내 앞에 나타날까요? 빵을 만들고 먹는 과정이 귀찮다면 처음부터 배부른 상태의 개념을 만들면 어떨까요? 그렇게 하면 조금 있다가 개념이 존재를 불러들여서 배가 부르게 되나요? 당연히 그럴 리 없습니다. 도리어 그 생각 때문에 훨씬 더 배가 고플 수 있습니다.

칸트는 사물의 단순한 개념만으로는 그 사물의 존재를 끌어들일 수 없다고 봅니다.* 이는 존재가 논리적 개념과 같지 않기 때문이죠. 개념이 존재를 만들기 위해서는 개념이 '그 바깥으로' 나가야 합니다. 존재는 개념이 지닌 한 성질이 아닙니다.

칸트는 이런 예를 듭니다. 현실적으로 존재하는 100만 원과 단순한 사고 대상인 100만 원이라는 개념 사이에는 내용상 차이가 없습니다. 다만 앞의 경우에는 돈이 존재하지만, 뒤의 경우에는 실제로 돈이 없다는 점이 다르죠. 가상의 개념인 100만 원은 지갑에 넣을 수 없으며, 재산을 늘리지도 못합니다. 마찬가지로 사랑의 개념으로부터 사랑의 존재를 끌어낼 수는 없습니다. 만약 그런 개념이 존재로 바뀐다면, 애인 없이 긴 밤을 지새며 가슴을 에는 달빛에 상처 입을 사람이 있을 리 없겠죠. 또 엄마가 곁에 없는 아이는 얼마나 많은 엄마 개념을 만들까요? 하지만 그 아이의 엄마 개념을 채울 현실의 엄마는 나타나지 않습니다.

이처럼 칸트는 합리적 신학의 논의들이 '순수이성으로' 신의

11세기 중세 철학자 안셀무스(Anselmus)는 보통의 경우에 개념이 존재를 포함한다는 주장은 부당하지만, 신의 존재를 문제삼는 특수한 경우에는 사정이 다르다고 말합니다. 우리가 이상적인 섬의 개념을 머릿속에 그린다고 해서 이상적인 섬이 존재할 리는 없죠. 하지만 신 같은 '완전한 존재'의 경우에는 예외적으로, 존재가 그 개념 안에 들어 있다고 해야한다고 주장합니다.

13세기의 스콜라 철학자 토마스 아퀴나스(Thomas Aquinas)는 이에 반대합니다. 우리가 이상적인 섬, 도깨비, 인어 등을 상상할 수 있지만 이것은 개념일 뿐이고, 개념은 대상이 존재하는 것을 포함하지 않는다는 겁니다. 이것은 우리도 알죠. '완전성'이라는 개념은 특수한 경우이므로 그 개념이 '완전한 존재의 존재'에 대한 개념을 포함한다고 해야하지만, 그렇다고 해서 이런 추론이 우리를 개념 영역 바깥으로 나가게 하지는 않습니다.

정리하면, 개념이 존재를 포함하지 않지만, 보통과 달리 신이라는 지고한 존재의 경우에만 '단 한 번' 예외를 인정해야 한다는 겁니다. 모든 경우 가운데 그처럼 개념이 존재를 포함하는 경우가 없는데, 어째서 일반적으로 불가능한 것이 단 한 번의 예외적 경우를 만들어야 할까요? 다른 것은 다 안 되는데 혼자만 된다고 하니! 참 편리한 주장이죠.

그런 면에서 개념은 그것이 완전하다 하더라도 존재를 그냥 덤으로 갖는 것은 아니죠. '신'이라는 예외적 경우를 정당화할 논리를 새로 개발하는 것이 좋을 겁니다.

---

* 칸트는 존재는 개념에 무엇을 덧붙인 것이라고 봅니다. 존재에 관한 판단은 '분석판단'이 아니라 '종합판단'이죠. '꽃이 존재한다'와 같은 존재판단에서 주어의 개념인 '꽃'에 그 존재가 들어 있다고 해서는 안 됩니다. 꽃의 개념이 있다고 해서 꽃이 실제로 존재하지는 않기 때문이죠. 꽃이라는 존재가 개념을 채워야 합니다.

존재를 증명하는 데 실패함을 보여 줍니다. 그런다고 해서 신이 존재하지 않는다고 할 수는 없습니다. 신이 존재하는지, 존재하지 않는지는 순수이성이 인식 영역에서 확정할 수 없는 성격의 것이라는 거죠. 안타깝게도 우리의 인식능력은 이 문제를 알 수 없습니다. 이 문제는 다른 각도에서 보아야 하죠. 칸트는 인식할 수 있는 대상이 아닌 믿을 수 있는 대상으로 신을 보아야 한다고 생각합니다.

○   순수이성에 유죄를 선고하다

이 정도 이야기를 들었으니, 칸트가 순수이성을 검토하는 재판정에서 어떤 결론을 제시할지 짐작이 갈 겁니다. 앞서 지적한 것처럼 이성이 만들어 낸 '이념'은 인식 영역을 넓히지 못합니다. 그래서 칸트 재판장은 이런 모든 형이상학적 논의를 이유 없다고 물리치고, 그것들이 주장하는 인식의 권리를 모조리 부정합니다. "이념은 인식 영역을 확장할 수 없다. 학문으로서의 형이상학은 가능하지 않다. 형이상학은 이성의 놀이일 뿐이어서, 유사 인식이나 가상을 만들 뿐이다. 순수이성의 형이상학적 주장은 근거 없는 것이고, 어떤 인식의 권리도 가질 수 없다. 순수이성은 철학마을에서 조용히 할 것!" 좀 심하게 이야기하면, 형이상학은 학문보다는 공상과학소설이나 철학 잡담과 더 어울린다고 한 셈이죠.

칸트는 순수이성에게 충고합니다. 이성을 적법한 권리에 따라 합법적으로 사용하라고 말이죠. 이성을 이념을 구성하는 방식으로 사용해서는 안 되고, 규제적인(regulativ) 방식으로 사용해야 한다는 것입니다. 즉 이념은 어떤 경험 대상을 가리키는 것도 아니고, 또한 그 내용도 알 수 없죠. 하지만 모든 현상을 통일적으로 설명하는 규칙이나 관점으로 이념을 사용할 수는 있습니다.

이런 사용에 대해 좀더 살펴보죠. 이성은 오성에 목표를 줄 수 있습니다. 모든 규칙이 이 방향과 목표를 향해 한 점에 모이는데, 이는 '허초점(focus imaginarius)'일 뿐입니다. 이것은 오성이 최대한 통일되고 확장될 수 있게 하지요. 이처럼 오성에 규칙을 부여함으로써 마치 존재하는 모든 것에 필연적 원인이 있는 것처럼 사고할 수 있습니다. 우리 인식은 이 사고에 따라 체계적으로 통일될 수 있습니다. 예를 들어 '세계이념'은 자연현상을 인과법칙에 따라 학문적으로 통일되도록 자극하고, 발견을 이끄는 원리로 사용될 수 있습니다.

이런 까닭에 이성을 내재적으로 사용해야 합니다. 이성에 상응하는 대상을 이성이 인식하게 할 수는 없지만, 그것을 경험과 연결해서 사용할 수는 있죠. 하지만 이념을 경험 바깥에 초험적으로 사용하면 불가피하게 오류나 가상에 빠지게 되기에 '규제적'으로 사용할 것을 권하는 것이지요. 이와 달리 이성을 이념을 구성하는 방식으로 사용하는 것은 독단입니다. 이성은 대상에 대한 어떤 개념도 만들 수 없습니다. 오성과 관계해서 개념을 정리하고 통일성을 부여할 수 있을 뿐입니다. 문제는 인식능력을 어떻게 사용하는지에 있습니다. 곧 구성적으로 사용해서 대상을 제멋대로 만들 것인가, 아니면 비판적·규제적으로 사용해서 그런 대상이 허구·오류임을 밝힐 것인가를 구별해야 합니다. 감성, 오성, 이성 등을 각 능력에 맞게 사용해야 합니다. 이성을 구성적으로 사용하는 것은 오류를 낳죠. 다만 규제적으로 사용해서 발견의 원리로 삼을 수는 있습니다.

칸트는 이성을 부정하는 것이 아니라 이성의 잘못된 사용을 지적하는 겁니다. 그가 형이상학의 나무를 잘라 버리긴 했지만 뿌리까지 뽑을 수는 없죠. 그 뿌리는 바로 우리의 형이상학적 충동이기 때문입니다. 우리의 능력을 돌보지 않고 무비판적으로 모든 것을 완전하게 인식하려는 충동을 없앨 수는 없습니다.

이로써 이성을 앞세운 형이상학의 노력은 무모한 것임이 밝혀졌습니다. 이 과정에서 신의 존재를 증명할 수 없다는 이야기가 많은 사람에게 충격을 주었습니다. 매일 칸트의 산책길을 뒤따르던 하인에게도 마른하늘에 날벼락이 떨어진 셈이었죠. 하인은 이렇게 질문합니다. "선생님, 정말 신은 없나요?" "나는 신이 없다고 하지는 않았네. 신을 이론적으로 알 수 없다고 했을 뿐이지." "그렇죠? 신은 있겠죠? 없을 리가 없어요." 칸트는 확답을 주지는 않았습니다. "글쎄, 자세한 이야기는 실천이성을 다루는 부분에서 밝힐 테니 다음 강의까지 들어 보게. 궁금해할까 봐 미리 한마디만 하면, 신은 믿음의 대상이라네. 그리고 신이 있어야 도덕세계가 완전해지지 않겠는가?"

이번 시간에는 칸트가 어떻게 도덕철학의 문제들을 정리하고 자기 철학의 중심 주제로 삼는지 보기로 합시다. 칸트는 사람답다는 것을 스스로 도덕명령을 세우고 그 명령을 스스로 실천하는 점에서 찾습니다. 그러면 인식의 세계와 구별되는 의지의 세계와 실천의 세계에서 어떤 원리로 도덕철학을 세우는지 몇 가지 주제를 중심으로 정리해 봅시다. 우리는 《실천이성 비판》에서 정식화된 근대의 도덕원리를 살펴볼 겁니다.

○　　**나는 무엇을 해야 하는가**

칸트의 묘비에는 "내 위에는 별이 반짝이는 하늘, 내 가슴에는 도덕법칙(Der bestirnte Himmel über mir und das moralische Gesetz in mir)"이라는 구절이 새겨져 있습니다. 이것을 하늘의 별이 밝게 빛나는 것처럼 내 가슴에는 도덕법칙이 아름답게 빛난다고 해석하는 게 옳을까요?

　　우리는 좀 다르게 봅시다. 하늘의 별은 역학법칙에 따르죠. 뉴턴에 따르면, 존재하는 모든 것은 힘의 법칙에 따라 움직입니다. 천상의 존재들도 이 법칙에 따라야 합니다. 하늘의 반짝이는 별들은 필연적 법칙에 따르는 세계를 말한다고 볼 수 있습니다. 우리 인간도 이런 법칙의 지배를 받습니다. 하지만 인간은 자연 안에서 법칙의 필연성에 종속되는 존재로 머물지 않고 이 필연성을 뛰어넘는 자유의 영역에 살기도 합니다. 내 가슴의 도덕법칙은 바로 의지의 세계에서 인간이 자유로운 존재로서 도덕적 선을 실현할 수 있음을 말합니다.

필연적 법칙에 따르는 세계는 인간이 인식형식으로 구성한 현상세계입니다. 도덕적 의지의 영역은 그것과 구별되는 사물 자체의 세계이죠. 칸트는 이런 영역에 현상세계를 설명하는 이론이성을 적용할 수 없다고 보고 이 영역을 실천이성에 맡깁니다. 그는 이론이성보다 실천이성이 더 우월하다고 봅니다. 왜 그런지는 나중에 밝혀질 겁니다.

앞서도 잠깐 얘기했지만, 칸트는 인간을 탐구하기 위해 몇 가지 문제를 만들었습니다. 이를 위해 '인간이란 무엇인가'라는 질문을 좀더 작은 문제들로 나눕니다. '나는 무엇을 알 수 있는가' '나는 무엇을 해야 하는가' '나는 무엇을 바랄 수 있는가'로 말이죠.

이 문제들은 각각 진리, 도덕적 정의, 아름다움을 살피려는 것입니다. 각각의 문제 영역을 각각의 능력이 다른 방식으로 떠맡죠. 여기에서는 이런 능력 이론에 대해서 얘기하지 않고 이런 구별이 갖는 의미를 볼 겁니다. 이렇게 나눈다면 진리와 정의를 같은 문제로 보면 안 되겠죠. 진리와 정의를 하나의 틀로 묶거나 정의의 기준으로 아름다움을 판단하는 것은 진리와 정의가 서로 다른 영역임을 혼동하는 것이니까요.

이 장에서는 이 가운데 '나는 무엇을 해야 하는가'를 주제로 삼아 《실천이성 비판》에서 다룬 내용을 살펴볼 겁니다. 칸트는 인간이 인간답게 살기 위해서는 아는 것만으로는 부족하고 도덕적 존재가 되어야 한다고 봅니다. 그래서 《실천이성 비판》에서 의지의 영역을 다루면서 이런 영역에도 보편적 원리가 있는지 비판적으로 검토합니다.

그는 의지에도 일정한 원리가 있어야 한다고 봅니다. 앞서 살펴본 인식 영역에서 그런 것처럼 보편타당한 원리, 곧 행위규범을 찾습니다. 이런 규범은 자연 안에서 찾을 수 없습니다. 문제가 되는 것은 사실이 아니라 '마땅히 ○○해야 한다'는 당위의 영역이기 때문이죠. 모든 사람에게 칠판이 동일하게 인식되는 것처럼, 모든 사람한테 동일한 규범을 제시할 필요가 있겠지요. 그래서 우리는 보편적 도덕 원리를 찾아야 합니다. 이 장에서는 복잡한 도덕철학의 문제를 따지기보다는 알기 쉬운 '실천이성 비판'을 만드는 데 목표를 두는 게 좋을 듯합니다.

○   **실천이성의 원리**

칸트는 일단 이성을 두 가지, 즉 이론이성과 실천이성으로 구별합니다. 여기서 이론이성은 인식능력을 사용하여 대상을 참되게 알려고 하는 것이고, 반면 실천이성은 의지를 대상으로 삼습니다. 즉 인간이 어떻게 행위하고, 인간의 행위에는 어떤 원리가 있는지 다룹니다.

먼저 칸트의 기본 입장을 아는 게 필요하겠죠. 칸트는 실천이성의 안내로 인간이 스스로 의지를 규정할 수 있으며, 이런 자율적

의지로 도덕적 존재가 된다고 봅니다. 이런 점에서 도덕세계에는 의지를 이끄는 원리가 있고, 그 원리에 따라서 행위하면 도덕적이라고 봅니다. 우리의 의지를 이끄는 원리는 어떤 것일까요? 어떤 원리에 따라야 우리가 선하게 행위할 수 있을까요? 이런 원리에는 두 가지가 있습니다. 하나는 개인이 저마다 나름대로 정하는 원리고, 다른 하나는 모든 개인이 따라야 하는 원리입니다.

각 개인이 자기의지를 이끄는 원리를 '준칙(準則, Maxime)'이라고 합니다. 이를테면 나쁜 친구와 사귀지 않겠다고 결심하는 경우에 이 원리는 그 개인에게만 타당한 것이죠. 이런 자기의 준칙을 남에게 강요할 수는 없습니다. 그런데 실천이성은 모든 의지를 이끄는 원리를 찾습니다. 그래서 이런 원리는 모든 인간에게 '마땅히 ○○해야 한다'고 요구합니다. 이렇게 요구하고 명령하는 이 원리는 실천을 요구하는 '법칙'입니다. 이때 실천이성의 원리는 모든 인간에게 명령합니다. 이런 점에서 실천이성은 사실(事實, Sein)이 아니라 당위(當爲, Sollen)를 문제삼습니다.

왜 당위가 문제가 될까요? 인간은 이성적이면서 동시에 감성적인 존재이기 때문에 인간의 의지는 항상 이성이 이끄는 힘과 감각적 요구가 이끄는 힘 사이에서 갈등합니다. 이런 이중성 때문에 인간의 의지는 불완전하죠. 그래서 도덕명령은 욕구와 성향의 날뜀에 맞서 도덕적 선을 실현하라고 요구합니다.

○   **도덕법칙은 조건 없이 명령한다**

도덕명령이 어떤 것인지 살펴봐야겠군요. 방금 보았듯이 인간은 이성적이면서도 감성적이기 때문에 개인이 세운 의지의 준칙이 반드시 법칙과 일치하지는 않죠. 그래서 실천이성은 '○○하라'는 형식으로 의지에게 명령합니다. 이런 명령은 그것에 따르지 않는 사람이 있더라도 마땅히 실천되어야 하는 것입니다. 이런 명령에는 두 종류가 있는데, 하나는 가언명령(假言命令, Hypothetischer Imperativ)이고, 다른 하나는 정언명령(定言命令, Kategorischer Imperativ)입니다.

가언명령은 "성공하고 싶으면 열심히 공부해라" "하느님께 혼나지 않으려면 착하게 살아라" 등과 같이 'OO 하기를 원한다면'이라는 방식으로 명령합니다. 이것은 특정한 목적이나 조건에만 타당한 조건부 명령입니다. 예컨대 성공하기 위해 공부하라고 할 때에는 열심히 공부하는 것을 어떤 목적을 위한 수단으로 보죠.

이와 달리 정언명령은 조건에 상관없이 '절대적으로' 명령합니다. 예를 들어 "거짓말하지 말라" "사람을 죽이지 말라" "돈을 빌려주면서 이자를 받지 말라" 등과 같이 무조건적으로 명령합니다. 이런 명령은 성공을 위해 노력하는 사람이건, 재미있게 살려는 사람이건 누구에게나 적용됩니다. 그러니 '돈이 탐나서' '심심해서' '남들이 시켜서' '체면 때문에' '잘 몰라서' '유명해지고 싶어서' '국회의원이 되기 위해서' 등등 어떠한 구실이나 변명도 통하지 않습니다. 인정사정없이 '무조건 OO 하라'고 요구하지요. 행위의 목적이나 결과 때문이 아니라 그 자체로 가치가 있는 것을 무조건적으로 행하라고 명령합니다.

이제 우리는 행위와 의지의 세계에 들어왔습니다. 칸트는 실천이성으로 우리 의지에 어떤 보편적 원리를 제시할까요? 모든 사람에게 똑같이 명령할 수 있는 방식이 있을까요? 칸트는 도덕법칙이 상대적이라고 보지 않습니다. 상대주의자들은 도덕과 규범, 법률이 나라와 민족마다 다르고 시대에 따라 달라진다고 주장하죠. 과연 실천이성은 이런 상대성을 극복하고 보편적 도덕을 찾을 수 있을까요? 지역과 시간에 따라서 변하지 않을 도덕법칙이 있을까요?

○　**의지의 보편적 형식을 찾아라**

아이가 "엄마, 어떻게 하는 것이 착한 거예요?" 하고 묻습니다. 엄마는 어떻게 답해야 할까요? 흔히 어른들은 아이들에게 '착하게 살아야 한다'고 명령하죠. 아이들은 착하게 사는 게 뭔지 잘 모르기 때문에 그 내용을 구체적으로 알려 주어야 합니다.

그러면 무엇을, 어떻게 하는 것이 착한 것일까요? 어른들은 자상하게 착한 것들을 하나하나 일러 줍니다. 부모 말 잘 듣고, 어른께 인사 잘하고, 어른의 나쁜 행동은 따라 하지 말고, 다른 사람에게 피해를 주지 말고, 거짓말하지 말고, 어려운 처지에 있는 사람을 도와주고…… 등등 끝없는 목록을 댑니다. 이렇게 내용을 열거하는 방식 말고 다른 방식은 없을까요?

우리는 보편적인 선(善)을 찾고 있습니다. 칸트는 내용이 아니라 형식에 주목해서 개별 내용에 휘말리지 않고 보편적 형식을 찾습니다. 즉 의지가 어떤 형식에 따르면 선한지 보자는 식이죠. 어떤 형식이어야 그 안에 담길 내용을 모두 선한 것으로 만들 수 있을까요?

먼저 이렇게 생각해 봅시다. "자기 행위가 모두가 해도 마땅한 것이라면 하고, 모두가 자기처럼 행위해서는 안 된다면 그렇게 하지 말라." 이것은 나의 행위 기준이 다른 모든 사람이 하는 경우에도 타당한지 보는 겁니다. 곧 자기 행위의 기준이 '보편타당하도록 하자'는 것입니다. 거짓말을 하는 경우를 볼까요? 거짓말을 하는 것이 바람직한지에 대해 나쁜 아니라 모두가 거짓말을 해도 되는지 생각해 보는 겁니다. 모두가 한결같이 거짓말을 하면 안 되겠죠.

마찬가지로 '물건을 훔쳐도 될까'를 고민하는 경우에 나도 훔치고, 너도 훔치고, 모두 다 훔치면 될까를 생각해 보자는 겁니다. 또한 '뇌물을 받고 특정인에게 부당한 특권을 줄 것인가' '내 성욕을 만족시키기 위해 다른 사람을 성적 도구로 삼아도 될까' '불우한 자를 도울까' 등을 결정할 때, 이런 행위가 보편적으로 이루어져도 문제가 없다면 하는 것이 좋고, 그렇지 않다면 하지 말아야 한다는 거죠.

모든 사람에게 올바른 행위가 나에게도 올바른 행위이기 때문에, 모두에게 보편적으로 요구되는 행위를 내가 선택하면 되겠죠. 그러므로 우리가 찾는 원리는 바로 '자기의지에 보편적 입법 형식을 부여하는 것' 또는 '자기 행위원칙이 보편적 법칙이 되도록 행위하는 것'이 됩니다.

이 원리를 명령형식으로 나타내 볼까요? 칸트의 유명한 구절을 들어 본 적이 있을 겁니다. "네가 하고자 하는 것이 동시에 누구에게나 통용될 수 있는 그러한 준칙에 따라서만 행위하라." 좀 복잡해 보이지만 방금 이야기한 내용입니다. 칸트는 이 원리는 오로지 하나뿐이고, 그 밖의 어떤 원리도 있을 수 없다고 봅니다.

다시 정리하면, 이 명령은 한 개인의 행위를 이끄는 원리(준칙)가 보편적 법칙, 즉 모든 사람이 인정하는 객관적이고 보편적인 법칙이 되도록 행위하라는 것입니다.

○ **타인을 수단으로 삼지 마시오**

칸트는 단일한 정언명령에서 명령 3개를 도출합니다.

1) 너의 행위 준칙이 너의 의지에 의해 보편적 자연법칙이 되어야 하는 것처럼 행위하라

이 원리는 보편적 명령을 예외 없는 자연법칙처럼 생각하라는 것입니다. 보편적 명령이 객관적인 법칙임을 강조하죠. 예컨대 빚에 몰려 갚을 가망이 전혀 없는데도 갚겠다고 하고서 돈을 빌리는 행위를 봅시다. 칸트는 이것을 용납할 수 없습니다. 이처럼 모두가 지킬 의사도 없고 지킬 가능성도 없는 약속을 한다면, 약속은 제 구실을 할 수 없으므로 아무도 약속을 인정하지 않을 것이라고 생각하죠. 이런 거짓 약속은 보편적 자연법칙일 수 없으며 자기모순에 빠지죠.

다른 예로, 곤경에 처한 사람을 돕지 않는 경우는 어떨까요? 어떤 사람이 부유하다고 해서 '나는 남의 도움을 바라지 않으므로 나도 남을 돕지 않겠다'는 준칙을 세운다면, 이 준칙은 보편적 자연법칙이 될 수 있을까요? 누구나 남에게 도움을 요청할 경우가 있을 텐데, 만약 앞의 준칙이 보편적 자연법칙이 된다면 자기가 받아야 할 도움을 스스로 뿌리치는 모순에 빠지게 됩니다.

2) 너 자신을 포함한 모든 인격에 대해 인간성을 단순한 수단으로 이용하지 말고 항상 목적으로 대우하라

이 원리는 자기 인격이나 타인의 인격을 단순히 자기 욕망을 충족하는 수단으로 삼아서는 안 된다는 것입니다. 이때 물건과 사람을 구별할 필요가 있죠. 물건은 우리의 목적을 위해 사용되므로 수단적 가치를 갖지만 인격은 목적 자체여야 합니다. 물건은 가격을 갖지만, 인격은 존엄성을 갖습니다. 따라서 인간의 인격은 어떤 경우에도 수단이 되어서는 안 되고, 항상 목적 자체로서 존중받아야 합니다.

　　　고통 때문에 자살하려는 사람이 있다고 가정해 봅시다. 이런 경우는 현실의 고통이 없는 죽음으로 도망칠 수 있다고 여기므로 자기 인격을 단순히 쾌락을 얻기 위한 수단으로 생각하는 셈입니다. 그래서 쾌락이 사라지고 고통에 빠지면, 고통에서 벗어나기 위해 자살을 생각합니다. 앞서 거짓 약속을 하고 돈을 꾼 경우도 자기 이익을 위해 타인을 수단으로 이용한 점에서 보면 이와 마찬가지입니다.

3) 이성적 존재자는 준칙에 따라 항상 보편적 목적의 왕국에 사는 입법자처럼 행위하라

이 원리는 각 개인의 '자기 입법'을 강조합니다. 개인이 자기의지를 정할 때, 마치 자기가 목적의 왕국에서 법을 제정하는 사람인 듯이 생각해 보라는 거죠. 법은 몇몇 개인에게만 유리하도록 정해져서는 안 됩니다. 마찬가지로 자기의지를 정할 때에도 자기의지가 개별 이해를 벗어나 보편적 의지가 되도록 해야 합니다.

인간이 스스로 법을 정하는 자리에 있다고 할 때, 그런 인간들의 결합체인 '목적의 왕국'을 상정할 수 있습니다. 이성적 존재자인 인간은 이 왕국의 구성원이죠. 각 개인은 존엄한 인격을 지닌 점에서 평등해야 하죠. 이런 경우에 어느 누구도 타인을 자기 목적의 수단으로 삼아서는 안 됩니다. 왜 그럴까요? 타인을 수단으로 삼는 것을 법 원리로 삼으면 그 원리에 따라 자기도 타인의 수단이 되고 말기 때문입니다.

이 점을 고려한다면, 법을 정하는 사람 가운데 어느 누구도 다른 사람이 자신을 목적을 위한 수단으로 삼도록 하는 규칙을 세우지 않을 겁니다. 법은 모두에게 적용되는 것이므로 나에게 불리한 것은 남에게도 불리하죠. 결국 모두에게 손해가 되지 않도록 법을 정하는 것이 이성적입니다. 이런 까닭에 모두가 목적이 되도록 법을 정해야 합니다.

앞서 제시된 보편적 형식은 '너는 ○○하라'고 명령합니다. 칸트는 이 명령형식이 인간의 자유의지를 바탕으로 삼는다고 보죠. 즉 그런 명령을 하려면, 명령에 따르거나 거부하는 것이 가능해야 할 테니 '의지의 자율' 또는 의지가 스스로 법을 정하는 것(자기 입법)에 바탕을 둔다고 봅니다. 그러면 어째서 명령과 '의지의 자유'가 기이하게도 공존하는지 봅시다.

○   **도덕법칙이 시키는 대로 행위하는 너는 자유롭다**

앞서 도덕법칙은 사실의 문제가 아니라 당위의 문제라고 했습니다. 도덕법칙은 무조건 '○○하라'고 요구합니다. 우리가 이런 무시무시한 도덕법칙의 명령을 따를 수도, 거부할 수도 있다는 점이 재미있습니다. '착하게 살라'는 명령은 정 마음이 내키지 않으면 그렇게 살지 않을 가능성을 함축하고 있습니다. 명령한다는 사실 자체가 '선택'을 전제하는 거죠. 명령을 받는 자가 기특하게 그것을 받아들일 수도 있지만, 모진 마음을 먹거나 눈앞의 사정 때문에 그것을 거부할 수도 있죠. 도덕명령이 주어지는 대로 무조건 그것을 따른다면 굳이 그런 명령을 할 필요가 없을 겁니다.

우리는 현상세계가 인과법칙의 필연적 사슬로 이어져 있다고 했습니다. 돌을 떨어뜨리면서 "너! 떨어져라" 하고 명령할 필요는 없죠. 돌은 자유낙하 법칙에 따라 정해진 속도로 떨어질 뿐 다른 가능성은 없으니까요. 만약 도덕과 의지의 세계도 그런 법칙에 따라야 한다면 도덕명령을 할 필요가 있을까요? 달리 말해 명령이라는 원인이 주어질 때 무조건 그것에 따르는 결과가 나타난다면, 도덕세계 역시 필연적 법칙 아래 있는 것이죠. 그런데 도덕과 의지의 세계는 이와 사정이 다릅니다.

강아지에게는 '밥을 훔쳐 먹지 말라' '너를 모욕한 사람이 주는 밥은 먹지 말라'는 명령이나 요구를 할 필요가 없습니다. 강아지는 명령을 따르거나 거부할 능력이 없으니까요. 배고픈 강아지는 자기를 모욕하면서 먹을 것을 주든, 예뻐하면서 주든 배를 채울 생각에 그냥 먹습니다. 하지만 사람은 배가 고프다고 해서 항상 먹는 것은 아니죠. 주위에서 "꽃돼지! 너는 밥 먹는 것 말고는 사는 재미가 없지?" 하고 자존심을 건드릴 때, 우리는 아무리 배가 고파도 속상한 자신의 마음 상태를 알리기 위해, 또는 인간의 존엄성을 드높이기 위해 꼬르륵 소리를 참으면서 한두 끼를 굶을 수도 있습니다.

의지에 도덕명령이 주어질 때 내 의지는 그것을 거부할 가능성도 가지고 있습니다. 그 명령에 따르면 마음이 편하고, 따르지 않으면 마음이 괴롭다고 할지라도 어쨌든 그럴 가능성은 가지고 있습니다. 인간은 자존심 때문에, 또 다른 어떤 이유 때문에 도덕명령을 거부할 때도 없지 않습니다. 신의 명령 앞에서 벌벌 떠는 척하다가 돌아서서 딴짓할 수 있는 무엄한 존재가 바로 인간이죠. 십계명을 지키기로 맹세한 사람은 그것을 지켜야 하지만 실제로는 잘 지켜지지 않기 때문에 그런 명령이 계속 존재할 수밖에 없습니다.

명령과 불복종의 숨바꼭질은 아직도 계속되고 있습니다. 금지명령이 있다는 것은 당연히 금지된 짓을 하는 사람이 있다는 것이지요. "살인하지 말라"는 살인의 가능성을 전제한 명령입니다. "거짓말하지 말라"는 것도 수많은 거짓말과 싸우겠다는 선전포고이지 그 말 한마디로 거짓말을 뿌리째 뽑을 수 있다고 생각해서 나온 명령은 아닐 거예요.

칸트는 도덕명령 자체가 인간의 자유를 앞세운다는 점을 지적합니다. 그래서 정언명령은 인간의 선택 앞에 놓여 있습니다. 칸트에 따르면, 도덕법칙은 바로 인간이 자유를 인식할 수 있는 바탕입니다. 도덕법칙과 명령이 가능하려면 그것에 따르는 인간이 자유로워야하죠. 자유 없이는 도덕법칙이나 명령이 가능하지 않습니다.

칸트는 이렇게 말하는 셈이지요. "도덕법칙이 시키는 대로할 수 있는 것이 바로 우리가 자유롭다는 것을 보여 주는 것이네!"

그렇습니다. 그럼 우리는 자유를 가지고 어떻게 해야 할까요? 인간은 도덕법칙에 자유롭게 따르거나 거부할 수 있습니다. 도덕법칙을 거부하는 인간을 본다면 칸트는 눈살을 찌푸리면서, 그것은 실천이성을 모독하고 인간의 존엄을 스스로 짓밟는 행위라고 엄중하게 타이를 겁니다. 칸트가 보기에는 도덕법칙에 자유롭게 따르는 것이 바람직하죠. 이 경우는 도덕법칙이 의지 바깥에서 강요되는 것이 아니라 스스로 원해서, 즉 자발적으로 따르는 것이죠. 이처럼 도덕법칙에 따르는 것은 타율적 복종이 아니라 의지 주체가 자율적으로 규칙을 받아들이는 것입니다. 이런 점에서 인간은 '자유의지'를 갖고 있는 자율적 존재입니다. 이 자율성은 내 마음대로 하는 것이 아니라 기꺼이 도덕법칙을 따르는 것이죠. 노예처럼 마지못해 순종하는 것이 아니라 기분 좋게 웃으면서 받아들이는 겁니다. 그런데 과연 우리가 무조건적이고 절대적인 도덕법칙의 명령을 잘 따를 수 있을까요? 혹시 가능하지 않은 경우나 아무리 노력해도 잘 안 되는 경우도 있지 않을까요? 이렇게 질문할 수 있습니다. "칸트 선생님! 제가 도덕법칙을 따를 수 있을까요?" "물론이지. 자네는 할 수 있다네." 다시 묻습니다. "어떻게요?" "자네는 도덕법칙에 따를 수 있어. 왜냐하면 자네가 그렇게 해야 하기 때문이지."

웃으면서 말씀하시는 것을 보니 마음이 놓이긴 합니다. 여

생각 활동

☐ 칸트의 도덕철학이 전통 이론과 크게 다른 점이 무엇일까요?
왜 그는 그저 "선하게 살아라"라고 하지 않고 도덕법칙을
중시할까요? 선과 도덕법칙 가운데 어느 것이 먼저일까요?

러분이 여전히 확신이 서지 않는다고 하면, 아직 "너는 해야 한다"를 제대로 받아들이지 않았기 때문이라고 하실 겁니다. 어쨌든 도덕법칙의 명령은 인정사정없지만 우리가 그 명령을 따를 수 있다고, 아니 따라야 한다고 믿고 도덕에 우리를 바치기로 합시다.

이제 내용을 정리해 볼까요? 도덕법칙은 자유와 밀접한 관계가 있습니다. 자연필연성에 따를 수밖에 없는 존재라면 도덕법칙이 무의미하죠. 우리 안에 도덕법칙이 있다는 사실은 의지가 자유롭다는 점을 보여 줍니다. 인간의 의지는 자유의 영역에 있죠.

의지의 자율성은 인간을 이성적인 면과 감각적인 면으로 구별해 보면 더 분명해집니다. 오로지 이성적이어서 도덕적 의지에만 따르는 경우와 이성의 명령에 어긋나는 욕망이나 성향에 굴복하는 경우를 나누어 봅시다. 욕망이나 성향에 굴복하는 인간은 그것들에 복종할 뿐이지만, 이성적 인간은 법칙을 세우고 자기가 세운 법칙에 따르죠. 자율(Autonomie)은 규범이나 규칙이 자기에게서 나오는 것입니다. 반대로 타율(Heteronomie)은 규범이 자기 바깥에서 강제적으로 주어지는 것이죠. 우리 의지는 자신이 복종해야 할 법칙을 스스로에게 부여합니다.

○　**무엇이 선인가**

칸트 이전의 전통적인 도덕철학은 선 개념을 규정하는 것으로 시작합니다.* '무엇이 최고선인가'를 밝히고 나서야 도덕법칙을 세웠습니다. '선'이라는 최고 원리가 일차적이고 법은 이차적이거나 선을 대신하는 힘이었죠. 우리가 '선'을 알 수 있다면 법은 필요하지 않습니다. 법은 선이 부족한 상태에서 선을 대신하거나 보충할 뿐입니다.

그런데 칸트는 도덕법칙을 먼저 세우고 그것을 실천이성에 명령합니다. 이런 이성의 명령에 따라 의지는 보편적 법칙을 받아들여야 하죠. 그리고 의지가 도덕법칙에 따를 때 선이 실현됩니다. 도덕법칙이 선에 의존하는 것이 아니라 오히려 선이 도덕법칙에 의존하죠.* 이렇게 본다면 도덕을 보는 관점이 완전히 바뀝니다. 칸트는 도덕철학의 방향을 완전히 바꾸어 놓았습니다. 도덕법칙이 중심에 있고 그것의 주변에 선이 둘러서 있다고나 할까요. 이런 관점의 변화에서 중요한 것은 도덕법칙이 자기보다 높은 원리에서 나오지 않는다는 점입니다. 그것은 스스로에 근거를 둡니다.

칸트는 도덕세계에서 선은 우리에게 주어지거나 자연에서 배우는 것이 아니라고 봅니다. 인간 스스로가 도덕법칙을 찾고 이 법칙을 스스로에게 부과합니다. 도덕법칙을 설정하는 주체는 의지를 가진 인간, 즉 실천이성에 따르는 인간이죠. 앞서 본 인식의 세계에서 인간이 현상을 구성했듯이, 의지의 세계에서는 인간이 도덕세계를 구성하죠. 인간이 인간다운 까닭은 스스로 도덕법칙을 정하고 그것을 스스로 따르는 자유에서 찾을 수 있습니다. 이렇게 인간은 도덕적 존재입니다.

다시 한번 선과 도덕법칙의 관계를 정리하면, 도덕법칙에서 나온 행위가 선이고, 도덕법칙에 일치하지 않는 것이 악입니다. 곧 선 개념은 도덕법칙에서 생기고, 도덕법칙에 앞서지 않습니다.

* 선한 내용을 따라서 행위형식을 정하는 전통적 방식과 반대로 행위형식을 정해서 그것에 알맞은 내용을 선하다고 하는 칸트적 방식이 있습니다.
* 앞서 보았듯이 우리는 '선은 무엇인가'를 알기 위해 그 내용을 하나하나 살피고 보편타당한 행위 기준을 마련하려고 했지만 그럴 수가 없었죠. 그래서 선의 '내용'이 아니라 어떤 '형식'으로 명령하면 항상 선한 행위가 되는지 살폈고, 그 형식을 고려해서 보편타당한 선을 찾을 수 있다고 보았습니다. 이 때문에 칸트의 도덕철학을 '형식주의'라고도 부릅니다.

PART 6
감성과 오성이 협력하는 방식

○　　　**불쌍하다는 감정에서 돕는 것은 도덕적 행위가 아니다**

칸트는 의지가 실천이성의 명령에 따라야 한다고 봅니다. 이 명령에 따르지 않는 행위라면 선하다고 보지 않죠. 그렇다면 이성의 명령이 아니라 감정에 이끌려 착한 일을 한 경우에는 어떻게 될까요? 결과가 좋으니 문제삼지 않는 게 좋을까요? 칸트는 결과가 좋다고 해서 그냥 넘어가지 않습니다. 감정에 따라 행위한다면 감정이 바뀔 때마다 이랬다저랬다 다르게 행위할 수 있기 때문이죠.

　　　예컨대 곤란에 처한 친구를 도울 때 오늘은 불쌍해서, 내일은 안타까워서, 모레는 서글퍼서 돕다가, 그 이튿날에는 자기 기분이 우울해서 돕지 않을 수도 있습니다. 이 경우에 자기 행위의 동기는 불쌍함, 연민 등이죠. 이런 변덕스러운 성향이 우리의 도덕성을 이끈다면 경우에 따라서 도덕법칙이 오락가락할 것이고, 자기 감정이 도덕법칙을 좌지우지하겠죠. 칸트는 그런 도덕 감정에 기대지 않습니다. 게다가 감각적 존재인 인간은 도덕적 행위보다는 감각적 만족을 추구하고 행복을 좇는 경향이 있습니다.

　　　칸트는 이런 점 때문에 행위의 동기가 도덕법칙을 따를 때에만 행위가 선하다고 봅니다. 그래서 행위를 의무에서 나온 행위, 우연히 의무에 들어맞는 행위, 의무를 따르지 않는 행위로 구별합니다. 칸트는 의무에서(aus Pflicht) 나온 행위만 도덕적이라고 봅니다.

　　　칸트는 도덕에서 행복을 추구하는 태도가 바람직하다고 보지 않습니다. 행복보다는 도덕법칙에 대한 존경을 앞세우죠. 우리가 가끔 선한 행위를 하면서 '그렇게 하지 않으면 마음이 불편할 것 같아서' 또는 '도와주는 게 마음이 편해서' '도와주면 기분이 좋으니까'라고 할 때가 있습니다. 전통적인 도덕철학은 선을 행복 추구와 연결시켰죠. 그런데 칸트는 행복보다는 도덕법칙을 중시합니다.

칸트는 도덕법칙에 대한 존경심에서 나온 행위만을 이야기합니다. 존경의 감정이 즐겁기만 한 것은 아니겠죠. 마지못해 따를 수도 있고, 기꺼이 따를 수도 있습니다. 자기 감정과는 별개로 "도덕법칙에 따라야 하기 때문에 따른다"고 해야 합니다. 감정보다는 이성을 앞세우는 엄격한 태도가 분명하게 나타나죠. 감정이나 성향에 따라 기꺼이 하는 행위는 도덕적이지 않습니다. 성향과 무관하게, 오히려 성향을 억누르고 행위하는 것이 중요합니다. 이렇게 하려면, 행위가 도덕법칙의 '내적 강제'를 받아들여야 합니다. 이때의 감정을 숭고하다고 할 수 있습니다. 이런 감정은 도덕적 강제에 억눌리는 느낌이기도 하고, 감정에 이끌리기 쉬운 인간이 드높은 도덕적 이상에 자기를 내맡겨서 고양되는 느낌이기도 합니다.

도덕적 이상을 지향할 때, 인간은 일상적 존재에서 벗어나 쉽게 도달할 수 없는 아득하게 높은 곳을 바라보며 도덕법칙의 숭고한 사명에 기가 질립니다. 저 멀리 있는 도덕적 이상에 비추어 볼 때, 현실의 자기는 초라해 보이죠. 이런 중얼거림이 나올 법합니다. "아, 나는 이 낮은 곳에서 부대끼며 저 세계에서 멀리 떨어져 있구나. 높고도 먼 도덕이여, 당신을 따르겠습니다. 다할 길 없는 의무의 길을 기꺼이 가면서 보람을 느끼겠습니다." 도덕법칙에 따라 숭고한 의무에 복종할 때, 우리는 감각적 존재로서 자연에 예속된 자가 아니라, 자연으로부터 독립해서 도덕적 이상에 가까이 가는 자가 되죠. 곧 자연의 필연성에서 벗어나 자유로운 세계에 살게 됩니다.

인간은 도덕법칙을 따라야 한다고 했지만, 우리 마음속에서는 계속해서 싸움이 벌어집니다. 마음 한쪽에 있는 자연적 충동은 말을 잘 안 듣죠. 다른 한쪽에는 도덕의지와 이성이 있습니다. 이성은 충동의 공격을 막으려 하고, 충동은 이성의 엄격한 명령이 귀찮아 구속으로 느낍니다.

도덕의지와 충동의 끝없는 싸움. 오늘의 승리가 내일의 패배가 되기도 합니다. 이 전투에서 도덕의지가 충동을 완강하게 눌러 이기면 우리는 도덕적이 되죠. 도덕은 그냥 주어지는 것이 아니라 마음속에서 벌어지는 내전(內戰)의 결과입니다. 도덕이 승리의 환호를 올리며 기뻐하고 있으면 변방에서 충동이 불쑥 침입하죠. 다시 싸움이 벌어지고, 밀고 당기기가 계속됩니다. 때때로 양자가 일시적 평화협정을 맺는 경우도 있지만, 이들은 매번 상대를 완전히 몰아내려고 하죠.

이 싸움에서 지켜야 할 것이 있다면 너무 열심히 싸우다가 충동을 죽이면 안 된다는 것입니다. 왜일까요? 충동이 죽어 버려서 아무런 충동도 생기지 않는다면 우리 마음까지 죽어 버릴 겁니다. 그러니 충동을 구석에 몰아넣어 사정없이 두들겨 패고 항복할 때까지 공격하더라도, 다시 대들면 또 두들기더라도 마지막 선은 지켜야 합니다. 그래서 도덕적 인간이 된다는 것은 어려운 일이죠. 도덕의지와 충동의 싸움에서 우리는 도덕의지의 영원한 승리를 추구하지만, 도덕의지가 완전한 승리를 거둘 수는 없습니다. 반대로 충동이 이기더라도 도덕의지를 완전히 없애 버리면 안 되죠. 이런 의미에서 인간이 도덕을 완성하는 것은 불가능하고, 마찬가지로 완전하게 비도덕적일 수도 없습니다. 그래서 도덕적 갈등은 끝이 없죠.

칸트의 도덕철학은 아주 엄격하고 청교도적입니다. 어쩌다 도덕적 행위를 하거나 감정에 이끌려 선한 행위를 하더라도 이는 비난받습니다. 오로지 도덕법칙을 존경하고 의무를 따르는 것만이 도덕적이죠. 과연 이런 도덕의 길이 완성될 수 있을까요? 만약 완성이 불가능하다면 도덕적 요구는 불가능한 것을 하라고 명령하는 꼴이 되죠. 또 이런 도덕에 따르면 행복할까요? 칸트는 아무리 노력해도 불가능한 도덕의 완성을 위해 몇 가지를 요청합니다. 그것은 '자유' '영혼불멸' 나아가 '신의 존재'입니다. 어떤 점에서 이런 것들을 요청하게 되었는지 살펴봅시다.

○ **실천이성의 요청―인간은 자유로워야 한다**

이 문제는 앞서 이미 다루었기에 여기서는 그 윤곽만 봅시다. 우리가 관찰할 수 있는 모든 행위는 감각적 대상이고, 모두 시간 안에 주어져 있습니다. 그런데도 우리가 자유롭다고 할 수 있을까요? 우리가 자유롭지 않다면 도덕법칙의 명령은 무의미하죠.

그래서 이렇게 질문할 수 있죠. "인간에게 주어지는 어떤 순간, 어떤 행위도 자연필연성에 지배될 수밖에 없는데, 어떻게 같은 순간, 같은 행위에 대해서 완전히 자유롭다고 할 수 있는가." 물론 인간이 시간 조건에 지배받는 한 그의 행위들은 자연의 기계적 체계의 일부이고, 항상 행위는 앞선 원인들에 따라 규정됩니다.

다른 한편, 우리는 도덕법칙을 세우고 그 명령에 따를 때 자유의 세계에 들어가게 됩니다. 즉 자연필연성에 매이지 않고 원인 없이 결정할 수 있습니다. 그래서 도덕적 주체는 이성을 가지고 스스로 세운 법칙을 통해서만 규정된다고 여길 수 있습니다. 이때 이성은 자신의 행위만 고려할 뿐 자기를 속박하는 시간을 뛰어넘죠. 이러한 주체는 자연적 시간 바깥에서 자유롭게 결정합니다. 칸트는 이런 점에서 인간의 '자유'가 자연적 사실에 그치지 않고, 당위로서 요청되어야 한다고 봅니다.

"인간은 자유로워야 한다."

"인간은 실제로 모든 점에서 자유로운가요?"

"인간의 상황이 어떠하든 인간에게는 자유가 필요하지."

"자유가 필요하다고 해서 인간이 자유롭다고 할 수 있나요?"

"물론 자유를 요청하는 것은 자유가 있다기보다는 자유가 있어야 한다는 것이지. 자유 없는 도덕을 얘기할 수 없어. 그래서 인간은 자유로워야 하지."

칸트에게 자꾸 물어보기보다는 자유가 필요하기 때문에 요청해야 한다는 점을 잘 생각해 보는 게 좋을 것 같습니다. 이렇게 자유를 요청한다면, 우리의 상황이 좀 이상해지죠. 원래 자연에는 필연성밖에 없습니다. 우리가 도덕적 존재일 때에는 이런 필연성을 넘어서서 '자유의 나라' 시민이 될 수 있죠. 그래서 우리는 동시에 두 세계에 살고 있는 것과 같습니다. 두 세계를 조화롭게 할 방법이 없을까요? 칸트는 그의 마지막 비판서인 《판단력 비판》에서 그 답을 제시합니다.

○   **왜 덕과 행복은 일치하지 않는가**

인간이 완전하게 도덕적일 수 있을까요? 현실적으로는 그럴 수 없습니다. 그러면 도덕은 이 세계에서 영원한 꿈에 지나지 않을까요? 완전한 도덕이 불가능하고, 어느 누구도 완전하게 도덕적일 수 없다면, 덜 도덕적인 자와 더 도덕적인 자가 모두 도덕적이지 않은 점에서 비슷한 처지에 있는 것은 아닐까요?

이 문제를 도덕과 행복의 관계로 살펴봅시다. 실천이성은 무조건적인 선을 추구하죠. 실천이성이 추구하는 이런 대상이 '최고선'입니다. 그런데 최고선이 완전한 선이라면 행복도 그 안에 포함되어야 하지 않을까요? 즉 행복하기 위해 덕을 추구하는 것이 아니라 하더라도, 덕을 추구하는 과정에서 행복을 배제할 필요는 없습니다.

현실에서 덕과 행복은 어떤 관계일까요? 현실에서 덕을 추구하는 것이 반드시 행복한 것은 아닙니다. 오히려 악덕을 추구하는 자들이 행복을 누리는 경우를 많이 봅니다. 그러면 덕은 행복과 대립될까요? 행복을 지상 목표로 삼는 이들은 도덕을 걷어차고 눈앞의 이익을 좇고, 도덕을 지키는 순진한 사람들을 무능하다고 비웃죠.

칸트의 얘기를 들어 봅시다. 덕과 행복이 완전한 선의 두 요소이지만, 행복을 추구하는 것이 덕으로, 덕을 추구하는 것이 행복으

PART 6
감성과 오성이 협력하는 방식

445

로 반드시 연결되지는 않죠. 칸트는 덕이 행복을 낳아야 한다고 봅니다. 어떤 근거에서 그렇게 되어야 할까요? 경험적으로 잘 알고 있겠지만 덕과 행복이 좋은 친구가 되는 경우는 드물고 이런 관계는 우연일 뿐입니다. 덕은 우연히 행복을 만나지만 행복은 덕과 만나지 않더라도 별로 아쉬울 것이 없죠. 그래서 경험세계만 보면, 행복해지기 위해 덕을 소홀히 하는 것이 바람직해 보이죠.*

칸트는 덕과 행복이 일치하려면 몇 가지 요청이 필요하다고 봅니다. 여기에서 실천이성의 요청들이 나타나죠.

○   영혼불멸을 요청함

도덕법칙은 최고선을 추구하도록 명령합니다. 우리가 추구해야 할 덕은 의지, 감정이 도덕법칙과 완전하게 일치해야 합니다. 감정과 충동이 어떤 갈등도 없이 완전하게 실천이성의 요구에 복종해야 하죠. 즉 충동의 완전한 패배와 이성의 완전한 승리를 요구합니다. 감각세계에서는 결코 이런 완전성에 도달할 수 없죠. 그렇다면 어떤 경우에 이런 완전한 도덕이 가능할까요? 무엇을 요청하면 될까요?

이것이 가능하려면 이런 이상을 향한 '무한한 전진'이 있어야 합니다. 현실의 불완전한 노력이 무한하게 계속된다면 어느 지점에서 완전한 도덕이 실현될 수 있겠죠. 그런데 우리는 유한한 존재이므로 살아 있는 동안에는 무한하게 전진할 수 없습니다. 우리 영혼이 무한하게 전진할 수 있다면 어떨까요? 우리가 죽지 않고 무한히 전진한다면, 완성 지점에 도달할 수 있지 않을까요? 바로 이런 까닭에 칸트는 우리가 앞서 다루었던 '영혼불멸'의 문제를 다시 꺼냅니다. "이런 무한한 전진은 영혼불멸을 전제할 때에만 가능하다."

도덕법칙이 우리에게 완전한 선을 추구하도록 명령한다면,

마치 그것이 가능한 것처럼 요구한다면, 그것을 이루기 위해 영혼이라도 죽지 않고 도덕의 완성을 향해 계속 나아가야 합니다. 불멸을 부여받는다는 점에서 우리는 황홀해할지도 모르죠. 그런데 이때의 불멸은 그저 오래 사는 것이 아니라 완전한 도덕을 실현할 때까지 죽어서는 안 된다는 거죠. 즉 조건부 불멸인 셈입니다. 불멸이 필요하다는 얘기는 도덕을 완성하는 데 '무한한 시간'이 걸린다는 뜻입니다. 칸트는 우리가 죽을 자유도 없이 도덕의 완성을 향해 무한히 나아가야 한다고 봅니다. 그래서 불멸을 요청하면서까지 도덕의 실현을 요구합니다.

바로 여기에서 순수이성이 그렇게 찾던 것이 엉뚱한 곳에서 해결될 가능성이 보이죠. 칸트는 신의 존재 문제를 이론이성의 문제가 아니라 실천이성의 문제로 봅니다. 곧 '믿음'의 차원에서 보는 거죠. 어쩌면 칸트는 이 때문에 형이상학적 신 증명을 그렇게 엄격하게 비판했는지도 모릅니다.

○ **완전한 도덕을 보증하는 신을 요청함**

도덕법칙은 또한 앞서 남겨 놓은 문제, 즉 덕과 행복의 필연적인 일치를 위해 '신의 존재'를 요청합니다. 행복은 모든 순간에 모든 것이 이

---

* 칸트는 이 문제를 해결하기 위해 세계를 둘로,
즉 현상세계와 예지계(叡智界)로 나누죠. 감각적이고 경험적인
현상세계에서는 덕이 반드시 행복을 낳는 것이 아닙니다.
(우리가 현상세계를 유일한 세계로 받아들인다면, 덕과 행복을
일치시키는 것은 잘못이라는 거죠.) 곧 행복을 추구하는 것이
덕을 낳는다는 주장은 절대적으로 잘못된 것이고, 덕이 행복을 낳는다는
주장은 조건적으로만 잘못된 것이죠. 하지만 인간이 감각세계의
자연적 존재일 뿐만 아니라 초감각적 예지계의 존재라고 한다면
덕이 반드시 행복을 낳는다는 주장은 참일 수 있다고 봅니다.

성적 존재자의 소망과 의지대로 되는 상태라고 할 수 있죠. 현상세계에서는 불가능한, 덕과 행복의 필연적 일치가 가능하려면 행복과 덕을 조화시킬 '전지전능한 존재'가 있어야 합니다. 이 존재는 순수한 도덕세계를 마련할 수 있어야 합니다. 곧 행복이 덕에 따르고, 악덕이 우연적으로라도 행복을 가능케 하지 않는 완전한 도덕적인 세계가 필요합니다. 이런 세계는 바로 덕이 곧 행복을 낳는 예지적 이성의 세계입니다.

이런 신이 존재하지 않는다면 최고선이 실현될 가능성은 없습니다. 그래서 신이 존재해야 하죠. 완전한 도덕을 보증하기 위해서 말입니다. 이처럼 실천이성은 신의 존재를 믿게 합니다. 신의 존재를 증명하는 도덕적 증명을 마련하죠. 우리는 초감각세계에 대해 전혀 알 수 없습니다. 하지만 도덕의 영역에서는 자유, 영혼불멸, 신의 존재를 믿을 수 있고 또한 믿어야 합니다. 그래야 현상의 필연적 법칙의 노예가 되지 않고, 도덕적 존재로서 지상에서 영원으로 상승할 수 있습니다. 한마디로 신은 도덕의 보증인이고, 실천이성이 요청한 것입니다. 신은 우리가 세계를 더 잘 알기 위해서가 아니라 도덕적 존재인 우리를 완성하기 위해서 요청되어야 합니다. 인간다움을 도덕성에서 찾는 칸트는 스스로 법칙을 정하고, 그 법칙을 자기에게 명하고 그것에 따르는 도덕적 주체가 갖는 한계를 신을 통해 보완합니다.

여기에서 신을 요청하는 실천이성의 논리가 흥미롭죠. 신은 존재하고, 신이 도덕을 보증하고, 우리는 그 배경에서 도덕을 추구하는 것이 아닙니다. 거꾸로 도덕을 추구하려고 하는데 우리 힘으로 도덕을 완성할 수 없기 때문에 완전한 도덕과 신이 있어야 한다고 요청하죠.

도덕적 이성이 신을 불러들입니다. 신은 실천이성의 부름에 답하고 완전한 도덕인 덕과 행복의 일치를 보증하죠. 이런 신은 도덕법칙의 영역을 지키는 신이자 '도덕적인 신'입니다. 신은 요청된 것이기 때문에 실제로 존재하는지 알 수 없고, 다만 신의 존재를 앞세워야만 도덕적 실천과 우리의 자유가 가능합니다.*

우리는 칸트의 도덕철학에 관한 주제들을 조금 다루었습니다. 여전히 문제가 남아 있는 느낌이 들죠. 강의 처음에 우리는 칸트의 묘비에 새겨진 '하늘의 별'과 '가슴의 도덕법칙'을 이야기했습니다. 바로 필연적 법칙의 세계와 자유의 세계를 나누었죠. 그리고 우리가 도덕적 존재라면 현상세계를 뛰어넘은 물자체의 세계인 예지계에서 자유로운 존재일 수 있다고 했죠. 도덕적 존재와 비도덕적 존재는 서로 다른 세계에 살고 있는 셈입니다.

문제는 우리 인간이 살고 있는 세계가 두 개라는 점입니다. 현실 세계에서 도덕을 추구하는 까닭에 인간은 두 개의 서로 다른 세계에 쪼개진 상태로 살고 있습니다. 즉 '현상적인 자기'와 '본질적인 자기'로 나누어지죠. 물론 내가 둘인 것은 아니고 하나이면서 동시에 둘이라는 것이죠.

우리 의지가 도덕법칙에 따를 때, 우리는 자연법칙에 예속되지 않고 우리 자신이 세운 법칙과 의무 안에서 자신을 만드는 자율적 주체입니다. 하늘의 반짝이는 별들이 외적 필연성을 드러낼 뿐이라면, 우리 가슴의 도덕률은 우리에게 그런 세계를 넘어서게 하는 숭고

---

* 파이힝어(H. Vaihinger)는 칸트 철학을 쉽게 설명하기 위해 '마치 ○○처럼(als ob)의 철학'이란 용어를 씁니다. 방금 보았듯이 도덕을 완전히 증명할 보증인이 필요하기 때문에 '마치 신이 있는 것처럼' 생각하죠. 즉 신의 존재를 요청해서 완전한 도덕의 가능성을 마련합니다. 이런 요청은 마치 신이 있는 것처럼 여기는 것이어서 신이 있다고 가정하는 것이라고 할 수 있습니다.

한 사명을 부여하죠. 인간은 현상을 뛰어넘어 도덕적이 됨으로써 자기답게 되지만, 동시에 현상세계에 묶여 감각과 경험 안에서 살아야 합니다. 우리의 눈은 저 찬란한 도덕의 하늘을 바라보면서 우리의 발은 이 현상계의 법칙에 묶여 있는 거죠. 그래서 인간은 유한한 존재로서 두 세계의 틈바구니에 끼어 있습니다.

이처럼 둘로 쪼개진 삶을 어떻게 하나로 합칠 수 있을까요? 칸트는 《판단력 비판》에서 둘 사이에 다리를 놓고 둘을 조화시키는 작업을 하면서 미적인 세계와 목적론을 다루죠. 여기에서 시도된 화해가 완전할까요? 이 두 세계의 간극을 좁히거나 메우는 작업은 결코 쉬운 일이 아닙니다.

이후의 수많은 철학자가 이 작업에 도전하죠. 독일 관념론을 대표하는 피히테, 셸링, 헤겔은 하나뿐인 세계가 현상계와 물자체로 양분된 상태를 종합하려는 시도에 매진합니다. 쇼펜하우어와 니체도 다른 방식으로 해결책을 모색하죠. 어떻습니까? 여러분도 한번 나서서 칸트 이후의 수많은 경쟁자와 한번 겨루어 보는 것이.

○ 시간 안에서, 동시에 시간 바깥에서

이제 우리는 자유의 문제에 관한 이론적 논의를 살펴보아야 하는데, 이 논의는 조금 까다롭습니다. 그래서 관심 있는 사람만 보아도 좋습니다. 이것은 칸트의 도덕철학 중심에 있는 문제이죠.

어떤 사람이 도덕법칙에 따르는 행위를 한 경우를 생각해 봅시다. 이런 행위는 자유의지에 따라 일어나고, 다른 모든 행위와 마찬가지로 현상세계 안에서 일어나죠. 다른 사건들과 마찬가지로 현상계의 시간에 따라야 하고, 자연법칙에 따라 결정됩니다. 모든 사건은 어떤 시점에 앞선 조건에 따라서 필연적으로 생길 수밖에 없죠. 그렇다면 도덕적 행위도 이런 자연필연성을 벗어날 수 없을까요?

여기서 문제가 생겼죠? 인간은 자유로운 도덕적 행위의 주체이면서 동시에 자연법칙에 따라야 하기 때문에 한 인간이 동시에 서로 다른 두 세계에 있는 겁니다. 필연성만 존재하는 세계와 자유로운 행위가 가능한 세계에 동시에 속한다는 이상한 결과가 생기죠. 자연계에 속하는 우리가 어떻게 도덕적일 수 있을까요?

우리가 착한 행위, 즉 도덕법칙의 명령에 따라 점심을 굶는 친구를 위해 도시락을 싸 간다고 합시다. 이 행위는 도시락을 싸고 그것을 들고 가고, 친구에게 전하는 일련의 행위로 이루어집니다. 이런 행위들은 자연인과성의 세계에서 앞선 사건이 다음 사건과 필연적으로 연결되는 맥락에 잘 들어맞습니다. 하지만 도시락을 싸는 목적이나 의도는 자연법칙에 속하지 않죠.

점심을 굶는 친구가 있다는 원인이 그 친구의 도시락을 싸고, 그것을 들고 가는 행위라는 결과와 반드시 연결될 필요는 없습니다. 친구에게 도시락을 주기로 한 결정과 그에 따르는 행위는 서로 다른 영역에 속합니다. 하나는 자연법칙에 완전하게 구속되지만, 다른 하나는 도시락을 싸거나 싸지 않기도 하는 자유로운 결정의 영역이죠. 앞의 것이 뒤의 결정을 좌우하지는 않지만, 자유로운 의사결정은 물리적 사건에 영향을 줄 수 있습니다.

이 경우에도 자유로운 의도나 목적이 완전하게 자연법칙에 벗어난 것일까요? 그것 자체도 앞선 원인에 따라 결정되는 것은 아닐까요? 의도나 목적은 심리적인 것인데, 이것이 자연법칙에서 벗어나는 것일까요?

칸트는 신체뿐 아니라 심리작용도 자연법칙에 따른다고 봅니다. 이렇게 인간 행위는 심리적 측면에서 보더라도 자연법칙의 지배를 받고 일정한 원인들에 따라 결정됩니다. 인간 행위는 그것이 생긴 상황과 가능한 원인들(예를 들어 개인의 유전적 요인과 소질, 교육 및 사회 조건을 비롯한 이전의 조건들)을 추적할 수 있다면, 완전하게 예측될 겁니다. 하나하나의 행위가 그 원인들에 따라 결정되기 때문에 예측된 결과가 나오는 거죠. 우리는 이런 상황에서 자유롭다고 할 수 없습니다.

다시 문제가 생겼죠? 칸트는 이 문제를 풀기 위해 감각적이고 경험적인 현상적(phaenomenon)인 면과 초감각적인 물자체에 속하는 예지적(noumenon)인 면으로 나눕니다. 곧 인간이 경험적 주체이면서 동시에 예지적 주체라고 보죠. 예지적 주체는 순수이성을 지닌 존재이고, 도덕명령에 따라 실천하는 이성, 곧 현상계에 개입해서 인과 사슬에 변화를 주지 않으면서도 동시에 현상계에 영향을 미칠 수 있는 힘입니다. 바로 자유로운 원인을 세울 능력이죠.

그러면 현상적·경험적 측면과 예지적 측면은 어떤 관계를 맺을까요? 예지적 주체는 도덕법칙을 자기 이성의 명령으로 자유롭게 받아들이죠. 이것은 단순히 주어지는 것이 아니라 자기를 그렇게 만드는 것입니다. 이처럼 자신을 예지적 주체로 만드는 인간은 감각적 현상세계와 독립된 자로서 그 현상세계의 원인으로 작용할 수 있습니다.

예지적 주체는 경험적 시간 계열에 따르지 않고, 순수한 실천이성은 시간에 구속되지 않습니다. 즉 시간을 벗어나 있죠. 예지적 주체의 작용은 시간에 적용되는 자연법칙을 벗어나 자유롭습니다. 그 것은 시간 안에 있는 사건이 아니죠. 이런 점에서 자유는 예지적 주체에게만 가능합니다. 경험적 원인에만 따르는 자연 존재에게는 자유가 없죠.

이렇게 볼 때, 인간은 두 세계에 살고 있습니다. 현상계에 속하는 인간은 감각적 존재이고, 예지계에 속하는 인간은 입법자가 되죠. 현상계는 결정론적 자연법칙이 지배하고, 예지계는 자유의 법칙과 도덕법칙이 지배합니다. 현상계에 속하는 경험적 주체는 감각세계의 일부로서 그 자체가 하나의 현상이므로 시간에 종속되죠. 다른 한편 예지계에 속하는 주체는 예지계의 일부로서 시간과 관계없이 존재합니다. 예지적 주체는 자유의 주인공이자 도덕법칙의 자발적 주체일수 있죠. 주체는 자기 안에 있는 도덕법칙을 의식함으로써 자신을 예지적 주체로 만들어 갈 수 있습니다.

- "네가 살려면 너의 동족에게 총을 쏘아라"라는 명령에 순종해서 총을 쏜 사람이 있다고 합시다. 고민했겠지만 그는 명령에 복종하지 않았을 때의 곤란함에서 벗어나는 것을 중요하게 여긴 겁니다. 그는 자기에게는 책임이 없다고 하면서 명령한 자에게 책임을 돌릴지도 모르죠.

  인공지능이나 동물은 도덕세계에 살지 않기 때문에 시간 t_1에 명령이 주어지면 이어지는 시간 t_2에 총을 쏘죠. 원인과 결과가 연결됩니다. 이런 존재는 현상적·경험적 주체에 머물죠.

  하지만 인간은 명령이 주어질 때 예지계로 뛰어 올라가서 명령을 거부할 수 있습니다. 이런 면에서 인간은 시간 안의 인과관계에 개입하여 시간 없이 자유를 행사할 수 있고, 그럼으로써 자기를 예지적·도덕적 주체로 만듭니다.